VERÖFFENTLICHUNGEN
DER GESELLSCHAFT
FÜR FRÄNKISCHE GESCHICHTE

REIHE VII A

Fränkische Lebensbilder

Neue Folge der Lebensläufe aus Franken

Sechster Band

Würzburg
Kommissionsverlag Ferdinand Schöningh
1975

Fränkische Lebensbilder

Sechster Band

Herausgegeben im Auftrag
der Gesellschaft für fränkische Geschichte

von
Gerhard Pfeiffer und Alfred Wendehorst

Würzburg
Kommissionsverlag Ferdinand Schöningh
1975

Gesamtherstellung: Verlagsdruckerei Ph. C. W. Schmidt, Neustadt/Aisch

© Copyright by Gesellschaft für fränkische Geschichte, Würzburg, 1975
ISBN 3 87717 207 5

INHALT

Verzeichnis der Mitarbeiter des Bandes VI . . . VII
Bildnachweis VIII

Andreas Bauch
    Gundekar II. Bischof von Eichstätt 1

Werner Goez
    Adalbero Bischof von Würzburg 30

Rudolf Schieffer
    Hermann I. Bischof von Bamberg 55

Ivan Hlaváček
    Bořivoj von Svinaře 77

Heinz Stafski
    Veit Stoß 92

Gottfried Seebaß
    Hans Denck 107

Bernhard Sicken
    Albrecht Alcibiades von Brandenburg-Kulmbach 130

Friedhelm Jürgensmeier
    Johann Philipp von Schönborn 161

Joachim Meintzschel
    Maximilian von Welsch 185

Gerhard Pfeiffer
    Wilhelmine von Bayreuth 205

Friedrich Merzbacher
    Heinrich Gottfried Gengler 223

Harald Bachmann
    Moriz Briegleb 241

Klaus J. Bade
    Friedrich Fabri 263

Georg Kuhr
    Julius Schieder 290

Gisela Ziegler
    Namensregister 315
    Inhalt der Bände I—IV der Fränkischen Lebensbilder 333

MITARBEITER DER FRÄNKISCHEN LEBENSBILDER Bd. VI

Bade, Klaus-Jürgen, Dr., 852 Erlangen, Am Europakanal 7

Bachmann, Harald, Dr., Studiendirektor, 863 Coburg, Eupenstraße 108

Bauch, Andreas, Prof. Dr., 8833 Eichstätt, Leonrodplatz 3

Goez, Werner, Prof. Dr., 8521 Uttenreuth, Ringstraße 15 b

Hlaváček, Ivan, Dozent Dr., Filosoficka Fakulta University Karlovy, Praha 1, Nám. Krasnoarmejců 2

Jürgensmeier, Friedhelm, Prof. Dr., 65 Mainz-Bretzenheim, Bahnstraße 32

Kuhr, Georg, Pfarrer, 8806 Neuendettelsau, Amselweg 5

Meintzschel, Joachim, Museumsdirektor Dr., 86 Bamberg, Hauptsmoorstraße 63

Merzbacher, Friedrich, Prof. Dr. Dr., 87 Würzburg, Neubergstraße 9

Pfeiffer, Gerhard, Prof. D. Dr., 85 Nürnberg, Schnepfenreuther Weg 15

Schieffer, Rudolf, Dr., Monumenta Germaniae Historica, 8 München 22, Ludwigstraße 16

Seebaß, Gottfried, Priv. Doz. Dr., 852 Erlangen, Badstraße 44

Sicken, Bernhard, Priv. Doz. Dr., 8706 Höchberg, Winterleitenweg 24

Stafski, Heinz, Dr., Landeskonservavtor, 85 Nürnberg, Kartäusergasse 1, Germanisches Nationalmuseum

BILDNACHWEIS

bei S. 16: Bildnis Bischof Gundekars II. aus dem Codex Gundecari, Eichstätt, Bischöfl. Ordinariat

bei S. 32: Urkunde Bischof Adalberos vom 3. 3. 1057, Ausschnitt, auf ⅓ verkleinert, HStA München, Würzburger Urk. 6; vgl. S. 54

bei S. 64: Brief Bischof Hermanns an König Heinrich IV., überl. in Clm 6406; vgl. S. 76

bei S. 80: Siegel Bořivojs von Svinaře an Urkunde vom 5. 8. 1399, HStA München, Würzburger Urk. 8197 a; Umschr.: S WORIBOI DE SWINAR

bei S. 96: Ausschnitt aus des Veit Stoß „letztem Abendmahl", Nürnberg, St. Sebald; die fast ganz verdeckte Gestalt mit Kopfhaube gilt als Selbstportrait des Meisters.
Unterschrift des Veit Stoß: StA Nürnberg D-Akt 102

bei S. 112: Erste Seite aus dem „Bekenntnis" des Hans Denck, StA Nürnberg S I L 78 Nr. 14

S. 160: Unterschrift des Markgrafen Albrecht Alcibiades, Göttingen, Staatl. Archivlager HBA, 3, 1954 (Karton 168)

bei S. 160: Porträt des Markgrafen Albrecht Alcibiades, gemalt von Andreas Riehl d. Ä. 1557. Kopie auf der Plassenburg

bei S. 176: Porträt Johann Philipp von Schönborn, Schloß Pommersfelden, Aufnahme Staatsbibliothek Bamberg

bei S. 192: Siegel des Maximilian von Welsch

bei S. 208: Ölporträt der Markgräfin Wilhelmine von Louis Silvestre d. J. (?) Erlangen, Universität (früher Schloß Laußnitz)

S. 222: Unterschrift der Markgräfin (nach Mrs. Burrel, Thoughts for Enthusiasts at Bayreuth (1891) vor S. 131)

bei S. 224: Porträtfoto Dr. Gengler; Unterschr. nach Brief vom 10. 8. 1861

S. 240: Unterschrift Brieglebs nach Brief vom 1. 7. 1843

bei S. 240: Porträt Moriz Briegleb, Coburg, im Besitz der Familie Apotheker Dr. H. J. Leffler; Repr. StA Coburg, Bildslg. 595/II

bei S. 280: Bildnis Fabris, aus „Der deutsche Ansiedler", 29. Jg., 1891, S. 65. Unterschrift nach Brief l. d. Barmen, 25. 5. 1881

bei S. 296: Porträtfoto D. Julius Schieder, Bilderdienst der „Nürnberger Nachrichten". Unterschrift in Privatbesitz

GUNDEKAR II.,
BISCHOF VON EICHSTÄTT

Von Andreas Bauch

Am 2. Aug. 1075 starb Gundekar, der zweite Träger dieses Namens in der Eichstätter Bischofsreihe. Als er von der Bühne des geschichtlichen Wirkens trat und in der von ihm erbauten Johanneskapelle beigesetzt wurde, hatten seine Zeitgenossen das Gefühl, daß ein Mann von Bedeutung von ihnen gegangen war. Man verehrte ihn bald als Seligen. Amtlich ist er nie als ein solcher erklärt worden. Die Eichstätter Geschichtsschreibung hat unter den Inhabern des bischöflichen Amtes ihm in der Rangfolge nach Willibald stets den ersten Platz zuerkannt. Seine Grabstätte wurde ausgezeichnet. Die archäologischen Grabungen, die in der Bischofskirche von 1970—72 stattfanden, haben den Vorhang in der Dombaugeschichte weit zurückgeschoben, auch für den Anteil unseres Bischofs an der heutigen Domarchitektur.

Gundekar stand in der Reichs- und Kirchenpolitik seiner Zeit in der zweiten oder dritten Reihe. Die Maßstäbe für die Erfassung seiner Person und seines Wirkens dürfen nicht nur von außen genommen werden. Sie müssen vor allem von seinen nach innen gerichteten Leistungen bezogen werden. Dann beginnt er als eine Persönlichkeit von ungewöhnlicher Prägung sich abzuheben.

Herkunft, Hofkaplan der Kaiserin

Gundekar wurde am 10. Aug. 1019, einem Laurentiustag, geboren. Wir kennen durch einen eigenhändigen Eintrag in seinem Pontifikale die Sterbetage seiner Angehörigen. Der Vater hieß Reginher, die Mutter Irmingart und seine Schwester Touta. Über das Geschlecht, dem er angehörte, läßt sich trotz vieler scharfsinniger Kombinationen, die angestellt wurden, nichts Zuverlässiges aussagen. Er war weder ein Graf von Nassau noch ein Herr von Eppenstein. Wohl aber stand er in verwandtschaftlicher Beziehung zu Erzbischof Siegfried von Mainz (1060—84), dessen Bruder Regenhard und dessen Schwester Uta hießen. Uta hat die Grabkapelle Gundekars 1068 reich beschenkt. Vermutlich stammte Gundekar gleich dem Mainzer Erzbischof aus einem mittelrheinischen Adelsgeschlecht. Noch einer seiner Verwandten tritt in das Gesichtsfeld: Bischof Egilbert (Engelbert) von Passau (1045 bis 65), zuvor Hofkaplan der Kaiserin Agnes, der Gemahlin des deutschen Königs Heinrich III.

Gundekar — zuweilen auch Gunzo genannt — wurde nach den Worten des Anonymus von Herrieden „von Jugend an in Eichstätt unterrichtet und erzogen". Welche Beziehungen in so frühen Jahren ihn nach Eichstätt führten, liegt im Dunkeln. Das Netz der verwandtschaftlichen Verknüpfungen und gestreuten Besitzverhältnisse mittelalterlicher Adelsfamilien dehnte sich zuweilen weit über das Stammesland aus. Gundekar wurde später — auch dafür läßt sich kein bestimmter Zeitpunkt angeben —, jedenfalls vor seiner Erhebung zum Bischof, Mitglied des Eichstätter Domkapitels.

Eine tiefgreifende Wende brachte für ihn das Jahr 1045. Königin Agnes berief ihn als Hofkaplan zu sich. Egilbert, sein Verwandter und Vorgänger in dieser Stellung, hat ihm offensichtlich hiezu den Weg gebahnt. Damit trat der damals 26jährige mit dem Führungsgremium des Reiches in Verbindung. Er war in den folgenden zwölf Jahren ständiges Mitglied der „königlichen Familie", in besonderer Zuordnung für die Königin. Diese begleitete Heinrich III. auf seinen Wegen durch das Reich. Sie taucht oftmals als Bittstellerin in den Urkunden auf. Gundekar trat in enge Verbindung mit den übrigen Hofkaplänen des Herrschers, die vielfach die Reichskanzlei verwalteten. Das Kanzleramt für Deutschland hatte damals der Mainzer Erzbischof Bardo (1031—51) inne. Sein Nachfolger war Liutpold (1051—59). Letzterer hat offensichtlich als Zeuge und Mitwirkender bei der Investitur und Weihe Gundekars dem Hofkaplan der Kaiserin sein besonderes Wohlwollen geschenkt. Gundekar lernte in diesem Jahrzehnt auch die Kölner Erzbischöfe Hermann (1036—56) und Anno (1056—75) als Inhaber des Erzkanzleramtes der italienischen Kanzlei bei ihren häufigen Besuchen am Hofe kennen. Neben diesen Archi-Cancellarii gab es in jeder Abteilung einen Cancellarius, der für das Urkundenwesen unmittelbar zuständig war. Daß Gundekar mit diesem für die Regierungsgeschäfte maßgebenden Personenkreis in enger persönlicher Verbindung stand, erweist die spätere rege Pflege freundschaftlicher Beziehungen mit den Hofkaplänen seiner Zeit: mit Gebehard, dem späteren Erzbischof von Salzburg (1060—88), der von 1055—60 als summus capellanus bezeugt ist; ferner mit Bischof Adalbero von Würzburg (1045—85), der zeitweise an den königlichen Hof berufen wurde; besonders aber mit Bischof Embricho von Augsburg (1063—77), der zuvor ebenfalls zu den Hofkaplänen gehörte. Das Jahrzehnt am Königs- und Kaiserhof wurde für Gundekar zu einer vorzüglichen Schulung, die ihm ein reiches Maß an Lebenserfahrung, Urteilsfähigkeit und Entfaltung seiner Begabungen einbrachte.

Er lernte vor allem die reife Persönlichkeit der Kaiserin Agnes von Poitou kennen. Sie stammte aus Aquitanien. 1043 wurde sie mit Heinrich III. vermählt. Sie hat das Regierungsprogramm des Herrschers in seiner geistigen Ausrichtung maßgeblich beeinflußt. Aus ihrer Beziehung zur Reform von Cluny gingen bedeutsame Impulse hervor. Heinrich III. stellte sich selber an die Spitze der kirchlichen Reform- und Erneuerungskräfte und nahm den Kampf gegen die Mißstände auf. In keinem einzigen Fall kann ihm der Makel der Simonie (Verkauf von geistlichen Ämtern an den Meistbietenden) im Gegensatz zu seinem Vater Konrad II. und seinem Sohn Heinrich IV. nachgewiesen werden. Der Reichsepiskopat, den er in unbeschränkter Weise, meist aus den Reihen der ihm bekannten und ergebenen Hofkapläne ernannte, stand, von wenigen Ausnahmen abgesehen, in Solidarität zu ihm. Dem König gelang es außerdem, die Mächtigen des Abendlandes durch Belehnungsakte zu gewinnen und schließlich die Autorität des Papsttums wiederherzustellen. Die Römer übertrugen dem deutschen König den Patriziat, d. h. das Recht, bei der Papstwahl die erste und entscheidende Stimme abzugeben. Die Kaiserkrönung des

Herrscherpaares, die Papst Clemens II., zuvor unter dem Namen Suitger Bischof von Bamberg, am Weihnachtsfest 1046 in Rom vornahm, gehört zu den großen und glanzvollen Stunden in der spannungsreichen Geschichte zwischen Imperium und Sacerdotium. Der Hofkaplan der Kaiserin erlebte eines der größten Jahrzehnte deutscher Geschichte aus unmittelbarer Nähe.

Gundekar nahm auch teil an den Familiensorgen des Herrscherhauses, dem erst nach 7jähriger Ehe am Martinstag 1050 der ersehnte Thronfolger geboren wurde. Oftmals bangte er mit der Kaiserin um das Leben des wiederholt von schweren Krankheiten heimgesuchten Herrschers. Aus nächster Nähe lernte er dessen hervorragende Fähigkeiten: seine militärische Schlagfertigkeit, seine Ritterlichkeit, vor allem aber seine Friedensliebe kennen, welche Aussöhnungen und christliches Vergeben in großen öffentlichen Akten zustande brachte. Die Hochschätzung des salischen Königshauses, die ihn bis zuletzt erfüllte, datiert aus dieser Zeit.

Schließlich erlebte er an der Seite der Kaiserin jene geschichtliche Tragödie, die durch den frühen Tod des Kaisers Heinrich III. am 5. Okt. 1056 in der kaiserlichen Pfalz Bodfeld (oder Pöhlde) im Unterharz in Sachsen über das Reich hereinbrach. Nur Papst Viktor II., damals zugleich noch Bischof von Eichstätt, der Patriarch Godehard von Aquileja, ebenfalls zuvor in Eichstätt, und Bischof Gebehard von Regensburg sowie Agnes mit ihrem Gefolge standen am Sterbelager des Kaisers, dessen Leben die verzweifelten Ärzte nicht mehr retten konnten. Heinrich beichtete beim Papst, verzieh allen und bat selber um Vergebung. Dann traf er letzte Anordnungen über seine Bestattung. Seine Eingeweide wurden in Goslar, der Leichnam im Kaiserdom zu Speyer beigesetzt. In den folgenden Monaten gelang es dem Papst, der Kaiserin-Witwe unentbehrliche Dienste zu erweisen. Die Regentschaft im Reiche ging fast reibungslos auf die Mutter des erst 6jährigen Heinrich IV. über. Viktor mußte nach der politischen Testamentsvollstreckung zu Beginn des Jahres 1057 nach Italien zurückkehren. Schon am 28. 7. 1057 erlag er in Arezzo den Strapazen seines Amtes und dem ungewohnten Klima des Südens. Hildebrand, der spätere Papst Gregor VII., war ihm in den letzten Stunden beigestanden. Die Folgen dieses Todes waren unabsehbar. Durch ihn verlor die Kaiserin ihre wichtigste Stütze, die niemand im Reiche ersetzen konnte. Die Nachricht vom Tod des Papstes, dessen Leichnam die Bewohner von Ravenna an sich rissen und im Grabmal des Theoderich beisetzten, traf Mitte August in Tribur rechts des Rheins ein, wo eben Hoflager gehalten wurde.

Erwählung und Weihe zum Bischof

Das Schicksal Gundekars nahm mit diesem Tag eine unerwartete Wendung. Schon am 20. Aug. wurde er auf Veranlassung der Kaiserin zum Bischof von Eichstätt — Viktor II. hatte das Bistum bis zu seinem Tod beibehalten — durch Verleihung des Ringes designiert. Als neuer Hofkaplan der Kaiserin wurde Altmann berufen, der in den kommenden stürmischen Jahren bis zu seiner Erhebung zum Bischof von Passau 1065 an der Seite der bedrängten Reichsverweserin aushielt und gleich Gundekar ihr Vertrauen genoß.

Die nun folgenden Ereignisse ließ Gundekar ausführlich in sein Pontifikale eintragen. Seine Angaben vermitteln uns eine Vorstellung von den glanzvollen Akten, in denen sich die Erhebung eines Erwählten auf einen Bischofsstuhl damals vollzog. Schon die Designation Gundekars, die am 20. Aug. 1057 stattfand, noch in der kaiserlichen Pfalz zu Tribur, war durch die Anwesenheit von führenden Persönlichkeiten des Reiches ausgezeichnet: der Archi-cancellarius und Erzbischof Liutpold von Mainz, dem Gundekar noch vor seinem Tode einen letzten Dienst durch die Konsekration mehrerer Kirchen im Mainzer Sprengel erwies, der Erzbischof Wido von Mailand, ein treuer Anhänger Heinrich III., der kurz zuvor ernannte Bischof von Bamberg Gunther, der zuvor als Kanzler für Italien tätig war, und Anselm, der Bischof von Lucca, der später als Papst Alexander II. (1061—73) an die Spitze der Reformbewegung trat, waren zugegen. Das Hoflager zog wegen der Herbstjagden an den Niederrhein und kehrte Anfang Oktober nach Speyer zurück. Dort wurde Gundekar am 5. Okt. durch Überreichung des Stabes als Bischof investiert, nachdem zuvor eine Deputation des Klerus und Stiftsadels aus Eichstätt — es war eine rein formelle Angelegenheit — die Zustimmung gegeben hatte. Nicht weniger als 14 Reichsbischöfe wohnten der Investitur bei. Ihre Namen und Diözesen illustrieren zugleich die bunte Palette der Zusammensetzung des königlichen Hoflagers, die durch das ständige Kommen und Gehen aus allen Teilen des Reiches charakterisiert wird. Vier Erzbischöfe werden genannt: Liutpold von Mainz, Anno von Köln, Eberhard von Trier und Wido von Mailand. Dann folgen die Bischöfe: Gunther von Bamberg, Adalbero von Würzburg, Arnold von Worms, Konrad von Speyer, Hezilo von Straßburg, Rumald von Konstanz, Dietmar von Chur, Dieter von Verdun, Ermenfried von Sitten und Udalrich von Pavia, dazu noch verschiedene Äbte und zahlreicher Klerus. Sie stimmten in das Lob auf den neuen Bischof ein. Schon in den nächsten Tagen machte sich Gundekar auf den Weg nach Eichstätt, wo er 12 Tage später, am 17. Okt., inthronisiert wurde.

Die Kaiserin-Witwe Agnes ließ es sich nicht nehmen, die bischöfliche Weihe ihres Kaplans auf das sorgfältigste vorzubereiten. Diese fand, nachdem der Hof das Weihnachtsfest zu Goslar begangen hatte, am 27. Dez. 1057, am Fest des hl. Evangelisten und Apostels Johannes, in der nahen kaiserlichen Pfalz zu Bodfeld (Pöhlde) im Harz statt. Im Pontifikale Gundekars wird das Ereignis mit folgenden Worten geschildert: „Es nahmen an seiner Weihe auch teil der Herr König Heinrich IV., seine geliebte Mutter Agnes, die hohe Kaiserin, die alles zu seiner Ordination Erforderliche für ihren Kaplan vorbereitete, als sollte sie es für einen Sohn besorgen. Es war auch bei dieser Konsekration zugegen Herr Hildebrand, der Kardinal-Diakon des Heiligen Römischen und Apostolischen Stuhles, der damals in diesen Gegenden bei König Heinrich als päpstlicher Legat tätig war. Außerdem waren die zuvor genannten bischöflichen Mitbrüder, die brüderliche und gütige Hilfe bei der Weihe leisteten, zugegen: Liutpold, Erzbischof von Mainz, Engelhard, Erzbischof von Magdeburg, Adalbert, Erzbischof von Bremen, die Bischöfe Rumald von Konstanz, Konrad von Speyer, Gunther von Bamberg, Hezilo von Hildesheim, Immeto (Imad) von Paderborn, Sizo von Verdun, Bruno von Meißen, Woffo von Merseburg (ein ehemaliger Eichstätter Kanoniker), Anselm von Lucca, Ermenfried von Sitten und ein Bischof aus Polen."

Als Gundekar bald darauf in Eichstätt eintraf, brachte er viele Voraussetzungen mit, um für sein Bistum, das durch die Abtretungen an Bamberg 1016 erheblich geschwächt worden war, durch seine hohen Beziehungen und reichen Erfahrungen einen bedeutenden Zuwachs an königlichen Vergünstigungen einzubringen. Die Entscheidung des Neugeweihten hat keine dieser Erwartungen erfüllt.

Seelsorgerlicher Ausbau der Diözese

Gundekar ließ sich zunächst ein Brustkreuz aus Silber fertigen. Auf dessen Vorderseite wurde in kunstvoll verschlungener Anordnung sein bischöflicher Wahlspruch mit folgenden Worten eingraviert: „Das Kreuz ist mir sicheres Heil. Das Kreuz ist es, das ich allezeit anbete. Das Kreuz des Herrn ist mit mir. Das Kreuz ist meine Zuflucht. Durch dieses Zeichen des Kreuzes möge alle Bosheit weichen." Er knüpfte mit diesem Kreuzesprogramm an Willibald, den ersten Bischof von Eichstätt, an. Dieser ist als ein besonderer Kreuzesverehrer in die Geschichte eingegangen. Der Wortlaut der Eingravierung stammt aus dem Werke des Fuldaer Abtes und Erzbischofs von Mainz, Hrabanus Maurus: „De laudibus crucis". Die Wende schlechthin, die Gundekar jetzt vornahm, hat er mit diesen Worten angekündigt. Bisher stand er im Dienste der Reichsgeschäfte, des irdischen Imperiums. Von jetzt an konzentriert er alle Kräfte auf die Verwirklichung des Gottesreiches in dem ihm „durch Gottes Milde", wie er eigens betont, neu zugewiesenen Raum des Wirkens. Bei jeder Meßfeier stellte er dieses Brustkreuz mit dem vorgenannten Text — eine sonst nirgends bezeugte Übung — in einem aus Gold und Edelsteinen gefertigten

Standkreuz auf dem Altare auf, um so sein bischöfliches Programm sichtbar und unübersehbar in das tägliche Meßopfer und Wirken hineinzunehmen. Das Standkreuz wurde leider 1655 in den Notzeiten nach dem 30jährigen Krieg veräußert. Das Brustkreuz wird zum letzten Mal 1731 erwähnt. Das Ja zu diesem Ziel setzte ein Nein zu vielen anderen Bereichen voraus. Gundekar brach nahezu alle Beziehungen zur großen Welt der Reichs- und Kirchenpolitik ab. Die Vermittlung des Heiles an seine Diözesanen war nunmehr der ausschließliche Auftrag seines Lebens. Vom Kreuz und von den Kräften der Auferstehung Christi erwartete er die Rettung der Welt, die Vergebung der Schuld, die Vermittlung aller Gnade. Von dort her mußte der Kampf zur Überwindung des Bösen geführt werden.

Gundekar schlug einen konkreten und im einzelnen nachweisbaren Weg zur Verwirklichung dieses Zieles ein. Der Organismus seiner Diözese mußte neue, lebensfähige Zellen erhalten. Diese aber sind für ihn die um den Altar gescharten Gemeinden. Diesen baut er Gotteshäuser. Er sieht den ersten pastoralen Auftrag seines Amtes darin, das Netz der Pfarrorganisation zu verdichten und so einen großen Nachholbedarf zu befriedigen. Wir wissen, daß die Urpfarreien der willibaldinischen Zeit meist große Sprengel ohne klare gegenseitige Abgrenzung darstellten. Bis heute haben sich die Strukturen solcher „Urpfarreien" in Einzelfällen, z. B. in Herrieden, in Deining, in Berching und anderwärts erhalten. Durch das Fortschreiten der Rodungstätigkeit, namentlich in der ottonischen und salischen Zeit, durch den Siedlungsausbau in bisher abgelegenen Landstrichen traten da und dort weitere „Altpfarreien" hinzu, deren Patrozinien auf ein hohes Alter verweisen. Aber die Lücken waren offensichtlich. Vernachlässigte Gebiete mußten erfaßt werden. Der Pontifikat Gundekars brachte die zweitwichtigste Ausbauphase in der Geschichte des Bistums, die dritte erfolgte ein Jahrhundert später unter Bischof Otto (1182—96), mit dem die mittelalterliche Seelsorgsorganisation im wesentlichen zum Abschluß gelangte. 105 weitere Kirchenkonsekrationen sind dessen Werk.

Gundekars Pontifikale verzeichnet 126 Kirchweihen. 101 erfolgten innerhalb des Bistums. Die Aufzählung der Orte hält sich zweifelsohne im wesentlichen an die zeitliche Abfolge der Weihen, freilich nicht lückenlos. Dabei heben sich eindeutig landschaftliche Schwerpunkte ab. Die ersten 11 Konsekrationen z. B. nahm Gundekar im wesentlichen im Bereich der späteren Grafschaft Hirschberg im Nordgau vor. Dann folgten die Räume um Weißenburg, Ornbau und Wassertrüdingen. Kirchenkonsekrationen im Bereich der Diözese Würzburg, in Mainfranken und in der Umgebung von Lehrberg sowie in der Freisinger Diözese sind dazwischengeschaltet. Es schließt sich eine Weihegruppe um Pappenheim, um Berching und Holnstein, schließlich in Schwaben und in der Diözese Augsburg an. Gundekar wandte sich sodann dem Gebiete um Pleinfeld und erneut dem von Weißenburg zu. Streugruppen, die sich über das ganze Diözesangebiet verteilen, liegen dazwischen. Zuletzt wird der Herrieder Raum und nochmals eine schwäbische Kirchengruppe angeführt. Die am meisten von der Bischofsstadt entfernte Nordostecke des Bistums, die Landschaft südlich der Pegnitz und um Altdorf, wurde offensichtlich besonders betreut. Nach der Abtretung von 1016 an Bamberg war hier an der Grenzlinie der seelsorgerliche Ausbau und die Bindung an das Altmühlbistum sehr dringlich. Mehrmals wurde Gundekar dort als Konsekrator tätig. Von den 14 genannten Orten stellen 3 Urpfarreien, 6 Alt- oder Neupfarreien und 5 nur Kapellenorte dar, die niemals Pfarreien wurden. Das Bild erweist sich somit als recht differenziert. Nicht jede Kirchweihe hat einen Kirchenneubau oder eine pfarrliche Neugründung zur Voraussetzung. Auch Kirchenerweiterungen, Kirchenumbauten und Kapellenbauten haben stattgefunden. Wenn Gundekar z. B. zweimal in Offenhausen eine Kirche konsekrierte, dann hat er offensichtlich in dieser Großpfarrei die zuerst geweihte Hauptkirche wegen Brand oder Einsturz nochmals konsekrieren müssen, außerdem fünf Filialorten durch kleine Kirchen die Möglichkeit für die Feier des Gottesdienstes gegeben.

Vergleicht man die Lage der von Gundekar geweihten Kirchen mit den Ergebnissen der Siedlungsgeschichte, so hat der Bischof offensichtlich der zweiten Stufe des Siedlungsausbaus seelsorgerlich Rechnung getragen, während die alten, schon längst besiedelten Räume im Süden Eichstätts, im Flußgebiet der Altmühl und in der Verzweigung ihrer Nebentäler ausgespart blieben. Vor allem aber fällt das große Vakuum eines Dreiecks auf, dessen Basismitte bei Nürnberg liegt und dessen Spitze bei Pleinfeld zu suchen ist. Hier scheint die Errichtung eines engeren Pfarrnetzes mit Rücksicht auf die spärliche Besiedelung noch nicht erforderlich gewesen zu sein. Auch die Patrozinien der von Gundekar geweihten Kirchen geben einige Auskünfte. Nahezu die Hälfte derselben stellten Altpatrozinien dar, die Grundekar schon antraf oder aufs neue wählte. Bei den übrigen handelt es sich entweder um Neubauten, bei denen dem Nikolaus-, Georgs- und Laurentius-Patronat offensichtlich der Vorzug gegeben wurde.

Gundekars Pfarrausbau konnte nur im Rahmen des deutschen Eigenkirchenwesens erfolgen. Viele Vorverhandlungen mit den Grundherren waren die Vorbedingung hierzu. In Einzelfällen gelang es dem Bischof, auch bischöfliche Eigenkirchen zu errichten, bei denen die Besetzung ausschließlich in den Händen des Bischofs lag. Auftauchende Willibalds- und Walburgis-Patrozinien weisen in diese Richtung. Erst eine umfassende Patrozinien-, Siedlungs- und Pfarrgeschichte, die für das Bistum Eichstätt noch aussteht, dürfte in der Lage sein, die vielfachen Verflechtungen und Verzahnungen aufzuzeigen, die das Werk des Bischofs bedingt, ermöglicht oder auch erschwert haben.

Noch aus einem anderen Grunde sah sich Gundekar gezwungen, so viele Kirchenkonsekrationen vorzunehmen. Als er zu Beginn des Jahres 1058 in seine Diözese kam, betrat er, wenn wir den Worten des Anonymus von Herrieden folgen dürfen, geradezu einen Bauplatz großen Ausmaßes mit vielen unvollendeten Gotteshäusern. Der Herriedener Chronist bemerkt dazu: „Unter Bischof Heribert (1022—42) setzte bei uns das Abreißen alter Gebäude und die Errichtung von Neubauten ein. Seine Vorgänger waren mit kleinen und mittleren Gebäuden zufrieden. Dieser Bischof aber und alle seine Nachfolger erbauten neue Kirchen oder neue Pfalzen oder auch Burgen". So sehr sei das Volk mit dem Behauen der Steine beschäftigt worden, daß die Bestellung der Felder darunter leiden mußte. Das Schuldkonto des Bischofs Heribert bedarf einer Entlastung; denn auch anderwärts, z. B. im Bistum Passau, sah sich der dortige Bischof Altmann, ein Zeitgenosse Gundekars, vor die Aufgabe gestellt, an die Stelle der vielen Holzkirchen nunmehr Steinbauten treten zu lassen. Auch unser Gebiet wurde im 11. Jahrhundert von der ersten großen Welle der romanischen Baukunst erfaßt, die erst allgemein Steinkirchen brachte. An die Stelle der bescheidenen Kleinstkirchen aus der Karolinger- und Ottonenzeit traten nunmehr durchwegs in Stein errichtete Langhäuser mit wenigen Fensterachsen, die gewöhnlich in der Barockzeit erweitert wurden. Damit verband man kräftige Wehrtürme, deren Sockel und Obergeschoß in der Gotik und in der Zeit des Barocks weiter ausgebaut wurden. Schließlich ist noch in Rechnung zu stellen, daß es Gundekar geradezu als eine Pflicht der Wiedergutmachung empfand, die Kirchweihen besonders festlich vorzunehmen, nachdem von einem seiner Vorgänger, Bischof Megingaud (991—1015), berichtet wird, daß er die Kirchen „valde simpliciter", d. h. wohl allzu einfach konsekriert hatte, um seiner Jagdleidenschaft sich hingeben zu können.

Besonders dringlich erwies es sich, die unvollendeten Baumaßnahmen an der Domkirche der Bischofsstadt zum Abschluß zu bringen. Bischof Heribert (1022—1042) wollte den Dom weiter nach Osten verlängern. Er hat eine umfassende Bautätigkeit eingeleitet. Die Fortführung der Arbeiten unter ihm und Bischof Gebhard (1042—1057), der die meiste Zeit im Dienste des Reiches am königlichen Hof verbringen mußte, scheint ins Stocken geraten zu sein. Deshalb bemerkt der Anonymus: „Als Gundekar den Dom des hl. Willibald im Ostteil niedergerissen vorfand ..., hielt er nichts mehr und rascher geboten, als daß er die zerstörten Teile wiederherstellte und die wiederhergestellte Basilika weihte." Diese

Weihe des Ostchores mit dem Hochaltar, aber auch des gesamten Domes, erfolgte am 28. 10. 1060. Zwei Jahre später war die Johanneskapelle, die an die Südmauer des südlichen Querschiffes sich anschließt und heute noch in wesentlichen Bauteilen erhalten ist, vollendet. Sie wurde am 17. 10. 1062, dem Jahrestag der Inthronisation Gundekars, konsekriert und 1068 mit reichen Schenkungen ausgestattet. Inzwischen gingen, so scheint es, die Arbeiten auch in der Krypta des Ostchores weiter. Aus ihr wurden 1064 zwei Altäre „von ihrem dunklen Ort" in den helleren Chor transferiert. Im gleichen Jahr erhielt der Kreuzaltar des Domes die Weihe. Am 10. Juli 1072 wurde von dem Patriarchen Siegehard von Aquileja die Michaelskapelle im Südturm, am gleichen Tage von Erzbischof Gebehard von Salzburg die Marienkapelle im Nordturm konsekriert. Der 6. Juni 1074 brachte den Abschluß aller Baumaßnahmen mit der Weihe der nunmehr vollständig ausgestatteten Krypta.

Trotz dieser sorgfältigen Dokumentation im Pontifikale Gundekars konnte bisher der wirkliche Anteil des Bischofs am romanischen Dom nur unscharf festgestellt werden. Erst die archäologischen Grabungen von 1970/72 brachten neue Erkenntnisse über die frühe Baugeschichte der Bischofskirche. Nunmehr steht fest, daß dem willibaldinischen Dom des 8. Jahrhunderts, der in seinen Westteilen freigelegt wurde, nach Westen in der Ottonenzeit ein mächtiges Baptisterium mit zwei flankierenden Türmen vorgelegt wurde, während nochmals weiter westlich eine Außenkrypta für das Grab des hl. Willibald entstand. Der romanische Dom, so scheint es, ist in der Zeit der Bischöfe Heribert und Gebhard in einem Zuge als dreischiffige Basilika mit Westchor und einem Querhaus im Osten errichtet worden. Die Bautätigkeit wurde von Gundekar durch die Vollendung des Ostchores und der Ostkrypta abgeschlossen. Auch ein Türmepaar im Osten mit zwei Kapellen sind sein Werk. Eine der größten Überraschungen brachte die Freilegung der rund 35 m langen Ostkrypta, deren Ausbau und Ausschmückung durch die vorgefundenen Inschriften, die mit dem Gundekarianum übereinstimmen, eindeutig als Werk Gundekars belegt sind. Leider mußte aus statischen Gründen diese Krypta wieder zugeschüttet werden. Die Nachfolgekosten wären zu hoch geworden. Neue Rätsel tauchen auf. Die heutigen Türme verbauen nämlich seitliche Lichtgaden der Ostkrypta. Sie sind somit später entstanden. Ob Gundekar selber noch während der Baumaßnahmen eine Planänderung vorgenommen hat? Oder sind die heutigen Türme — darauf verweisen vor allem die Gewölbeformen der Turmkapellen — erst ein Werk des 12. Jahrhunderts? Dann hätte sie Bischof Hartwig (1196 bis 1223) als Nachfolgebauten der Türme Gundekars errichtet. Jedenfalls hat Hartwig den Chor nochmals nach Osten erweitert und 1210 eine Weihe des gesamten Domes vorgenommen. Aus der Zeit Gundekars stammen mit Sicherheit die großen romanischen Arkadenöffnungen an der Nahtstelle der Johanneskapelle zum südlichen Querschiff. Die heutige Gundekarkapelle ist ein gotischer Nachfolgebau, in dem das Grab des Seligen verblieb.

Mit den Kirchenbauten Gundekars geht Hand in Hand seine Sorge für die materielle und geistige Förderung des Klerus in seinem Bistum. Die bedeutendste Stiftung, die während seines Pontifikates erfolgte, gehörte seiner Domkirche und deren Klerus, beurkundet am 22. 7. 1060. Ein ergiebiger Weinzehent aus Gütern in Tils in Südtirol, im Pustertal und aus Weinbergen bei Bozen wurde als „immerwährende Pfründe" den Zelebranten am Hochaltar der Domkirche an fünf Tagen der Woche zugeeignet, während der sechste Tag für die Armen und der siebente für die Kirchendiener bestimmt war. Dieser Tiroler Besitz der Diözese hat sich bis in das 14. Jahrhundert erhalten. Das gesamte Domkapitel tritt als Unterzeichner der Urkunde auf: Propst Megingaud, Dekan Eliseus, zwanzig Priester mit prächtigen deutschen Namen, 14 Diakone, 9 Subdiakone und 3 Juniores, insgesamt 48 Mitglieder der „Priesterkongregation", wie sich das Kapitel bezeichnete.

Als Gundekar acht Jahre später am 2. 4. 1068 eine noch größere Schenkung an die Johannes- und die Begräbnis-Kapelle betätigte, wurde deren Ertrag ebenfalls zur Nutzung der Kanoniker und zur Verbesserung ihrer Naturalienbezüge bestimmt. Dreimal im Jahre, am Oktav-Tage des Festes des Evangelisten Johannes, am Weihetag der Gundekarkapelle und am Todestag des Bischofs, sollte nunmehr ein Füllhorn von handfesten Reichnissen ausgeschüttet werden, näherhin drei geschlachtete Schweine, 25 Hühner, 100 Eier, Weißmehl, Bier, Met und Wein, um die oft spärliche Einkommensbasis der Kanoniker zu erweitern. Dahinter aber stand etwas Wesentlicheres: die durch nichts ersetzbare menschliche Güte des Bischofs im Umgang mit seinen Mitarbeitern. Die Kanoniker selber bezeichneten ihn bereits in der Schenkung von 1060 als ihren „gütigsten Vater", der „nicht als ihr Herr auftritt, sondern als ein Mann von größter Klugheit in allen Dingen, dessen ganze Sorge allezeit darauf gerichtet ist, alle Dinge zum Nutzen seiner Kirche zu verwenden".

Auch die Dotierung von Kanonikatsstiften in der Diözese war ihm ein Anliegen. Er konfirmierte mit großer Feierlichkeit die Schenkung des Propstes Heysso von Herrieden am 16. Juli 1058 an die dortige Stiftskirche. Er legte Gewicht darauf, mit dem eben als Gast anwesenden Bischof Ilsunc von Mantua, 4 bischöflichen Kaplänen, 10 milites d. h. Stiftsvasallen, 10 nobiles d. h. Stiftsadeligen und 16 weiteren Mitgliedern der „Familie des hl. Willibald" mit den dortigen 28 Kanonikern die Schenkungsurkunde feierlich auszufertigen.

Leider erfahren wir nichts über die Ausbildung der Seelsorger für die Pfarreien und über die Dotierung des Pfründevermögens. Letztere war weithin Sache der Grundherrn. Klagen über Mangel an geistlichem Nachwuchs tauchen in diesem und im folgenden Jahrhundert, in denen ein ungeahnter Zustrom zu den Klöstern und den kirchlichen Ämtern einsetzte, nirgends auf. Als unter Bischof Heribert die Zahl der Kanoniker auf 70 anstieg, versetzte dieser an einem Tage 20 davon auf Pfarreien. Sie waren, wie der Anonymus ausdrücklich vermerkt, dabei „gefügig". Die Ausbildung in der Eichstätter Domschule, an der der Magister Gunderam wegen seiner hohen Qualitäten gerühmt wird, sowie die Erziehung von Kandidaten an den Kanonikatsstiften, vor allem aber die persönliche Einführung in die Seelsorge im Hause des

Priesters selber waren der im frühen und hohen Mittelalter allgemein beschrittene Weg der Priesterbildung. Um so mehr mußte durch Synoden und Visitationen die Seelsorgetätigkeit immer wieder normiert und revidiert werden. Das Pontifikale Gundekars enthält auch einen „Sermo synodalis", eine Ansprache zur Eröffnung einer Diözesansynode. Sie hat eine Textgestalt, die im 10. und 11. Jahrhundert in Deutschland allgemein verbreitet war. Die Aufforderung zu einem standesgemäßen Wandel, zur Einhaltung der Residenzpflicht, zur gewissenhaften Persolvierung des Breviergebetes, zur Sorge für das Gotteshaus, zur Spendung der Sakramente und der Unterrichtung des Volkes gehören zu den Grundelementen aller mittelalterlichen Synoden. Sie haben überzeitliche Geltung.

Gundekar hat außerdem in einem eigenen, sorgfältig geschriebenen Codex die damals in der Diözese geltende und praktizierte Kirchenordnung in dem sogenannten „Decretum Burchardi" niederschreiben lassen. Dieses Werk entstand um 1007/14 aus der Feder des genannten Wormser Bischofs, eine Sammlung von Rechtsvorschriften für die seelsorgerliche Praxis. Zweifelsohne wurden davon wieder Abschriften und Auszüge für die einzelnen Großpfarreien hergestellt. Besonders interessant ist das 19. Kapitel mit Ausführungen über den Glauben und Aberglauben des Volkes und Anweisungen zur Bußpraxis. Das 20. Kapitel gibt eine Anleitung zur Erklärung theologischer Grundbegriffe mit handfesten Katechismusfragen zur Belehrung des Volkes.

Am Schluß des ersten Buches dieses Decretum Burchardi findet sich nach dem 124. Kapitel ohne Überschrift, von der gleichen Hand niedergeschrieben, das viel diskutierte sogenannte „Sendrecht für die Main- und Rednitzwenden" eingefügt. Es ist im gleichen Wortlaut und an der gleichen Stelle auch in einer Handschrift der Universitätsbibliothek Freiburg erhalten. Vermutlich handelt es sich um einen vor 939 gefaßten Würzburger Synodalbeschluß, der dieses Sendrecht für die erst vor kurzem bekehrten und noch besonders zu betreuenden Slaven, vermutlich im Main- und Rednitzgebiete, erließ und es für die besonderen Verhältnisse differenzierte. Wenn Gundekar diesen Text in den eben genannten Codex aufnehmen ließ, dann doch wohl deshalb, weil auch in seiner Diözese, besonders im Norden derselben, diese Situation noch Aktualität besaß. Es scheint, daß versprengte Slavenreste erst allmählich dem Christentum zugeführt werden konnten. Welche Bedeutung das allgemein ausgeübte Sendrecht besaß, wird uns durch dieses Dokument speziell bewußt gemacht. Der „Send" war ein umherziehendes, geistliches Sittengericht, das aus den bischöflichen Visitationen hervorgegangen war, um über alle Rechtsverletzungen im kirchlichen und geistlichen Bereich zu richten. Der sogenannte „Pfarrbann" wurde dabei besonders eingeschärft, d. h. die Verpflichtung zur Taufe und zum Gottesdienstbesuch in der Pfarrkirche, zur Abgabe von Zehenten, Stolarien und Oblationen an den Seelsorger und zur Ablegung der österlichen Beichte bei ihm. Später folgte auch die Verpflichtung zur Eheschließung innerhalb der Pfarrei. Die Pfarrei als territoriale Grundeinheit tritt in aller Deutlichkeit in Erscheinung.

Liturgie als Zentrum

1072 übergab Gundekar an seine Domkirche eine prächtig ausgestattete Handschrift, das sogenannte Gundekarianum, der heute noch kostbarste Buchbesitz des Eichstätter Domkapitels. Der Sammelband umfaßt in seiner jetzigen Gestalt 257 Blätter, von denen 204 auf die Zeit Gundekars zurückgehen. Den Kern des Werkes bildet von Blatt 13 bis 123 ein Pontifikale, d. h. eine Zusammenstellung der vom Bischof (pontifex) zu spendenden Sakramente (Firmung, Priesterweihe, usw.), sowie der vielen Weihungen und Segnungen (Abts-, Königs-, Kirchen- und Altarweihen, u. a.), die dem Bischof vorbehalten sind. Der Eichstätter Text schließt sich an jenen besonderen Typ der Pontifikal-Bücher an, wie er sich im 10. und 11. Jahrhundert in Süddeutschland entwickelte. Diese Pontifikal-Bücher werden von dem Bestreben nach möglichster Vollständigkeit gekennzeichnet. Sie enthalten deshalb auch Texte für priesterliche Funktionen.

Auf das Pontifikale folgt mit Blatt 124 ein Kalendarium, an dieses schließt sich von Blatt 143 bis 203 eine Fülle von Segnungen und Gebeten, ein Rituale des Bistums aus der salischen Zeit. Gundekar hat durch dieses Werk den Vollzug der Liturgie in das Zentrum aller seiner Bemühungen gerückt. Er sieht in den Sakramenten die von Christus verordneten Heilszeichen, in denen sich die Heilstat der Erlösung am einzelnen Menschen fortsetzen und geschichtlich verwirklichen muß. Die würdige Feier der Liturgie und die Spendung der Sakramente ist ihm, so scheint es, geradezu ein leidenschaftliches Anliegen. Zur Feier des ersten Osterfestes, das er als Bischof am 13. 4. 1058 in Eichstätt beging, lud er seinen Verwandten, den Bischof Egilbert von Passau, ein. Der Anonymus vermerkt hierzu: „Er hat es (das Osterfest) mit einem bewundernswerten Eifer begangen und hierzu viele andere Bewohner aus den benachbarten Provinzen und seine Vasallen herbeigerufen." Rund 20mal übernahm Gundekar Kirchenkonsekrationen außerhalb der Diözese, 11mal weihte er Altäre in seiner Domkirche.

Im Rituale nehmen nach den Texten für die Sakramentenspendung und den hiefür erforderlichen Anweisungen die Sakramentalien, d. h. die Weihungen, Segnungen und Exorzismen (Beschwörungen der dämonischen Mächte) den meisten Raum ein. Sie sind Ausdrucksformen des fürbittenden Gebetes der Kirche in allen Situationen des menschlichen Lebens. In einer unbeschwerten, bildhaften und einprägsamen Weise wird in diesen Texten bewußt gemacht, daß die Gnade Christi auf den ganzen Menschen und sein Tun gerichtet ist. Es wird die Überzeugung von dem geradezu kosmischen Ausmaß der Güte Gottes zum Ausdruck gebracht, von der Wirklichkeit der Gemeinschaft mit den Heiligen des Himmels, von der Kraft der Gottes-Herrschaft bei der Überwindung der widrigen und dämonischen Kräfte. Dabei fällt auf, welche Wertschätzung Gundekar dem Besitz und der Präsenz von Reliquien entgegenbringt. So wichtig erscheint ihm dieser gleichsam physische Kontakt mit den Heiligen, daß er die Einzelreliquien stets namentlich anführen läßt.

Bei der Weihe des Willibaldaltares wurden 74, des Domhochaltares 156, des Ulrich- und Gunthildisaltares 88, des Altares der Johanneskapelle 72, des Vitusaltares 24, des Petrusaltares 54, des Domkreuzaltares 44 Reliquien deponiert und auf biblische Personen, Martyrer, Bekenner und Jungfrauen zurückgeführt. Die Heiligen haben durch ihr Leben die Christusnachfolge am meisten realisiert, ihre Reliquien werden gleichsam zu Garanten ihrer Fürsprache.

Vor diesem Hintergrund ist das Rituale Gundekars mit seinen vielen Segnungen und Beschwörungen zu verstehen. Es gibt einen konkreten, stets unmittelbaren Einblick in die Lebensgewohnheiten des einfachen Volkes. Dieses war, ausschließlich auf die Bodenbewirtschaftung angewiesen, den Krankheiten und Seuchen, den Mißernten und Schicksalsschlägen nahezu schutzlos preisgegeben. Um so begreiflicher ist es, daß die Menschen in solchen Situationen Hilfe von oben suchten. Alles wird dem fürbittenden Gebet der Kirche anvertraut. Es begegnen uns u. a. Segnungen und Weihungen der Ställe und der Tiere. Letztere werden, so heißt es wörtlich, „von reißenden Wölfen, von Räubern, von wilden Tieren, vom Ausschlag, von Verletzungen, von Krankheiten, vom Untergang, ... vom Neid, von Bosheit, von bösen Wünschen, bösen Reden, bösen Blicken und allen Arten des Widrigen bedroht". Wasser und Salz erhalten eine eigene Weihe für die Verwendung beim Wettersegen, wenn Ungewitter und Hagel über die Landschaft heraufziehen. Da finden sich in einem anderen Abschnitt Texte für die Weihung ganzer Stiftsgebäude, angefangen vom Atrium der Kirche über die Sakristei zum Speisesaal, der Küche, dem Spital, der Wärmestube, der Schreibstube, der Gewänderkammer, der Krankenabteilung bis zur Bäckerei, zur Fleischkammer und Tenne des Stadels. Die Segnungen erstrecken sich auf das Saatgut, die bestellten Felder, die wachsenden Kräuter, die Obstbäume, die neuen Früchte, die ersten Bohnen und den neuen Wein. Quellen und Brunnen werden miteinbezogen, aber auch der Fang von Fischen mittels Kähnen und Auswerfen von Netzen. Selbst Fundgegenstände, die man wieder benützen wollte, erhalten zuvor eine Segnung. Einen besonderen Abschnitt bilden die Segnungen bei Krankheiten, gegen äußere und innere Feinde, beim Aderlaß, für das Bad und für die damals üblichen Heilmittel. Das Kalendarium gibt von Monat zu Monat Anweisungen, was man in dieser Zeit am besten zur Vorbeugung gegen Krankheiten unternehmen soll. Schließlich werden auch die äußeren Feinde nicht vergessen. Die Segnungen der Schwerter und die Segnungen des Heeres gehören ebenso dazu wie die Beschwörungen bei Gottesurteilen. Während die Sakramente das Leben in den entscheidenden Stufen und Stunden des Lebens betreuen, wird hier der Alltag des Menschen in seiner ganzen Vielfalt und Gebrechlichkeit fürbittend in das Heilsgeschehen einbezogen. Daß die Gefahr magischer Denkweise verbreitet war, ist begreiflich. Die mittelalterlichen Synoden und die Sendgerichte haben deshalb eine korrigierende Funktion durch Jahrhunderte ausgeübt.

Der Codex Gundekars hat nicht wegen seiner liturgischen Texte besondere Beachtung gefunden, sondern wegen seiner historischen Einträge. Blatt 1 bringt auf der Vorderseite die wichtigsten Lebensdaten aus dem Leben des Bischofs. Auf der Rückseite, von ihm selber, in prächtig gestochener Schrift eingetragen, die Namen jener Bischöfe, die während seines Pontifikates starben. Blatt 2 zeigt die Zeichnung des Gundekarkreuzes mit dem angegebenen Wahlspruch. Blatt 3 enthält auf der Vorderseite den Widmungstext: „Gundekar, ein Sünder, der 18. Bischof der Eichstätter hl. Kirche von Aureatum (Eichstätt), nicht durch eigene Verdienste, sondern durch Fügung der göttlichen Milde, ließ diesen Ordo zum ausreichenden Nutzen sammeln und aus eigenen Mitteln niederschreiben. Die Niederschrift aber hat er am Altar des hl. Willibald, des Bekenners Christi, ... niedergelegt".

Auf der Rückseite des 3. Blattes beginnen die Miniaturmalereien, die dem Pontifikale eingebunden sind. Das Titelblatt zeigt in der oberen Bildhälfte den verklärten Christus zwischen zwei Cherubim, in der unteren den Gekreuzigten zwischen Maria, Johannes und den Kriegsknechten. Das Bild ist eine Entsprechung zum Gundekarkreuz: von dem verklärten und gekreuzigten Erlöser erwartet Gundekar sich das

Heil für seine Diözese. Auf der Vorderseite des Blattes 4 folgen die Gründergestalten und Schutzheiligen des Bistums: Willibald, Bonifatius, Wunibald, Walburga, Vitus und Gunthildis, auf der Rückseite Dietker, Sola, Kadolt, Anno, Deothard und Uto. Dann setzt mit der Vorderseite des Blattes 5 die Reihe der Eichstätter Bischöfe bis Gundekar einschließlich ein. Auf Blatt 7 folgt die Eichstätter Bischofsliste, Blatt 8 bis 12 werden die Altarweihen und Kirchenweihen Gundekars berichtet. Blatt 13—203 enthält das Pontifikale und Rituale. Auf dem letzten Blatt 204 bringt die Vorderseite die Namen der Eichstätter Kanoniker, die zu seiner Zeit zu Bischöfen ernannt wurden, die Rückseite die Namen der zu seiner Zeit in Eichstätt verstorbenen Domherren.

Gundekar ist durch den historischen Teil des Codex zum bedeutsamen Inspirator der Eichstätter Diözesangeschichte geworden. Nach Blatt 12, das noch sein eigenes Bild trägt, wurden — ein ungewöhnlicher Beweis von historischer Treue und Kontinuität — ähnlich wie beim Liber Pontificalis der Päpste in Rom, noch insgesamt 19 Fortsetzungen in den folgenden Jahrhunderten, bis zum Jahre 1697, mit Bischofsviten eingetragen. Die entsprechenden Bischofsbilder in Miniaturmalerei reichen bis zu Bischof Gabriel von Eyb (1496—1535). Mit den Angaben über die Frühgeschichte der Diözese, die freilich mit der ganzen Unsicherheit über die nachwillibaldinische Zeit belastet sind, mit den Angaben aus der Zeit Gundekars und durch die Fortsetzung der Viten ist für die Geschichte des Bistums so Bedeutsames geleistet worden, daß ohne diese Handschrift wesentliche Wegstrecken der Kirchengeschichte Mittelbayerns im Dunkeln verblieben wären.

Die sechs Seiten umfassenden Miniaturen aus der Zeit Gundekars wurden 1071/72 gemalt. Sie sind das Werk von zwei verschiedenen Künstlern. Nur die Seite mit den ersten sechs Eichstätter Bischöfen wurde dem zweiten Meister übertragen. Er kam vermutlich aus Regensburg. Der Hauptmeister, der Urheber aller übrigen Miniaturen aus der Zeit Gundekars, gehörte wahrscheinlich der Tegernseer-Schule an.

Nicht die kunstgeschichtliche Eigenart dieser Bilder vermag für die Person Gundekars viel auszusagen, wohl aber ihre Thematik. Der Bischof sieht, von Christus ausgehend, die Schutzheiligen, die Gründergestalten und seine bischöflichen Vorgänger bis zu ihm in einer einzigen Linie der Kontinuität, des Auftrages und der Sukzession im Amte. Seine Eichstätter Kirche ist verwurzelt im Organismus der Gesamtkirche. Sie durfte dieser Gesamtkirche — das wird mit Stolz vermerkt — in seinem Vorgänger Gebhard einen obersten Hirten schenken. Es ist ein in sich geschlossenes Bild von der hierarchischen und sakralen Struktur der Welt, in der seine Person ebenso wie sein Sprengel ihren Platz haben.

In Gundekars Leben fehlt es nicht an Gesten, die sein ausgeprägtes Gespür für geschichtliche Zusammenhänge bekunden. Den Willibaldsaltar im Dom weiht er am Jahrestag der Konsekration des Gründerbischofs, den Bonifatiusaltar in der Krypta transferiert er am Festtage dieses Heiligen, desgleichen den Vitusaltar am Vitusfest. Der Kreuzaltar wird am Fest der Kreuzerhöhung konsekriert, die Johanneskapelle am Tage seiner Inthronisation. Sein Leben verläuft in der Gemeinschaft mit den Heiligen, in der communio sanctorum, mit einer spontanen Unbefangenheit und Zutraulichkeit. Ebenso weiß er sich den Verstorbenen nahe. Deshalb die persönliche Eintragung der bereits heimgegangenen Kanoniker und Bischöfe seiner Zeit. Die Beurteilung des Bischofs bei Wellmer (s. Liter.-Verz.) wird ihm nicht gerecht.

Einer seiner engsten Mitarbeiter, der später so genannte Anonymus von Herrieden, ein dortiger oder Eichstätter Kanoniker, hat in der Umgebung Gundekars dessen geschichtlichen Bestrebungen am meisten Rechnung getragen. Nur ein kleiner Teil seines diözesangeschichtlichen Gesamtwerkes blieb erhalten, ein „Breviarium", wie er es selber nennt, oder eine Darlegung „de episcopis Eichstetensibus", wie die Monumenta Germaniae die erhaltenen Texte überschreiben. Diese sind das Fortsetzungswerk einer vorausgehenden umfangreicheren Darstellung der Eichstätter Bischofsgeschichte und eines wohl an der Spitze stehenden „Libellus Agnetis imperatricis", eines Buches über die Kaiserin Agnes. Auch die angekündigte Biographie über Gundekar, sein Leben und seinen Heimgang ist nicht erhalten. Der Anonymus gibt in den auf uns gekommenen Texten kurze Portraits mit interessanten Einzelheiten. Er liebt die Anekdoten und zeichnet gerne in Schwarzweiß-Konturen den Typ des geistlichen und zuweilen auch verweltlichten Bischofs. Der Untergang der meisten seiner Arbeiten stellt einen unersetzlichen Verlust für die Eichstätter Diözesangeschichte, aber auch für die Erfassung der Persönlichkeit Gundekars dar, zu dessen Biographie er wie kein anderer berufen war; denn er selber bekennt, daß er „zum großen Teil Mitwissender der Geheimnisse des Bischofs" gewesen sei.

Zwischen den Fronten

Das letzte Jahrzehnt im Leben Gundekars wurde von jenem gewaltigen geistigen Ringen erschüttert, das als „Investiturstreit" in die Geschichte eingegangen ist. Welche Stellung hat er bezogen? Schon dem Hofkaplan bot sich Gelegenheit, die führenden Männer der großen kirchlichen Reformbewegung, die von Cluny ihren Ausgang nahm, kennenzulernen. Aus der ursprünglichen Klosterreform erwuchs allmählich eine geistige Bewegung, welche eine Reform der gesamten Kirche forderte. Ihre dreifache Zielsetzung lautete: Zurückführung des Weltklerus zur Lebensform der Ehelosigkeit (Zölibat), Aufhebung der Laieninvestitur, d. h. der Verleihung nahezu aller kirchlichen Ämter durch nichtkirchliche Instanzen, und schließlich die Ausrottung der Simonie, d. h. des käuflichen Erwerbes von Kirchenämtern an den Meistbietenden. Die seit den Ottonen zur Rechtsgewohnheit gewordene Übung der Investitur der deutschen Bischöfe durch die deutschen Könige, die dadurch gewährleistete Königstreue der deutschen Bistümer sowie deren finanzielle und militärische Beiträge waren für die Funktionsfähigkeit des deutschen Königtums von fundamentaler Bedeutung.

Da wir keine einzige Äußerung Gundekars zu diesem Streit um die Kirchenreform besitzen, können wir nur aus seinem Verhalten Schlüsse ziehen. Wir begegnen folgenden Fakten: Gundekar hat, unabhängig von dem gegen Ende seiner Regierungszeit dem Höhepunkt zugehenden geistigen Ringen, vom ersten Jahre seines Pontifikates an eine deutliche Zurückhaltung gegenüber dem Königshaus an den Tag gelegt. Er wußte sich auch jetzt der Kaiserin-Witwe und ihrem Sohn verpflichtet. Dem Wohlwollen des Hofes hatte er seine Erhebung zum Bischof zu verdanken. Nur gelegentlich finden wir ihn am Hoflager des Königs. 1059 war er auf einem Hoftag zu Speyer, um für den Nordgaugrafen Heinrich Fürsprache einzulegen. 1061 nahm er an der Weihe des Ostchores des Speyerer Kaiserdomes teil, vermutlich auf besondere Einladung der Kaiserin-Witwe Agnes. 1068 bezeugte Agnes an erster Stelle die Stiftungsurkunde Gundekars für die Schenkungen an die Johanneskapelle in Eichstätt. Heinrich IV. beging möglicherweise den Palmsonntag 1073 in Eichstätt, falls nicht doch Augsburg hierfür mehr in Frage kommt. Im Januar 1074 machte sich Gundekar auf einen Hilferuf Heinrichs IV. gegen die Sachsen nach dem Norden auf den Weg und urkundete im Hoflager zu Breitenbach bei Fulda. Niemals hat er, im Gegensatz zu seinen Mitbischöfen, die ebenfalls meist Hofkapläne waren, auch nur eine einzige Vergünstigung für sein Bistum in Anspruch genommen. Dadurch wurde es möglich, vornehme Distanz zu wahren. Die freundliche Stimmung am Hof blieb erhalten. Sie wird u. a. dadurch dokumentiert, daß während der Regierungszeit Gundekars noch weitere drei Eichstätter Kanoniker zu Reichsbischöfen, nämlich Burchard nach Basel, Heribert nach Triest und Pero nach Vicenza, von Heinrich IV. berufen wurden.

Gundekar ist es auf diese Weise gelungen, lange ehe es einen Investiturstreit gab, ganz seiner Diözese zu gehören und ihr jenes Maß an Ruhe zu verschaffen, ohne die es auf die Dauer kein inneres Wachstum gibt. Innerhalb der großen Streitpunkte der Zeit hat er am Kampfe gegen die königliche Investitur der Bischöfe im Sinne der bisherigen Praxis sich kaum beteiligt; denn diese gab der Kirche unter Heinrich III. meistens kirchlich gesinnte und fromme Männer als

Reichsbischöfe. Bei den übrigen Streitfragen kann kaum etwas anderes als seine Parteinahme für das große Reformprogramm von Cluny erwartet werden.

Gibt es Anhaltspunkte, daß er positiv für die Reformpläne der Päpste Partei ergriffen hat? Als Nikolaus II. (1058 bis 1061) auf der Lateran-Synode von 1059 das Recht zur Papstwahl allein den Kardinälen zuerkannte und erstmals das Verbot der Laieninvestitur aussprach, hat eine Versammlung von geistlichen und weltlichen Fürsten zu Worms 1060 die Amtshandlungen des Papstes für nichtig erklärt. Gundekar hat der Einladung dorthin nicht Folge geleistet. Als von Heinrich IV. die Wahl Alexanders II. (1061—73) im Oktober 1061 auf einem Reichstag zu Basel für ungültig erklärt wurde und als man den Erzbischof Cadalus von Parma zum Gegenpapst als Honorius II. aufstellte, ist Gundekar ebenfalls ferngeblieben. Als Gregor VII. (1073—85) auf den Fastensynoden von 1074 und 1075 Simonie, Klerikerehe und Laieninvestitur in aller Schärfe verurteilte und 1076 Heinrich IV. eine Reichssynode nach Worms berief, um dort Gregor VII. abzusetzen, war unser Bischof nicht mehr unter den Lebenden.

Nach seinem Tod hat sein Nachfolger Bischof Udalrich I. (1075—99) eindeutig Partei für Heinrich IV. ergriffen. Dieser Stimmungswechsel spiegelt sich auch bei dem ehemaligen Vertrauten Gundekars, dem Anonymus von Herrieden, wieder. Er berichtet von einem Traum Leos IX.: Der Papst habe den Mönch Hildebrand in einem brennenden Habit gesehen, dessen Flammen sich nach allen Seiten ausbreiteten. Und er habe ausgerufen: „Wenn du jemals, was nicht geschehen möge, den Apostolischen Stuhl besteigst, wirst du die ganze Welt in Verwirrung stürzen." Der Anonymus fährt dann fort: „Wie wahr diese Prophezeiung war, ist ... in unseren unglücklichen Zeiten Wirklichkeit geworden." In einer Zeit, in der Bischof Udalrich auf dem Reichstag zu Worms 1076 mit noch 25 deutschen Bischöfen leidenschaftlich den Rücktritt Hildebrands vom Apostolischen Stuhl forderte und 1085 zu Mainz dessen Absetzung und Verurteilung erneuerte, ist es durchaus möglich, daß bestimmte Werke des Anonymus untergingen, vor allem das Buch über die Kaiserin Agnes, die bis zu ihrem Tode zwischen Papst und Kaiser zu vermitteln suchte und ganz auf der Seite der Reform-Partei stand. Aber auch die Biographie Gundekars, der nicht als Parteigänger für die kaiserliche Seite beansprucht werden durfte, konnte als unbequem empfunden werden. Gundekar verzichtete auf jeden Einfluß auf die Reichs- und Kirchenpolitik seiner Zeit. Aber es war ihm ein Anliegen, durch kleine und wirksame Schritte zum Abbau der Spannungsfelder und zur Pflege des brüderlichen Verstehens innerhalb des deutschen Episkopates Beiträge zu liefern. Es gehört zu seinen aufmerksamen Gesten, daß er z. B. den ehemaligen Mit- und Hofkaplan, den Salzburger Erzbischof Gebehard (1060—88), nachdem er schon 1060 an dessen Bischofsweihe in Regensburg teilgenommen hatte, nach vielen Jahren 1072 zur Einweihung der Marienkapelle im Nordturm des Domes nach Eichstätt holte. Gebehard gehörte zu den unerschrockensten Verfechtern der gregorianischen Reform, für deren Durchsetzung er viele Nachteile in Kauf nehmen mußte. Gundekar wußte sich auch in Freundschaft mit dem Würzburger Bischof Adalbero (1045—85) verbunden, für den er zweimal in dessen Bistum Kirchenweihen übernahm und der 1068 als Zeuge für die große Schenkung an die Johanneskapelle genannt wird. Adalbero war mit Erzbischof Gebehard von Salzburg und Bischof Altmann von Passau eine der stärksten Stützen der kirchlichen Reformpartei in Deutschland. Er starb fern von seinem Bistum in der Verbannung. Von den Beziehungen zu seinem Verwandten, dem Bischof Egilbert von Passau (1045—65), der mit dem Hofe engste Beziehungen pflegte und für sein Bistum viele Vergünstigungen erreichte, war bereits die Rede. Mit den Bischöfen Arnold von Worms (1044—65) und Konrad von Speyer (1056—60) traf er gelegentlich zusammen. Die engsten Beziehungen aber verknüpften ihn mit dem Augsburger Oberhirten Embricho (1063—77). Auch dieser war wahrscheinlich ehedem königlicher Hofkaplan. Embricho konzentrierte gleich Gundekar alle Kräfte auf die seelsorgerliche Erneuerung seiner großen Diözese. Er pflegte ebenfalls besonders brüderliche Beziehungen zu seinem Domkapitel, vollendete ähnlich wie Gundekar den dortigen Dom und dessen Türmepaar und trug in gleicher Weise ein mit Versen geschmücktes Brustkreuz, das er ebenfalls seiner Domkirche stiftete. 1065 assistierte Gundekar in Augsburg bei der Domkonsekration, 1071 war er dort Mitkonsekrator in St. Ulrich und Afra. Im gleichen Jahre weihte Embricho mit Gundekar die Stiftskirche von Herrieden. 1074 konsekrierte er mit Gundekar die Eichstätter Domkrypta und setzte damit den Schlußstein für die Domumgestaltung. Embricho geriet nach Gundekars Tod in schärfsten Widerspruch mit Gregor VII. und zog sich das Anathem des Papstes zu. Wir sehen: Gundekar pflegte die Confraternitas über die Fronten und räumliche Distanzen hinweg. Das zeigt sich auch in der Freundschaft mit dem ehemaligen Eichstätter Domherrn, Bischof Ilsunk (Elisaeus) von Mantua, der in den Jahren 1058, 1060, 1062 und 1068 als Gast Gundekars wichtige Urkunden mitbezeugte. Auch die Beziehung zu dem Erzbischof und Patriarchen Sigehard von Aquileja gehört hieher. Dieser weihte auf Einladung Gundekars 1072 die Michaelskapelle im Südturm des Domes. Auch er war zuvor in der Kanzlei des Königs tätig. Er trat als Legat Gregors VII. mit Bischof Altmann von Passau entschieden auf die Seite der Reformpäpste. Gundekars brüderliches Bemühen war ein vornehmer, aber vergeblicher Versuch, der Spaltung im deutschen Episkopat entgegenzuwirken.

Auf dem letzten Blatt des Codex Gundekars (204) hat der Bischof eigenhändig „die Namen der Mitbrüder und Kanoniker eingetragen, die aus dem Eichstätter Kapitel zu seiner Zeit Bischöfe geworden sind". Es folgen 14 Namen und Bischofssitze, welche das weitverzweigte Netz der von Eichstätt aus besetzten Bischofsstühle kennzeichnen. Dieses Netz reichte von der Nordsee bis nach Mittelitalien. Die Namen folgender Bischöfe und Bischofsstädte treten in unser Blickfeld: Leobar in Ratzeburg (um 1060), Woffo in Merseburg (1055—58), Berengar in Osnabrück (1052—67), Gebhard in Eichstätt (1042—57), als Viktor II. (1055—57) Papst, Gundekar II. in Eichstätt (1057—75), Burchard in Basel (1072 bis

1107), Richolf und Heribert als Erzbischöfe in Triest, Gotebald als Patriarch und Erzbischof von Aquileja (1048—63), Burchard in Padua, Eliseus in Mantua, Pero in Vicenza, Gebhard als Erzbischof in Ravenna (1029—44) und Erchanbert in Fermo. Gewiß, die Entscheidung über die Berufung dieser Männer fiel am Königshofe, vor allem nach dem Willen Heinrichs III. Die echte kirchliche Gesinnung und die hohe amtliche Befähigung vieler der Genannten — wir brauchen nur etwa an Woffo in Merseburg, an Gebhard in Ravenna, an Gebhard und Gundekar in Eichstätt zu denken — ist die Frucht jener Geisteshaltung, die am Bischofshofe bei den Eichstätter Kanonikern unter Gebhard I. und Gundekar II. ihre Pflegestätte fand.

Tod und Verehrung

Gundekar starb am 2. August 1075. Er wurde in der für sein Begräbnis errichteten Johanneskapelle an der Südseite des Domquerschiffes beigesetzt. Seine Grabstätte fand die Verehrung des Volkes. Wunderzeichen wurden gemeldet. Bischof Philipp von Rathsamhausen (1306—22) erhob 1309 seine Gebeine in einen Steinsarkophag. 1316 stiftete Kaiser Ludwig der Bayer ein ewiges Licht am Grabe des als selig Verehrten. 1731 wurde der Sarkophag geöffnet und neugestaltet, 1808 in das nördliche Querschiff des Domes versetzt. Die Johanneskapelle wurde ausschließlich als Sakristei in Anspruch genommen. Im Jahr 1975 ist eine Rückverlegung seines Grabmals in die Johannes- und Grabkapelle zum neunten Jahrhundertjubiläum seines Todes erfolgt.

Es ist ein Glück für ein Volk, wenn es fähig bleibt, einzelne Persönlichkeiten zu lieben und zu verehren. Für keinen Bereich seiner Wirksamkeit ist Gundekar das Prädikat „groß" oder „unvergänglich" zugewiesen worden. Er bedarf eines solchen Ausweises nicht. Die Lauterkeit seiner Gesinnung, die Kraft und die Folgerichtigkeit seines charismatischen Tuns, der Verzicht auf äußere Erfolge, sind eine überzeugende Legitimation der Wertschätzung, die ihm im Altmühlbistum bis heute entgegengebracht wird.

QUELLEN UND LITERATUR

Quellen:

GUNDECHARI liber Pontificalis Eichstetensis, in: MGSS VII, 239—253; Gesta episcoporum Eichstetensium continuata, in: MGSS XXV, 590 bis 609.

ANONYMUS Haserensis, De episcopis Eichstetensibus, in: MGSS VII, 254 bis 267; ferner: Migne, PL 146, 1006—1026.

Literatur:

Acta SS Aug. I (1733), 175—189.
J. B. FUCHS, Die Kirchweihen Bischof Gundekar II. von Eichstätt, in: 15. Jahresbericht des Historischen Vereins in Mittelfranken (1846), V—IX.
Andreas STRAUS, Viri ... insignes, Eichstätt 1790, 153—156.
[Joseph Georg SUTTNER], Gundekar II., in: Pastoralblatt des Bistums Eichstätt 3 (1856), 136 ff.
Derselbe, Notizen über die Einweihungen von Kirchen und Altären im Bistum Eichstätt, in: Pastoralblatt 9 (1862), 137—142.
Derselbe, Die Reform Gregors VII. im Bistum Eichstätt, in: Pastoralblatt 26 (1879), 1 ff.
Derselbe, Zur Geschichte des Diözesanrituals, in: Pastoralblatt 29 (1882), 65 ff.
Der Ritus bei Erteilung der hl. Priesterweihe bei Gundekar II., in: Pastoralblatt 39 (1892), 33 ff.
[Adam HIRSCHMANN], Das Kalendarium des Bischofes Gundekar II., in: Pastoralblatt 45 (1898), 56 ff.
R. W. DOVE, Das von mir sogenannte Sendrecht der Main- und Rednitzwenden, in: Zeitschrift für Kirchenrecht IV (1864), 157—175.
Julius SAX, Die Bischöfe und Reichsfürsten von Eichstätt, Landshut 1884, 43—51.
Julius SAX und Josef BLEICHER, Geschichte des Hochstiftes und der Stadt Eichstätt, Eichstätt 1927², 60—66.
Ernst STEINDORFF, Jahrbücher des deutschen Reiches unter Heinrich III., Band 1, Leipzig 1874 und Band 2, 1881.
Gerold MEYER VON KNONAU, Jahrbücher des deutschen Reiches unter Heinrich IV. und Heinrich V., Band 1 Leipzig 1890, Band 2 Leipzig 1894, Band 3 Leipzig 1900.
Joseph SCHLECHT, Eichstätts Kunst, Eichstätt 1901, mit Schwarzweißreproduktionen sämtlicher Bilder des Codex Gundekari.

Ludwig STEINBERGER, Der tirolische Besitz des Hochstifts Eichstätt, in: Forschungen und Mitteilungen zur Geschichte Tirols und Vorarlbergs IX (1912), 1—20.

E. F. BANGE, Eine bayerische Malerschule des XI. und XII. Jahrhunderts, München 1923, 97—106.

Felix MADER, Die Kunstdenkmäler von Bayern, Stadt Eichstätt, München 1924, bes. 63—67.

Franz HEIDINGSFELDER, Die Regesten der Bischöfe von Eichstätt, Erlangen 1938, bes. Nr. 219—252 (S. 76—86).

Friedrich VOLLRATH, Die Kirchenweihen des Bischofs Gundekar II. von Eichstätt, in: „Hersbrucker Land, Heimat Hersbruck", 1951, Nr. 11 u. 12.

Margarete ADAMSKI, Herrieden, Kloster, Stift und Stadt im Mittelalter, Kallmünz 1954.

Eduard Matthäus WERNER, Anonymus Haserensis von Eichstätt, Studien zu Biographie im Hochmittelalter, Dissertation München, Manuskript im Selbstverlag, 1966).

Walter SAGE, Die Ausgrabungen im Willibaldsdom zu Eichstätt 1970 bis 1972, in: Archäologisches Korrespondenzblatt 3 (1973), 107—114.

Hansjörg WELLMER, Persönliches Memento im deutschen Mittelalter, Stuttgart 1973, 1—10.

BISCHOF ADALBERO VON WÜRZBURG

Von Werner Goez

Als am 6. Oktober 1090 die „Säule der Kirche" Adalbero im oberösterreichischen Exil verstarb, endete ein Pontifikat, der nahezu ein halbes Jahrhundert umspannt und alle Höhen wie Tiefen geistlicher und politischer Existenz in sich vereinigt hatte. Adalberos Amtsdauer ist die längste, die bis zum heutigen Tag einem Erben des Frankenapostels Kilian und Nachfolger von Sankt Burkhard beschieden war. Sein Leben war zugleich eines der wechselvollsten und stürmischsten in der gesamten Reihe der Würzburger Bischöfe.

„Höchst ansehnlich wegen seiner Abstammung, verehrungswürdig nach Erscheinung und Handlungsweise", so wurde Adalbero durch Paul von Bernried gekennzeichnet, den baierischen Biographen Gregors VII. Das Urteil ist zwar erst einige Jahrzehnte nach dem Tode des Bischofs niedergeschrieben worden, doch entspricht es der Hochschätzung, die Adalbero schon zu seinen Lebzeiten entgegengebracht wurde — nicht nur von seinen Gesinnungsfreunden, sondern bezeugtermaßen auch von vielen seiner kirchenpolitischen Gegner.

„Vir spectabilis natu" — in der früh- und hochmittelalterlichen Gesellschaft dominierte eindeutig der Adel. Auch im Kirchendienst konnte keiner einen Aufstieg zu Rang und Würden erhoffen, der nicht einem vornehmen Geschlecht entstammte. Ausnahmen waren ungemein selten. Gab es doch zahlreiche Klöster, welche niemanden aus den Reihen des einfachen Volkes aufnahmen, nicht einmal als dienenden Bruder! Geboren noch während der Regierungszeit des letzten Sachsenkaisers Heinrichs II. (1004—1024) — wohl nicht lange vor dessen Ende; das genaue Datum ist freilich unbekannt — entsproß Adalbero der Ehe des österreichischen Grafen Arnold II. von Lambach mit Reginlint, die wahrscheinlich aus einem edlen ostfränkischen oder lothringischen Hause kam. Er hatte mindestens zwei Brüder. Während diese im Laienstand verblieben und später im Dienst des Reiches Grafschaften im Traungau und Ostalpenraum verwalteten, bestimmten die Eltern Adalbero schon in kindlichem Alter zum Geistlichen. Er wurde der Domschule von Würzburg zur Erziehung und Unterweisung übergeben; man traf diese Wahl offenbar nicht zuletzt deshalb, weil die Familie in der mainfränkischen Diözese über Grundbesitz verfügte — vermutlich aus der Mitgift Reginlints —, den der junge Kleriker verwalten und nutzen konnte.

Die Jugendgeschichte Adalberos entspricht bis in alle Einzelheiten dem damals in adligen Häusern Üblichen. Wenn die Vita, die ein Lambacher Mönch in der zweiten Hälfte des zwölften Jahrhunderts aufzeichnete, dann allerdings fortfährt, der Domschüler hätte sich anschließend zu Studienzwecken in Paris aufgehalten und seine zukünftigen Amtsgefährten Gebhard (von Salzburg) und Altmann (von Passau) wären dabei seine Begleiter gewesen, so lassen sich chronologische Bedenken gegen diese Mitteilungen kaum unterdrükken. Es wurde erst geraume Zeit später Mode, daß man zur theologischen und philosophischen Fortbildung, die Ile de France aufsuchte. Selbst an der frühen Bekanntschaft mit Gebhard und Altmann kann man zweifeln, waren doch beide fraglos erheblich jünger als Adalbero. Sollte tatsächlich an der Überlieferung ein echter Kern sein, daß alle drei Jugendfreunde waren — immerhin behaupten es auch die Biographien des Salzburgers und des Passauers —, so wäre eher an einen anderen Ort zu denken, wo sich der Baier Adalbero aus dem äußersten Südosten des Reiches, der Schwabe Gebhard und der Westfale Altmann begegnen konnten: den Königshof.

Denn das (wechselnde) Verhältnis zum Herrscher hat das Leben der drei zutiefst bestimmt. Offenbar wurden sie alle in jungen Jahren in seine nächste Umgebung aufgenommen, auch wenn dies für Adalbero bei der Ungunst der Überlieferung nicht eigens bezeugt ist. So wuchsen sie in die imperiale Tradition und eine höfische, festgefügt erscheinende Reichs- und Weltordnung hinein, dazu ausersehen, dereinst selbst deren Träger und Garanten zu werden.

Auf karolingische Vorbilder zurückgreifend, hatte die Krone seit Otto dem Großen, verstärkt unter seinem Enkel Otto III. und dem Großneffen Heinrich II., eine Regierungspraxis entwickelt, für welche die engste persönliche wie sachliche Zusammenarbeit zwischen Königtum und Episkopat grundlegend und kennzeichnend war. Die mittelrheinfränkischen Kaiser aus dem Worms- und Speyergau, Konrad II. und Heinrich III., übernahmen sie ungeschmälert; man spricht daher geradezu vom „ottonisch-frühsalischen Reichskirchensystem".

Der Herrscher regierte zu einem erheblichen Maße mittels der Bischöfe und einer kleinen Gruppe besonders bevorzugter Äbte und Äbtissinnen. Mancherlei Gerechtsame und Kronprärogativen wurden diesen übertragen; die Ausstattung mit zeitlichem Gut machte sie reich und mächtig. Sogar zahlreiche Grafschaften gelangten in die Hände des Episkopats; er gewann damit fürstengleiche Stellung. Freilich hatten die Bischöfe dafür dem Reich Dienste zu leisten, Funktionen der staatlichen Administration zu übernehmen und selbst einen beträchtlichen Teil des Heeresaufgebotes zu stellen.

Die Zeit sah darin weder einen Mißbrauch noch eine Gefahr. Noch fehlte im allgemeinen Bewußtsein eine grundsätzliche Scheidung des geistlichen und des weltlichen Bereichs. Auch die staatliche Ordnung war nach den oft zitierten Worten des Augustinus-Schülers Orosius eine „bona creatura Dei", mithin als Teil der göttlichen Schöpfung letztlich überzeitlichen Zielen verpflichtet, und nicht nur Ausfluß eines rein diesseitigen menschlichen Organisationsbedürfnisses, wie es der Heide Aristoteles gelehrt hatte. Daher galt der König als der berufene „Stellvertreter Christi auf Erden", als der „Beauftragte Gottes", als der „Gesalbte des Herrn". Die Herrscherweihe hob ihn aus dem Kreis der Laien heraus und machte ihn in einer unbestimmtunabgegrenzten Weise des priesterlichen Charakters teilhaftig. So gehörte er den beiden „Ständen der Christenheit" zugleich an. Als Ehrenkanoniker nahm er am Chorgebet zahlreicher Domkapitel teil; er berief Synoden ein und wirkte bei der Beschlußfassung maßgeblich mit. Zu seinen

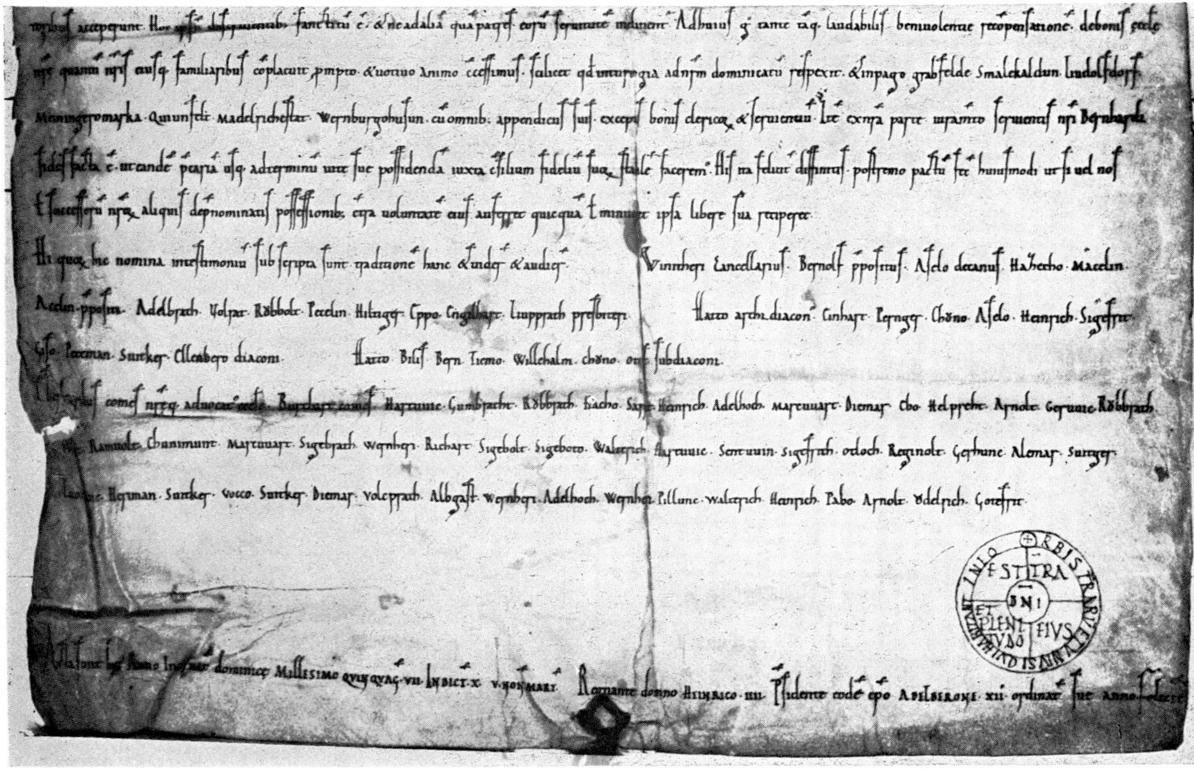

tributis acceperunt. Hec [illegible] sanctitati e. & necadalia quapropter eoru servitute inclinati. Adalbus qui tante tamq. laudabilis benivolentiae recompensatione. de bonis eccle
nre quantu nris eiusq. familiaribus coplacuit. pmpto & uotiuo animo concessimus. scilicet qd in uilla regia ad nrm dominicatu respexit. & in pago grabfelde. Smalcaldun. Liudolfsdorf.
Meiningeromarka. Quiunfelt. Madelrichesstat. Wernburgohusun. cu omnib; appendiciis suis. exceptis bonis clericor. & servientium. Et ex extra parte. in pactio servientis nri Bernhardi
fides facta e. ut eande pcaria usq. ad terminu uite sue possidenda iuxta consilium fideliu suor. stabile facerem. His ita feliciter diffinitis. postremo pactu fec huiusmodi ut si uel nos
t successoru nror. aliquis de pnominatis possessionib; cotra uoluntate eius aufferre quicqua t minuere. ipsa libere sua recipere.

Hi quor. hic nomina in testimoniu subscripta sunt tradicione hanc & uidere & audiere. Winither cancellarius. Bernolf ppositus. Ascelo decanus. Hatecho. Macelin.
Acelin ppositi. Adelbrath. Volpar. Rabbolt. Pecelin. Hitiger. Eppo. Engilhart. Liupprath presbiteri. Hatto archidiacon. Cinhart. Peringer. Chono. Ascelo. Henrich. Sigefrit.
Giso. Peceman. Suitker. Ellenbero diaconi. Hatto. Bilis. Bern. Tiemo. Willehalm. chono. ons subdiaconi.
[illegible] comes nrq. aduocat [illegible] Burchart comes. Hartuuic. Gumbrath. Rabbrath. Hacho. Sape. Henrich. Adelhoch. Marcuuart. Diemar. Cbo. Helpreht. Arnolt. Gerunic. Rabbrath.
[illegible] Ramuolt. Chanimunt. Marcuuart. Sigebrath. Werinher. Richart. Sigebolt. Sigeboto. Walerich. Hartuuic. Sentuuin. Sigefrith. Odoch. Reginolt. Gerbunc. Alemar. Suitger.
[illegible] Herman. Suitker. Vocco. Suitker. Diemar. Volcprath. Albgast. Werinher. Adelhoch. Werinher. Pillunc. Walerich. Henrich. Pabo. Arnolt. Vdelrich. Gotefrit.

[illegible] Anno Incarnat dominice Millesimo quinquag. vii. Indict. x. v. Non Mart. Regnante donno Heinrico iii. Psidente eode epo Adelberone xii. ordinat sue anno feliciter

Aufgaben, wie sie im Krönungsordo aufgezählt wurden, rechnete man in geradezu bevorzugter Weise auch die Fürsorge für die Kirchen — und damit fiel ihm zu einem beträchtlichen Teil deren Leitung zu.

Vermutlich gerade während jenes Jahrzehnts, in welchem Adalbero geboren wurde, entstand in Regensburg eine Buchillustration, die in besonders einprägsamer Weise die Zeitanschauungen vom Wesen des imperialen Herrschertums verdeutlicht: das Kaiserbild des Heinrich-Sakramentars, das als Geschenk des letzten Ottonen an seine Lieblingsstiftung Bamberg, durch die Säkularisation sodann in die Münchner Staatsbibliothek gelangte. Die berühmte Darstellung des Codex Latinus Monacensis 4456 zeigt im Zentrum die stehende Gestalt Heinrichs II., dem der thronende Christus aus einer Spitzmandorla die Bügelkrone des Reiches auf das Haupt setzt. Mit erhobenen Händen faßt der Kaiser Lanze und Schwert, die ihm Engel übergeben. Zwei Bischöfe stützen die Arme des Herrschers: Sankt Emmeram von Regensburg und Sankt Ulrich von Augsburg. Denn nach der Ansicht von Auftraggeber und Künstler wurde das Amt des Herrschers allein durch die göttliche Gnade übertragen; wer dazu berufen war, der bedurfte freilich der Hilfe und hatte einen Anspruch auf den tätigen Dienst heiligmäßiger Bischöfe!

Es ist offensichtlich, daß die Auswahl des Epikopats für das Funktionieren des „ottonisch-frühsalischen Reichskirchensystems" ausschlaggebende Wichtigkeit besitzen mußte. Daß sie in erster Linie vom König abhing, bedeutete für die allermeisten Zeitgenossen eine Selbstverständlichkeit, denn durch die Krone waren die Bischöfe zu Fürsten geworden und wurden zur Mitarbeit im Reich herangezogen. Trat eine Sedisvakanz ein, so schlug daher der Herrscher einen Mann seines Vertrauens für die Neuwahl vor; die königliche Meinungsbekundung galt geradezu als erste und entscheidende Stimmabgabe. Über ein Jahrhundert lang wurde in dieser Weise der größte Teil des deutschen Epikopats in sein Amt berufen. Es war — das muß eine unbefangene, gerecht urteilende Historiographie anerkennen — eine der erfolgreichsten, glücklichsten Elitebildungen der Geschichte. Denn die überwältigende Mehrzahl der königlichen Kandidaten erwies sich den vielfältigen Anforderungen ihres Amtes gewachsen; zumeist verbanden sie priesterliche Tugenden, geistlichen Ernst und soziale Verantwortung mit weltlicher Tüchtigkeit.

Das kam nicht von ungefähr. Durch eine eigentümliche Institution stand dem König ein hinreichendes Reservoir bestens ausgebildeter, befähigter und vertrauenswürdiger jüngerer Kleriker vornehmer Abstammung zur Verfügung, aus denen er die neuen Bischöfe auswählen konnte: die Hofkapelle. Man bezeichnete mit diesem Wort die Gesamtheit der Geistlichen, die beständig in der Umgebung des Herrschers weilten, den täglichen Chordienst versahen, die Kanzleibedürfnisse zu befriedigen und alle anfallenden schriftlichen Verwaltungsaufgaben zu erledigen hatten, gelegentlich auch für diplomatische Missionen zur Verfügung standen, aber nicht minder für andere Zwecke einschließlich der glanzvollen imperialen Repräsentanz. Bei der Vielseitigkeit der Aufgaben, die von der wirtschaftlichen und künstlerischen Leitung kaiserlicher Bauten bis zur Beteiligung an militärischen Unternehmungen reichten, konnten sie ihre Talente entfalten und ihre Treue unter Beweis stellen. Wer sich bewährte, durfte mit der Erhebung auf einen Bischofssitz rechnen und damit auf die ehrenvollste und verantwortungsreichste Stellung, die ein Kleriker damals überhaupt erringen konnte.

Es ist zwar nicht eigens bezeugt, daß auch der Sohn des Grafen von Lambach zeitweilig Mitglied der „capella regis" war, aber doch mit hoher Wahrscheinlichkeit anzunehmen. Wenn die Vermutung zutrifft, wurde er bereits geraume Zeit vor Gebhard und Altmann in die traditionsreiche Institution aufgenommen. So scheint er in ein engeres persönliches Verhältnis zu Heinrich III. getreten zu sein. Als im Frühsommer 1045 die Diözese Würzburg durch den plötzlichen Tod Bischof Brunos frei wurde, bestellte der König Adalbero zu seinem Nachfolger.

Damit war dieser in den Kreis der höchsten geistlichen Würdenträger des Reiches eingetreten. Die Ausstattung mit Würzburg bedeutete zweifellos einen besonderen Vertrauensbeweis. Verkehrspolitisch kam den Diözesen an Mittelrhein und Main hohe Bedeutung zu. Überdies galt Würzburg als besonders reich und mächtig. Ein zeitgenössischer Gewährsmann aus Norddeutschland behauptete sogar, wenn auch mit einiger Übertreibung, in ganz Deutschland stünden nur in dem fränkischen Sprengel alle Grafschaften dem Bischof unmittelbar zu Gebote. Kurz bevor es im Leben Adalberos zu der tragischen Wende kommen sollte, faßte Adam von Bremen (von dem viele Forscher vermuten, daß er selbst aus den Mainlanden stammte) sein Urteil über dessen kirchenfürstliche Stellung mit folgenden Worten zusammen: „Man sagt von dem Würzburger, daß er bezüglich seines Bistums nicht seinesgleichen habe."

Der Satz deutet auf eine energische, im ganzen erfolggesegnete Aufbautätigkeit Adalberos hin. Denn als der neue Bischof 1045 sein Amt antrat, glaubte man in Würzburg mancherlei Gründe zur Unzufriedenheit zu haben. Das ungemein große Engagement seines Vorgängers für die politischen Interessen der Krone hatte sich nicht ausgezahlt. Äußere Einbußen der Diözese waren nicht mehr auszugleichen. So rühmenswert der Eifer Brunos für den Neubau des Domes war, er hatte kaum weiter als bis zur Schließung der Krypta geführt, die drei Wochen nach seinem Tode noch vor der Erhebung Adalberos von Erzbischof Bardo von Mainz feierlich geweiht worden war.

Daher harrten vielfältige Aufgaben des neuen Pontifex, der am Peter-und-Pauls-Tag, dem 29. Juni 1045, inthronisiert wurde. Adalbero widmete sich seinem Amt mit unverbrauchtem Eifer; er suchte alle Rechte des Hochstiftes zu verteidigen, das Verlorene zurückzugewinnen — und wagte sich dabei gelegentlich etwas weiter vor, als es streng juristisch vertretbar war. So hatte er zunächst wenig Glück. Eine Klage gegen die Abtei Fulda, in deren Gebiet er die Sendgerichtsbarkeit beanspruchte, wurde 1049 auf einer Synode zu Mainz in Anwesenheit Heinrichs III. und Leos IX. zurückgewiesen; nur ein bescheidenes Ehrenrecht wurde ihm auf dem Land des exemten Klosters eingeräumt. Auch ein Prozeß gegen das Bistum Bamberg, durch dessen Gründung Würzburg herbe Verluste erlitten hatte, die nach einem halben Jahrhundert nicht verschmerzt waren, scheiterte 1052 ebenfalls in Gegenwart von Kaiser und Papst. Noch mehrfach ging Adalbero gerichtlich gegen die östlichen Nachbarn vor; einen überzeugenden Erfolg konnte er dabei nicht verbuchen.

Dennoch kräftigten sich allmählich wieder die Rechte des Bischofs. Adalbero hatte sich mit Störungen des Landfriedens in seinem Sprengel zu befassen; als Graf Goswin — vermutlich der Erbauer der Burg Gößweinstein in der Fränkischen Schweiz — nicht aufhörte, die Würzburger Diözese mit seinen Räubereien heimzusuchen, erschlugen ihn die bischöflichen Vasallen.

Gegenüber der Krone scheint Adalbero anfänglich spürbar Zurückhaltung bewiesen zu haben. Er widmete sich lieber den mannigfaltigen Aufgaben, vor welche ihn die eigene Diözese stellte. Unter Heinrich III. ist er nur selten bei Hofe nachweisbar; ein einziges Mal hielt sich der Kaiser selbst in Würzburg auf. Man darf aber daraus nicht auf ein gespanntes Verhältnis zwischen beiden schließen. Die Quellen geben keinerlei Anhaltspunkte für eine derartige Vermutung, im Gegenteil, verdankte Adalbero doch seine Erhebung zum Pontifex dem Wohlwollen und Vertrauen des Herrschers. Aber er hatte offenbar aus dem wenig glücklichen Schicksal seines Amtsvorgängers Bruno gelernt, der sich für die Sache des Reiches geradezu aufgeopfert und doch nur wenig Dank davongetragen hatte.

Man gewinnt den Eindruck, daß eher freundliche Distanz das Verhältnis des österreichischen Grafensohnes zu dem herrschgewaltigen und zugleich tiefreligiösen Kaiser bestimmt habe. Zwar gibt es eine ganz vereinzelte Überlieferung, Heinrich III. habe Adalbero 1050 gebeten, gemeinsam mit dem Abt von Cluny die Patenschaft bei seinem Sohn, dem Thronfolger Heinrich (IV.) zu übernehmen; aber aus mancherlei Gründen verdient die Notiz keinerlei Glauben.

Ob die Beziehungen beider unter dem doppelten gerichtlichen Mißerfolg gelitten hatten, den Adalbero vor Hoftag und Reichssynode hinnehmen mußte, ist ungewiß. Jedenfalls stand für den Bischof — anders als für zahlreiche seiner Standesgenossen — das Interesse seiner Diözese eindeutig im Vordergrund vor dem Dienst für die Krone. In seinem Sprengel entfaltete er eine vielfältige Tätigkeit. Da wurde der Domneubau fortgeführt; Adalbero weihte zahlreiche Kirchen neu, er vermehrte den hochstiftischen Besitz. Dicht neben der Kathedrale gründete er 1057 ein Kollegiatstift zu Ehren der Gottesmutter und aller Heiligen und stattete es im Zusammenwirken mit Königin Richiza von Polen und dem Hause Rothenburg-Comburg mit reichem Besitz aus. So entstand das Würzburger Neumünster. Die Chorherren holte Adalbero aus dem Kanonikerstift Sankt Peter und Stephan in der Sandervorstadt. In die freigewordene Kirche zogen Benediktiner aus Münsterschwarzach ein; Adalbero wandelte das Stift in ein Kloster um.

Der Bischof war dem Mönchtum aufrichtig zugetan. Seine Lieblingsabtei war ohne Zweifel Münsterschwarzach. Schon 1046, im ersten Jahr nach seiner Erhebung auf den Würzburger Stuhl, war er hier aktiv geworden. Denn das alte, schon in der Karolingerzeit hochberühmte Kloster war im Verlauf der Zeit in eine Krise geraten; es hatte seine Freiheit verloren und war in den Besitz Würzburgs gekommen. Einige kurzatmige Versuche, dem Niedergang entgegenzuwirken, hatten wenig gefruchtet. Endlich hatte das monastische Leben ganz aufgehört. Erst das Eingreifen Adalberos änderte die Verhältnisse von Grund auf. Er berief eine Gruppe von Mönchen aus dem lothringischen Reformkloster Gorze bei Metz und übergab ihnen die heruntergekommene Abtei. Doch beschränkte sich seine Anteilnahme nicht auf diesen einzigen Akt. Immer wieder besuchte er Münsterschwarzach. Schon binnen Jahresfrist — 1047 — konsekrierte er die neuerbaute Kapelle der Heiligen Gallus und Kolumban. Als der Konvent unter dem hochbefähigten und energischen Abt

Ekkebert bald aufblühte und sich zu einem Zentrum der sog. „Junggorzer Reform" entwickelte, half er beständig mit Rat und Tat. Nicht zu Unrecht verehrt die Münsterschwarzacher Tradition Adalbero als „zweiten Gründer". Selbst heute noch — nachdem über der historischen Überlieferung des Klosters ein Unstern gewaltet hat — lassen sich nicht weniger als sechs Altar- und Kirchenweihen nachweisen, die der Bischof zwischen 1047 und 1076 hier vornahm.

Abt Ekkebert von Münsterschwarzach hatte Adalberos volles Vertrauen. Als in Kloster Neustadt am Main, einer anderen karolingischen Abtei in der Würzburger Diözese, eine Reform notwendig wurde, zog auf bischöfliches Geheiß auch hier die Gorzer Consuetudo ein. Nicht anders erging es dem Würzburger Andreas-Kloster, dem heutigen Sankt Burkard auf dem Südufer des Mains. Dank Adalbero eröffnete sich der „Junggorzer Reform" ein weites Betätigungsfeld; die Filiationen Münsterschwarzachs reichten schließlich bis ins ferne Niedersachsen und in den Ostalpenraum.

Wie es im Mittelalter frommer Brauch war, hatte Adalberos Vater Graf Arnold bei der Stammburg Lambach ein kleines Kanonikerstift gegründet. Der Würzburger Bischof wandelte es in ein Benediktinerkloster um, als er nach dem Tode seiner Brüder, die kinderlos verstorben waren, die Hausgüter im Traungau erbte. Wohl im Jahr 1056 übernahmen Münsterschwarzacher Mönche auch Lambach. Abt Ekkebert fungierte zugleich als geistlicher Vater des österreichischen Konvents. Der Bischof schenkte seinen gesamten Besitz einschließlich der neuen Abtei an die Würzburger Kirche. Erst im frühen 13. Jahrhundert stieß das Hochstift die — im Laufe der Zeit schon arg geschmälerten — weit entfernten Außenposten ab und veräußerte sie an Herzog Leopold VI.

Nicht anders als in seiner Bischofstadt, über die man damals spottete: „Den Würzburgern scheint es angeboren zu sein, abzureißen und neu zu bauen; was viereckig ist, verändern sie alsbald in runde Formen", entfaltete Adalbero auch in Lambach eine rege Bautätigkeit. Bei der letzten Restaurierung des barocken Komplexes, in dem nur noch bescheidene romanische Überreste erhalten blieben, fand man Säulen des elften Jahrhunderts aus mainfränkischem Buntsandstein, die offenbar für den Gründungsbau angefertigt und über die weite Entfernung bis in den Traungau transportiert worden waren. Adalbero hat — schon bevor ihn das Schicksal zwang, in Lambach sein Exil zu nehmen — das Kloster in der alten Stammburg jedenfalls öfters aufgesucht; es fällt auf, wie zahlreich er urkundlich in den Folgejahren in Regensburg nachzuweisen ist, über das der Reiseweg von Würzburg nach Lambach ging. Er überließ der neuen Abtei die fränkischen Märkte Ansbach und Gerolzhofen zur Ausstattung; doch scheint die Schenkung niemals rechtskräftig geworden zu sein oder — was wahrscheinlicher ist — geriet während der Wirren in Adalberos letzten Lebensjahren in Vergessenheit.

Im gleichen Jahr 1056, in welchem nach Adalberos Willen Münsterschwarzacher Mönche in Lambach einzogen, starb Heinrich III. Der Thronerbe war ein unmündiges Kind von noch nicht einmal sechs Jahren. Dem Reich drohte Gefahr. Binnen kurzer Frist lockerten sich alle politischen Bande. Die schwache Vormundschaftsregierung der Kaiserinwitwe Agnes konnte dem Machtzerfall nicht Einhalt gebieten. Viele, die zuvor in der Hoffnung auf Lohn und Ehren die Königsnähe gesucht hatten, blieben fortan der „curia regis" fern.

Nicht so Adalbero. Zu Lebzeiten Heinrichs III. war er ganz gewiß nicht als „Hofbischof" aufgetreten. Aber nun ist er zur Stelle, sofern es ihm seine Fürsorgepflichten für die Diözese Würzburg gestatten. Man hat bislang kaum beachtet, daß sich sein Verhalten gegenüber der Krone im zweiten Jahrzehnt seines Pontifikats von dem zuvor gezeigten deutlich unterscheidet. Unter dem verstorbenen Kaiser war er dann bei Hofe erschienen, wenn er die Sache seiner Kirche dort zu vertreten hatte — mit geringem Erfolg, wie gezeigt wurde. Jetzt stellt er sich in den Dienst des Reiches, wo immer es ihm notwendig erscheint. Bis zur Volljährigkeitserklärung Heinrichs IV. läßt sich Adalbero fast in jedem Jahr ein- oder mehrmals auf Hoftagen, Synoden und Fürstenversammlungen nachweisen. Offenbar empfindet er angesichts der Umstände eine gesteigerte Verantwortung für das Ganze. Er wird als Schlichter bei Besitzstreitigkeiten genannt, namentlich in dem Konflikt um das Straßburger Wildbannrecht; er gibt seinen Rat zu innen- und außenpolitischen Fragen, beispielsweise bezüglich Polens. Er verwendet sich für die Interessen anderer — der Kirchen von Bamberg, Hamburg-Bremen, Treviso. Daß er inzwischen im Kreis der Fürsten Ansehen errungen hat, wird trotz der Trümmerhaftigkeit der Überlieferung mehrfach deutlich. Ein bequemer Nachbar ist er freilich nicht. Die Konflikte mit Fulda und Bamberg schwelen fort; hier hat Adalbero noch mehrfach Niederlagen einstecken müssen. Aber diese Meinungsverschiedenheiten berühren offenbar nicht das Persönliche. Sonst wäre es unvorstellbar, daß sich Abt Siegfried von Fulda 1059 ausgerechnet von Adalbero zu Würzburg weihen läßt und dieser drei Jahre später beim Königshof für den östlichen Nachbarn interveniert. Die besten Beziehungen bestehen zwischen dem Würzburger und seinem Amtskollegen in Eichstätt, denn in Adalberos Namen konsekriert Bischof Gundekar mehrfach neuerbaute Kirchen, so 1059 die zu Lehrberg (Kreis Ansbach). Ein Jahr später ist es wiederum Adalbero, welcher den jungerwählten Erzbischof Gebhard von Salzburg, den die Überlieferung seinen Freund nennt, feierlich inthronisiert und weiht.

Leider tritt wegen der Ungunst der Überlieferung die Persönlichkeit Adalberos der Nachwelt nur höchst undeutlich vor Augen. Die Chronistik des Hochmittelalters fragte im allgemeinen wenig nach individuellen Zügen; stereotype Äußerungen, die mehr der „Rolle" als dem „Menschen" gelten, verhüllen oft mehr, als sie offenbaren. Die Lambacher Vita — erst lange nach Adalberos Tod niedergeschrieben — spiegelt nur eine legendär überwucherte, längst ins Konventionelle abgeblaßte Erinnerung an den Gründer des Klosters wider. Von dem Würzburger Bischof weiß sie wenig zu berichten.

Um so willkommener ist eine andere Nachricht, die — sieben Jahre nach dem Tod Heinrichs III. niedergeschrieben — offenbar zuverlässig einen wichtigen Charakterzug Adalberos erkennen läßt. Es heißt in einem Brief, den ein glücklicher

Zufall im Wortlaut überliefert hat und den drei Bamberger Kleriker — darunter der berühmte Domscholaster Meinhard — an einen Ungenannten im Sommer 1063 richteten: „Der Würzburger Bischof verweigert strikt die Teilnahme an dem Feldzug, dem er zuvor doch zugestimmt hatte, indem er laut äußert, er wolle nicht für fremdes Gewinnstreben und Habsucht kämpfen."

Auf einem Hoftag zu Mainz hatten die Fürsten einen Reichskrieg gegen Ungarn beschworen, um zugunsten des verdrängten Königs Salomo dort einzugreifen. Auch Adalbero hatte sich zur Teilnahme verpflichtet. Als er die Überzeugung gewann, das ganze Unternehmen solle nur den egoistischen Zielen des übel beleumundeten Königs dienen, gegen den man nicht ohne guten Grund rebellierte, sagte er seine Beteiligung ab.

Ersichtlich befand sich der Bischof in einer Pflichtenkollision. Einerseits banden ihn das Gelübde, an der Heerfahrt teilzunehmen, und die geschuldete Treue zum Reich. Auf der anderen Seite standen seine sittlichen Prinzipien, die es ihm verboten, der ungerechten Sache zu Hilfe zu kommen. Gewiß war es keine Kleinigkeit, dem Herrscherhaus, in dessen Verehrung er herangewachsen war, dem er Amt und Würde verdankte und seinen Eid geschworen hatte, die Gefolgschaft zu verweigern, auch wenn der König noch minderjährig war. Aber unbeirrt folgte er seinem Gewissen, das ihm nun einmal die Unterstützung Salomos untersagte.

Ein anderer hätte vielleicht nach der größeren Opportunität gefragt, einen Kompromiß geschlossen oder auch einfach schweigend die übernommene Verpflichtung „vergessen" — Beispiele solchen Verhaltens fehlen gerade im elften Jahrhundert nicht; Adalberos Amtsbruder Benno von Osnabrück mag als Exempel dienen. Dazu war der Charakter des Würzburger Bischofs zu gerade — vielleicht auch zu schroff. Ausdrücklich erwähnt jener Brief, daß er klar, eindeutig und vernehmlich Stellung bezog.

Die Konfliktsituation ging bald vorüber; Folgen hatte sie nicht. Aber man sieht, wie sich Adalbero in einer Lage verhielt, bei der die Maßstäbe des eigenen Handelns widersprüchlich wurden: Er trat offen und vorbehaltlos auf diejenige Seite, der nach seiner Meinung das höhere Recht zukam. Sein Handeln im Investiturstreit unterscheidet sich im Kern nicht wesentlich von seiner Haltung 13 Jahre zuvor; nur daß es dann um unendlich viel mehr gehen sollte!

Der junge König hat dem Bischof die Verweigerung der Heeresfolge gegen Ungarn nicht nachgetragen. Es war in Würzburg, wo sich Heinrich IV. nur drei Jahre später mit Bertha von Susa vermählte. Die Wahl des Ortes geschah gewiß aus praktischen Gründen und nicht zuletzt wegen der zentralen Lage; sie bedeutete aber zugleich eine Auszeichnung und hohe Ehrung Adalberos.

Auch als es zu Spannungen im Reich und zum Ausbruch des sächsischen Aufstandes kam, stand der Würzburger auf der Seite des Herrschers. Er stellte Heinrich sein Aufgebot zur Verfügung und zog ihm persönlich nach Hersfeld entgegen. Wochenlang hielt sich die „curia regis" im Herbst 1073 bei Adalbero in Mainfranken auf. Dieser befand sich beim Heer des Königs, als Heinrich IV. zwei Jahre später den Krieg siegreich nach Sachsen trug. Er genoß bei Freund und Feind hohes Ansehen. An Adalbero und Erzbischof Siegfried von Mainz wandte sich Werner von Magdeburg, der prominenteste Geistliche im Lager der Aufständischen, um beide um Fürsprache und Vermittlung bei dem Salier zu bitten. Das ist gewiß nicht so zu erklären, daß der Würzburger insgeheim mit den Empörern sympathisiert hätte, wie ein Chronist später vermutete. Man war sich durchaus klar darüber, daß er zu den verläßlichsten Anhängern Heinrichs zählte; aber er galt als gerecht und gemäßigt; Rachgier war ihm fremd. So war Adalbero auch einer der fünf Fürsten, an welche die Rebellen Ende Oktober 1075 das Ersuchen richteten, sich für Verhandlungen zur Verfügung zu stellen. Die Mission hatte vollen Erfolg; die Vermittler konnten die Sachsen zur Unterwerfung veranlassen. Nicht zuletzt dem Bischof von Würzburg hatte der König den glanzvollen Frieden von Spier zu verdanken.

Nur wenige Wochen später änderte sich die Situation von Grund auf. Aus dem bewährten Helfer der Krone wurde einer der entschiedensten Gegner Heinrichs IV. Ein neuer Konflikt brach aus, der die bisherigen Gegensätze teilweise verschärfte, zum Teil aber auch verwischte und dafür neue Gräben aufriß: der Investiturstreit. An dramatischer Wucht und welthistorischer Wirkung sucht er im Mittelalter seinesgleichen. Heinrich IV. geriet mit dem Papsttum in einen Kampf auf Leben und Tod, in welchem Neutralität nicht möglich war, am wenigsten für den Episkopat.

Als Adalbero auf der Würzburger Domschule und in der königlichen Hofkapelle lebte, fragte man im Abendland nicht viel nach dem Apostolischen Stuhl. Er war zur Pfründe stadtrömischer Geschlechter geworden, die in immer neuen Greueltaten einander bekämpften, und daher gar nicht in der Lage, jene Stellung für sich zu beanspruchen, die ihm die kirchliche Tradition seit langem zusprach. Rom war für die Christenheit eine Quelle des Ärgernisses geworden, nicht mehr die wirkungskräftige Mitte allen geistlichen Lebens. Endlich war es zum Schisma gekommen. Zwei Adelspäpste befehdeten einander, bis der eine sein Amt kurzerhand an einen dritten verkaufte, um in Frieden leben zu können.

Diese unerhörten Vorfälle wurden für Heinrich III. zum Anlaß, endlich selbst am Tiber für Ordnung zu sorgen und der Reform auch in der Stadt der Apostelfürsten zum Durchbruch zu verhelfen, nachdem sich bereits seit geraumer Zeit vielerorts im Abendland Kräfte geregt hatten, die Kirche zu erneuern. Kaum hatte er Bruno von Würzburg in Adalbero einen Nachfolger gegeben, brach er mit seinem Heer nach Italien auf. In Sutri lud er die widerstreitenden Prätendenten vor Gericht (20. Dezember 1046). Sie wurden abgesetzt. Ein deutscher Bischof bestieg nach dem Willen des Herrschers die Kathedra Petri: Adalberos Nachbar Suitger von Bamberg.

Niemand konnte vorhersehen, daß die Tat des Kaisers eine Voraussetzung dafür bildete, daß genau dreißig Jahre später ein Nachfolger Suitgers, Gregor VII., dem Sohn des Saliers die Krone absprechen sollte und damit der Idee des Reiches schwersten, nie wieder behobenen Schaden zufügen würde. Das Echo auf Heinrichs III. Intervention war geteilt; mehrheitlich begrüßte man freilich, daß dem römischen Ärgernis nunmehr ein Ende bereitet worden war. Noch dreimal sah sich der Salier in der Lage, einen deutschen Bischof zum Nachfolger Petri zu erheben. Einer von ihnen war Gebhard von Eichstätt, der südliche Nachbar Adalberos. Der kaiserliche Eingriff hatte besten Erfolg. Rasch veränderten sich die Verhältnisse an der Kurie zum Guten. Als Heinrich 1056 starb, hatte man die Unterstützung der Krone in Rom nicht mehr nötig. Das erneuerte Papsttum, getragen von einer Kerngruppe entschiedener Reformer, war bereits selbst zur Macht geworden; mit atemberaubender Geschwindigkeit ging es daran, in der abendländischen Christenheit eine Ordnung aufzurichten, die an Rom gebunden und gemessen war, und der Kirche sein Gesetz aufzuzwingen.

Auch in Deutschland bekam man die Veränderung bald zu spüren. War zuvor die Kurie vorzugsweise dann tätig geworden, wenn man sie darum anging, so entfaltete der Apostolische Stuhl nunmehr Eigenaktivität. Neue Töne wurden vernehmlich, die vordem unerhört waren. Der römische Bischof war in den Augen der Reformer der Allbischof; der gesamte Episkopat — so ließen sie sich vernehmen — sei nur berufen zur Teilnahme an der Fürsorge für die Gläubigen, nicht aber teilhaftig der monarchischen Gewalt des Papstes, die sich über die gesamte Kirche erstrecke.

Der energischste Vorkämpfer der neuen Ordnung war der Archidiakon Hildebrand, seit 1073 Papst Gregor VII. „Dieser gefährliche Mensch will, was immer er möchte, den Bischöfen anbefehlen, als wären sie seine Dienstboten!" Mit solchen erbitterten Worten hat ihn Erzbischof Liemar von Bremen, einer der Führer der deutschen Kirche, in einem Brief charakterisiert, keineswegs ohne Grund. Rücksichtslos wurden die stolzen, hochadligen Bischöfe vorgeladen, sich vor dem Nachfolger Petri zu demütigen und zu rechtfertigen, Zensuren und Weisungen entgegenzunehmen. Mißstimmung, ja Haß wuchs in ihren Reihen.

Auch Adalbero wurde 1069 nach Italien zitiert. Er hatte sich gegen Anschuldigungen des Abtes Widerad von Fulda zu verteidigen. Aber es scheint, als habe er bei dieser Gelegenheit der Kurie seine Vertrauenswürdigkeit bewiesen und selbst Verständnis gewonnen für die neuen päpstlichen Forderungen. Fünf Jahre später lud man ihn erneut vor, nun gemeinsam mit Siegfried von Mainz, Otto von Konstanz, Werner von Straßburg, Heinrich von Speyer, Hermann von Bamberg und Embricho von Augsburg. Diesmal sollte er jedoch als Zeuge fungieren, um über seine verdächtigten Amtsbrüder von Bamberg, Straßburg und Speyer auszusagen, die man der Simonie, des verbotenen Ämterkaufs, beschuldigt hatte. Am 12. April 1075 wurde er gemeinsam mit Siegfried von Mainz und Hermann von Metz, der mit ihm zusammen in der Ewigen Stadt erschienen war, von Gregor VII. im Angesicht des Kardinalskollegiums verhört. Auf Grund der übereinstimmenden Aussage, daß der Bamberger sein Amt durch hohe Geldgeschenke erschlichen habe, schritt man zu dessen sofortiger Verurteilung. Den König fragte niemand. Hermann von Bamberg hat vergeblich versucht, sich gegen das Verdikt zur Wehr zu setzen. Endlich verzichtete er auf die Diözese, löste sich durch eine Pilgerfahrt nach Rom aus der Exkommunikation und trat in das Würzburger Eigenkloster Münsterschwarzach ein. Wenig später beschenkte Adalbero die Abtei auf die Fürsprache des reuigen Sünders mit einem Weinberg.

Wie hatten sich die Verhältnisse verändert! Der Reichsepiskopat, der noch 1046 über das Papsttum zu Gericht saß, mußte sich nun dem römischen Urteil beugen. Aber indem sich die Kurie anschickte, die gesamte Hierarchie in dem gewaltigen Bau der katholischen Weltkirche zusammenzufassen und hohen wie niederen Klerus der unumschränkten Amtsgewalt des Papstes zu unterwerfen, von dem Gregor VII. in seinem „Dictatus" schrieb, daß ihm als einzigem der Titel „Universalbischof" zukomme, wurde der Konflikt mit der Krone unausweichlich. Die Bischöfe waren ja längst zu Fürsten, zu Dienern der königlichen Gewalt geworden. Die Verfassung des Reiches, sein ganzes Verwaltungs- und Herrschaftssystem mußte zusammenbrechen, wenn sie der staatlichen Ordnung nicht mehr zur Verfügung standen.

Zwei konkurrierende Vorstellungen über die „rechte Ordnung in der Welt" (Tellenbach) traten einander gegenüber, die prinzipiell unversöhnlich waren, auch wenn der Gegensatz nicht sogleich voll ins Bewußtsein der Zeitgenossen kam. Beide Seiten, der Königsthron und der Apostolische Stuhl, beanspruchten den Episkopat jeweils mit guten Gründen für sich, nur daß es zum einen das geheiligte Recht der Reichstradition, zum anderen das neu geborene Recht der „ecclesia universalis" war, die mehr zu sein beanspruchte als nur die Summe der vielen einzelnen Kirchen.

Der Investiturstreit wurde für jeden einzelnen Bischof zu einer Zerreißprobe. Anfänglich stand die überwältigende Mehrheit im Episkopat auf der Seite des Königs. Am 24. Januar 1076 versammelte Heinrich IV. die Spitzen der Reichskirche auf einer Synode zu Worms um sich. Auch Adalbero war unter ihnen. Der Salier war entschlossen, zu den „unerhörten Anmaßungen" Gregors Stellung zu nehmen. Der sächsische Aufstand war niedergeworfen, aus Rom hatte man Nachrichten erhalten, welche die Stellung des Papstes inmitten seiner eigenen Stadt als ungesichert empfinden ließen. Gottfried der Bucklige, der mächtige Herzog der Toscana, stand auf der Seite des Königs. Ein abtrünniger Kardinal verbreitete Gerüchte über Gregors Lebensführung, seinen Amtsantritt, seine Ziele. So ließ sich die Versammlung dazu hinreißen, in einem flammenden Anklageschreiben Gregor den Gehorsam aufzukündigen; der König schloß sich dem Absetzungsdekret in einem eigenen Brief an; eine erweiterte Fassung, die mit den Worten anhob: „Heinrich, nicht durch Anmaßung, sondern durch Gottes gerechte Anordnung König, an Hildebrand, nicht mehr den Papst, sondern den falschen Mönch", und wirkungsvoll mit dem Satz endete: „Ich Heinrich, durch die Gnade Gottes König, sage dir zusammen mit allen meinen Bischöfen: Steige herab, steige herab!" war für die propagandistische Verbreitung bestimmt.

Das dröhnende Schreiben enthielt eine Unwahrheit: Einige wenige Bischöfe hatten widersprochen und Einwendungen erhoben. Einer von ihnen war Adalbero. Ein Chronist überliefert sogar seine Argumente: Adalbero machte geltend, daß man einen Papst, dem man volle drei Jahre lang Anerkennung gezollt habe, doch nicht einfach für einen widerrechtlichen Eindringling erklären könne; zudem dürfe der Apostolische Stuhl nach alter kirchlicher Satzung zwar jedermann vor sein Tribunal ziehen, nicht aber selbst gerichtet werden. Obwohl er klar seine abweichende Meinung vortrug, nahm man auch seinen Namen in die Liste derer auf, welche Gregor für abgesetzt erklärt hatten.

Zum sachlichen Dissens zwischen dem Würzburger Bischof und der Mehrheit der Versammlung war damit ein persönlicher Konflikt getreten; Adalbero mußte sich verleumdet, vergewaltigt, hintergangen fühlen. Er beeilte sich, nach Rom zu melden, daß er sich von dem Synodalbeschluß in jeder Weise distanziere. Als Gregor Worms damit beantwortete, daß er den Kirchenbann über den König verhängte und ihn von der Regierung des Reiches suspendierte, fand er den vollen Beifall des Würzburgers. Der bewährte und uneigennützige Helfer Heinrichs wandelte sich in einen der entschiedensten Führer der gregorianischen Opposition gegen die Krone. Schon bei den ersten Beratungen mißvergnügter Fürsten, die den Aufstand gegen den Salier erwogen — Ostern 1076, nur zwei Monate nach Worms, fünf Wochen nach der römischen Fastensynode —, war er dabei. Von königlichen Gegenveranstaltungen hielt er sich fern. Wie Rudolf von Rheinfelden, Welf von Baiern und Berthold von Kärnten Heinrichs weltliche Hauptgegner waren, so Adalbero von Würzburg, Altmann von Passau und Hermann von Metz seine schärfsten geistlichen Opponenten.

Der Würzburger Bischof war in Ulm anwesend, als man übereinkam, eine große Reichsversammlung nach Tribur einzuladen, um über den gebannten König zu beraten. Als man sich Mitte Oktober bei der uralten mittelrheinischen Kaiserpfalz traf, bewirkten die kluge Politik des Papstes, der Mäßigung zeigte, durch abgestufte Strafmaßnahmen seine Gegner spaltete und den Bischöfen Verzeihung anbot, wenn sie sich umgehend bei ihm entschuldigten, und die Beredsamkeit seiner Legaten, unter denen Altmann von Passau hervorragte, das Ihre: Heinrich mußte es in Oppenheim mitansehen, wie ihn die meisten seiner Anhänger schnöde verließen. Seine Niederlage schien vollkommen, ihm blieb nur die Kapitulation vor den Forderungen der Feinde. Schon verständigten sich Kurie und Fürstenopposition dahingehend, in Augsburg Gericht über den unglücklichen Salier zu halten; sollte er sich nicht binnen eines Jahres aus der Exkommunikation befreit haben, so dürfte er niemals wieder König sein; ein anderer solle an seiner Statt gewählt werden. Aber durch den winterlichen Bußgang nach Canossa vermochte Heinrich die Pläne und Erwartungen seiner Gegner zu durchkreuzen und die Handlungsfreiheit zurückzugewinnen. Der Papst löste ihn vom Bann. Das wurde für die allermeisten deutschen Bischöfe zum Anlaß, sogleich auf die Seite des Königs zurückzukehren. Das Bündnis von Krone und Episkopat, auf dem die alte Reichsordnung beruhte, erneuerte sich. Nur wenige blieben unversöhnlich, nachdem doch Gregor seinen Frieden mit dem Salier gemacht zu haben schien. Einer von ihnen war Adalbero.

Der Bischof verhielt sich somit wie die Opposition deutscher Laienfürsten gegen Heinrich IV. Die Aufständischen fühlten sich von Gregor VII. getäuscht und verraten; sie waren empört. Vor allem aus Sachsen erhielt der Pontifex erbitterte Briefe, auf die er begütigend und erklärend antwortete. Er hielt an dem Plan fest, Heinrich persönlich zu Augsburg vor sein Gericht zu laden. Aber nun hatten die rebellierenden Fürsten das Interesse verloren; der Gerichtstag in der schwäbischen Bischofsstadt fand niemals statt. Statt dessen traten die Führer der Rebellen — unter ihnen auch Adalbero — in Forchheim zusammen und wählten in Gegenwart der Legaten Gregors Herzog Rudolf von Rheinfelden zum neuen König. Der Papst war freilich peinlich bestrebt, Neutralität zu wahren. Seine eigenen Anhänger warfen ihm vor, bei Tag empfange er die Boten des Saliers, nachts die Rudolfs.

In Deutschland hatte sich die Lage der königstreuen Partei inzwischen erheblich verbessert, da dem Salier die Reichskirche fast überall wieder zu Gebote stand. Einer der wenigen Bischöfe, die trotz des faulen Friedensschlusses von Canossa zwischen Gregor und Heinrich weiterhin den König kompromißlos ablehnten, war der Würzburger. Adalbero ist von allen geistlichen Fürsten am energischsten für Rudolf eingetreten; er führte den Gegenkönig persönlich nach Bamberg, Würzburg und zur Königskrönung nach Mainz; in seiner Umgebung reiste er mit nach Augsburg und später nach Sachsen. Als der Bischof endlich wieder in seine Residenzstadt zurückkehren wollte, verweigerten ihm die Bürger den Einzug. Sie nahmen Partei für den Salier, der schon frühzeitig Verständnis für die neuen aufsteigenden Sozialschichten der Ministerialen und Bürger bewiesen hatte und daher bei diesen sehr beliebt war. Fast einen Monat lang belagerten der Gegenkönig und Adalbero die strategisch wichtige, wegen ihrer glänzenden Verkehrsverbindungen geradezu unentbehrliche Stadt — sie konnten sie nicht einnehmen! Im Gegenteil, Heinrich IV. setzte Bischof Eppo von Naumburg als Administrator in der mainfränkischen Diözese ein, der jedoch bald einen schimpflichen Tod in einem Wasserlauf fand, in welchen er — vom Frankenwein berauscht — gestürzt war.

Adalbero beharrte auf seinem Recht. In Anwesenheit der päpstlichen Legaten — darunter seinem altvertrauten Amtskollegen Altmann von Passau — verhängte er den Kirchenbann über alle diejenigen, welche daran mitschuldig waren, daß er aus seinem Sitz vertrieben war. Ob auch König Heinrich mitgemeint war? In einem zeitgenössischen Brief heißt es, in der Bischofsstadt sei „fast niemand nicht exkommuniziert" gewesen. Aber die Rückkehr blieb Adalbero verwehrt. Anfänglich hielt er sich in der Umgebung Rudolfs in Sachsen auf. Als der Gegenkönig 1080 an den Folgen des Verlustes der Schwerthand in siegreicher Schlacht starb, begab sich der Bischof nach Süddeutschland. Gegen Heinrich IV. blieb er unversöhnlich; so war ihm die eigene Diözese weiterhin versperrt. Zeitweilig fand er in Schwaben Asyl, wo die Opposition gegen den Salier in Hirsau, St. Blasien und Schaffhausen besonders aktive agitatorische Zentren besaß. Hier weihte er gelegentlich Kirchen und wirkte bei der Gründung der Abtei Zwiefalten durch Graf Luitold von Achalm mit. Einige Nekrologien aus Oberschwaben nennen seinen Namen; Adalbero muß daher auch zu ihnen in Beziehungen gestanden haben, doch fehlen genauere Nachrichten.

Im März 1080 fand der faule Friede zwischen König und Papst sein Ende. Auf einer römischen Fastensynode wurde bittere Klage gegen den Salier erhoben. Gregor VII. erneuerte daraufhin den Bannfluch gegen Heinrich IV. Unter den mannigfaltigen Vorwürfen, die laut wurden, lautete der erste: Der König „habe alles rings umher mit Schwert, Plünderung und Brand verwüstet und fromme Bischöfe aus ihren Diözesen in gottloser Grausamkeit hinausgestoßen". Offenbar bezog sich der Passus auf die Vertreibung Adalberos.

Aber diesmal erwies sich die Exkommunikation Heinrichs als ein Fehlschlag. Hatte die Bannung des Königs 1076 als ein bis dahin noch nie dagewesenes Geschehen ein gewaltiges Echo gefunden, so war diese Waffe bereits bei der ersten Wiederholung ersichtlich abgestumpft. Die Mehrheit des deutschen Episkopats blieb diesmal unbeirrt auf der Seite der Krone. Nur wenige Bischöfe verkündigten die Verurteilung Heinrichs in ihren Diözesen. Gegen sie ging der König energisch vor; er ließ Gregor VII. nun seinerseits erneut durch eine Synode zu Brixen absetzen. Einer von dessen alten Feinden, Erzbischof Wibert von Ravenna, wurde als Gegenpapst nominiert. Dann trug Heinrich den Krieg nach Italien. Gregors Verbündete wurden geschlagen; er selbst verschanzte sich in der Engelsburg und wurde belagert. Durch die Normannen befreit, mußte er ins Exil nach Salerno gehen, wo er am 25. Mai 1085 starb — geschlagen, vertrieben, und doch der geheime Sieger in dem gewaltigen Streit.

Natürlich hatten diese Vorfälle Rückwirkungen auf die Lage in Deutschland. „Es waren" — so heißt es in der Vita des Erzbischofs Gebhard von Salzburg, der mit Adalbero befreundet war — „harte und gefährliche Zeiten, als außer unserem Herrn Gebhard, dem Erzbischof von Salzburg, Altmann von Passau, Adalbero von Würzburg, Hermann von Metz und Meginward von Freising, außer diesen fünf allein im ganzen deutschen Reich kein katholischer Bischof mehr gefunden werden konnte". Sie alle sahen sich Angriffen der Heinricianer ausgesetzt und mußten — mindestens zeitweilig — ihre Diözesen räumen. Der Salzburger hielt sich längere Zeit in seiner schwäbischen Heimat auf; hier kam er wiederholt mit dem vertriebenen Bischof von Würzburg zusammen.

Nach Würzburg konnte Adalbero nicht zurück; die Stadt und ein großer Teil der Diözese waren fest in salischer Hand. Heinrich IV. suchte die Gegnerschaft seines einstigen Helfers zu überwinden; er bot ihm mehrfach an, in sein Bistum zurückzukehren — natürlich gegen das Zugeständnis des Parteiwechsels zum kaiserlichen Lager. Für Adalberos geraden, konsequenten Charakter wäre dies jedoch einem Verrat an seinen heiligsten Überzeugungen gleichgekommen. Noch einmal setzte ihm der Herrscher einen Termin; dann erhob er den Bamberger Domscholaster Meinhard zum neuen Bischof von Würzburg (1085).

Doch schon im Folgejahr fiel die Diözese durch eine Zangenoperation der aufständischen Sachsen und Schwaben in die Hände der Gregorianer. Im Gefolge des Gegenkönigs Hermann von Salm konnte Adalbero nach neunjähriger Abwesenheit in sein Bistum zurückkehren. Eine Entsatzarmee, die der Salier zur Unterstützung des kaisertreuen Herzogs Friedrich von Staufen und Meinhards entsandt hatte, um den Belagerungsring zu sprengen, wurde bei Pleichfeld vernichtend geschlagen. Tags darauf öffnete Würzburg seinem alten Bischof die Tore.

Aber der Kaiser kam bald wieder; nun mußte Adalbero kapitulieren, da er mit seinen unzureichenden Kräften keinerlei Aussicht hatte, sich erfolgreich verteidigen zu können. Noch einmal bot ihm Heinrich IV. Versöhnung an. Allerdings müsse er die Partei wechseln. Ein Anhänger des Kaisers überliefert uns Adalberos stolze Antwort: Man könne ihn töten, aber nicht beugen. Der greise, etwa siebzigjährige Pontifex ging lieber abermals ins Exil, als daß er seine Prinzipien verriet. Der Salier gestattete ihm und seinen Leuten freien Abzug. Adalbero verließ die Stadt, diesmal für immer.

Für kurze Zeit scheint sich Adalbero daraufhin im Süden der Würzburger Diözese aufgehalten zu haben, als hege er noch Hoffnung, wieder in seine Residenz einziehen zu können. Aber es bestand keine Aussicht mehr. Nach Gregors Tod hatten sich die Reihen seiner Anhänger stark gelichtet. Die meisten sächsischen Bischöfe suchten ihren Frieden mit dem siegreichen König; sogar Hermann von Metz söhnte sich mit dem Salier aus. Als Gebhard von Salzburg 1088 starb, standen nur noch drei Mitglieder des deutschen Episkopats unbeirrt gegen Heinrich: Altmann von Passau, Adalbert von Worms und der vertriebene Bischof von Würzburg. Ihnen zeigte Papst Urban II. seine Wahl zum zweiten Nachfolger Gregors an; aber den Umschwung der Verhältnisse, der unter ihm einsetzte, haben sie nicht mehr erlebt. Dagegen mußte Adalbero es noch erfahren, daß Heinrich IV. nach Meinhards Tod seiner Diözese in dem Grafen Emicho von Comburg-Rothenburg einen neuen Gegenbischof gab.

Adalbero hatte sich nach Lambach zurückgezogen. Das Kloster wurde weiter verschönert; 1956 deckte man Fresken auf, die damals angebracht wurden. Namentlich eine Darstellung der thronenden Gottesmutter ist eine hervorragende künstlerische Leistung. Der Neubau der Kirche wurde zum Abschluß gebracht; Adalbero hatte die Freude, bei der Weihe seinen Freund und Mitstreiter Altmann von Passau in Lambach begrüßen zu können. Die Lebenszeit beider neigte sich zu Ende. Am 6. Oktober 1090 starb Adalbero in seiner Familiengründung, ein Jahr später Altmann in Göttweig, das er gestiftet hatte.

Man hat Adalbero bald in Lambach als Heiligen verehrt; in der Würzburger Diözese ist sein Kult erst im Ausgang des vorigen Jahrhunderts vereinzelt aufgekommen. Das Bild der Legende hat die Erinnerung an den aufrechten Mann, den treuen Hirten seiner Herde, den zunächst königlichen, dann päpstlichen Gefolgmann, den großen Bischof verwischt — sie spricht statt dessen in einer sehr konventionellen Weise mehr von dem Klostergründer und Wundertäter. Und die sonstige Überlieferung ist viel zu trümmerhaft, als daß sie die Mängel der späten Vita aus Oberösterreich ausgleichen könnte.

Er lebte an einer Zeitenwende. War das Amt des Bischofs vor jener Zuspitzung, die sich im Investiturstreit entlud, nach der Krone das Höchste und Größte, das man kannte, so wurde es in der Zerreißprobe dieses Konflikts zu einer fast unerträglichen Last. Zwölf Jahre nach Adalberos Tod wurde der hl. Otto, der Pommern-Apostel, zum Bischof von Bamberg berufen. Von ihm berichtet sein Biograph Herbord: „Da dachte er die ganze Nacht und den folgenden Tag hindurch an die Ungunst der Zeiten, die Versuchungen und Gefahren der Seelenhirten, den Ungehorsam und die Unruhe der Untergebenen, was ihm in diesem Amte Widerwärtiges und Gefährliches zustoßen könnte. Und als er all dies sich vergegenwärtigt und erwogen hatte, beschloß er, allem zu entsagen und lieber ruhig als Privatmann zu leben."

Otto von Bamberg mag an Adalbero von Würzburg gedacht haben, als ihn diese Gedanken bestürmten. Dennoch hat er schließlich das angetragene Amt übernommen. Ob es die gleiche Erinnerung an jenen konsequenten und entschiedenen, kompromißlosen alten Bischof war, den auch das Exil nicht beugte, die dazu beitrug, daß Otto endlich seinen Kleinmut abschütteln konnte? Wir wissen es nicht. So verschieden sich Ottos Schicksal von dem Adalberos gestaltete — er ist dann doch wie jener seinen Weg unbeirrt bis zum Ende gegangen. Den Würzburger Bischof aus den Anfängen des Investiturstreites und den Bamberger aus dessen Endphase verbindet offenbar mehr als allein die Zugehörigkeit zur gleichen Epoche und Landschaft. Beide sind die einzigen Mitglieder des mainfränkischen Episkopats während jener Umbruchszeit, welche die Nachwelt mit der Ehre der Altäre schmückte.

LITERATUR
(Auswahl)

G. JURITSCH, Adalbero, Graf von Wels und Lambach, Bischof von Würzburg, Braunschweig 1877.

A. WENDEHORST, Bischof Adalbero von Würzburg (1045—1090) zwischen Papst und Kaiser, in: Studi Gregoriani VI, Rom 1959—61, S. 147 bis 164.

A. WENDEHORST, Germania Sacra NF 1, Das Bistum Würzburg I, Berlin 1962, S. 100—117.

P. JOHANEK, Die Frühzeit der Siegelurkunde im Bistum Würzburg, phil. Diss. Würzburg 1967, bes. S. 22—28.

A. WENDEHORST, Der heilige Adalbero, Bischof von Würzburg, in: Bavaria sancta III, hrg. von G. Schwaiger, Regensburg 1973, S. 170—181.

Für den Gesamtzusammenhang immer noch grundlegend:

E. STEINDORFF, Jahrbücher des deutschen Reiches unter Heinrich III., 2 Bände, Leipzig 1874—1881.

G. MEYER VON KNONAU, Jahrbücher des deutschen Reiches unter Heinrich IV. und Heinrich V., I—IV, Leipzig 1890—1903.

Die Vita Adalberonis hrg. u. übersetzt von I. SCHMALE-OTT, Quellen und Forschungen zur Gesch. des Bistums und Hochstifts Würzburg, hrg. von Th. Kramer, VIII, Würzburg 1954.

Besonders zu danken habe ich meinem verehrten Kollegen A. WENDEHORST für bereitwillig gewährte Einsicht in sein ungedrucktes Manuskript „Dedicationes Herbipolenses".

Die Bildbeigabe gibt einen Teil der einzigen Urkunde Adalberos wieder, die vermutlich im Original erhalten ist. Völlige Sicherheit ist wegen des Mangels an vergleichbarem Material nicht zu gewinnen; doch spricht alles für Echtheit und Originalüberlieferung.

Die Urkunde vom 3. März 1057 ist ein Prekarievertrag Adalberos mit Königin Richeza von Polen über den Gutskomplex Salz (fränk. Saale). Die äußere Gestalt orientiert sich am Vorbild der Königsurkunde. Höchst bemerkenswert ist das kreisförmige Beglaubigungszeichen, welches einer „Rota" der Papsturkunde ähnlich gebildet ist. Die Urkunde illustriert daher in besonderer Weise die Stellung Adalberos zwischen Königshof und römischer Kurie, die für sein Schicksal bestimmend wurde.

Die eingeschriebenen Worte sind dem 23. Psalm, Vers 1 (Zählung Luthers: Psalm 24) entnommen; sie lauten: „Domini est terra et plenitudo eius: orbis terrarum et universi, qui habitant in eo."

HERMANN I.
Bischof von Bamberg

Von Rudolf Schieffer

Unter den Bamberger Bischöfen war bis ins 13. Jahrhundert nur ein einziger, der seine Grabstätte nicht in der Stadt selber gefunden hat: Hermann I. (1065—1075), dessen umstrittene Gestalt wie ein dunkler Schatten über dem glanzvollen ersten Saeculum der Bamberger Bistumsgeschichte liegt. Schon im 12. Jahrhundert wird in den Bischofskatalogen die Tendenz sichtbar, seinen Nachfolger Rupert als den sechsten — statt den siebten — Bamberger Oberhirten zu zählen und so im nachhinein den Pontifikat eines Mannes gleichsam ungeschehen zu machen, dessen aufsehenerregende Absetzung wegen simonistischer Verfehlungen in Bamberg noch lange in peinlicher Erinnerung stand.

An die Regnitz war Hermann wohl erst als Bischof gekommen, da er zuvor in der Rolle eines *vicedomnus* die Wirtschaftsverwaltung des großen Mainzer Erzstifts geleitet hat, was zugleich den einzigen brauchbaren Hinweis auf eine mögliche Herkunft aus Rheinfranken bietet. Über seine nachmals so heftig angefochtene Bischofserhebung wären wir naturgemäß gern genauer unterrichtet, doch sind alle eingehenderen Darstellungen erst nach seinem späteren Sturz entstanden und damit von nur bedingtem Wert. Ganz unerwartet war im Sommer 1065 die Neubesetzung des Bistums Bamberg notwendig geworden, nachdem Bischof Gunther am 23. Juli auf der Rückkehr von einer Pilgerfahrt nach Jerusalem im ungarischen Ödenburg plötzlich verstorben war. Bei der Regelung der Nachfolge, die wegen der Unmündigkeit König Heinrichs IV. den damals faktisch regierenden Erzbischöfen des Reiches zufiel, gab offensichtlich Siegfried von Mainz, der ebenso wie sein *vicedomnus* an derselben Wallfahrt teilgenommen hatte und beim jähen Tod des Bamberger Bischofs zugegen war, den Ausschlag für Hermann. Daß Geldzahlungen in diesem Zusammenhang geleistet worden seien (wie man später erzählte), ist an sich nicht unglaubwürdig und entsprach im übrigen — in gewissen Grenzen — den eher naiven Gepflogenheiten einer Epoche, die seit alters, ohne sich dabei in wissentlichem oder gar willentlichem Widerspruch zur kirchlichen Rechtsordnung zu empfinden, in der Verleihung einer bedeutenden Reichskirche einen königlichen Gunsterweis erblickte, der wenigstens nach einer mehr oder minder symbolischen Gegenleistung verlangte. Unter den Bedingungen der damaligen Regentschaft ist zudem (freilich ohne konkreten Anhaltspunkt in den Quellen) die Möglichkeit vorstellbar, daß Siegfried erst eine größere Zahl von einflußreichen Leuten am Hofe für seinen Kandidaten gewinnen mußte, doch steht solchen Spekulationen die Beobachtung gegenüber, daß die Begleitumstände der Bamberger Bischofserhebung damals ohne nennenswerte Resonanz blieben. Immerhin vermerken die gleichzeitigen (bis 1073 geführten) Altaicher Annalen, die sich in anderem Zusammenhang keineswegs unempfindlich gegen simonistische Tendenzen am Königshof zeigen, den Bamberger Pontifikatswechsel von 1065 noch ohne jeden kommentierenden Zusatz.

Der neue Bischof war in Bamberg der erste, der weder der königlichen Hofkapelle noch der eigenen Domgeistlichkeit entstammte, und es ist ziemlich sicher, daß die kirchenrechtlich gebotene Wahl, wenn überhaupt, dann allenfalls als rein formaler Akt stattgefunden hat, nachdem die Bamberger durch den Hof vor vollendete Tatsachen gestellt worden waren. Hermann, der in Mainz Gelegenheit gehabt hatte, Tatkraft und Geschick bei ökonomischen Aufgaben zu beweisen, entsprach wohl schon von Anfang an wenig den gehobenen Ansprüchen, die man im gelehrten Bamberg an einen Bischof zu stellen gewohnt war, wenn auch vieles von dem, was später über seine krasse Ignoranz berichtet wurde, zumindest deutliche anekdotische Übertreibung verrät. Die Zeiten seines hochgebildeten Vorgängers Gunther, der einen bedeutenden Dichterkreis um sich scharte, aber zur wirksamen Verwaltung des Stiftsvermögens von seinen Domkanonikern wiederholt brieflich gedrängt werden mußte, dürften jedenfalls mit Hermanns Einzug schlagartig vorübergewesen sein.

In der Reichspolitik, der er seinen Aufstieg verdankte, fand der neue Bamberger Bischof, in weltlichen Dingen erfahren wie er war, rasch ein ihm offenbar gemäßes Betätigungsfeld. Hatte er sich schon im Herbst 1065 durch die Abfassung und Übermittlung königlicher Schreiben am Vollzug der gegen die Reichsklöster gerichteten Politik des damals noch regierenden Episkopats beteiligt, so wuchsen seine Einflußmöglichkeiten beträchtlich, nachdem sich der eben 15jährige König Anfang 1066 von dem zuletzt schier allmächtigen Adalbert von Hamburg-Bremen getrennt hatte. Während der folgenden Jahre, in denen sich der zunehmend selbst regierende Heinrich IV. mit einer Gruppe von ‚neuen‘, in unseren Quellen durchweg sehr angefeindeten Beratern umgab und dafür den allmählichen Rückzug der unter seinem Vater Heinrich III. und zur Zeit der Regentschaft tonangebenden Männer vom Hofe in Kauf nahm, wußte sich Hermann augenscheinlich die besondere Gunst des jungen Königs zu sichern. Ende 1066 empfing er den Hof zur Feier des Weihnachtsfestes in Bamberg, und seit dem Jahre 1067 erscheint er mit auffallender Häufigkeit als Intervenient in Königsurkunden. Ein Privileg, das 1069 auf seine Bitte hin dem Reichsstift Goslar erteilt wurde, verband die Nennung seines Namens mit dem ganz ungewöhnlichen ausdrücklichen Hinweis, daß er „zu dieser Zeit gemeinsam mit dem Rat der Fürsten am Hof alle Angelegenheiten besorgte". Wenige Monate später wurde er gemeinsam mit Erzbischof Anno von Köln in politischer Mission zu einer Italienreise entsandt, die beide Bischöfe im Frühjahr 1070 auch nach Rom führte, und das Pallium, das ihm damals — als drittem Bamberger Bischof — von Papst Alexander II. verliehen wurde, ist gewiß auch ein Ausdruck der hervorragenden Stellung, die ihm zu dieser Zeit in der Reichspolitik zukam.

Es gehört zu den charakteristischen Zügen des zumal von den Ottonen geprägten reichskirchlichen Systems, daß sich der Königsdienst der Bischöfe und ihre (oft stark materiell empfundene) Sorge für die ihnen übertragenen Hochstifte nicht gegenseitig ausschlossen, sondern eher auf vielfache Weise einander förderten. Auch Hermanns umfangreiche Betätigung im Umkreis des Hofes ist in diesem Sinne nicht etwa als Vernachlässigung seiner Bamberger Aufgaben zu verstehen, sie stellt im Gegenteil eine entscheidende Voraussetzung jener Erfolge dar, die er zur selben Zeit für das Bistum Bamberg zu erzielen vermochte. Bereits ins Jahr 1068 fällt die umfassende königliche Bestätigung für alle Bamberger Grafschaftsrechte im Radenz- und Saalegau sowie im Grab- und Volkfeld — ein verfassungsgeschichtlich höchst bedeutsames Dokument, das mit bis dahin ungewohnter Deutlichkeit die bischöfliche Herrschaft den bestehenden Grafengewalten überordnet. Diesem, mit einem betonten Hinweis auf die treuen Dienste des Bischofs versehenen Diplom folgten 1069 noch zwei Schenkungen, unter denen namentlich eine Wildbannverleihung in dem weiten, beiderseits der Regnitz gelegenen Gebiet um das ehemalige Reichsgut Forchheim eine Hervorhebung verdient. Seit dem Tode Kaiser Heinrichs II., dessen großzügige Ausstattung den Aufstieg Bambergs zu einem bedeutenden Reichsbistum begründet hatte, war der weitere Ausbau des Hochstifts lange eher von einer gewissen Stagnation geprägt gewesen, die sich zumal aus einem geringeren Interesse der späteren Herrscher ergab, und erst die enge Zusammenarbeit Bischof Gunthers mit Anno von Köln hatte hier während der Regentschaftszeit durch Restitutionen und neue Schenkungen eine Wende eingeleitet. Hermanns Erfolge, die diejenigen seines Vorgängers noch übertrafen, haben auch insofern besonderes Gewicht, als sie geeignet waren, das (wegen seiner Randlage) ursprünglich nur jenseits seiner Grenzen reich ausgestattete Hochstift Bamberg nun auch im eigenen Sprengel wesentlich stärker zu fundieren und damit seine spätere Territorienbildung anzubahnen. Dies gilt erst recht für die wertvollste Erwerbung, die Bischof Hermann in jenen Jahren gelang, als er aus der Erbmasse des 1057 im Mannesstamm erloschenen Schweinfurter Markgrafenhauses das Familienkloster Banz mit reicher Ausstattung für Bamberg gewinnen konnte. Die undatierte, vor 1071 anzusetzende (formal gefälschte) Übereignungsurkunde der Alberad, einer Tochter des letzten Schweinfurters, bemerkt, daß der Rechtsakt „in Anwesenheit und auf Betreiben, unter Entgegennahme und Bestätigung Hermanns, des sechsten Bischofs der Bamberger Kirche", erfolgt sei.

Seinen Bischofssitz Bamberg vergaß Hermann über diesen Aktivitäten keineswegs. „Aus eigenen Mitteln" errichtete er in der westlichen Vorstadt das Stift St. Jakob, dessen Kirche im Mai 1072 zumindest vorläufig geweiht werden konnte, so daß der Entschluß zu dieser Gründung wohl spätestens nach der Rückkehr aus Italien (Sommer 1070), womöglich aber noch früher gefallen ist. Neben dem Domkapitel und dem Stephansstift, deren Entstehung auf die Anfänge des Bistums zurückging, sowie dem von Bischof Gunther 1057/59 in der Theuerstadt begründeten Konvent zu St. Gangolf ließ Hermann also mit St. Jakob ein viertes Kanonikerstift in Bamberg erstehen, aber noch größere Pläne hegte er zur gleichen Zeit für das einzige Mönchskloster der Stadt, den Michelsberg: Als der dortige Abt Rupert 1070 die Leitung der Reichenau übernahm, wo er übrigens rasch als ‚Simonist' scheiterte — eine Personalentscheidung des Königs, hinter der Hermanns Einfluß zu vermuten ist —, berief der Bamberger Bischof zu seinem Nachfolger im Kloster des hl. Michael den hochangesehenen Abt Ekkebert von Münster-Schwarzach, der in Gorze, dem berühmten Zentrum der lothringischen Klosterreform, ausgebildet worden war und seit 1046/47 in engem Einvernehmen mit dem Würzburger Bischof Adalbero die Erneuerung verschiedener Klöster im Nachbarbistum betrieben hatte. Die Übertragung des Bamberger Michelsberges an diesen Mann eröffnete um 1070/71 der sog. junggorzischen Reformbewegung den Weg über den Würzburger Sprengel hinaus und sollte sie bald zu reichsweiter Wirksamkeit führen; zugleich sichert diese Berufung Bischof Hermann einen festen Platz in der Reformgeschichte des Reichsmönchtums. Das Kloster auf dem Michelsberg fand durch die von Ekkebert vermittelten Impulse Anschluß an die anderen monastischen Zentren des Maingebiets, und es gibt guten Grund zu der Annahme, daß auch das eben für Bamberg hinzugewonnene Kloster Banz in diesen Kreis einbezogen wurde. An dem Zusammenwirken mit dem Münster-Schwarzacher Reformabt fand nun Bischof Hermann sehr rasch offenbar großen Gefallen, denn noch 1072 faßte er nach dem plötzlichen Tode des ersten Propstes von St. Jakob den Entschluß, die 25 dort gerade erst eingezogenen Kanoniker wieder zu entfernen und seine Gründung ebenfalls an Ekkebert zu übergeben, damit dort ein weiteres Kloster eingerichtet werde.

Die Aufregung, die um diese Entscheidung in Bamberg entstand, ist wohl nur zu verstehen, wenn man in ihr nicht einen isolierten Einzelfall erblickt, sondern den dahinter stehenden Kurswechsel der bischöflichen Politik voll würdigt. Es ging eben nicht nur die unmittelbar betroffenen Kanoniker von St. Jakob an, wenn Hermanns neue Vorliebe für das Mönchtum, die sich auf dem Michelsberg, in Banz und nun auch bei St. Jakob zeigte, das traditionelle kanonikale Übergewicht in Bamberg ernsthaft erschütterte. Bei der Gründung des Bistums war immerhin sechzig Jahre zuvor erstmals in Deutschland klar die vermögensrechtliche Selbständigkeit des Domkapitels in seiner Ausstattung durch Heinrich II. verbürgt worden, über sein faktisches Anrecht auf die führenden Ämter nahm der Domklerus überdies maßgeblich teil am Ertrag der anderen Bamberger Stifte, und weitere königliche Zuwendungen (parallel denen an das Bistumsgut) hatten seine bedeutende wirtschaftliche Stellung seither noch gestärkt. Die neue bischöfliche Klosterpolitik schien nun hier in Verbindung mit den beträchtlichen Gewinnen, die Hermann 1068/69 durch die Verleihungen des Königs erzielt hatte und denen kein entsprechender Zuwachs auf seiten der Kanoniker gegenüberstand, eine nachhaltige Wende anzukündigen, und dies um so mehr, als der weitere Verlauf der Ereignisse zu der Vermutung Anlaß gibt, daß der Bischof den neugewonnenen Besitz — und zwar sowohl Klostergut wie bisheriges Reichsgut — vornehmlich seiner Ministerialität zuwandte und damit gewiß die Aussicht auf eine intensivere Nutzung verbinden durfte. Der Umschwung war deutlich, und es mag dabei offen bleiben, ob eine von Beginn an gehegte beiderseitige Abneigung den Bischof auf diese Bahn gedrängt hat, oder ob seine kräftig zupackende Politik nun alte Wunden aufriß. Gemeinsam mit den vertriebenen Kanonikern von St. Jakob treffen wir jedenfalls auch die Domkleriker bei den sogleich einsetzenden öffentlichen Beschwerden über „das große Unrecht an ihrem Stande", das zumal deshalb unverdient sei, weil das Bistum ohnehin nur ein paar Kanonikerstifte besitze und auch weniger an Mönchen Bedarf habe als vielmehr an Klerikern, die den laufenden Seelsorgsaufgaben nachkommen könnten.

Wenn Bischof Hermann solche Klagen mit dem lapidaren Hinweis auf seine ausschließlichen und uneingeschränkten Rechte als Gründer von St. Jakob abtat, so befand er sich dabei durchaus im Einklang mit dem hergebrachten eigenkirchlichen Rechtsempfinden. Für eine Politik, die darauf abzielte, den inneren und äußeren Ausbau des bischöflichen Herrschaftsgebiets wenn nicht gegen, so doch ohne das Domkapitel, aber gestützt auf Ministerialen und Reformklöster voranzutreiben, fehlte es zudem nicht an gleichzeitigen Parallelen in manchem anderen Reichsbistum. Zwar mochte dort der jeweilige Bischof persönlich weniger angreifbar oder das Selbstbewußtsein seiner Gegner nicht so ausgeprägt sein, aber Hermann von Bamberg konnte wohl schwerlich anders als aus seiner engen und bewährten Verbindung zum König die feste Zuversicht ableiten, er werde mit seinen Vorhaben auch gegen alle lautstarken Proteste letztlich doch erfolgreich sein. Daß bei den Bamberger Kanonikern tatsächlich nach diesem ersten ergebnislosen Zusammenstoß mit Hermann ein Gefühl verbitterter Ohnmacht vorherrschte, zeigt der überaus aufschlußreiche Brief, in dem Dompropst Poppo und Domscholaster Meinhard dem offenbar sehr plötzlich (an den Königshof?) abgereisten Bischof über die Stimmung zu Hause berichteten. Nachdem sie „in diesem einen Jahr mehr eingebüßt hätten als in den fünfzig vorhergegangenen unter seinen fünf Vorgängern", erlebten die Kanoniker nun ohne alle Hoffnung, wie „ihr ehedem in ganz Deutschland hochangesehenes Stift allgemeiner Geringschätzung preisgegeben" sei. Schon überlege man in tiefer Verzweiflung, durch Briefe an Reichsbischöfe, an Herzöge, an den König, ja notfalls an den apostolischen Stuhl Hilfe zu erbitten, und

Hermann solle sich in acht nehmen — so der dringende Rat der beiden Briefschreiber —, „damit nicht ein dauerndes Gerede entstehe, das später niemand mehr zurechtrücken könne". Das war beileibe noch keine Kampfansage, sondern eher die wohlmeinende Empfehlung zweier durchaus verständigungsbereiter Männer, und die dumpfe Drohung mit weiteren Verwicklungen, die zugleich hörbar wird, scheint vorerst noch ohne größere Wirkung geblieben zu sein. Vielleicht hat auch der König, der von den Querelen spätestens bei seinem Bamberger Weihnachtsbesuch Ende 1072 Kenntnis nahm, zunächst mäßigend wirken können.

Das neue Jahr, das Heinrich IV. in Bamberg begann, brachte politische Erschütterungen mit sich, die den König und ‚seinen' Bischof Hermann enger als je zuvor zusammenführen sollten. Die seit dem Frühjahr 1073 betriebene Vorbereitung eines großen Feldzuges gegen Polen ließ das (in den Quellen eigens betonte) Gewicht der von Bamberg aufgebotenen Streitmacht für das Reichsheer an sich schon deutlich hervortreten, aber erst die schwere innere Krise, die im Sommer durch die jähe Wendung der latenten Opposition in Sachsen zum offenen Aufruhr gegen den König, durch die Belagerung der Harzburg und Heinrichs abenteuerliche Flucht aus der Umzingelung der Aufständischen offenkundig wurde, machte Hermanns Unterstützung für den König geradezu lebenswichtig, zumal die schlagkräftige Bamberger Ministerialität wirksam den Kontakt der süddeutschen Herzöge mit dem Unruheherd im Norden des Reiches zu unterbinden vermochte. In den kritischen Monaten der zweiten Jahreshälfte 1073, die den ersten Tiefpunkt in der bewegten Geschichte Heinrichs IV. bezeichnen, scheint Bischof Hermann ziemlich ununterbrochen in dessen Nähe geweilt zu haben; am Abschluß des ersten Waffenstillstandes in Gerstungen (20. Oktober) war er als Unterhändler beteiligt.

Während seiner langen Abwesenheit kann Hermann freilich aus Bamberg nicht viel Erfreuliches gehört haben. Die gegen ihn dort bestehende Mißstimmung dauerte nicht nur an, sondern verbreitete sich durch die (im Vorjahr schon angekündigte) Versendung brieflicher Hilferufe auch in andere Teile des Reiches. Ein noch erhaltenes Schreiben von Poppo und Meinhard an auswärtige „Brüder" mit der dringenden Beteuerung, es gehe hier auch um ihre Angelegenheiten, veranschaulicht eine rege Suche nach Verbündeten. Sie kann nicht ganz erfolglos gewesen sein, denn etwa im Herbst 1073 sah sich der König, auch auf Anraten Siegfrieds von Mainz, veranlaßt, durch einen Brief an die Bamberger selber zugunsten des angefeindeten Bischofs zu intervenieren. Im zurückhaltenden Ton geistlicher Unterweisung, der durch den Verzicht auf jede Hervorhebung der königlichen Autorität wohl auch der eigenen desolaten Lage zu dieser Zeit Rechnung trug, spielte der König auf die Hintergründe des Bamberger Streits nur mit dem dezenten Hinweis auf eine Schriftstelle an, wonach es in der Endzeit (und so stellte sich dem Briefschreiber offensichtlich die Gegenwart dar) Menschen geben werde, die in ihrer Selbstliebe nicht zwischen Frömmigkeit und Eigennutz zu unterscheiden wüßten. Die allgemein gehaltene Aufforderung, nach Gerechtigkeit und Wahrhaftigkeit zu handeln, verband der König speziell mit der eindringlichen Mahnung an die Bamberger, von jeglicher „Gesandtschaft" gegen ihren Bischof abzusehen, da sie keinen gerechten Anklagegrund hätten. Er, der König, versichere ihnen feierlich, Hermann sei rechtmäßig und kanonisch in sein Amt gekommen, — und in dieser Erklärung liegt für uns das erste, noch indirekte Anzeichen dafür, daß inzwischen ein neuer, gewichtiger Vorwurf in Bamberg kursierte: Hermanns simonistischer Erwerb der Bischofswürde.

Diese bedeutungsvolle Wendung, die also ins Jahr 1073 fällt, ist in ihren konkreten Hintergründen schwer zu überblicken. Vielfach hat man angenommen, Hermanns Gegnern seien in jenen Monaten irgendwelche spektakuläre ‚Beweise' in die Hände gefallen, die sie nun hätten auftrumpfen lassen. Das ist aber in den Quellen nicht verbürgt und stößt auch auf Zweifel wegen des Mangels an wirklich evidenten Beweisen, der bei den Klägern bis zuletzt zu spüren ist. In der Vorgeschichte der damals acht Jahre zurückliegenden und wohl gegen den Willen, mindestens aber ohne die Beteiligung der Bamberger erfolgten Einsetzung Hermanns mag es jedoch durchaus Einzelheiten gegeben haben, die an sich nicht unbekannt, zunächst freilich ohne größere Beachtung geblieben waren, die nun aber, im gereizten Klima der 70er Jahre und aus ihrem ursprünglichen Sachzusammenhang gelöst, um so größere Wirkung versprachen, als das Empfinden für kirchenrechtlich zweifelhafte Praktiken bei den Bischofserhebungen der Reichskirche allgemein in Deutschland seit den Tagen Heinrichs III. und Leos IX. im Wachsen begriffen war. Heinrich IV. hatte sich eben im Herbst 1073 sogar selber in einem Brief an den Papst simonistischer Verfehlungen bezichtigt, was immerhin in bemerkenswertem Kontrast zu seinem ungefähr gleichzeitigen Brief an die Bamberger steht, deren Bischof er offenbar nicht in dieses sein Geständnis einbezogen wissen wollte.

Die königliche Warnung vor der Gesandtschaft kam indes entweder zu spät, oder sie wurde in Bamberg bewußt mißachtet, denn noch vor Ablauf des Jahres entsandten die Stiftskanoniker, die nun auch vom König keine Lösung mehr in ihrem Sinne erhofften, eine Abordnung nach Rom, um beim Papst vorstellig zu werden. Was dort im einzelnen vorgebracht wurde, ist den reichlich gefärbten Berichten unserer erzählenden Quellen nicht ganz eindeutig zu entnehmen; sicher ist jedoch, daß der in den vorherigen Briefen nie erwähnten, nun aber mit großem Nachdruck dargetanen Simonieklage weit stärkere Resonanz zukam als den Vorwürfen, die sich in der Sicht der Kanoniker aus der Klosterpolitik des Bischofs ergaben, womit zugleich erstmals die klare Entschlossenheit der Gegner Hermanns sichtbar wird, den Bischof nicht mehr nur zur Korrektur einzelner Entscheidungen zu veranlassen, sondern ihn überhaupt aus dem Amt zu entfernen. Mit ihren in der Wirkung wohlberechneten Beschuldigungen rannten die Kläger in Rom offene Türen ein: Gregor VII., seit April Nachfolger Alexanders II. auf dem päpstlichen Stuhl, plante für 1074 einen entscheidenden Schritt zur Durchsetzung der Kirchenreform in Deutschland und gedachte die verschiedenen Probleme, die in den Jahren zuvor immer wieder in Gestalt von einzelnen Anfragen und

Quid ea ppī natura semper eas ad similitudinē militaris disciplinē una agere docuer.
haberes ŭidelicet sua castra. sua agmina. suis etiā regī. ei sane q dignuare corporis & mori
manſuetudine cetis pcellere uidetur. quiq; a dīo habens suffgiū eo q̄ ad alteri lesione urat. Sd q̄
p hoc innuit documinisi qd p iosae ueisiū regni ornamentū qd bene dīderant salomonē .xī.
Clemēcia regis solio mtis seronii. Si p cōniā appis regi ue e digne tu quide honore regio p
fulges. q̄ quo eraua ḡa reficis tps sm uiuū & pietatē ut uere exurero matris sīcifices. Si ad
g̃am huius oēns sīc uiuūeneris. qn sic unshomines pnepant gerens. uere sepi re homine quā rege te mēmeris.
er sit millus sīc scriptis e quasi uī exultis. Iā ppī cūme spīralīs latronii impietas uulneraſset. et
sacerdos secus uia hoc uideris solio pretiſset. Id er ipse suf dolore uulneris meox adduissset. altē pui
simū samaritanii eſfugere silcuisset. Id sublata omī facultate remī meari. cū hoc facere phibr̄
com nihil meli existimauī. quā ut ad pniteniē remediū me cferrē. ex urnē. sdm canonū insti
alicuōi in monasterio latere. unuriuſ meas do ac tregundam dimrirere. qd er facturū speraui.
Sd quam omnīssime omniū ra neglecxt. Cur serui demanū cū conferas si reficisti. Licet reui
aliquanto litius fabulas. Honne ppī re patris parentes. loci honestāmi rehqui. Vt ili oni et
uq̄ eduuina uoce ī lucere g̃redere d̄xsta ua. er decognamone mea. enueni in loci quem
monstrauero .ī. Credidit abrahā d̄o et ego hoc reputauī e illi ad iusticā. ni quidē exugennts
culpis meas haccen ad miserā. in forte decasu meo scandalizaris. Refluce q̄o hominēs clarīs
simos grauis corruisse. Sd gtōse surrecisse. Princeps aptox. p negatione qd e maximū omniū
peccatox. niloli e exerc. qd ad pascendā oues dnicas pastore lect. Nec ille familiaris dī. cui ipse
testimoniū phibens scc. Inueni dd filiū iesse urū sdm cor meū. Ille cui ego nsū digni corri
gā calciamēt soluere adulcio fedat. homicidio cruentaſt p pniteniā emdatus ampli. alui
amar. Sic militres accepns imbello uulnerib; solens aerī dimicare. omī plephii non cauret
ambulare. p minimā firmitatē Hoti. q̄ rec clemīssime nolis me. scandalizari. Sd recipe
quē degusti. reuire quē assumpsisti. No tipnaſ ī moiliss excussisti. desideratis q̄s me restituris
gast recusantē. Ia enī d̄so ignauis ī molliss excussisti. desideratis q̄s me restituris
p hac uis spero in dn̄o ad omē op bonū uigilantior. paraeior. studiosior sum futurus.

Anklagen in Rom zur Sprache gebracht worden waren, im Frühjahr auf einer großen Synode nördlich der Alpen behandeln zu lassen, und zwar unter maßgeblicher Beteiligung von päpstlichen Legaten, was sich zuvor schon in Frankreich und Spanien als Methode der Reformpolitik bestens bewährt hatte.

Hermann von Bamberg, dessen ‚Fall' sogleich in dieses Konzept einbezogen wurde, war offenbar in gewisser Verlegenheit, als ihn am 1. März wohl in Goslar eine entsprechende Vorladung zum Ostersamstag, dem 26. April, erreichte. Sein erster Gedanke war, sich der unangenehmen Verhandlung zu entziehen; er entwarf einen verwegenen Entschuldigungsbrief, in dem er nicht nur seine Verhinderung durch eine bevorstehende diplomatische Reise nach Frankreich mit anschließender Wallfahrt ins ferne Santiago de Compostela beteuerte, sondern auch die Versicherung wagte, er werde sofort nach der Rückkehr „mit Gottes und des Papstes Hilfe" dafür zu sorgen wissen, daß der Neid der Feinde verstumme und seine Unschuld triumphiere. Dieses nur in Bamberg überlieferte, sonst unerwähnte Schreiben ist allerdings wahrscheinlich nicht abgesandt worden, denn Bischof Hermann und der König — der ihm eben in diesen Tagen eine neue Schenkungsurkunde ausstellte, die dem Bamberger Bischof bescheinigte, „in allen Stürmen uns getreulich zur Seite" gestanden zu haben — kamen anscheinend bald überein, die Herausforderung doch anzunehmen. Der Osterhoftag, mit dem sich die für den folgenden Samstag angesetzte Synode der Legaten verbinden sollte, wurde, offenbar in Abänderung früherer Pläne, geradezu demonstrativ nach Bamberg verlegt. Dabei blieb es auch, als sich die beiden Anfang April in Deutschland eingetroffenen päpstlichen Abgesandten, die Kardinalbischöfe von Ostia und Palestrina, weigerten, ausgerechnet dort das Osterfest zu begehen. In ihrer Abwesenheit ergab sich nun freilich bei der Bamberger Festfeier ein schriller Mißklang, als es der Bremer Erzbischof Liemar im Gottesdienst ablehnte, das von Hermann als einem Simonisten geweihte Salböl zu gebrauchen, wobei er von den übrigen Bischöfen unterstützt wurde. Von der (wegen des

Einspruchs der Legaten) nach Nürnberg verlegten Synodalverhandlung durfte Bischof Hermann nach diesem Vorfall wenig Gutes erwarten, und es war daher für ihn ein unverhofftes, um nicht zu sagen: unverdientes Glück, daß die bedrohliche Versammlung am Weißen Sonntag scheiterte, bevor sie eröffnet war. Dem Anspruch der Legaten auf den Vorsitz widersetzten sich nämlich die Erzbischöfe, die, auch hier unter Führung Liemars von Bremen, gemäß allem kirchlichen Herkommen bei einer in Deutschland stattfindenden Synode keinesfalls einfachen Bischöfen den Vortritt lassen wollten.

Zweierlei machen die aufsehenerregenden Vorgänge der Osterwoche 1074 in Bamberg und Nürnberg deutlich: Wo es um das geistliche Delikt der Simonie als solches ging, nahmen die führenden Vertreter der deutschen Kirche eine kompromißlose Haltung ein, und insofern konnte Hermann bei bewiesener Schuld sicher nicht auf die verständnisinnige Milde seiner Amtsbrüder rechnen. Wo andererseits die Durchsetzung von Reformzielen einer Umwälzung der bestehenden Kirchenverfassung — etwa zugunsten des päpstlichen Primats und gegen den Reichsepiskopat — dienstbar zu werden drohte, waren dieselben Männer freilich zu energischem Widerstand bereit und in der Lage. Dieser Zwiespalt beleuchtet zugleich eine wesentliche Problematik, die dem Simonieprozeß Hermanns von Bamberg in den Augen der Zeitgenossen überhaupt anhaftete. In den Jahren 1070 bis 1072 waren ein Bischof von Konstanz und nacheinander zwei Äbte der Reichenau (darunter der vom Bamberger Michelsberg gekommene Rupert) jeweils gleich nach ihrer Erhebung von den Kanonikern oder Konventualen der ‚betroffenen' Kirchen als Simonisten gebrandmarkt und nach Einschaltung der päpstlichen Autorität regelmäßig abgesetzt oder zum Rücktritt genötigt worden. Dieses erfolgversprechende Verfahren erfuhr nun durch die Anklage, die gegen Hermann in Rom erhoben wurde, insofern noch eine Steigerung, als sich die Vorwürfe hier — und ebenso bei dem fast gleichzeitig ähnlich beschuldigten Bischof Pibo von Toul — gegen bereits seit Jahren unangefochten amtierende Reichsbischöfe richteten. Die sich abzeichnende Praxis, daß Domkapitel oder Konvente sich ihrer ungeliebten geistlichen Herren durch Anklage beim Papst zu entledigen vermochten, mußte dem deutschen Episkopat schon deshalb erheblichen Anlaß zur Sorge geben, weil in Rom doppelte Verlockung bestand, solchen Beschwerden wieder und wieder stattzugeben. Einerseits eigneten sich die spezifischen Gepflogenheiten der deutschen Reichskirche bei der Bischofserhebung ohnehin wenig zur Beurteilung nach einem Simoniebegriff, der wesentlich von den Praktiken in anderen Ländern (zumal Südfrankreichs und Italiens) geprägt war, wo Bistümer zuweilen tatsächlich zu ‚ertragsadäquaten' Preisen von Hand zu Hand gingen, und zum anderen konnte die Reformkurie in jedem Fall allein schon durch die dann erforderliche Untersuchung einer Bischofseinsetzung einen weiteren Schritt zur erstrebten Durchsetzung ihrer unmittelbaren Autorität tun, was wiederum auf neue Ankläger geradezu einladend wirken mußte...

Man versteht, daß in dieser Situation beim Episkopat der Wunsch vorherrschte, den Bamberger Streit, der immer weitere Kreise zu ziehen begann, möglichst lautlos aus der Welt zu schaffen. Bischof Hermann von Metz, der gleich nach Ostern eine Romreise antrat, übernahm es offenbar, in dieser Richtung bei Gregor VII. zu wirken, und ein überraschend mildes päpstliches Schreiben, das am 12. Juni 1074 an den Bischof von Bamberg abging, zeigt, daß sich der Versuch gelohnt hatte. Hermanns Willen zur Besserung voraussetzend, teilte Gregor mit, er habe den Metzer Bischof angewiesen, seinen Fall zu bereinigen, falls er sich zur Erfüllung von mündlich zu übermittelnden Bedingungen bereit finde. Welche Aussichten dieser Lösungsweg hatte, ist ebensowenig abzuschätzen wie die Frage, ob Hermann von Bamberg das vorgeschlagene Verfahren für unzumutbar hielt oder ob er sich bereits wieder im Schutze des Königs und der eigenen Ministerialität allzu sicher wähnte. Da für die Herbstmonate sein Aufenthalt nicht weiter nachweisbar ist, kann auch nicht ausgeschlossen werden, daß er die im Vorjahr einmal angekündigte Frankreichreise oder eine andere Mission antrat, die ihn für einige Zeit dem Zugriff von Freund und Feind entzog. Als jedenfalls ein halbes Jahr ohne greifbares Resultat verstrichen war, entschloß sich der Papst, wieder selber die Initiative zu ergreifen. Im Dezember lud er brieflich den Mainzer Erzbischof Siegfried und sechs seiner Suffragane (darunter Hermann) zur nächsten römischen Fastensynode, die in der letzten Februarwoche des Jahres 1075 fällig wurde, und übermittelte gleichzeitig dem König die Bitte, die Bischöfe notfalls zur Romfahrt zu zwingen. Die Abneigung gegen eine solche Reise teilte Hermann damals freilich mit den anderen Bischöfen, die gerade um die Jahreswende 1074/75 voller Empörung waren über Gregors bereitwilliges Eingehen auf ziemlich haltlose Anschuldigungen, die ein Touler Domkanoniker in Rom gegen seinen Bischof vorgebracht hatte, was schließlich auch den König, der sich in der Hoffnung auf päpstlichen Beistand gegen die Sachsen lange zurückgehalten hatte, auf die Seite des aufgebrachten Episkopats brachte. Siegfried von Mainz entschuldigte sich kurz nach Neujahr schriftlich beim Papst wegen Krankheit, und auch die meisten anderen Geladenen zogen es vor, zu Hause zu bleiben.

Hermanns hartnäckiges und durchaus nicht erfolgloses Bemühen, einer Entscheidung durch allerhand taktische Winkelzüge aus dem Wege zu gehen, rief selbstverständlich nirgends solche Empörung hervor wie bei seinen Bamberger Gegnern, die den Stein vor Jahresfrist ins Rollen gebracht hatten und nun erneut zur treibenden Kraft wurden. Als man merkte, daß der Bischof auch der neuen päpstlichen Vorladung auszuweichen gedachte, wurde er bei heftigen Tumulten in Bamberg von einzelnen Klerikern offen zur Rede gestellt, vermied aber stets klare Auskünfte, und schließlich kam es nach wochenlangen Auseinandersetzungen dahin, daß die meisten Kanoniker ihre gottesdienstlichen Pflichten am Dom bei weiterer Anwesenheit des Simonisten verweigerten. Sichtlich in die Enge getrieben, rief Hermann den ihm seit vielen Jahren verbundenen Mainzer Erzbischof zu Hilfe, um sich seiner Widersacher zu erwehren. Siegfried, der es in Bamberg erst mit energischem Zureden, dann mit dem nicht ungeschickten, aber nun verspäteten Angebot einer Erstattung etwaiger Vermögensschäden der Kanoniker versuchte, sah sich indes bald selber als Mitwisser, wenn nicht Mittäter bei Hermanns simonistischen Machenschaften angegriffen und erkannte, daß es für den Bischof keinen anderen Ausweg mehr gab als das unwägbare Risiko einer Romreise auf sich zu nehmen. Er selber, der sich noch Wochen zuvor bei Gregor VII. mit Krankheit entschuldigt hatte, erbot sich, Hermann und den ihn begleitenden Vertretern des Bamberger Klerus vorauszueilen, um die Stimmung in Rom zu ergründen, wo die Fastensynode eben in denselben Tagen, da die Reisegesellschaft aufbrach, gegen den Bamberger wie auch andere nicht erschienene deutsche Bischöfe Suspension vom Amte verfügte, wenn sie sich nicht bis Ostern in Rom rechtfertigten. Die Frist verstrich ungenutzt, aber als der Papst am Weißen Sonntag, dem 12. April 1075, in Rom eine Beratung über die nun nötigen Schritte abhielt, ergab sich Gelegenheit, den soeben eingetroffenen Mainzer Erzbischof unmittelbar nach der Wahrheit über Hermanns Bischofserhebung zu befragen.

Die später vom Bamberger Domkapitel verbreitete Darstellung, Siegfried habe bei diesem ‚Verhör' zugegeben, es sei damals Geld gezahlt worden und es sei aus seinen Mainzer Kassen gekommen, ist nicht so recht glaubwürdig, weil dies wohl auch für den Erzbischof nicht ohne Folgen geblieben wäre, aber jedenfalls ist klar, daß Siegfried auf direktes Befragen den Bamberger Bischof nicht für rundum unschuldig erklärte. Das war entscheidend und in seiner Wirkung schon gar nicht zu mildern durch einen plumpen Bestechungsversuch, den Hermann in den nächsten Tagen von seinem Quartier aus, das er zwei Tagereisen vor Rom bezogen hatte, beim Papst und dessen Umgebung unternahm. Gegenüber den mitgereisten Bambergern, die sich eigentlich vom Erfolg seiner Rechtfertigung hatten überzeugen sollen, sprach er nun nach dem Scheitern seiner Bemühungen von Amtsverzicht und Klostereintritt und ließ sie in diesem Glauben ohne ihn nach Rom ziehen. Hier hatte Gregor VII. auch nach Siegfrieds Erklärungen die (seit Jahrhunderten nicht vorgekommene) unmittelbare Absetzung eines nicht anwesenden Reichsbischofs vermieden und sich nur für den Fall von Hermanns späterem Eintreffen in Rom das Urteil vorbehalten, sonst aber dem Mainzer Metropoliten — dessen Loyalität er freilich nun überschätzte — aufgetragen, die Absetzung in Kraft zu setzen. Er empfing die Domherrn, die ihm von ihren Differenzen mit Hermann berichteten, und erließ eigens gegen die zunehmenden ‚Entfremdungen' von Bamberger Kirchengut ein (unter dem Datum des 20. April in die päpstlichen Register aufgenommenes) Mandat, dessen Ausfertigung die aufgeregten Kanoniker allerdings merkwürdigerweise in Rom nicht abwarteten und das daher nie nach Bamberg gelangt ist. So kam es, daß schließlich überhaupt kein unmittelbar wirksames Urteil vorlag und die Domherrn bei ihrer Rückkehr nichts Definitives in Händen hielten, während Bischof Hermann, der mit ihnen umgekehrt war, ohne die Ewige Stadt betreten zu haben, sich zu Hause seiner unklaren, vor Rom gemachten Ankündigungen nicht länger erinnerte und in seinem Bistum weiter amtierte, als sei nichts geschehen.

Die verfahrene Situation, daß das Hochstift Bamberg von einem faktisch, wenn auch nicht rechtsförmlich abgesetzten Bischof regiert wurde, der sich gegen die heftigen Widerstände des Klerus nur durch immer weitergehende Konzessionen an seine weltlichen Vasallen halten konnte, verlangte gebieterisch nach einem Eingreifen des Königs. Heinrich IV. hatte im Frühjahr unter gebesserten Bedingungen den Kampf gegen die Sachsen wiederaufgenommen und errang gerade am 9. Juni bei Homburg an der Unstrut den entscheidenden Sieg, zu dem erneut das Bamberger Aufgebot ganz wesentlich beitrug. Zwar unterstrich dieses Ereignis mehr denn je die Bedeutung der von Hermann stets garantierten Königstreue der Bamberger, zugleich aber war mit dem militärischen Abschluß des Sachsenkrieges auch der Punkt überschritten, von dem an die Person des schwer belasteten Bischofs für den König endgültig von einer Stütze zu einer Last wurde, zumal wenn er einen Ausgleich mit dem Papst als nächstes Ziel ansteuerte, wie es ein großer Teil des Episkopats dringend wünschte. In Gesprächen zwischen König und Bischöfen fiel denn auch, und zwar wohl bereits vor dem 9. Juni, der Entschluß zu einer neuen Romgesandtschaft offiziösen Charakters, deren Zusammensetzung schon die Bereitschaft auch des Königs erkennen ließ, sich von Hermann von Bamberg zu trennen: An der Spitze stand Liemar von Bremen, den Gregor wegen seiner vorjährigen Widersetzlichkeit gegen die Legaten mit sofortiger Suspension härter als den Simonisten Hermann bestraft hatte, der sich aber im Gegensatz zu dem Bamberger Bischof seither der Ausübung des priesterlichen Amtes enthalten und mit dieser Anerkennung eines sicher auch als übertrieben empfundenen päpstlichen Spruches dem kommenden Ausgleich bereits vorgearbeitet hatte, und ihn begleitete der ebenso gelehrte wie angesehene Bamberger Domscholaster Meinhard, zwar mittlerweile auch ein Gegner seines Bischofs, aber allen emotionalen Übersteigerungen, wie sie in Bamberg nun die Szene beherrschten, zutiefst abhold, ein Mann des Ausgleichs zwischen kirchlichen Belangen und reichspolitischen Erfordernissen. Das Resultat ihrer römischen Verhandlungen läßt erkennen, daß neben der nicht weiter diskutablen Absetzung Hermanns insofern noch ein neuer Gesichtspunkt ins Spiel kam, als sich Gregor VII. offenbar bereit fand, die Unterstützung Heinrichs IV. bei der Durchsetzung des Urteils zu honorieren mit einer ausdrücklichen Bestätigung der königlichen Rechte bei der dann fälligen Einsetzung eines neuen Bischofs in Bamberg. Auf dieser Grundlage kamen am 20. Juli 1075 die drei päpstlichen Schreiben an Klerus und Volk von Bamberg, an den Metropoliten Siegfried von Mainz und an König Heinrich IV. zustande, in denen Gregor die endgültige und unwiderrufliche Absetzung Hermanns wegen Simonie verfügte und für weitere Vergehen die zusätzlichen Strafen der Suspension vom Priestertum und der Exkommunikation verhängte, deren Aufhebung er freilich bei entsprechender persönlicher Bußleistung in Rom in Aussicht stellte. Alle vermögensrechtlichen Entscheidungen des Bischofs sollten ungültig sein, und an den König erging die spezielle Mahnung, für eine ordnungsgemäße Neubesetzung der nun verwaisten Bamberger Kirche Sorge zu tragen. Mit diesen drei Schreiben, deren Übermittlung Meinhard übernahm, ging der Simonieprozeß zu Ende, und zwar mit einem Ergebnis, das schließlich den Papst ebenso wie die Bamberger und sogar den König in gewissem Sinne zufriedenstellte. Daß erst der Meinungswandel des Königs die entscheidende Wende herbeigeführt hatte, ist den Zeitgenossen nicht entgangen, und unter den unentwegten Gegnern Heinrichs gab es Stimmen, die ihm nun „Treulosigkeit" gegenüber dem Bischof anlasteten, dessen Sturz sie jahrelang herbeigesehnt hatten.

Überhaupt war das Echo der Bamberger Ereignisse beträchtlich. Bischof Embriko von Augsburg, vordem Mainzer Dompropst und daher mit Hermann aus alten Tagen bekannt, richtete noch im Spätsommer ein Schreiben an die Bamberger Domkanoniker mit rügenden Sätzen über ihr anmaßendes Benehmen und dem erneuten, freilich nun völlig illusorischen Angebot, ihnen materielle Schäden zu ersetzen; sie erteilten ihm als Antwort eine weitschweifige, recht tendenziöse Darstellung der dramatischen letzten Monate, die sich um den schwierigen Nachweis mühte, keinerlei eigennützige Motive seien auf ihrer Seite wirksam gewesen. Der Betroffene selber, der abgesetzte Bischof Hermann, vermochte sich dank seines offenbar nach wie vor zahlreichen Anhangs auch nach der Exkommunikation immerhin für einige Wochen in Bamberg zu halten, wo nun freilich das kirchliche Leben vollends zusammenbrach. Er wich dann noch auf auswärtige Bamberger Besitzungen aus und widmete sich deren Verwaltung, bis er etwa im Oktober/November doch den bereits im Frühjahr angekündigten Klostereintritt vollzog, und es war niemand anders als Ekkebert von Münsterschwarzach, der jetzt seinen alten Förderer in der Felicitas-Abtei am Main aufnahm. In die ersten Wochen seines Schwarzacher Aufenthaltes muß ein letzter, auch heute noch beeindruckender Brief fallen, den er an den König richtete. Unter „geistliche Räuber" gefallen, vergleicht Hermann darin seine Lage mit derjenigen des armen Mannes im Evangelium, dem nicht von den Priestern, sondern vom barmherzigen Samariter Hilfe zuteil wurde, und er redet dann den König unmittelbar an: „Darf ich wohl etwas offener mit Dir sprechen: Habe ich nicht Deinetwegen Heimat, Eltern und eine ehrenvolle Stellung verlassen? Es schien mir doch, als sprächest Du mit dem göttlichen Worte zu mir: ‚Geh weg von Deinem Lande und von Deiner Verwandtschaft und komm an den Ort, den ich Dir zeigen werde!' (Gen. 12,1). Abraham hat auf Gott und ich habe auf Dich vertraut; jenem ist dies zur Gerechtigkeit, mir jedoch infolge meiner Sünden nunmehr zum Elend ausgeschlagen." Nach einem vage formulierten Schuldbekenntnis bietet er dem König dennoch erneut seine Dienste an und schließt dann seinen Hilferuf mit den Worten: „Nimm an mir, allergnädigster König, keinen Anstoß, vielmehr empfange, den Du einst erwählt, behalte, den Du aufgenommen hast. Verstoße den nicht, der nun bittet und den Du (darf ich es sagen?) damals gebeten hast, als er sich sträubte."

Die letzten Worte mit der Anspielung auf seine einstige Bischofserhebung, der er sich zunächst habe entziehen wollen, deuten an, daß sich Hermann wohl bis ans Ende seiner Tage im Hinblick auf die Simonie für unschuldig erachtet hat. Das bischöfliche Amt verstand er ohnedies stets als einen gewissenhaft zu erfüllenden Auftrag seines Königs, und in dieser Hinsicht hatte er sich erst recht keinen Vorwurf zu machen. Überhaupt war die Bindung an den König der beherrschende Zug seines Handelns: Sie führte dazu, daß er die Wirksamkeit seiner Gegner in ihrer politischen Tragweite und in ihrer moralischen Position unterschätzte. Von der großen Tradition des ottonischen Reichsbischofs war bei ihm nur ganz einseitig der erfahrene und willensstarke Verwaltungsfachmann übriggeblieben, dem jedoch der Sinn für die geistig-geistliche Natur seines Amtes wohl ziemlich weitgehend abging und der sich schon gar nicht von den Erfordernissen eines gewandelten Zeitklimas anfechten ließ. Wenn er schließlich das Opfer einer politisch unhaltbar gewordenen Situation wurde, so wird man die von ihm selbst dabei empfundene Tragik seines Geschicks doch mit der Feststellung zu relativieren haben, daß sein eigener Mangel an Augenmaß wesentlich dazu beigetragen hatte, den König in eine Lage zu bringen, die kaum eine andere Wahl zuließ. Seine Gegner hatte sich Hermann zunächst durch nichts als die zähe Energie geschaffen, mit der er den Ausbau seines Hochstifts als Dienst an Kirche und Reich vorantrieb, seinen Sturz aber verschuldete er dann zum guten Teil selber durch seine unnachgiebige Rücksichtslosigkeit und zumal die selbstbewußte Geringschätzung der päpstlichen Autorität, womit er Gregor VII. mehr reizte als mit allen anderen Vergehen. Sein planloses Verhalten während der letzten beiden Jahre, als er nie den Mittelweg fand zwischen ängstlichem Zögern und provokantem Auftrumpfen, brachte es dahin, daß er mehr und mehr vom Subjekt zum Objekt des Geschehens wurde und sich schließlich zwischen allen Stühlen sitzend wiederfand. Das komplizierte Geflecht damaliger Reichskirchenpolitik überforderte letztlich eben doch sein taktisches Geschick, auf das er am Ende einzig noch sein Vertrauen setzte. Fehlt ihm somit auch das Format zum tragischen Helden, so besteht doch zumal aus Bamberger Sicht kein berechtigter Grund, sein Andenken aus der Erinnerung zu tilgen, wie dies schon bald geschah. Mit den großen Erfolgen seiner Anfangsjahre, die dem Hochstift voll erhalten blieben, übertraf er alle seine Vorgänger seit dem Gründerbischof Eberhard, und die neue bischöfliche Klosterpolitik, über der er zu Fall gekommen war, wurde bekanntlich zu Beginn des 12. Jahrhunderts mit größtem Erfolg von keinem Geringeren als Otto dem Heiligen wieder aufgegriffen.

Was Hermann mit seinem letzten Appell an den König noch zu erreichen hoffte, ist nicht ganz klar. Heinrich IV., der im Oktober die Unterwerfung der letzten sächsischen Führer entgegennahm, entschloß sich, inzwischen auch durch ein weiteres Schreiben des Papstes vom September dazu gedrängt, endgültig zur Neubesetzung des Bamberger Bischofsstuhles, und zwar auf eine nach dem Vorausgegangenen recht bemerkenswerte Weise: Am 30. November bestimmte er in Bamberg den Goslarer Propst Rupert zu Hermanns Nachfolger und ließ ihn noch am selben Tage — ausdrücklich ohne Wahl — von Siegfried von Mainz weihen. Er hat dann 27 Jahre in vielfach erprobter Königstreue in Bamberg regiert. Von seinem gestürzten Vorgänger hören wir zuletzt, daß er sich noch im selben Winter gemeinsam mit Ekkebert

von Schwarzach nach Rom begab, wo ihn Gregor VII. vom Bann und den zusätzlichen Strafen löste.
Als Hermann am 25. oder 26. Juni 1084 weithin vergessen in Münsterschwarzach starb (wo er auch begraben ist), hatte sich die Welt verändert: Gregor VII., dessen Machtwort ihn einst hatte stürzen lassen, saß nach seiner Vertreibung aus Rom ohnmächtig im normannischen Exil zu Salerno, und Heinrich IV., dem er in dunklen Stunden zur Seite gestanden hatte, befand sich als soeben in Rom gekrönter Kaiser auf dem Höhepunkt seiner ganzen Regierung. Nach den furchtbaren Erschütterungen, welche die Zeitgenossen in den Jahren seither mit der wechselseitigen Absetzung von König und Papst, durch Gegenkönigtum und Gegenpapsttum erlebt hatten, mußte ihnen der zunächst so viel beachtete Bamberger Streit um Hermann schon bald als vergleichsweise geringfügig, ja geradezu wie eine Erinnerung aus besseren Tagen vorkommen. Gewiß gehörten diese Vorgänge selber noch nicht zu der großen Auseinandersetzung von *regnum* und *sacerdotium*, die 1076 losbrach, aber sie hatten, den Beteiligten kaum bewußt, das Klima vorbereitet, in dem es dazu kommen konnte.

LITERATUR

Th. LINDNER in: Allgemeine Deutsche Biographie 12 (1880) 123, Johannes KIST in: Neue Deutsche Biographie 8 (1969) 630f.
Die Regesten der Bischöfe und des Domkapitels von Bamberg, bearb. v. Erich Frhr. v. GUTTENBERG (Veröffentlichungen der Gesellschaft für Fränkische Geschichte VI. Reihe, 1. Band, 1932—1954) 193—248 Nr. 379—482 (mit Übersicht über alle Quellen).
K. BEYER, Die Bamberger, Constanzer, Reichenauer Händel unter Heinrich IV., in: Forschungen zur Deutschen Geschichte 22 (1882) 529—576. — Gerold MEYER VON KNONAU, Jahrbücher des Deutschen Reiches unter Heinrich IV. und Heinrich V. 1 (1890) 456ff., 2 (1894) 1ff. (passim). — Carl ERDMANN, Studien zur Briefliteratur Deutschlands im elften Jahrhundert (Schriften des Reichsinstituts für ältere deutsche Geschichtskunde 1, 1938) 225—281. — Kassius HALLINGER, Gorze-Kluny. Studien zu den monastischen Lebensformen und Gegensätzen im

Hochmittelalter (1950/51) 206ff. 353ff. — Josef FLECKENSTEIN, Heinrich IV. und der deutsche Episkopat in den Anfängen des Investiturstreites, in: Adel und Kirche. Gerd Tellenbach zum 65. Geb.tag dargebracht (1968) 221—236. — Rudolf SCHIEFFER, Die Romreise deutscher Bischöfe im Frühjahr 1070. Anno von Köln, Siegfried von Mainz und Hermann von Bamberg bei Alexander II., in: Rheinische Vierteljahrsblätter 35 (1971) 152—174. — Ders., Spirituales Latrones. Zu den Hintergründen der Simonieprozesse in Deutschland zwischen 1069 und 1075, in: Historisches Jahrbuch 92 (1972) 19—60. — Josef FLECKENSTEIN, Hofkapelle und Reichsepiskopat unter Heinrich IV., in: Investiturstreit und Reichsverfassung (Vorträge und Forschungen 17; 1973) 117—140 (der aaO. 124[32] neuerdings die Möglichkeit erwägt, Bischof Hermann doch der Hofkapelle zuzuweisen, allerdings kaum mit zwingenden Indizien).

Älteste Überlieferung des letzten Briefes von Bischof Hermann an König Heinrich IV. (Herbst 1075; vgl. S. 72 f.), eingetragen auf das leergebliebene Schlußblatt (fol. 68′) einer Freisinger Handschrift des ausgehenden 11. Jh.s (heute München, Bayer. Staatsbibliothek, clm 6406). Der Text, dem mindestens eine Überschrift und die Adresse (Inscriptio) fehlen, wurde von Max Manitius entdeckt (Ein Brief des 11. Jahrhunderts, in: Neues Archiv 30, 1905, 173—175) und von Oswald Holder-Egger sogleich auf Hermann von Bamberg bezogen (ebd. 175—182); maßgebliche Edition von Carl Erdmann, MG.Briefe d. dt. Kaiserzeit V (1950) 17 ff.

Bořivoj von Svinaře

Von Ivan Hlaváček

Eine Biographie schreiben bedeutet keinesfalls sich mit dem Handeln des „Helden" zu identifizieren, wohl aber Verständnis für sein Leben und seine Handlungsweise zu suchen. Dieses Verständnis kann rein äußerlich bleiben, und je tiefer man in die Vergangenheit geht, um so schwieriger ist es, eine solche Gestalt auch psychologisch voll zu begreifen, zumal wenn es sich um eine Persönlichkeit handelt, die keine eigenen subjektiven Äußerungen hinterlassen hat, sei es in Form von Korrespondenzen oder in literarischen Niederschriften.

In dieser Situation befinden wir uns auch bei dem Lebenslauf der meisten politischen Berater der spätmittelalterlichen Herrscher. Das Material für sie ist im Vergleich zum Hochmittelalter viel reichhaltiger, es spiegelt aber stets nur einen Teil ihrer Tätigkeit, und lange nicht immer den wichtigsten, wider. Das gilt auch für die Männer der Umgebung Wenzels IV., des römischen und böhmischen Königs. Die Gründe für Wenzels Scheitern im privaten und öffentlichen Leben können hier kaum angedeutet werden, in der biographischen Skizze eines seiner vornehmsten Vertrauten dürfen sie aber nicht außer acht gelassen werden. In der Regierungszeit Wenzels lag zwar längst die Hauptlast der Staatsgewalt bei den Landesherren, doch blieb der Zentralgewalt noch ein breites Feld für eigenes Wirken offen. Die Herrschaft über zahlreiche Reichsstädte, mehrere Reichsstifte und den reichsunmittelbaren Adel einerseits und die Beziehungen zu den Landesherren andererseits erforderten ein zielbewußtes und kundiges Personal, zumal die Initiative des Königs bis auf wenige Ausnahmefälle schon von Beginn seiner Regierung an erlahmt war.

Da in dieser Zeit die Staatspflichten von den Hausinteressen kaum unterschieden wurden und die Hausinteressen sowohl die Regierung im Königreich Böhmen als auch die

Verwaltung der königlich böhmischen Domänen im Reich einschlossen, waren die Aufgaben der königlichen Beamten und Räte recht verschiedenartig, auch wenn ihre offizielle Titulatur nur die eine Seite ihrer Tätigkeit in Erscheinung treten ließ. Beim Fehlen klarer Instruktionen boten sich ihnen — bei ganz ungenügender Kontrolle seitens des Herrschers — Möglichkeiten auch für eigene Ziele und den entsprechenden Geldgewinn. Das kann an der Laufbahn eines kleinen böhmischen Adeligen gezeigt werden, der zu den Spitzenbeamten König Wenzels gehörte und dessen Name damals zu den verschriensten, bestimmt zu den am häufigsten ausgesprochenen im Reich gehörte. Es war Bořivoj von Svinaře. An ihm kann verfolgt werden, wie die luxemburgische Königsherrschaft im Zeitalter Wenzels realisiert wurde und wie sich das Verhalten des Königs seinen Untertanen gegenüber, soweit sie im ständigen Kontakt mit ihm standen, entwickelte.

Über Bořivojs Leben sind wir nur ganz fragmentarisch unterrichtet. Die Hauptquelle bilden die königlichen Urkunden, wo er hunderte Male erwähnt wird als Empfänger, Bürge u. ä., vornehmlich aber in den sogenannten Relationskonzeptvermerken, die zeigen, wie intensiv und in welchen Zusammenhängen Bořivoj an den Regierungsgeschäften beteiligt war. Eine zweite Hauptquelle sind Bořivojs eigene Urkunden, die er zur Erfüllung der ihm übertragenen Aufgaben ausstellte. Alle übrigen Nachrichten sowohl aus Böhmen als auch aus dem Reich sind nur als vervollständigendes Material zu bezeichnen, obwohl einige Schilderungen der Ereignisse im Reich oder Notizen in den Rechnungen einiger Reichsstädte plastisch genug sind.

Die Literatur hat der Gestalt Bořivojs ihre Aufmerksamkeit fast nur in den Zusammenhängen der allgemeinen Entwicklung gewidmet, wo ihm freilich manchmal eine hervorragende Rolle eingeräumt wird. Nur eine Ausnahme ist zu verzeichnen: Die schon alte Dissertation aus der Theodor-Lindner-Schule von R. Helmke, die zwar als veraltet gelten muß, doch teilweise zu schroffe Ablehnung bei den Nachfolgern fand. Eine moderne Biographie gehört sicher zu den vornehmsten Aufgaben sowohl der böhmischen als auch fränkischen Geschichtsschreibung.

In Böhmen gibt es mehrere Ortsnamen mit dem Bestandteil Svinaře und Svinary. Sie bedeuten ursprünglich, daß das betreffende Dorf von Leuten besiedelt war, die die Schweinezucht betrieben. Das Rittergeschlecht, in dem die Namen Bořivoj und Zacharias zu den beliebtesten gehörten, stammte und nannte sich von einem mittelböhmischen Dorf, das südwestlich von Prag liegt, ein paar Kilometer von der Burg Karlstein entfernt. Es wird erstmals in einem Spurium von rund 1088 erwähnt. Die Ritter von Svinaře trugen als ihr Wappen den Stierkopf, dessen Farbe nicht mehr zu ermitteln ist. Die Nähe des Sitzes der Ritter von Svinaře bei der obgenannten Burg gab wahrscheinlich den Anstoß zu den Beziehungen zwischen dem König und Bořivoj und Zacharias, seinem Bruder, der auch in den Dienst des Königs eingetreten war, doch nicht weit avancierte: Wir finden ihn seit 1380 jahrelang als Vizeburggrafen der Prager Burg. Die Ritter von Svinaře waren kein bedeutenderes Geschlecht und hatten auch unseres Wissens keine Fürsprecher oder Vermittler am Hof. Als naheliegende Möglichkeit des ersten Zusammentreffens beider Personen mit dem König können die Aufenthalte des letzteren auf dem Karlstein gelten. Soweit wir wissen, ist der König in dieser Burg in seinen ersten Anfängen nur zweimal bezeugt, am 7. November 1376, als er vom Reich nach Prag, zum zweiten Male in der ersten Julihälfte 1379, als er wieder ins Reich zog. Es ist fast sicher, daß Bořivoj damals sofort mit dem König auch dorthin reisen mußte, denn die späteren Ereignisse setzten seine Erfahrungen im Hofdienst voraus. Es sieht so aus, als hätte er das volle Vertrauen des Königs sofort erworben.

Bevor Bořivoj am königlichen Hofe erscheint, gibt es über ihn überhaupt keine Nachricht. So können wir nur vermuten, daß er auf seinem Erbgut Svinaře geboren und aufgewachsen ist. Über seine Eltern und den Zeitpunkt der Geburt ist wenig zu ermitteln. Sein Vater hieß wahrscheinlich Vojslav, er selbst dürfte um die Mitte des Jahrhunderts oder kurz nachher geboren sein und konnte im Anfang seiner Hofkarriere rund 25 bis 30 Jahre alt gewesen sein.

Bořivojs erste Erwähnung im Hofdienst fällt ins Jahr 1380, als er die ersten Verhandlungen des Prager und Londoner Hofes über ein Heiratsabkommen zwischen Anna und Richard II. fortsetzte. Dabei verbrachte er in London wenigstens acht Wochen, wie es scheint allein, d. h. von keiner höhergestellten Persönlichkeit begleitet. Er wird in den englischen Hofrechnungen — er bekam verschiedene Geschenke — als *Borzireoge de Siryne, chivaler de notre tres chier frere le roy de Rome et de Beheaume* genannt. Er besaß also an Wenzels Hofe eine Vertrauensstellung. Er nahm auch an den folgenden Verhandlungen beider Höfe teil, als in den Frühlingsmonaten des nächsten Jahres aus Prag eine feierliche Gesandtschaft, von Přemko Herzog von Teschen geführt, entsandt wurde. Da tritt er etwas in den Hintergrund und scheint eher als Leiter des Gefolges aufgetreten zu sein. Die Höhe der ihm zugebilligten jährlichen Rente, die er vom englischen König geschenkt bekam, zeigt aber sein Ansehen. Deshalb ist es auffallend, daß nach glücklichem Abschluß der Heiratsverhandlungen für Anna, die Schwester König Wenzels, mit Richard II. sein Name aus den zeitgenössischen Quellen, sowohl offiziellen als auch privaten Charakters, verschwindet. Es kann aber vorausgesetzt werden, daß er weiterhin in der Umgebung des Königs blieb, der gerade in der ersten Hälfte der 80er Jahre ziemlich häufig reiste und dabei an Ort und Stelle das meiste erledigte. Denn Bořivojs ganze spätere Laufbahn zeugt von genauer Kenntnis nicht nur der Verhältnisse im Reich, sondern auch der deutschen Sprache, die er sicher von Anfang an lernen mußte. Auch ist nicht bedeutungslos, daß er in den späteren Jahren seines Reichsdienstes, soweit bekannt, stets Diener deutscher Zunge hatte. So tritt Bořivoj nach dem Jahre 1381 sicher nur aus äußeren Gründen in den Hintergrund, zumal Wenzel keinem zum zweiten Mal sein Vertrauen schenkte, wenn es einmal verspielt war. Eine Bestätigung für unsere Annahme finden wird in einer bisher in dieser Hinsicht unbeachtet gebliebenen Urkunde Wenzels IV. vom 12. Oktober 1383, in Nürn-

Siegel des Bořivoj von Svinaře

berg für Ulrich von Wolfsberg ausgestellt, Pfleger des Rothenbergs bei Schnaittach, wo Bořivoj mit dem Titel „Herr" als selbständiger Relator erscheint und somit dem Kreis der nächsten Mitarbeiter des Königs angehört. Schon jetzt sehen wir, daß seine Relation auf Reichsangelegenheiten bezogen war. Im gleichen Jahre tritt er auch als königlicher Pfleger in Hollenberg auf, einer wahrscheinlich von Karl IV. erbauten Burg bei Pegnitz. Zwei Jahre später wird er in Auerbach erwähnt und erscheint von 1387—1402 mit der Bezeichnung eines Pflegers oder Hauptmanns zu Auerbach, womit er im Rahmen des sogenannten neuböhmischen Reichs zu einer Schlüsselstellung avancierte, die ihn tiefer in die Kenntnis der fränkisch-bayerischen Verhältnisse einführte. Von hier aus treffen wir ihn inmitten verschiedener Aktionen im Reich, wirtschaftlicher und politischer Natur, so namentlich beim Ausbruch des Städtekrieges als Vermittler zwischen dem Salzburger Erzbischof und den Reichsstädten einerseits und den bayerischen Herzögen andererseits, wobei er die Freilassung des Erzbischofs in zwielichtiger Haltung erwirkte. Bei den Verhandlungen kam er nämlich zu einer ansehnlichen Geldsumme. Es tritt also früh als einer seiner dominanten Charakterzüge die Geldgier auf, die auch aus anderen Quellen klar zu erkennen ist. Damit sollen aber keinesfalls seine Fähigkeiten und Vorzüge geleugnet werden, vornehmlich die Treue zum König.

In drei in Auerbach ausgestellten königlichen Privilegienbestätigungen für diese Stadt vom 26. Februar 1387 tritt Bořivoj als Relator hervor. Von nun an begegnen wir ihm in dieser Stellung fast ununterbrochen bis zur Thronentsetzung des Königs, also über 13 Jahre hin, freilich mit einigen Unterbrechungen.

Seine Tätigkeit am Hofe kann und muß vornehmlich auf Grund von Bořivojs Relationen aufgehellt werden, die allein über die ganze Zeitspanne hinweg kontinuierlich Auskunft geben. Nach unseren heutigen Kenntnissen kommt er mehr als 270 mal in Wenzels Urkunden als Relator vor, was ihm nicht nur die erste Stelle unter allen Relatoren in seiner Zeit, sondern überhaupt während der ganzen Regierung dieses Königs einräumt. In den in Betracht kommenden Jahren ging durchschnittlich ein Sechstel aller Schriftstücke auf irgendeine Weise durch seine Hände. Und da er sich in einigen Jahren nicht allzuoft am Hofe aufhielt, ob durch Krankheit, Botschaften oder Ausübung seiner Ämter verhindert, ist seine Teilnahme in solchen Jahren noch höher einzuschätzen; vornehmlich im Jahre 1390 und in der ersten Hälfte des folgenden Jahres oder dann wieder in einigen Monaten der zweiten Hälfte der 90er Jahre nimmt er an mehr als der Hälfte aller königlichen Beurkundungen teil. Es handelt sich zwar vorwiegend um die Urkunden der eigentlichen Hofkanzlei, aber es sind auch Stücke der Kanzlei des Reichshofgerichtes darunter. In den Urkunden der Hofkanzlei kommen auch verschiedene weniger profilierte Personen vor, bei der Kanzlei des Reichshofgerichtes handelt es sich aber um eine Instanz, in der nur bedeutende Beamte beauftragt werden konnten. Die fast 300 Schriftstücke haben natürlich recht heterogenen Charakter, doch sind hier einige allgemein gültige Züge des Auftretens Bořivojs festzustellen. Bořivoj nimmt nämlich wie kaum ein anderer ausschließlich an den ins Reich bestimmten Stücken teil, d. h. er war eben der erste Referent für Reichsangelegenheiten Wenzels, nachdem es um die Mitte der 80er Jahre zum Personenwechsel in Wenzels Umgebung gekommen war. Da die Urkunden des Königs vorwiegend in die süddeutschen bzw. rheinischen Länder des Reiches gerichtet wurden, war Bořivoj für dieses Kerngebiet des Reiches einer der einflußreichsten Männer. Da er gleichzeitig diesem Milieu fremd war, konnte er, weil seine vereinzelten Lehen, die er von dortigen Machthabern erhielt, in diesem Zusammenhang bedeutungslos sind, unabhängig bleiben; er hing nur von seinem König ab. Als mit zunehmenden Jahren Wenzels Interesse am Reich allmählich erlosch, konnte sich Bořivoj fast als selbständiger Statthalter für das Reich fühlen; andere, die ihre Aufmerksamkeit den Reichsverhältnissen widmeten, hatten, obwohl zum Teil höher gestellt als er, bei weitem nicht den Einfluß, der mit dem Bořivojs vergleichbar wäre, schon was die Menge der Geschäfte und die Orientierung auf das Reich betrifft. Von ihnen seien wenigstens die wichtigsten genannt: Von Persönlichkeiten aus dem Reiche finden wir hier nur zwei, die an Wenzel auch als König von Böhmen gebunden waren, nämlich Lamprecht von Brunn, Bischof von Bamberg, auch in der Zeit, nachdem er die Hofkanzlerwürde aufgegeben hatte, und die Johanne, Landgrafen von Leuchtenberg, die nicht auseinander zu halten sind und die ausschließlich Reichsgeschäfte betrieben, freilich mit bedeutend geringerer Häufigkeit. Von den Persönlichkeiten des Königreichs stehen in vergleichbarer Ebene mit Bořivoj vier, nämlich Herzog Přemko von Teschen von Anfang an, Heinrich Škopek von Duba, Sigismund Huler und Wenzel Králík von Buřenice, der Hofkanzler ab 1396. Deren Amtstätigkeit kreuzte sich mehr oder minder mit der Bořivojs, galt aber sowohl dem Königsreich Böhmen als auch dem Reich, freilich mit dem Übergewicht des Reichs, zumal die Emission von Urkunden ins Reich größer als die in die böhmischen Kronländer war.

Wenigstens angeschnitten werden muß die Frage nach dem Zusammenhang des Auftretens Bořivojs in den königlichen Urkunden mit dem Itinerar des Königs. Am Anfang seiner Tätigkeit in Wenzels Diensten im Reich kommt Bořivoj am Hof regelmäßiger nur dann vor, wenn der König in deutschen Landen weilte; als aber Wenzel ab Ende der 80er Jahre immer reiseunlustiger wurde, und nur innerhalb des Königreiches Böhmen, d. h. meist auf seinen nicht sehr zahlreichen, von ihm bevorzugten Stätten weilte, ritt Bořivoj von Zeit zu Zeit zu ihm und entwickelte in solchen Fällen eine fast hektische Arbeitstätigkeit, die zwar den verschiedensten Gruppen von Empfängern, doch in erster Linie den Städten galt. Der Inhalt der Ausfertigungen war sehr verschieden, doch überwogen merklich die Geldangelegenheiten aller Art. Um so wichtiger war dann seine persönliche Teilnahme am letzten Zug des Königs ins Reich im Jahre 1398, den er auch schon in Prag vorbereitet hatte, den er aber wahrscheinlich nicht in seinem vollen Umfang, d. h. nicht bis nach Luxemburg, mitmachte; er gesellte sich aber auf der Rückreise dem König wieder zu und begleitete ihn bis Prag.

Dann bricht seine Tätigkeit am Hof fast vollständig ab; die folgenden zwei Jahre sind nur ein Schatten seiner früheren Arbeitstätigkeit, und am 18. Juli 1400, also noch kurz vor Wenzels Absetzung, tritt er zum letzten Male im Reichsdienst auf. Weiterhin ist er noch kurz im Interesse Wenzels bei den Reichsstädten tätig, doch das ist schon ein Ausklang seiner großen Hofkarriere. Leider sehen wir hier nur die äußeren Umrisse. Es ist möglich, ja wahrscheinlich, daß Bořivoj nicht nur ein exekutives Organ war, sondern zu den Schöpfern der Politik Wenzels gehörte; doch tappen wir hier im Dunkeln.

Freilich ist diese Seite der Tätigkeit Bořivojs nicht aussagekräftig genug: sie muß noch durch eine andere, nicht minder wichtige vervollständigt werden. Es handelt sich um Aufträge mit selbständigen Botschaften oder Verhandlungen, die er im Interesse Wenzels und des Hofes zu führen hatte und die er in Zusammenarbeit mit anderen, sehr oft aber auch allein, zu erledigen hatte. Und da er bis zum Juli 1400 ständig für den König tätig war, ist zu schließen, daß er meist zur Zufriedenheit seines Auftraggebers arbeitete, auch wenn er selbst nicht ohne bedeutenden eigenen Nutzen dabei blieb. Das war freilich in den damaligen, und nicht nur in den damaligen Zeiten allgemein der Fall. Doch sieht man, daß dieser Nutzen in einigen Fällen zu stark in den Vordergrund trat, so daß auch seine anderen Sendungen in dieser Hinsicht skeptisch beurteilt werden müssen.

Sein relativ großer Reichtum, den er zum Teil im Dienst des Königs erwarb, und der es ihm ermöglichte, mehrfach den König mit erheblichen Darlehen zu unterstützen, stammte zum Teil aus namhaften Geschenken von Seiten interessierter Urkundenempfänger für den einflußreichen Relator. Diese Geldquelle Bořivojs hat nur mittelbar Bezug auf den König, eine andere ist aber der König selbst, der seinen treuen Diener nicht nur mit mehreren Funktionen beauftragt, sondern ihn auch als Ausdruck seiner Zufriedenheit über die geleisteten Dienste mit Gütern und verschiedenen einmaligen oder fortlaufenden Zuwendungen beschenkt hat.

Diese Geschenke sind zum Teil als Beteiligung Bořivojs an den von ihm für Wenzel erschlossenen Geldquellen zu betrachten; denn einen großen Teil seiner Tätigkeit nimmt die Einnahme von Reichssteuern und die Beteiligung an Judengeldern ein. Wenzel ernannte schon 1388 Bořivoj zum Pfleger für die Regensburger Juden, über deren Vermögen er gegen den Willen des Regensburger Rates verfügen wollte. Bei den Judenschuldentilgungen, ob es nun um Vermögen in Augsburg, Ulm, Erfurt oder in den fränkischen Städten ging, handelte es sich um große Geldsummen, die manchmal fast erpreßt werden mußten, in jedem Fall aber durch seine Hände gingen. In anderen Fällen beauftragte ihn Wenzel mit der Erhebung der Reichssteuer, die ebenso brutale Gelderpressungen genannt werden können; denn denen, die die Zahlung verweigerten, wurde ohne weiteres mit der Reichsacht gedroht: Lindau und Frankfurt sind eindrucksvolle Beispiele dafür. In einem Mandat Wenzels an die Stadt Eger wird 1395 befohlen, an Bořivoj 3 000 Schock Groschen zu zahlen, und im Weigerungsfalle damit gedroht, daß Bořivoj mit seinen Bewaffneten solange bei der Stadt liegen werde, bis sie 10 000 Schock bezahlt haben würde.

Regierungsmaßnahmen werden oft zu Geldgeschäften umgemünzt: Im Spätherbst 1396 verhandeln Bořivoj und Franz von Gewicz mit der Stadt Köln über die Sanktionierung des dortigen Ratsumsturzes und die Bestätigung der Privilegien. Beide Gesandte erledigen diese Fragen gegen Zahlung einer Summe von 10 000 Gulden an König Wenzel. Die wirklichen städtischen Ausgaben betrugen aber 11 000 Gulden, wobei 1 000 Gulden direkt an Bořivoj und Franz ausgezahlt wurden. Man hat nun den beiden vorgeworfen, sie „haben zudem ihren Herren um 1 000 Gulden betrogen". Doch die inkriminierten 1 000 Gulden konnten sie ohne Weiteres als Geschenk des Kölner Rates empfangen, so wird es auch in den amtlichen städtischen Rechnungen eingetragen, und das war damals allgemein üblich.

Solche Vorgänge sind nur aus dem engen Vertrauensverhältnis erklärbar, das zwischen König Wenzel und Bořivoj bestand. Zeichen dieses Einverständnisses und ein gewisser

Höhepunkt der Tätigkeit Bořivojs war seine Teilnahme am Nürnberger Reichstag als Vertreter des Königs Anfang September 1390. Anläßlich der Gefangennahme Wenzels durch unzufriedene böhmische Barone im Sommer 1394 entfaltete Bořivoj eine rege Tätigkeit im Reiche für seine Freilassung, die schließlich von Erfolg gekrönt wurde. Es folgte eine allgemein formulierte Befugnis, für Wenzel im Reich eine Hilfe in Form von Geldbeiträgen zu sammeln, was vornehmlich die Reichsstädte Süddeutschlands belastete. 1395 ist Bořivoj maßgeblich an der königlichen Gesandtschaft nach Mailand beteiligt, die die Verleihung der Herzogswürde an Giangaleazzo Visconti gegen Zahlung einer bedeutenden Geldsumme zu überbringen hatte. Er scheidet deshalb für kurze Zeit aus den süddeutschen Reichsämtern aus, hatte aber mehrere Verpflichtungen in Böhmen zu erledigen, namentlich die Lösung einer Straßburger Botschaft aus der Gefangenschaft des westböhmischen Adeligen von Schwannberg. 1397 trat er erfolgreich auf dem Frankfurter Kurfürstentag als Vertreter des Königs auf, dagegen mißlang ihm der Versuch, auf die strittige Besetzung des Mainzer Erzstuhls Einfluß zu nehmen. Bezeichnend für die Beurteilung von Bořivojs Stellung zum König und seiner Beziehungen sind die Ereignisse auf dem Karlstein im Mai 1397, als es zu einem Umsturz in Wenzels Hofrat kam, aus dem vier vornehme Mitglieder, Wenzels nächste Günstlinge, einem Mord zum Opfer fielen. Bořivoj, der mit Nachrichten vom Kurfürstentag gekommen war, gehörte nicht zu den Opfern, er wurde also nicht zu den engsten und die ständige Umgebung des Königs bildenden Vertrauten gerechnet, wenn er auch ihnen sicher sehr nahe stand. Seine ständigen Verpflichtungen außerhalb des Hofes haben ihn gerettet. Wenzels Vertrauen zu ihm hat sich nach diesen Ereignissen eher gesteigert. Die letzten zwei Jahre ist er allerdings nur selten am Hof zu finden, vorher war er wieder schwer krank. Als es dann gelang, Wenzel zu einem Zug ins Reich zu bewegen, stand ihm Bořivoj zur Seite und bewährte sich wieder als Soldat und Heerführer. Hand in Hand damit gingen aber auch die anderen Amtsangelegenheiten, in denen er seinem

König durch Rat und Tat zur Seite stand. Erneut ist er, wie ehemals, mit selbständigen Aufgaben betraut. Wir sehen ihn als einen der drei Bevollmächtigten im Elsaß. So überrascht es auch kaum, wenn die elsässischen Städte sich vom König gerade unseren Bořivoj als Hauptmann des dortigen Landfriedens erbitten. Doch ließ der König diese Bitte unerhört und behielt Bořivoj nach seiner Rückkehr aus Frankreich in seiner Umgebung. Erst später finden wir ihn im Elsaß tätig.

Schließlich ist er vor eine große Aufgabe gestellt worden, die aber nicht zu bewältigen war, nämlich die Absetzung seines Herrn zu verhindern. Das gelang nicht mehr, nicht zuletzt wegen der ständigen Unentschlossenheit des Hofes. So verlor auch Bořivoj im Reich den Boden unter den Füßen.

Bořivojs Stellung in Franken ist bedingt durch sein Amt als Pfleger in Auerbach und oberster Hauptmann in Bayern sowie durch die Organisation des Landfriedens in Franken auf dem Reichstag zu Eger im Mai 1389. Schon 1387 hatte er sich noch als Pfleger in Hollenberg mit Bischof Lamprecht von Bamberg über die gegenseitige Gerichtshilfe bei Streitigkeiten ihrer Untertanen geeinigt, und er wurde im gleichen Jahr im Einvernehmen mit Burggraf Johann von Nürnberg am Straßenschutz westlich des Böhmerwaldes beteiligt. Im Süddeutschen Städtekrieg 1388 stand er auf der Seite der Fürsten und hat im Nürnberger Umland von Auerbach und vom Rothenberg aus Nürnbergs Untertanen gebrandschatzt und damit die Vollmachten König Wenzels überschritten. 1389 wird er Mitglied eines sechsgliedrigen Kollegiums, das zur Durchführung des Egerer Landfriedens errichtet wurde und in dem er den mächtigsten Reichsfürsten, dem Pfalzgrafen Ruprecht am Rhein und dem bayerischen Herzog Friedrich, gleichgestellt war. Im übrigen entsprach auch die Tätigkeit im Landfrieden seinen militärischen Neigungen. 1391 ist er Hauptmann des Landfriedensaufgebots, das die Thüngensche Burg Reußenberg belagert, 1398 erobert er die Seinsheim'sche Burg Hohenlandsberg und die von der Tann'sche Feste Marisfeld bei Meiningen. Als Exekutor des Reichshofgerichtes befehdete er 1393 die der Acht verfallene

Stadt Straßburg und verstand es, bei dem Abschluß der Sühne Geldgeschäfte zu machen, an denen er die Reichsfürsten, die sich ihm in der Fehde angeschlossen hatten, nicht teilnehmen ließ. Im Jahre 1400 sammelt er 400 Reiter um sich, mit denen er aber nicht verhindern konnte, daß Auerbach im September dieses Jahres vom Heere König Ruprechts besetzt wurde. Zerstörungen in der Oberpfalz, von denen berichtet wird, zeugen davon, daß das „neuböhmische Reich" nicht kampflos verloren ging. So versucht Bořivoj noch 1402 über seinen Besitz von Pegnitz, Beheimstein und Hollenberg durch Pfandgeschäfte zugunsten des Burggrafen Johann von Nürnberg, des Schwagers Wenzels, zu verfügen, dem er 1397 die Schutzvogtei über Kloster Wülzburg bei Weißenburg zugesprochen hatte. Sein zusammen mit seinem Bruder Zacharias 1389 bei den bayerischen Herzögen Friedrich, Johann und Stephan erworbener Pfandbesitz der Feste und Herrschaft Floß dürfte schon früher abgelöst worden sein. Seine Stellung als Burggraf von Elbogen in Westböhmen im Jahre 1399 darf als Vorzeichen des Endes seiner Karriere im Reich und im fränkisch-bayerischen Raum angesehen werden, wenn er auch noch rege in örtliche Streitigkeiten eingriff.

Seit 1389 war er mehrere Jahre hindurch als „oberster Pfleger" oder Hauptmann in Bayern bezeichnet worden; damit war seine Stellung im „Neuböhmischen Reich" gekennzeichnet. Seit der gleichen Zeit aber übte er Reichsfunktionen in den Reichsstädten Windsheim und Schweinfurt aus. In Windsheim erhielt er als Amtmann und Schultheiß den Bann zur Ausübung der Blutgerichtsbarkeit, griff in Prozesse der Stadt ein und kümmerte sich vor allem um die Einziehung von Judenschulden und Reichssteuern. In Schweinfurt trat er nicht nur als Kläger gegen die Bürgerschaft auf, sondern suchte als Schiedsrichter die Streitigkeiten der Stadt mit dem Bischof von Würzburg beizulegen, ja er verlieh der Stadt 1391 ein zeitlich begrenztes Recht der freien Bürgeraufnahme. Bei schiedsrichterlichen Verhandlungen standen ihm andere Beauftragte des Königs, überwiegend aus Böhmen, wie Hynacko von Weißenburg und Franz von Gewicz u. a., zur Seite. Sie wechselten aber, so daß Bořivoj als spiritus agens anzusehen ist, was andere Indizien bestätigen.

In das Hochstift Würzburg mußte Bořivoj eingreifen, als König Wenzel der Stadt Würzburg und den übrigen Mitgliedern des fränkischen Städtebundes unter deutlicher Kritik am Regiment des Würzburger Bischofs Gerhard von Schwarzburg am 13. Oktober 1397 jenes widerspruchsvolle Privileg verliehen hatte, das den Bundesstädten die Reichsfreiheit vorbehaltlich der Rechte des Bischofs von Würzburg zusicherte. Unter dem Druck des Fürsten mußte der König die Privilegierungen bald wieder zurücknehmen und die Auflösung des fränkischen Städtebundes verfügen. Am 12. April 1398 setzte er Bořivoj als Reichshauptmann im Hochstift Würzburg ein, offenbar mit der Aufgabe, die Durchführung der Restauration zu überwachen. Als Bořivojs Versuch, die Hochstiftstädte mit Bischof Gerhard zu vergleichen, an dessen Widerstand gescheitert war, forderte der Böhme sie am 5. August 1399 unter Entbindung von der dem König geleisteten Huldigung auf, dem Bischof zu huldigen, nachdem er zuvor diesem und dem Domkapitel seinen Beistand versprochen hatte. Nicht viel später muß Bořivoj von seinem Würzburger Amt zurückgetreten sein, während die Auseinandersetzung zwischen Bischof und Städten auf die Katastrophe von Bergtheim (11. 1. 1400) zutrieb.

Feste Amtsfunktionen in Pegnitz, Auerbach, Windsheim, Schweinfurt und schließlich im Hochstift Würzburg haben dem Auftreten Bořivojs im nordbayerisch-fränkischen Raum Rückhalt gegeben. Demgegenüber haben die Würden eines Landvogts im Elsaß seit 1389 und eines Landvogts in Schwaben 1392—1394 ihm nur die Möglichkeiten eines ephemeren Eingreifens geboten. Von seinem Hauptsitz in Auerbach, später öfter von Nürnberg aus, konnte er im fränkischen Bereich vielfach eingreifen, wenn er auch sehr viel unterwegs war und laufend Reisen zum König nach Böhmen zu machen hatte.

Die letzte sichere Nachricht findet man über ihn im Jahre 1402, als er z. B. versprach, etliche Güter, darunter auch

Bernau, nicht zu verpfänden. Obwohl verheiratet — leider kennen wir weder den Namen noch irgendwelche konkrete Nachrichten über seine Gattin, die vielleicht deutscher Zunge war, die ihn im Reich begleitet hat, wir kennen aber seinen Schwager: Friedrich Tollinger —, hatte er so gut wie sicher keine Kinder, die ihn überlebt hätten, so daß all sein Gut und Vermögen an seinen Bruder Zacharias fiel. Sein Stammdorf gehörte nicht mehr dazu. Aller Wahrscheinlichkeit nach ist er vor dem Jahre 1406, sicher vor 1410 gestorben.

Seine Persönlichkeit und seine Umwelt prägten sein Lebensschicksal und machten ihn zu einem der unbeliebtesten Männer im Reich während der Regierungszeit Wenzels. Aber er hinterließ in der Reichsgeschichte und in der Geschichte Frankens der 80er und 90er Jahre des 14. Jahrhunderts eine tiefe Spur, die genauer aufzuhellen immer noch eine Zukunftsaufgabe ist.

LITERATUR

An Quellen sind vorwiegend die Urkunden aus der königlichen Hofkanzlei Wenzels IV. zu nennen, die in den Relationskonzeptvermerken sehr oft den Namen Bořivojs führen (vgl. darüber Ivan HLAVÁČEK, Das Urkunden- u. Kanzleiwesen des böhmischen und römischen Königs Wenzel 1376—1419, Schriften der Monumenta Germaniae Historica 23, Stuttgart 1970). Die eigenen Urkunden Bořivojs sind nur mangelhaft ediert, manchmal noch in den Archiven verborgen. Es kann nur auf die Deutschen Reichstagsakten, Bd. I—III hgg. v. J. WEIZSÄCKER, München 1867—1877, verwiesen werden, die von H. WEIGEL gesammelten Nachträge sind nicht zugänglich. Bořivoj kommt freilich oft auch in anderem diplomatischen Material, namentlich den Stadtrechnungen, seltener in den erzählenden Quellen vor.
An Literatur sei erwähnt: Th. LINDNER, Geschichte des Deutschen Reiches unter König Wenzel, Bd. II, Braunschweig 1880, H. WEIGEL, König Wenzels persönliche Politik. Reich u. Hausmacht. Deutsches Archiv 7, 1944, 133—199. Weigels Fortsetzung fiel den Kriegswirren zum Opfer. F. M. BARTOŠ, Čechy v. době Husově, in: České dějiny II—6, Praha 1947. A. GERLICH, Habsburg-Luxemburg-Wittelsbach im Kampf um die deutsche Königskrone, Wiesbaden 1960. Z. FIALA, Předhusitské

Čechy, Praha 1968. Nicht uninteressant, obwohl Bořivoj nicht erwähnt wird: J. POLC, Svatý Jan Nepomucký, Bd. I, Rom 1972. Aus den entlegenen Werken verdient Erwähnung: E. PERROY, L'Angleterre et le Grand Schisme d'Occident, Paris 1933 (betr. Botschaft nach England 1380). J. H. HEEREN, Das Bündnis zwischen König Richard II. v. England u. König Wenzel v. J. 1381, Diss. Halle 1910; zu Neuböhmen: Handbuch d. bayerischen Geschichte hgg. v. M. SPINDLER III/2, München 1971, S. 1281 ff u. die Einführung F. SCHNELBÖGLS zu seiner Edition: Das böhmische Salbüchlein Kaiser Karls IV über die nördliche Oberpfalz 1366/8, München/Wien 1973.

Bořivoj als selbständiger Forschungsgegenstand bei: Rud. HELMKE, König Wenzel u. s. böhmischen Günstlinge im Reiche, Diss. Halle 1913. Von spezieller landeskundlicher Literatur sei nur genannt: Monumenta Suinfurtensia, hgg. v. Friedr. STEIN, Schweinfurt 1875, Werner SCHULTHEISS, Urkundenbuch d. Reichsstadt Windsheim, Würzburg 1963, u. Germania Sacra NF 4, Das Bistum Würzburg, Bd. II, bearb. v. Alfred WENDEHORST, Berlin 1969. Ferner: Ludwig SCHNURRER, König Wenzel u. d. Rst. Rothenburg, Jb. f. fränk. Landesforschung 34/5 (1975). Auf Grund der Vorarbeiten zu einer Geschichte der Stadt Auerbach, den Studien zur Geschichte des Hochstifts Würzburg und der im Druck befindlichen Quellensammlung z. Geschichte d. fränkischen Landfrieden wurden Ergänzungen von F. Schnelbögl, A. Wendehorst und dem Herausgeber der „Fränkischen Lebensbilder" verwertet.

VEIT STOSS

Von Heinz Stafski

Veit Stoß, 1447 (?) in Horb am Neckar geboren, von Herkunft also Angehöriger des schwäbischen Stammes, darf gleichwohl als nürnbergisch-fränkischer Künstler gelten. Denn als er 1477 nach Krakau übersiedelte (um fast zwanzig Jahre dort zu bleiben), besaß er das Nürnberger Bürgerrecht, dessen Erwerb einen mehrjährigen Aufenthalt und ein erfolgreiches Wirken in seinem Beruf als Schnitzer voraussetzte. Seine erste Ehe mit der Tochter Barbara des vermögenden Nürnberger Bürgers und Wirts Ulrich Hertz wäre ohne diese Bewährung nicht zustande gekommen. Der Erfolg als Künstler war auch der Anlaß für die ehrenvolle Berufung nach Polen, wo er endlich als selbständiger Werkstattleiter die Verantwortung für ein großes Altarwerk übernehmen durfte. Die Berechtigung, den Meister für die Nürnberger Kunst zu beanspruchen, ergibt sich letztlich durch seine Rückkehr im Jahre 1496 und das Verbleiben in der fränkischen Handelsmetropole, wo er als Schnitzer noch großen Ruhm, als Mensch noch manche Demütigung ernten sollte. So war sein Leben schicksalhaft mit der Wahlheimat verbunden.

Wie verlief die Frühzeit des Meisters, bevor er, wohl einige Jahre nach 1470, in Nürnberg auftauchte? Schon vor dem Nachweis seiner schwäbischen Abstammung (als man noch von der Ansässigkeit der Familie im Fränkischen ausging), gab es keinen Zweifel darüber, daß seine Kunst aus „westlichen", oberrheinischen Quellen gespeist sei. Man war sich einig, daß eine geistige Berührung stattgefunden habe mit dem seit 1463 in Straßburg tätigen Bildhauer Niclaus Gerhaert von Leyden, der die künstlerischen Erfahrungen der Niederlande vom Elsaß aus weitergab.

Dem Jüngling Veit Stoß, der wohl in oder unweit von Horb die Lehre absolviert hat, war zwecks handwerklicher Fortbildung, und sofern er Vervollkommnung als Künstler erstrebte, der Weg an den Oberrhein von der Natur vorgezeichnet: liegt doch sein Geburtsort unweit der alten Handelsstraße, die durch das Kinzigtal in das gelobte Land führt, das auf den jungen Dürer fast dreißig Jahre später noch dieselbe Anziehungskraft ausübte.

Was mag nach den vermutlichen Gesellenjahren bei Niclaus Gerhaert den Schüler dieses großen Meisters in den frühen siebziger Jahren ausgerechnet nach Nürnberg geführt haben? Er ist bestimmt nicht ziellos und auf gut Glück ins Fränkische gezogen, in der unsicheren Erwartung, lohnende Arbeit zu finden. Die konkrete Aussicht auf Teilnahme an einem umfangreichen Werk muß ihn dorthin gelockt haben. Da Veit Stoß einer Kaufmannssippe entstammte, die an der Ravensburger Handelsgesellschaft beteiligt war, ist anzunehmen, daß Familienangehörige geschäftliche Verbindungen nach Nürnberg hatten und ihm so die Kunde von einem Altarauftrag vermittelten, der in diesen Jahren an die Werkstatt des Malers Michel Wolgemut erging und üblicherweise nicht nur aus Malwerk, sondern großenteils aus Skulpturen bestehen sollte. Es handelt sich um den heute noch die Marienkirche zu Zwickau zierenden Hochaltar, der im Schrein die Muttergottes mit vier weiblichen Heiligen und auf den Innenseiten der beweglichen Flügel je zwei weitere Heilige zeigt. Die Malerei Wolgemuts bedeckt die Außenseiten der beweglichen und die stehenden Flügel. Die Bildwerke übertreffen in ihrer repräsentierenden Funktion das Malwerk bei weitem.

Die Skulpturen des Zwickauer Schreins sind zur Zeit ihrer Entstehung kein Nürnberger Gewächs, sondern gehen als Formgebilde auf „westliche" Anregungen zurück. Besonders die Aufmerksamkeit, die in Zwickau den Details der modischen Tracht und der Ausstattung mit Schmuckwerk jeglicher Art gewidmet ist, darf im Ursprung auf höfische Ansprüche zurückgeführt werden, d. h. auf die niederländische, im Dienst der burgundischen Herrschaft stehende Kunst.

Was liegt nun näher als der Verdacht, daß Veit Stoß für die Skulptur diese moderne Auffassung nach Nürnberg importiert hat, und daß der Auftrag aus Zwickau der äußere Anlaß seines Zuzugs war? Er mußte allerdings mit rückständigen einheimischen Gehilfen arbeiten, die nicht immer in der Lage waren, seinen hohen Zielvorstellungen zu folgen. Es besteht natürlich ein gewisser innerer Abstand zwischen diesem und dem ersten für Veit Stoß fest beglaubigten Werk, dem Hochaltar der Krakauer Marienkirche, an dem er volle zehn Jahre arbeitete. Für Zwickau hatte er noch den Maler Wolgemut als verantwortlichen Auftragnehmer und Entwerfer über sich und war an die Vereinbarungen gebunden, die jener mit dem Besteller getroffen hatte. In Krakau trat Stoß zum erstenmal in seinem Leben als a l l e i n handelnder Vertragspartner auf mit der Aussicht, eigene Idealvorstellungen zu verwirklichen. Worin unterscheidet sich nun der Krakauer von dem Zwickauer Schrein? In letzterem besteht die Schreinfüllung aus fünf gereihten Statuen, deren jede auf eigener Konsole steht und ein eigenes Baldachinkompartiment besitzt; die Figurenreihe ist wohl durch rhythmische Querverbindungen, d. h. durch Achsendrehungen als Seelengemeinschaft kenntlich gemacht, aber die vertikale Einordnung in die erwähnten Bestandteile der Schreinarchitektur schafft ein Gefüge von Raumzylindern, deren Begrenzung den temperamentvollen, heiligen Frauen sichtlich unbehaglich ist. Im Krakauer Schrein dagegen ist ein freier Aktionsraum geschaffen. Und was geht in diesem Raum vor? Die Apostel sind von einer inneren Stimme aus allen Himmelsrichtungen herbeigerufen, Zeuge des Todes Mariä zu sein. Es ist also eine dramatische Szene gegeben. Trotzdem bleibt die Zwickauer Fünferordnung noch latent vorhanden, denn dieselbe Anzahl von Aposteln hat an der Schreinrampe Aufstellung gefunden, die restlichen sind in den Hintergrund, d. h. in die zweite Reihe gedrängt und existieren nur als auf Stangen montierte Köpfe und Büsten, welche die Zwischenräume der vorderen Apostel ausfüllen. Die fast drei Meter hohen Hauptgestalten agieren gleichsam aus dem Stand, und die meisten von ihnen lassen wie Schauspieler die Neigung erkennen, sich frontal zu präsentieren, also günstige Bühnenpositionen einzunehmen. Diese wohlüberlegte Anordnung dient der Beruhigung des Ganzen, denn ein aufgeregtes Gedränge der Riesen wäre ein unerträglicher Anblick gewesen;

die Statuenbildnerei kann sich im Gegensatz zum Tafelbild und zum Relief keine gesteigerte Aktion leisten, besonders nicht, wenn sie die Proportionen übersteigert. Es fragt sich beiläufig, wer den Einfall hatte zu dieser Überdimensionierung, der Künstler oder der Auftraggeber. Der Wunsch, Außerordentliches zu leisten, kam wahrscheinlich vom Meister selbst; das entspräche seinem leidenschaftlichen Charakter, der ihn auch in außerkünstlerischen Dingen immer zu Wagnissen verführte. Von der Bestellerseite mag ihm dabei entgegengekommen sein, daß kulturelle Randgebiete der Neigung zum Gigantismus erliegen: den Verruf der geistigen Peripherie will man mit auffälligen Zeichensetzungen kompensieren.

In Krakau erreichte Veit Stoß den äußeren Zenith seiner Laufbahn als Künstler und Bürger. Er wurde mit ehrenvollen Ämtern ausgezeichnet, erhielt Steuerfreiheit und häufte Reichtümer an. Die vornehmsten künstlerischen Aufgaben wurden ihm anvertraut: für den König und für Bischöfe durfte er Grabmäler meißeln. Und trotzdem hielt es ihn nicht am Ort seiner Triumphe. Was mag ihn bewogen haben, nach zwanzigjährigem Aufenthalt wieder nach Nürnberg zu ziehen, wo er doch vorher höchstens vier magere Jahre verbracht und kaum richtig Wurzeln geschlagen hatte? Daß seine Frau Barbara, die vielleicht den Tod herannahen fühlte (sie starb kurz nach der Rückkehr) ihn dazu bewogen habe, oder die Sorge um deren Erbe genügt allein nicht als Motivation. Es müssen innere Gründe hinzugetreten sein, die seine Existenz oder sein Wachstum als Künstler gefährdeten. Vielleicht hatte sich die ökonomische und politische Situation in Polen ungünstig entwickelt: die Auftragslage mag sich verschlechtert und nationale Spannungen, wie sie später das Verhältnis zwischen Deutschen und Polen belasteten, mögen sich angekündigt haben. Im Jahre 1496 traf er wieder in Nürnberg ein, wohin sein Ruhm ihm schon vorausgeeilt war. In Nürnberg setzte man sicher große Erwartungen in seine Wiederkehr, und er selber konnte ein berechtigtes Selbstbewußtsein, ja den Stolz des weitgereisten Weltmanns zur Schau tragen. Gleich nach seinem Eintreffen erhielt er von dem Losunger Paul Volckamer den Auftrag zu einer Gedächtnisstiftung seiner Familie; das läßt vermuten, daß er in den letzten Krakauer Tagen die Verbindung zu dem neuen Auftraggeber schon geknüpft hatte. Vielleicht hatte er sogar auf längere Sicht rechtzeitig vorgesorgt und sich durch Geschäftsfreunde die Option auf den Hochaltar für die Pfarrkirche zu Schwaz in Tirol verschafft, wo Nürnberger Unternehmer im Silberbergbau engagiert waren. Stoß war nicht nur ein großer Künstler, sondern ein rühriger Kapitalanleger, was ihm zum Verhängnis werden sollte. Zunächst ließ sich in Nürnberg alles gut an, und mit der Gedächtnisstiftung für die Volckamer an der inneren Chorwand der St. Sebalduskirche wollte er den Ruf als Vollbringer künstlerischer Großtaten rechtfertigen, den seine Freunde sicher laut verbreitet hatten. Leicht war das insofern nicht, als kurz vorher an benachbarter Stelle der Sebalduskirche, nämlich an der Außenseite des Chors, der Steinbildhauer Adam Kraft die Schreyer-Landauersche Grablege vollendet und ein Bravourstück der Meißelarbeit geliefert hatte; der Mauerabschnitt sowie die Pfeilerinnenseiten wurden von ihm mit Reliefs aus der Passion, mit Kreuzigung, Grablegung und Auferstehung versehen. Der Anschluß des Werks an die Außenwelt bewog ihn, die Landschaftshintergründe verschwenderisch mit Details anzureichern, gleichsam mit spitzem Meißel zu zeichnen, also einen illusionistischen Realitätsbezug anzustreben. In dieser Beziehung konnte oder wollte Veit Stoß es mit dem Rivalen, der in der Bearbeitung des Steins erfahrener war, nicht aufnehmen. Gegenständlich hatte er eine verwandte Aufgabe, wählte aber andere Szenen: Gebet am Ölberg, letztes Abendmahl, Gefangennahme, indem er sich auf seine besonderen Fähigkeiten als Dramatiker, als Künder seelischer Vorgänge besann. Deswegen machte er im Abendmahl nur die nötigsten Angaben des Handlungsraums und füllte den Raumausschnitt prall mit den Figuren, ja konzentrierte die Meißelarbeit auf die Köpfe, in denen die Reaktion auf die Ankündigung des bevorstehenden Verrats höchst lebendig variiert ist. Die Überlieferung will in ihnen Ratsherrenporträts verewigt wissen, ja ein Selbstbildnis erken-

nen. Die Idee, durch Einfügung von Porträts prominenter Zeitgenossen ein religiöses Kunstwerk zu aktualisieren, darf man Veit Stoß zutrauen, und die innere Möglichkeit dazu war auch in der historischen Situation angelegt. Stoß gehörte nicht zu denen, die lange zögerten, wenn sich eine Gelegenheit bot, Aufsehen zu erregen. Sein erstes Auftreten nach langer Abwesenheit ermunterte ihn zu Kühnheiten. Dramatisch zugespitzt, mehr im Sinne der äußeren Aktion, ist die Gefangennahme, die im Freien spielt, aber auch wieder ohne Raumandeutung auskommt und die Rahmung dicht mit Gestalten anfüllt. In der Charakterisierung ihres brutalen Vorgehens gegen Christus gehen die Häscher an die Grenze des Erträglichen für Auge und Gefühl des Betrachters. Das mittlere Relief mit dem Gebet am Ölberg ist absichtlich ruhiger gehalten und kann deswegen mehr räumliche Szenerie bieten. Christus nimmt von dem Engel den Kelch des Leidens entgegen und sammelt im Gebet die Kraft für den Opfergang. Die Jünger schlafen, aber die Ahnung des Bevorstehenden bedrückt ihre Träume, und die innere Unruhe ist auf die labyrinthischen Verschlingungen ihrer Mäntel übertragen: diese abstrakten Psychogramme sind eine bewußt eingesetzte Mitteilungsform. In Höhe der Fensterbank, die von der oberen Rahmung der Steinreliefs berührt wird, gleichzeitig zuseiten des Chorfensters, hat Veit Stoß mit der Aufstellung der überlebensgroßen Eichenholz-Statuen des auferstandenen Christus und seiner Mutter dem Thema der Passion den gedanklichen Abschluß gegeben und das Gesamtwerk monumental akzentuiert.

Zur Zeit der Enthüllung des Werks, 1499, war der junge Dürer schon in Italien gewesen; er hat sich das Studium der Volckamer-Reliefs sicher nicht entgehen lassen, besonders da sie einen epischen Stoff behandeln, dem auch sein Bemühen als Maler und Graphiker galt. Obwohl Dürer selbst in der 1498 der Öffentlichkeit übergebenen Holzschnittfolge der Apokalypse zur Dramatisierung neigt, wird er ein nur bedingtes Verständnis für das Werk des Veit Stoß aufgebracht haben, da die Kunst Venedigs ihm schon die Kenntnis neuer Formideale vermittelt hatte, deren Begreifen Veit Stoß noch lange verschlossen blieb. Indessen um 1500 war Veit Stoß noch der Mann der Stunde und der Günstling der Menge, während Dürer nur hoffen konnte, einen kleinen Kreis von Freunden und Humanisten zu überzeugen.

Unmittelbar nach Vollendung des Volckamerschen „Gedächtnisses" erhielt Veit Stoß einen Großauftrag aus Schwaz in Tirol, wo die Pfarrkirche einen neuen Hochaltar erhalten sollte. Was gäben wir darum, wenn dieses 1619 abgebrochene Werk mit der Himmelfahrt Mariä im Schrein sich erhalten und so einen Vergleich mit Til Riemenschneiders Creglinger Altar erlaubt hätte, wo dasselbe Thema so vollkommen veranschaulicht ist!

Die wirtschaftliche Existenz des Wiedereingebürgerten schien gesichert. Ein Jahr nach dem Tode seiner ersten Gattin hatte er Christina, die Tochter des Losungsschreibers Johann Rynolt, heimgeführt und 1499 ein Haus in der Wunderburggasse gekauft. Gerade jetzt, da er von äußeren Sorgen befreit war, traf den auf Gewinn ebenso wie auf Ruhm und Ehre Bedachten ein Rückschlag, der ihn materiell und moralisch gleichermaßen an den Rand der bürgerlichen Katastrophe führte. Kaum war er von Schwaz in Tirol zurückgekehrt, wo der Hochaltar unter seiner Leitung aufgerichtet wurde, nahmen ihn Stadtknechte auf offener Straße fest und führten ihn ins Lochgefängnis ab. Was war vorausgegangen? Der Meister hatte 1265 Gulden (über die Hälfte des Honorars für den Krakauer-Altar) gegen hohe Gewinnbeteiligung bei einem Textilhändler angelegt. Es war ein kompliziertes Dreiecksgeschäft, eingefädelt von einem nach außen hin Unbeteiligten. Als Stoß sich betrogen sah — der direkte Partner war geflohen — wollte er sich an dem listigen Hintermann schadlos halten und fälschte einen Schuldschein auf dessen Namen. Als er sich doch entschlossen hatte, den Verlust hinzunehmen, kam das Vergehen durch Bruch einer geheimen Vereinbarung ans Tageslicht und er wurde zusätzlich verurteilt, an den eigentlichen Drahtzieher 800 Gulden wegen Rufschädigung zu zahlen. Das Erleiden dieser offenbaren Ungerechtigkeit machte den Meister zu einem dauernd Unzufriedenen, zu einem Unruhestifter.

Für die Schuldscheinfälschung wurde Stoß mit der öffentlichen Brandmarkung bestraft, womit der Verlust der Meisterehre verbunden war. Stoß konnte kein Werkstattleiter, kein Vorgesetzter von Gesellen und Lehrlingen mehr sein. Er war zum Gesellen degradiert, der allenfalls unter einem fremden Meister arbeiten durfte: für den stolzen und sendungsbewußten Künstler eine arge Demütigung und trotzdem der auf Anraten wohlmeinender und rechtskundiger Freunde beschrittene Weg. Welcher renommierte Werkstattleiter war schließlich bereit, geschäftsführend für den Bildhauer und dessen Personal einzutreten? Im Jahre 1504 muß sich Michel Wolgemut vor dem Rat verantworten für sein Eintreten zugunsten des Veit Stoß. Wir wissen nicht genau, weswegen er sich rechtfertigen sollte, dürfen aber annehmen, daß der Maler nominell für den Schnitzer einen künstlerischen Auftrag übernommen hatte. Es ist auch leicht erklärlich, weswegen sich Stoß ausgerechnet an Wolgemut um Hilfe wandte: Beide hatten dreißig Jahre vorher mit dem Zwickauer Altar eine erfolgreiche Probe harmonischer Zusammenarbeit bestanden. Zudem ging es inzwischen mit der Malerwerkstatt Wolgemuts langsam bergab, so daß er froh sein konnte, auf diesem Wege wieder ins Geschäft zu kommen. Im Jahre 1507 schließt Wolgemut mit der Stadt Schwabach zu zwei vorhergegangenen Vereinbarungen einen Zusatzvertrag, der sich auf den in Arbeit befindlichen Hochaltar für die Pfarrkirche bezieht, dessen Gemälde schon im Jahre 1506 fertig waren. Diese Flügelbilder haben nichts mit Wohlgemuts eigener künstlerischer Handschrift zu tun, sind auch nicht nürnbergisch, so daß man schließen darf, der Maler sei als Unternehmer nur verantwortlich für die Schnitzwerke des Schreins und der Flügel, allerdings auch für deren farbige Fassung. Wenn man den erhaltenen Vertrag genau liest, findet man die Bestätigung für diesen lange übersehenen Sachverhalt. Wir müssen also annehmen, daß die Werkstatt des Veit Stoß von Anfang an für die Bildwerke des Schwabacher Altars vorgesehen war, der dargelegten Ursachen wegen aber die Leitung des Unternehmens an den älteren, unbescholtenen Kollegen übergeben wurde. Die großartige Anlage der Schwabacher Schreingruppe mit der Marienkrönung und den Stadtheiligen Johannes Baptista und Martin geht im Entwurf sicher auf Veit Stoß zurück, während man darüber streiten kann, wieviel von der Ausführung seinen eigenen Händen zu verdanken ist. Man muß auch berücksichtigen, daß Veit Stoß in den Jahren nach 1503 mehrmals eingelocht und vorübergehend (1504) zu seinem Schwiegersohn Jörg Trummer nach Münnerstadt geflohen war. Er mußte also die Last der Arbeit weitgehend den Gesellen überlassen, denen Wolgemut kaum den nötigen Respekt einflößte.

Die Schreinordnung ist nicht ohne Kenntnis des Pacheraltars in der Wallfahrtskirche zu St. Wolfgang denkbar. Die Übernahme des Figurenschemas läßt sich einleuchtend damit erklären, daß Stoß anläßlich seiner Tätigkeit zu Schwaz in Tirol eine Pilgerfahrt zu der berühmten Kirche an dem nach ihr benannten See unternahm, den frommen Zweck mit seinem Interesse als Künstler verbindend. Die Marienkrönung in Schwabach zeigt allerdings eine bezeichnende Abweichung von dem berühmten Vorbild, die man als Rücksichtnahme auf die veränderte Bewußtseinslage der Jahrhundertwende erklären kann: die Seitenansicht der Maria hat Stoß in eine Direkt- oder Frontalansicht verwandelt, um durch die Hinwendung zum Beschauer das Amt der Heilsvermittlerin zu unterstreichen. Vielleicht entsprach diese Akzentverschiebung auch seiner persönlichen Vorstellung von der Wichtigkeit des Mittlertums Mariä, denn sein ganzes Werk, alle seine Altäre, sind ja der Gottesmutter geweiht. Die werbende, anmutige Gestalt der Schwabacher Gekrönten will den andächtigen Betrachter zum vertraulichen Bekennen aller Kümmernisse auffordern, um sie an den göttlichen Sohn in seiner Funktion als Heilspender weiterzuleiten.

Die Reliefs auf den Flügeln des Altars sind biedere Gesellenarbeit, und an vielen Stellen sieht man, daß die ausführenden Hände einer strengen Aufsicht entbehrten.

Inzwischen, 1506, hatte Veit Stoß einen kaiserlichen Gnadenbrief erhalten, den der Nürnberger Rat wohl als Korrektur der eigenen Rechtssprechung auffaßte, denn er verbot den öffentlichen Anschlag desselben. Bei der Rehabilitierung halfen dem Meister zwei Fürsprecher seiner Verwandtschaft, die als Kanzleisekretäre dem Hof Kaiser Maximilians angehörten. Die so erregte Aufmerksamkeit des Kaisers hatte zur Folge, daß Stoß in den Kreis der Künstler einbezogen wurde, die das geplante Kaisergrab mit den lebensgroßen Bronzestatuen von Repräsentanten und Ahnen des Hauses Habsburg schmücken sollten. Dieser Auftrag gab wieder Anlaß zu einem langdauernden Nürnberger Kompetenzstreit. Veit Stoß hatte das Modell einer Statue für den Kaiser fertig, aber die Rotschmiede wollten den Guß nicht ausführen, da sie der Meinung waren, der Kaiser hätte den Auftrag primär einem Gießer und nicht dem Schnitzer erteilen müssen; in ihrer qualitativen Einschätzung der Arbeitsanteile war die Anfertigung des Modells nur vorbereitender und nebensächlicher Natur: eine typisch mittelalterliche Befangenheit. Stoß verlangte nun vom Rat, daß dieser zwei Rotschmiedegesellen zu ihm abkommandiere. Mit Rücksicht auf den Kaiser war der Rat bereit, eine Ausnahme zuzulassen, betonte aber, daß dieses Zugeständnis für die Zukunft keine Verbindlichkeit habe. Der Streit ist symptomatisch für die beginnende Abgrenzung von Kunst und Handwerk. Kaiser Maximilian dachte als Mäzen jedenfalls schon in modernen Kategorien, versuchte seine Hausmachtpolitik im Geistigen zu verankern und förderte in der Kunst ein geeignetes Mittel dazu, gelangte wohl auch zu einer personellen Anerkennung des schöpferischen Menschen. Der Kompetenzstreit der Nürnberger Gießer mit dem Bildhauer seiner Wahl war dem Kaiser unverständlich, und auch der selbstbewußte Veit Stoß war schon von der Priorität seiner Rolle als geistiger Urheber überzeugt, abgesehen davon, daß er aus Gründen des wirtschaftlichen Vorteils der Ablieferer des fertigen Werks, also Auftragnehmer und Lieferant in einem, sein wollte. Diese starke Position besaßen bis dahin die Nürnberger Gießer und waren aus guten Gründen zu keinem Verzicht bereit.

Die Stoßsche Figur zum Maximiliansgrab ist in der Zimburgis von Masovien erhalten und eine Zierde des Gesamtwerks in der Hofkirche zu Innsbruck. Sie ist in der Auffassung noch weitgehend spätgotisch, besonders mit der knittrigen Faltenbehandlung. In der Bewältigung des Stand- und Haltungsmotivs ist sie ein großer Wurf, in der Kostümierung sowie der Ausstattung mit modischen Attributen von fast barocker Pracht.

Die Schuldscheinfälschung hat dem Meister noch lange geschadet, seinen Ruf beeinträchtigt, auch potentielle Auftraggeber verstört. Er war eben ein „Gezeichneter": die Narben der Brandmarkung verrieten ihn als solchen.

Daß er aus dieser moralischen Isolierung befreit wurde, ist einigen Gönnern, besonders aus der Familie Tucher, hoch anzurechnen. Eine Tucherstiftung, möglicherweise noch aus der Zeit vor der Brandmarkung, war der überlebensgroße Hl. Andreas der St. Sebalduskirche. Der mutigste Auftrag, der aus derselben Familie kam und mit welchem das angestaute Potential Stoßschen Ehrgeizes vor dem Ausbruch in irgendeine unkünstlerische Rebellion gerettet wurde, ist der „Englische Gruß". Mit diesem Werk in der St. Lorenzkirche war dem Meister die größte Aufgabe gestellt, die Nürnberg im zweiten Jahrzehnt des neuen Jahrhunderts zu vergeben hatte. Es war die längst fällige Gelegenheit, die Gemeinschaft wieder mit dem Künstler zu versöhnen, ja mit Stolz auf einen solchen Mitbürger zu erfüllen. Der Englische Gruß ist in Deutschland das populärste Werk des Meisters, das bei der Nennung seines Namens dem Kundigen unwillkürlich vor die Augen tritt. Die Aufgabe war für Veit Stoß insofern neuartig, als es sich darum handelte, eine szenisch angelegte Gruppe, die Verkündigung an Maria, als lichtumflossenes, luftdurchlässiges Gebilde frei in einen hohen Hallenraum zu hängen. Ein Vorgang, der doch eigentlich in einem irdischen Gemach stattfindet, war in eine überirdische Vision verwandelt. Für eine ähnliche, wenn auch weniger riskante und natürlichere Raumzentrierung gab es in Nürnberg eine Analogie in dem 1508 begonnenen Grab des Hl. Sebaldus, das auf dem Boden des Chors von St. Sebald Aufstellung finden sollte. Möglicherweise war der Englische Gruß die Antwort der südlich der Pegnitz gelegenen Stadtkirche auf die Herausforderung der nördlich des Flusses gelegenen Rivalin, die das Projekt von vergleichbarer Bedeutung betrieb.

Das Sebaldusgrab, in der künstlerischen Anlage des Gehäuses eher konservativ, war in der figürlichen Ausstattung höchst „modern": der verantwortliche Bildner, der 1487 geborene jüngere Peter Vischer, hatte sich wie Dürer in Italien umgesehen und das Vorstellungs- und Formengut der italienischen Renaissance angeeignet. Den Englischen Gruß dagegen kann man als letzte Steigerung gotischer Möglichkeiten bezeichnen, bewältigt an einer ungewöhnlichen Aufgabe, vor welcher andere und neuere Stilmittel versagt hätten. Es handelte sich darum, ein Mysterium glaubhaft zu machen, den Glauben an das Überwirkliche zu bestätigen. Welche Mittel hat Veit Stoß eingesetzt, um dieses Ziel zu erreichen? Er hat die Plastik gleichsam malerisch behandelt, d. h. die Figuren mit feierlichen Ornaten drapiert. Diese breit ausgelegten Gewänder sind „gefaßt", d. h. bedeckt mit purem Gold und Farben, die über Silberfolien Leuchtkraft erhalten. Es ist anzunehmen, daß Veit Stoß sich der Antiquiertheit dieser Mittel bewußt war, den Anlaß ihrer gleichsam erzwungenen Anwendung aber begrüßte.

Die Zeit forderte nun endgültig den Abschied von der „Gotik", mit der er aufgewachsen war, an der er innerlich hing; mit seinem nächsten großen Werk gab er sie auf. Daß ihm der bedingte Durchbruch zur Renaissance gelang, daß er in hohem Alter sozusagen noch in die Schule Dürers ging, stellt seiner geistigen Einsicht in die veränderte Stilsituation ein hohes Zeugnis aus.

Dieses große, dem Geiste Dürers verpflichtete Werk, ist der sogenannte „Bamberger Altar", ursprünglich für die Kirche der Nürnberger Karmeliter geschaffen und dort auch aufgestellt, bis er nach des Meisters Tode von seinen Erben verkauft wurde. Auftraggeber war im Jahre 1520 sein Sohn Andreas, der als Prior dem genannten Kloster vorstand. Der Meister war inzwischen über siebzig Jahre alt und sich dessen bewußt, daß er kein Werk gleichen Umfangs mehr leisten konnte. Die innere Differenz zum Englischen Gruß ist beträchtlich. War die verschwenderische Anwendung von

Edelmetallen und Farben dort von der Aufgabe her zweckbedingt, so kann der Altar für die Karmeliter auf deren feierliche Wirkung verzichten. Der tiefere Grund für diese ästhetische Askese liegt im neu entwickelten Sinn für das plastische Volumen und für die Eigenwertigkeit des bildnerischen Materials. Die Farblosigkeit bzw. die Behandlung des Holzes mit einer durchsichtigen Firnislasur verleiht dem einfallenden Tageslicht eine stärker modellierende Kraft. Das Licht reflektiert nicht mehr (wie im Englischen Gruß), es tastet vielmehr die konvexen Formen ab, Wangen, Stirne, Schultern, sodann Arme und Beine, wenn sie, als bewegt gegeben, ihre Anatomie dem Gewand mitteilen.

Vom Bamberger Altar hatte sich (bis zum Verlust während des letzten Krieges) der Entwurf erhalten, dessen Vergleich mit dem ausgeführten Werk uns einen interessanten Einblick in die Praxis des Arbeitsvorgangs gewährt. Die Anbetung des Kindes im Schrein hat nämlich nachträglich eine mystische Akzentuierung erhalten, die in der Visierung nicht vorgesehen war. Die Thematik wurde bereichert durch Einfügung des Passionsgedankens. Einige Engel bekamen Marterinstrumente zugeteilt, wie Kreuz, Dornenkrone, Nägel; und die architektonische Stütze, ursprünglich Teil des Ruinengewölbes, erhielt die Bedeutung der Geißelsäule. Man hat diese thematische Neufassung tendenziös interpretiert als Protest gegen die Reformation, die vom Nürnberger Rat begünstigt wurde. Veit Stoß blieb aus Anhänglichkeit ans Kaiserhaus „altgläubig" gesinnt, in seiner konservativen Haltung bestärkt durch seinen Sohn, den Karmeliterprior und Besteller des Altars. Dieser wurde als Haupt der Reformgegner 1525 der Stadt verwiesen. Man geht aber wohl zu weit, wenn man die Einfügung passionaler Bildelemente in den Bamberger Altar, d. h. die „compassio" Mariä, als Protest deutet gegen Luthers Leugnung des mystischen Anteils der Gottesmutter an der Erlösung der Menschheit. Im Gegenteil, die passionale Erweiterung war eine Verschiebung vom mariologischen in den christologischen Vorstellungsbereich und konnte wegen des so gewonnenen Leidenaspektes der Partei der Protestanten eigentlich vom Inhaltlichen her nicht verdächtig sein. In Wahrheit handelt es sich um einen uralten Gehalt, dessen Darlegung im Bildwerk keines zeitbedingten Anlasses bedurfte. Aber auf eine andere Weise wurde die Reformation diesem letzten großen Werk des Meisters zum Verhängnis und verbitterte seinen Lebensabend. Nach der Ausweisung des Andreas Stoß und seiner Absetzung als Prior der Karmeliter war das Kloster dem Bildschnitzer noch den größten Teil des ausbedungenen Honorars für den Altar schuldig. Die Stadt hatte mit der Überführung des Klostervermögens in das städtische Almosen auch die finanziellen Verbindlichkeiten übernommen, verweigerte aber die Abnahme des Altars, ja bot dem Künstler dessen Rückgabe an. Dieses Angebot war natürlich eine große Kränkung. Für Veit Stoß hatte das Werk eine ganz persönliche Bedeutung, denn mit Rücksicht auf die Stellung des Sohns und alte Bindungen der Stoß-Familie an die Karmeliter war der ausbedungene Preis niedrig bemessen, deckte nur die Selbstkosten. Das Werk war eine Art Stiftung, gleichsam eine Gabe um Gottes Lohn, ein dargebrachtes Opfer. Stoß lehnte das beleidigende Ansinnen des Rats ab und beharrte auf Bezahlung und Verbleib des Werks in der Klosterkirche. Bis zu seinem Tod wurde die Angelegenheit nicht bereinigt. Erst seine Erben machten von dem Angebot des Rats Gebrauch und veräußerten den Altar nach Bamberg. Die Gleichgültigkeit, mit der Nürnberg den Verlust ertrug, ist allerdings ein Symptom der Reformationszeit, die über den Fragen der theologischen Wahrheitsfindung die urtümliche Vergewisserung durch das Bild mißachtete. Beim Transport nach Bamberg müssen schon Teile des Altars verlorengegangen sein; wie er sich heute darbietet, ist er arg verstümmelt, aber das Erhaltene zeugt in der Komposition des Schreins und in dem dürerzeitlichen Verständnis für die Würde der Menschengestalt von der Wandlungsfähigkeit des Meisters, dessen Kunst die Schaffenszeit zweier Stilepochen umspannt, die er in den jeweiligen Ausdrucksformen vollgültig repräsentiert.

Nach Beendigung des Bamberger Altars hatte Veit Stoß noch zehn Jahre zu leben, als Zeuge einer ihm innerlich fremden Epoche, deren Tendenz der monumentalen Kunst, d. h. dem Altarbau, die Basis des Gedeihens entzog. Die Nachricht Neudörfers, Stoß habe an der Frauenkirche in seinen letzten Lebensjahren Kleinbildwerke für die private Andacht feilgeboten, klingt einleuchtend. Ein trauriges Ende für einen Künstler, der einst im Krakauer Altar Riesen bildete.

LITERATUR

1) Max LOSSNITZER: Veit Stoß. Die Herkunft seiner Kunst, seine Werke, sein Leben. Leipzig 1912
2) Eberhard LUTZE: Katalog der Veit Stoß-Ausstellung im Germanischen Museum. Nürnberg, Juni—August 1933
3) Adolf JAEGER: Veit Stoß und sein Geschlecht. Aus dem Nachlaß herausgegeben von Otto Puchner. Neustadt/Aisch 1958
4) Dettloff SZCZESNY: Wit Stosz. Breslau 1961
5) Eberhard LUTZE: Veit Stoß. 4. Aufl. München — Berlin 1968
6) Heinz STAFSKI: Der Bamberger Altar des Veit Stoß. In: Anzeiger des Germanischen Nationalmuseums 1970. Nürnberg 1970, S. 47—68.

HANS DENCK

Von Gottfried Seebaß

Von den wohl nicht einmal dreißig Jahren, die der im oberbayerischen Heybach nahe Huglfing geborene Hans Denck zählte, als er im November 1527 im Hause seines Basler Gastfreundes, des Humanisten Martin Bentinus, an der Pest verstarb, liegen zwei Drittel für uns im Dunkel. Und selbst für das restliche Drittel gibt es in den zeitgenössischen Quellen nur wenige kurze Nachrichten — Anreiz eher für allerhand Vermutungen und Kombinationen denn Grundlage für die Nachzeichnung eines Lebensweges, geschweige denn einer Biographie. Das mag zu einem guten Teil mit dem unsteten Leben zusammenhängen, das Denck seit seiner Studienzeit führte. Anfangs scheint er dazu durch die Suche nach einer ausreichenden und seinen Gaben entsprechenden Verdienstmöglichkeit gezwungen gewesen zu sein, später wurde er seiner theologischen Anschauungen wegen nirgends länger geduldet, oft sogar vertrieben. Und so erlitt er das Schicksal aller im Untergrund Lebenden: nicht nur von den Verfolgern totgeschwiegen zu werden, sondern auch selbst die Spuren verwischen zu müssen. Doch scheint Denck ohnehin mehr als andere die Öffentlichkeit gescheut und ein verborgenes Leben gesucht zu haben. Und schließlich gehörte er zu jenen Männern, die, selbst nicht fähig oder nicht willens, eine Gemeinschaft um sich zu gründen, sich auch keiner bestehenden derart verpflichten, daß die Erinnerung an sie hochgehalten und gepflegt würde.

In merkwürdigem Mißverhältnis zu unserer geringen Kenntnis von Dencks Leben und zu seinem bescheidenen theologischen Werk, das in seinen zwei letzten Lebensjahren entstand und nur rund zweihundert Seiten füllt, steht die Wirkung des Mannes. Kann man Denck auch nicht gerade zum Haupt einer eigenen Richtung des Täufertums erklären, so steht doch außer Frage, daß er diese Bewegung, der er sich selbst zeitweise anschloß, stark beeinflußte. Das geschah nicht allein durch seine Schriften, die vor allem in täuferischen Kreisen gelesen, abgeschrieben und tradiert wurden, sondern auch durch seine persönlichen Begegnungen mit führenden Täufern wie Hans Hut, Jakob Kautz und Melchior Rinck. So darf man ihn zu den Vätern eines mystisch-spiritualistischen Täufertums rechnen. Vielleicht noch größer war seine Bedeutung für die gleich ihm letzten Endes ‚heimatlosen Geister' der Reformation, für Ludwig Hätzer, Johann Bünderlin, Sebastian Franck, Christian Entfelder und viele andere, obwohl man keinen von ihnen einfach als Schüler Dencks bezeichnen dürfte.

Er selbst hat über sein Leben nichts mitgeteilt. Um so deutlicher aber ist das Bild seiner Person, das man aus seinen Schriften gewinnen kann und das in seinen wesentlichen Zügen, wenn auch zuweilen nur widerwillig, selbst von seinen Gegnern bestätigt wird. Denck hat es einmal als hervorstechendes Merkmal seiner Zeit bezeichnet, daß Gott in ihr bei vielen Menschen eine leidenschaftliche Frage nach der Wahrheit habe entstehen lassen. Und zu diesen konnte er sich mit Recht selbst zählen. Er war ein Mann, der vorsichtig tastend nach jener Wahrheit suchte, der das eigene Leben unterstellt werden konnte und mußte, nicht bereit dazu, sich selbst und andere mit angelernten Floskeln zu beruhigen und zu betrügen. Er scheute sich nicht, die eigene Unsicherheit einzugestehen und frühere Positionen nach genauerer Prüfung zu räumen, stets dessen bewußt, ein vom Irrtum bedrohter Mensch zu bleiben. Das hinderte ihn keineswegs, mit Nachdruck, Leidenschaft und zuweilen auch beißender Polemik für die jeweils erkannte Wahrheit einzutreten. Aber selbst als er sich kurz vor seinem Tod von Gott ‚aus dem Winkel gezogen' glaubte, um, wenn möglich, andere vom Irrtum abzubringen, vergaß er nicht, daß ‚in des Glaubens Sachen alles frei und ungezwungen' zugehen müsse. So war er auch dann noch bereit, anderen zuzugestehen, was er für sich selbst stets beanspruchte: ungestört nach der Wahrheit forschen und ihr leben zu dürfen. Er litt darunter, wenn es deswegen zu Trennungen kam. Und vielleicht lag es daran, wenn er — ohnehin auf Versöhnung und

Vermittlung von Gegensätzen bedacht — bei Diskussionen dem Gegner zu weit entgegenzukommen schien. Dennoch war er nicht bereit, die Wahrheit zu verleugnen, um Anstöße zu vermeiden, sondern vollzog immer wieder die Trennung, wo er sich Irrtum und Ungerechtigkeit gegenüber zu sehen wähnte. Eher furchtsam von Natur und sicher nicht der Mann, einem drohenden Martyrium mutig entgegenzugehen, nahm er doch für seine Überzeugung das bitter empfundene Los des nirgends geduldeten, heimatlosen Wanderers auf sich. Und er hatte in seinem Sinn nicht unrecht, als er im Rückblick auf sein kurzes Leben schrieb, er habe von dem Augenblick an, da er angefangen habe, Gott zu lieben und für ihn zu eifern, die ständig wachsende Feindschaft seiner Umwelt erfahren. So steht uns, selbst wenn wir kein Porträt von ihm besitzen, das den Anspruch auf Echtheit erheben könnte, doch ein lebendiges Bild des Mannes vor Augen, eines Mannes, dem man Achtung und Sympathie nicht versagen kann, auch wenn man nicht bereit ist, ihn als „Helden eines heraufsteigenden Zeitalters", als „Schleiermacher" oder als „Barth" der Reformationszeit zu bezeichnen. Für einen Menschen von der Art Dencks müssen die ersten Jahre des reformatorischen Aufbruchs, in denen sich die verschiedensten spätmittelalterlichen Traditionen mit den Ansätzen zu Neuem und Anderem neben dem offiziell anerkannten Überkommenem zu Wort meldeten, eine dankbar und freudig begrüßte Zeit gewesen sein. Doch mußte es zu Schwierigkeiten kommen, wenn definitive Scheidungen vollzogen und gefordert wurden, wenn eine beginnende Konfessionalisierung den Raum freier Erörterung einschränkte, wo nicht gar aufhob. Mit diesen Vermutungen wenden wir uns Dencks Lebensweg zu.

Daß seine Eltern zu den Böhmischen Brüdern gehörten, ist eine ebenso unbegründete Vermutung wie die, daß er in Augsburg die Lateinschule besucht habe. In Wahrheit wissen wir weder über sein Elternhaus noch über seine Jugend irgend etwas. Im Jahre 1517 immatrikuliert er sich an der Universität in Ingolstadt. Dort erwirbt er den Grad eines baccalaureus, erteilt möglicherweise als scholasticus auch schon selbst Unterricht. In dieser Zeit wird er sich zusätzlich zum Lateinischen jene ausgezeichnete Kenntnis des Griechischen und Hebräischen angeeignet haben, die ihn später als humanistisch gebildeten homo trilinguis auswies und von den Zeitgenossen verschiedentlich rühmend erwähnt wurde. Man darf wohl annehmen, daß Denck sich schon in Ingolstadt der von Erasmus und Reuchlin geprägten Form des deutschen Humanismus öffnete, dessen Einfluß sich bei ihm später nicht nur in der neuplatonistischen Grundlage seines Denkens, sondern auch in dem ernsten Streben nach einem wahrhaft christlichen Leben erkennen läßt. Selbstverständlich suchten und fanden sich in der Studentenschaft die Gleichgesinnten. Zu diesen gehörte für Denck der spätere Nürnberger Prediger Andreas Osiander.

Von Ingolstadt aus könnte Denck um 1519 für kurze Zeit nach Augsburg gegangen sein. Hier schloß er Freundschaft mit dem ihn an Jahren weit übertreffenden Veit Bild, einem Mönch des für seine Gelehrsamkeit berühmten Benediktinerklosters bei St. Ulrich. Durch Bild wird er zu den Humanisten Augsburgs Zugang gewonnen haben. Sie hatten in gemeinsamer Gegnerschaft zur Scholastik in Martin Luther begeistert einen der Ihren begrüßt und standen nicht nur mit den übrigen Humanisten des süddeutschen Raumes, sondern auch den Professoren der Wittenberger Universität in Korrespondenz. Zu ihnen gehörten die Brüder Bernhard und Konrad Adelmann, der Stadtschreiber Konrad Peutinger und der Domprediger Johannes Ökolampad. Wenn letzterer während der Auseinandersetzung zwischen Luther und dem Ingolstädter Professor Johann Eck für seine als „canonici indocti" angegriffenen Augsburger Freunde in die Schranken trat, so hatte er dabei sicherlich die Zustimmung des früheren Ingolstädter Studenten. Und Denck dürfte schon damals und nicht erst später in Regensburg durch die Lektüre der frühen deutschen Sermone und der großen lateinischen Reformschriften des Wittenberger Mönches mit ‚lutherischem Geist begossen' worden sein. Wahrscheinlich waren es denn auch die in Augsburg geknüpften Verbindungen, die Denck im Jahre 1520 auf eine Hauslehrerstelle in der Familie des

Augsburger Dompropstes Marquard vom Stein nach Niederstotzingen bei Heidenheim brachten. Aber konnte sich ein junger Humanist, der die Luft Augsburgs geatmet hatte, in jenem Dorf anders als in einem Gefängnis fühlen? Jedenfalls versuchte Denck, durch Vermittlung Veit Bilds und Bernhard Adelmanns nach Augsburg zurückzukommen. Tatsächlich konnte er dann im Juni 1520 Niederstotzingen verlassen. Ob er damals eine Stelle in der Reichsstadt am Lech selbst erhielt oder nach Donauwörth vermittelt wurde — eine nicht zu datierende Kantorenzeit in dieser Stadt ist belegt —, läßt sich nicht ausmachen. Lange freilich kann er sie nicht innegehabt haben, da er wahrscheinlich schon im Jahr 1521 nach Regensburg kam. Wieder war der offenbar mittellose junge Mann auf die Förderung wohlhabender und einflußreicher Gönner angewiesen. Der Regensburger Domprediger Augustin Marius und einige andere verschafften ihm eine Stellung als Lehrer im Hochstift Regensburg.

Halten ließ sich Denck auch in Regensburg nicht. Doch selbst wenn es dort in der Bürgerschaft bereits eine beginnende evangelische Bewegung gab, war es wohl weniger der ‚lutherische Geist', der ihn gegen Ende 1522 nach Basel trieb, als vielmehr der humanistische. Denn mit der Übersiedelung nach Basel kam Denck wieder in eine vom Humanismus geprägte Stadt. Er fand zunächst freundliche Aufnahme bei Ökolampad, der damals die Ausgaben seiner Kirchenväterübersetzungen beaufsichtigte und als Korrektor bei dem Drucker Cratander arbeitete. Möglicherweise half ihm Denck, der schon in Regensburg gelegentlich mit dem Drucker Paul Kohl zusammengearbeitet hatte, bei diesem Geschäft, bis er eine eigene Korrektorstelle in der Offizin Curios übernehmen konnte. In dieser Position dürfte er unter anderem die Ausgabe der griechischen Grammatik des Theodor Gaza, zu der er ein empfehlendes Gedicht beisteuerte, überwacht haben. Wahrscheinlich ist er damals nicht nur durch Vermittlung Ökolampads, sondern auch die eigene Tätigkeit in guten Kontakt zu den Basler Humanisten gekommen und hat möglicherweise auch deren gefeiertes Haupt, Erasmus von Rotterdam, selbst kennengelernt. Aber die Basler Zeit wird für ihn doch mehr bedeutet haben als nur eine Verstärkung der humanistischen Einflüsse. Denn in Basel gab es damals bereits eine reformatorische Bewegung, in der nicht mehr nur antischolastisch und kirchenkritisch räsonniert, sondern bereits auf notwendige Änderungen gedrängt wurde. Längere Zeit schon trugen alt- und ‚neugläubige' Prediger ihre Kontroversen auf den Kanzeln der Stadt aus. Jetzt wurde demonstrativ das Fasten gebrochen und Mönche und Nonnen, die ihre Klöster verlassen hatten, schritten zur Ehe. Im Zuge der damit verbundenen Auseinandersetzungen erhielt Ökolampad eine Professur an der Universität. Er begann sein neues Amt mit einer Auslegung des Propheten Jesaja, in der sich humanistische Intentionen mit mystisch gefärbter Devotionsfrömmigkeit und lutherischen Impulsen verbanden. Unter seinem Katheder saß auch Hans Denck, der sich vielleicht gerade damals den Traditionen der deutschen Mystik öffnete. Spätestens hier muß er die von Luther edierte und immer wieder nachgedruckte ‚Theologia deutsch' gelesen haben, die von bleibender Bedeutung für sein Denken wurde. In welchem Sinn er sie verstand und sich aneignete, kann man den von ihm wohl erst später niedergeschriebenen ‚Hauptreden, in denen sich ein jeder fleißige Schüler Christi prüfen und erkundigen mag', entnehmen, die Ludwig Hätzer ein Jahr nach Dencks Tod seiner Ausgabe der ‚Theologia deutsch' anfügte. Sie bilden in Terminologie und Sprache jenes Werkes eine komprimierte Zusammenfassung des grundlegenden Rahmens Denck'scher Theologie. Verstärkt wurden solche Einflüsse durch die Lektüre der Predigten Johann Taulers, die kurz vor Dencks Ankunft in Basel erneut gedruckt worden waren. Vielleicht hat Denck aber auch schon damals das erste Mal gespürt, daß es auf die Dauer zwischen Humanismus und reformatorischer Bewegung kein Bündnis werde geben können. Waren doch in Basel bereits die Klagen der Gelehrten zu hören, denen die praktischen Konsequenzen lutherischer Theologie viel zu weit gingen und die davon sprachen, daß die Anhänger des Wittenbergers diesem mehr schadeten als nützten. Kommende Differenzen deuteten sich an.

Ich Johann Dengk bekenn das ich in der warhayt befinde, fül vnd spür, das ich angeborner weyß ain armütseliger mensch bin, nemlich der aller kranckhayt leybs vnd der seelen vnderworffen ist.

Spür aber doch darneben auch etwas in mir, das mir meinem an-geborenen mutwillen krefftig widerstand thut, vnd haypt mich an ain leben oder seligkayt, dahin es mein seel so vnmüglich gedünckt zü komen, als es meinem leyb vnmüglich gedünckt, himel // in den sichtigen // zü steygen.

Man sagt, durch den glauben künne man zü dem leben. Lass ich sein. Wer gibt mir aber den glauben? Ist er mir angeborn, so müsst ich das leben von angeborner weyß haben, das ist nit.

Ich hab von kindhayt auff von meinen eltern den glauben gelernt im mund vmbgezogen, darnach auch durch menschliche bücher gelesen vnd noch vil mehr mich ins glaubens geraumbt, aber in der warhayt das gegentayl so mir von natur angeboren ist, nye recht betracht, wie wol es mir zü vil malen fürgeworffen ist.

Disen falschen glauben strafft gewiß vorgemelte angeborne armütseligkayt. Dan ich sihe in der warheyt, das alle die weyl dise angeborne kranckhayt oder armütseligkayt nicht im grund abgenyt, ye mer ich mich kürtz vnd mütz ye mer sy von nötten hürnymbt.

Gleich wie ain böser baum von art, nit güt sonder nun noch erger wirt, man zipfel vnd wart immer wie man woll, wan man im nit zü der wurtzel sihet, vnd die vberwelgt.

Der geen golt hett, vnd doch kains, der spräche geen er hett tausent gl, wen es war were. Weyl er aber nit hatt, so magst er entweders nit also sagen, oder aber sagt ers, so betreügt er die leüt höflich, sich selber aber am höchsten.

Ich wollt geern das ich glaubte, das ist leben Gotts. Aber die weyl sichs nit gründtlich in mir erfindet, mag ich weder mich noch ander leüt betrügen.

Ja wan ich heüt sagt, ich glaube, so möcht ich mich morgen doch selbs lügstraffen, aber nit ich, sonder die warhayt, so ich in mir zum tayl empfinde.

Denck war noch nicht lange in Basel, als ihm die Gelegenheit geboten wurde, seine als Korrektor sicher nicht glänzende Stellung entscheidend zu verbessern. Die Reichsstadt Nürnberg suchte für die mit der Sebalder Pfarrkirche verbundene alte Lateinschule einen neuen Rektor. Da empfahl Ökolampad seinen jüngeren Freund dem einflußreichen Nürnberger Ratsherrn und Humanisten Willibald Pirckheimer. Dieser betrieb die Sache beim Rat, und schon bald erhielt Dencks Bekannter aus Ingolstädter Tagen, der Lorenzer Prediger Andreas Osiander, den Auftrag, den Basler Korrektor, der zur Übernahme der Schule bestens qualifiziert war, nach Nürnberg zu bitten. Denck nahm das Angebot an. Auf der Reise in die fränkische Reichsstadt wird er wo möglich alte Freunde aufgesucht haben. So machte er in Lauingen bei Kaspar Ammann Station und übergab ihm die Thesen Ökolampads, die dieser für eine Disputation zur Verteidigung der evangelischen Lehre aufgestellt hatte. In Nürnberg gründete Denck, der zunächst wie üblich im Sebalder Pfarrhof gewohnt hatte, einen eigenen Hausstand und erhielt dazu von dem sonst nicht freigebigen Rat eine Erhöhung seiner Besoldung. Zur weiteren Aufbesserung des Gehaltes nahm seine Frau, von der wir nicht einmal den Namen kennen, auswärtige Schüler in Pension. Einer von ihnen war Georg, Sohn jener Argula von Grumbach, die durch ihr mutiges Auftreten gegen die Universität Ingolstadt im Fall des Magisters Arsacius Seehofer und ihre proreformatorischen Veröffentlichungen so viel Aufsehen erregte. Da Denck von seinem Gehalt zwei Helfer besoldete, wird er selbst ausschließlich in der dritten und obersten Klasse seiner Schule unterrichtet haben, in der die Schüler das Lateinische bereits beherrschten, so daß vor allem Lektüre römischer Schriftsteller und der Stoff aus dem Bereich der sieben artes liberales auf dem Lehrplan standen. Die Amtsführung des neuen und ja noch sehr jungen Rektors gab zu keinerlei Klagen Anlaß. Nur als Denck im Juni 1524 — etwa ein Jahr nach der Übernahme seines Amtes — aufgrund der von den beiden Pröpsten vereinbarten reformatorischen Neuordnung des Kirchenwesens seinen Schülern das Ministrieren in den Messen der Vikare verbot, verlangte der Rat von ihm, diese Anordnung zurückzunehmen.

In Nürnberg kam Denck in eine Stadt, in der durch den Humanismus und die von spätmittelalterlicher Nachfolgefrömmigkeit geprägten Predigten des Johann von Staupitz der Boden für die Aufnahme der Reformation bereitet worden war. Handelte es sich dabei zunächst nur um die Sache eines kleinen Kreises gelehrter Männer und Ratsherrn, so hatten inzwischen die Predigten der neuangestellten lutherischen Prediger eine evangelische Volksbewegung hervorgerufen. Deren zum Teil unangenehme Begleiterscheinungen mit heftigen Kanzelpolemiken, Störungen von Gottesdiensten und Ausschreitungen gegen Mönche mußten Denck um so mehr abstoßen, je weniger er eine restitutio Christianismi im erasmischen Sinn, eine wahrhaft christliche Lebensführung in der Bürgerschaft entdecken konnte. Aufgrund eines ärgerlichen Gebrauchs der ‚christlichen Freiheit' und der ausbleibenden sittlichen Erneuerung bei Hoch und Niedrig kam Denck zu einer Kritik der reformatorischen Rechtfertigungslehre, die seines Erachtens mit dem Evangelium von der gnädigen Annahme des Sünders durch Gott in Christus und mit dem Vertrauen auf dessen stellvertretendes Heilswerk zu einer Erneuerung des christlichen Lebens gar nicht führen konnte. Verwies sie doch den Menschen statt auf die eigene Erfahrung des Glaubens auf die Schrift, auf die mündliche Predigt und die Sakramente als Heilsmittel — für ihn lauter äußerliche Dinge, die das Innere des Menschen und seine Wandlung unmöglich erreichen konnten. Zur Klarheit über diese Kritik und zur Fähigkeit, sie zu formulieren, verhalfen dem Sebalder Schulmeister die Schriften Andreas Bodensteins von Karlstadt, in denen seit 1523 auf der Grundlage der deutschen Mystik eine Theologie der Wiedergeburt gelehrt wurde, und die Angriffe, die Thomas Müntzer immer offener und heftiger gegen die Wittenberger Theologie richtete. Im Herbst des Jahres 1524 kamen verschiedene Anhänger dieser beiden Männer nach Nürnberg, und Denck gehörte zu denjenigen, bei denen sie ein offenes Ohr und ein gastliches Haus fanden. Auch wenn man einen längeren Aufenthalt Müntzers selbst in Nürnberg für unwahrscheinlich hält, kann man nicht übersehen, daß dessen Gedanken, in denen die Traditionen der deutschen Mystik die prägende Rolle spielten, Denck tief beeindruckten. Doch war Denck seiner Sache wohl nicht so sicher, daß er mit seiner Kritik an die Öffentlichkeit getreten wäre. Davor mußten ihn auch die schnell erfolgten Ausweisungen der Schüler Müntzers und Karlstadts warnen. Nur im kleinen Kreis diskutierte er seine Anschauungen. Dennoch wurde man zu Beginn des Jahres 1525 im Zuge eines Verfahrens gegen die ‚drei gottlosen Maler‘, die Brüder Barthel und Sebald Beham sowie Georg Pencz, auf ihn aufmerksam. Bei einem daraufhin anberaumten Gespräch zwischen ihm und den evangelischen Predigern der Stadt kam es zu einer Kontroverse über die damals durch Karlstadts Traktate besonders aktuelle Abendmahlslehre, wobei sich Denck Osiander gegenüber nicht schlecht behauptete. Wohl auf Anregung der Prediger verlangte daraufhin der Rat, Denck solle sich schriftlich zu seiner Auffassung von der Heiligen Schrift, von der Sünde, dem Gesetz, der vor Gott geltenden Gerechtigkeit, dem Evangelium und den beiden Sakramenten, Taufe und Abendmahl, äußern. Dieser schrieb ein ‚Bekenntnis‘, in dem er sich in keiner Weise bemühte, seine wahre Meinung zu vertuschen, sondern offen und ehrlich den Stand seiner Erkenntnis in den betreffenden Punkten darlegte. Nun forderte der Rat die Prediger auf, sie möchten Denck, falls das im einen oder andern Punkte nötig sei, von seinem Irrtum abbringen. Aber diese erklärten in einem Gutachten, in dem sie vor allem Dencks Lehre von der Schrift, sein Gesetzes- und Sakramentsverständnis für falsch erklärten, einen derartigen Versuch von vornherein für aussichtslos. Tatsächlich überhob sie der Rat dieser Mühe. Am 21. Januar 1525 eröffnete man Denck, ohne daß dieser Gelegenheit gehabt hätte, zu dem Gutachten der Prediger Stellung zu beziehen, er möge sich noch vor Anbruch der Nacht zehn Meilen von der Stadt entfernen und nie wieder näher an sie herankommen, da man andernfalls eine Leibesstrafe an ihm vollziehen werde. Dieses Urteil vernahm Denck ohne größere Widerrede „wie wol mit großem erschrecken". Er verließ die Stadt. Seiner Frau zahlte man noch, was Denck an Gehalt zu bekommen hatte. Was danach aus ihr wurde, ist nicht bekannt. Die Ausweisung aus Nürnberg bedeutet die schon früher angedeutete Peripetie im Leben Dencks. Von nun an ist er, nur unterbrochen von kurzen Zeiten der Ruhe auf Wanderschaft und Flucht, auf der Suche nach einem Ort, an dem man ihn unbehelligt leben lassen würde. Er sollte ihn bis zu seinem Tod nicht mehr finden.

Für das nächste halbe Jahr verlieren wir Denck so gut wie ganz aus den Augen. Es ist die Zeit, in der die Stürme des Bauernaufstandes und das Strafgericht der siegreichen Fürsten über Süd- und Mitteldeutschland hinweggehen. Wir wissen nicht, wo und wie Denck diese entscheidenden Monate verlebte. Er muß sich nach seiner Ausweisung mit Thomas Müntzer oder Heinrich Pfeiffer in Mühlhausen in Verbindung gesetzt haben, denn Anfang März konnte er Ökolampad in Basel mitteilen, man habe ihm dort die Stelle eines Schulmeisters versprochen. Wenn er sie antrat, wäre er damit erneut unter Müntzers Einfluß gekommen, ohne freilich dessen Schüler zu werden. Denn von dessen Apokalyptik, die ihm den Schlüssel zur Interpretation des Bauernkrieges bot, ist bei Denck fast nichts zu spüren. Von Müntzer gefördert, hätte er es freilich nicht wagen können, in Mühlhausen zu bleiben, als nach dem Debakel vor Frankenhausen die fürstlichen Truppen gegen die thüringische Reichsstadt vorrückten. Er könnte also durchaus jener Schulmeister sein, mit dem Heinrich Pfeiffer nach Basel fliehen wollte — nur läßt sich eben das alles nicht wirklich schlüssig beweisen. Tatsächlich aber treffen wir Denck im Juni 1525 für eine kurze Zeit in der Schweiz, in St. Gallen. Was ihn dorthin führte — eine Bekanntschaft mit dem berühmten Humanisten Joachim Vadian aus Basler Korrektortagen könnte mitgespielt haben —, ist nicht zu klären. Vielleicht war die Stadt überhaupt nicht Dencks ‚Ziel', sondern einfach eine der vielen Stationen seiner damaligen Wanderungen, von der wir durch die Chronik des Johannes Kessler zufällig etwas wissen.

Wahrscheinlich schon vorher, spätestens aber in St. Gallen kam Denck in Berührung mit dem Täufertum. Diese Bewegung war in Zürich entstanden, als sich Zwingli den Forderungen eines Teils seiner Anhänger nach einer durchgreifend biblizistischen Reformation der Stadt und ihres Gebietes versagte. Der theologische Gegensatz, der im Kirchenverständnis sein Zentrum hatte, wurde im Verlauf des Jahres 1524 zunehmend am Problem der Kindertaufe durchgefochten, bis schließlich Anfang 1525 die ersten ‚Wiedertaufen' vollzogen und eigene Gemeinden gegründet wurden. Anhänger der Zürcher hatten deren theologische Konzeption in St. Gallen vertreten, und binnen kürzester Frist konnte das Täufertum zu einer Massenbewegung in der Stadt werden. Die Obrigkeit fühlte sich genötigt einzuschreiten. Nach einer Disputation verbot der Rat alle täuferische Propaganda und den Vollzug der Erwachsenentaufe. So standen die Dinge, als Denck in St. Gallen erschien. Wie weit er damals vom Täufertum überzeugt war, ist schwer zu sagen. Immerhin wohnte und verkehrte er bei den Täufern der Stadt und galt als einer der Ihren. Wenn er, was nicht auszuschließen ist, zu diesem Zeitpunkt bereits selbst getauft war, so dürfte dafür der Wille der Täufer, in ihren Gemeinden mit der Nachfolge Christi Ernst zu machen und eine Gemeinde der Heiligen darzustellen, ausschlaggebend gewesen sein. Jedenfalls hatte Denck bis zu diesem Zeitpunkt keine Gemeinschaft gefunden, die in seinen Augen den Namen der Kirche Christi verdiente. Freilich fiel er in St. Gallen weniger durch typisch täuferische Lehren, sondern vor allem durch seine Behauptung auf, es gebe keine ewige Verdammnis, vielmehr werde letzten Endes alles erlöst werden und Gott alles in allem sein. Denck versuchte natürlich, diese Lehre durch eine eigenartige Kombination verschiedener Bibelstellen mit der Heiligen Schrift zu begründen, sie ergab sich aber im Grunde beinahe zwangsläufig aus seiner neuplatonistischen Gotteslehre und Anthropologie. Und alle späteren Versuche, ihn von dieser Lehre freizusprechen, sind daher vergeblich.

Im Herbst 1525 kam Denck erneut nach Augsburg. Hier wurden damals die verschiedensten theologischen Konzeptionen vertreten und mit großer Anteilnahme der Bürgerschaft diskutiert. Denck schloß sich offenbar jenen an, die die lutherische Abendmahlslehre verwarfen und im übrigen aus ihrer Kritik an den gutbesoldeten ‚Kaufmannspredigern', ob sie nun lutherischer, zwinglischer oder altgläubiger Provenienz waren, kein Hehl machten. Sie hatten sich als ein lockerer Kreis seit 1525 und dem Aufenthalt Ludwig Hätzers in der Stadt gesammelt — erste Auswirkung jenes Ideals von Kirche als des bewußten Zusammenschlusses wahrer Gläubiger, das Hätzer bei den Radikalen Zürichs kennengelernt hatte. Mit ihm selbst traf Denck damals wohl nicht mehr zusammen, aber zwei von seinen Augsburger Freunden, Sebastian von Freiberg und Georg Regel, erwirkten für Denck beim Rat der Stadt die Erlaubnis, eine private Schule zu eröffnen. So war es ihm möglich, seinen Lebensunterhalt zu bestreiten. Im übrigen konnte er sich nach der kurz zuvor erfolgten Ausweisung Hätzers sagen, daß bei offenem Auftreten für seine Theologie seines Bleibens in der Stadt an Wertach und Lech nicht lange sein würde. Dennoch hielt er sich in persönlichen Gesprächen nicht zurück, wobei auch hier wieder seine Allversöhnungslehre besonders befremdete. Man hat früher zu Unrecht angenommen, einer der großen Theologen des Täufertums, Balthasar Hubmaier, habe Denck in Augsburg getauft, als er im Frühsommer 1526 auf der Reise nach Mähren die Stadt berührte. Tatsächlich aber scheint es damals eher zu theologischen Auseinandersetzungen zwischen den beiden gekommen zu sein, die in Dencks Christologie und seiner Lehre von der Versöhnung aller ihren Grund gehabt haben werden. Überhaupt ist fraglich, ob sich Denck in Augsburg als ‚Täufer' betätigte. Die drei Personen, die im September 1527 zugaben, von ihm getauft worden zu sein, können die Taufe auch bei Dencks nächstem Augsburger Aufenthalt im August 1527 empfangen haben. Feststeht jedoch, daß er um Pfingsten 1526 den Buchführer Hans Hut taufte, einen Gefolgsmann Müntzers, den er schon in Nürnberg bei sich zu Gast gehabt hatte. Huts Theologie weist zwar in ihrer Anthropologie und Christologie sowie mit ihrer Allversöhnungslehre deutlich auf Denck zurück, doch kann er nicht als dessen Schüler betrachtet werden. Und von einer ‚Bekehrung' Huts durch Denck zum Täufertum kann gleich gar keine Rede sein. Vielmehr rief dieser einen eigenen Zweig des Täufertums, der von Mystik und Apokalyptik geprägt wurde, ins Leben. Und ebenso wenig kann Denck als Gründer der Augsburger Täufergemeinde bezeichnet werden.

Vielleicht im Zusammenhang mit Hubmaiers Augsburger Aufenthalt wurden die evangelischen Prediger auf Denck aufmerksam. Etwa gleichzeitig könnte dessen Schrift ‚Wer die Wahrheit wahrlich liebhat' erschienen sein. In ihr hatte Denck, eine auch in Mystik und Humanismus lebendige Tradition fortsetzend, vierzig gegensätzliche Aussagen der Heiligen Schrift zusammengestellt und behauptet, nur wer in der Schule der Nachfolge Christi den Heiligen Geist erhalten habe, könne diese scheinbaren Gegensätze auflösen. Von größerer Bedeutung aber war eine zweite Schrift, die Denck 1526 in Augsburg veröffentlichte. In ihr versuchte er, Gottes Gerechtigkeit und Barmherzigkeit, seine Allmacht und den freien Willen des Menschen, seine Alleinwirksamkeit bei der Erlösung und des Menschen cooperatio spekulativ miteinander zu versöhnen. Dabei trat seine Ablehnung des reformatorischen Schrift- und Erlösungsverständnisses offen zutage. Ihm war es, wenn er das in sola scriptura, solus Christus und sola fide dreifach konkretisierte, reformatorische ‚allein' angriff, um einen ‚dritten Weg' neben Katholizismus und Reformation zu tun. Man würde es sich zu leicht machen, wollte man Dencks Einwände gegen die reformatorische Rechtfertigungslehre damit abtun, daß man ihnen einfach gegen deren Mißverständnis recht gäbe. Vielmehr hatte Denck erkannt, daß bei der Verbindung von Soteriologie und Ethik in der reformatorischen Lehre Probleme blieben, die nur zu leicht zu einem Auseinanderbrechen von Lehre und Leben führen konnten. Eben das aber konnte Denck nicht ertragen.

Die Augsburger Prediger, vor allem Urbanus Rhegius, wollten einen solchen Mann, um den sich sammeln mußte, was in der Stadt an ‚alten und neuen Papisten' Kritik übte, nicht dulden. Deswegen griff Rhegius — nicht ungeschickt, da dieser Punkt bei Altgläubigen, Lutheranern und Zwinglianern gleichermaßen Anstoß erregen mußte — Dencks Lehre von der schließlichen Erlösung aller an. Nach seinem Bericht hätte Denck in einem Gespräch unter vier Augen zunächst geleugnet, derartiges zu lehren, es aber endlich doch zugegeben. Rhegius arrangierte daraufhin ein weiteres Gespräch zwischen Denck und den Predigern der Stadt. Dabei scheint es ihm gelungen zu sein, diesem seine biblische Begründung der Allversöhnungslehre aus der Hand zu schlagen, so daß sich Denck auf deren neuplatonistischen Hintergrund zurückziehen mußte. Jedenfalls aber fühlte er sich keineswegs geschlagen, da er zu einer dritten, öffentlichen Diskussion bereit war. Doch kam es zu dieser nicht mehr. Denck erfuhr nämlich, daß man dem Rat berichtet habe, er sei Anfang 1525 wegen Aufruhrs aus Nürnberg verwiesen worden. Er versuchte zwar, die Sache mit einem Schreiben an den Rat klarzustellen, glaubte aber offensichtlich nicht recht an einen Erfolg. So verließ er heimlich die Stadt und begab sich nach Westen, nach Straßburg.

Es ist unmittelbar verständlich, daß sich Denck, obwohl er dort keine alten Freunde besaß, dorthin wandte. Stärker noch als Augsburg konnte Straßburg zu dieser Zeit als theologischer ‚melting-pot' gelten. Vor allem strömten dort von allen Seiten täuferische Flüchtlinge zusammen, die von der konzilianten Religionspolitik des Rates und der Offenheit der führenden Theologen der Stadt angezogen wurden. Freilich war Denck zu dieser Zeit in Straßburg kein Unbekannter mehr. Schon 1525 hatte man dort wissen wollen, er sei wegen Leugnung der Trinität aus Nürnberg verwiesen worden. Dennoch ließ man ihn zunächst unbehelligt, stellte aber sehr schnell verärgert fest, daß er mit seiner Verkündigung in der Bürgerschaft Anhänger gewann. Es war daher abzusehen, daß es auch hier zur Auseinandersetzung mit den städtischen Predigern kommen mußte. Ein Gespräch, das Denck im Haus Wolfgang Capitos in Gegenwart Ludwig Hätzers mit Martin Cellarius über sein Buch ‚Was geredet sei, daß die Schrift sagt, Gott tue und mache Gutes und

Böses' und die darin berührte Prädestinationslehre führte, ging noch relativ günstig aus. Es gelang Denck, seine Auffassung derart zu erläutern, daß Capito und Cellarius sich mit ihm einig wähnen konnten. Solche Versuche aber konnten den führenden Kopf der Straßburger, den Prediger Martin Bucer, nicht irremachen. Besonders entrüstet war Bucer darüber, daß sich Denck weder von den Verirrungen der Täufer in St. Gallen, die inzwischen als Schauermärchen allenthalben kolportiert wurden, noch von apokalyptischen Spekulationen über den Termin des Jüngsten Gerichtes, die bei Straßburger Täufern umliefen, distanzieren wollte. Im übrigen aber griff Bucer seinen Gegner weniger wegen täuferischer Auffassungen als seines Spiritualismus wegen an. Nicht zu unrecht glaubte er zu erkennen, daß in Dencks Erlösungslehre der Unterschied zwischen Christus und dem Gläubigen eingeebnet wurde, wenn behauptet wurde, in jedem Menschen sei Gottes Geist von Natur aus wirksam. Konnte doch Christus dann lediglich graduell vom Gläubigen verschieden und allein ein Exempel für dessen eigene Nachfolge sein. Außerdem war Bucer der Meinung, Denck könne mit seiner Forderung, der Mensch müsse der in ihm redenden Stimme Gottes mit der Absage an alle Kreaturen folgen, die Erbsünde nicht ernst nehmen und mache letzten Endes das Heil wieder von den Werken des Menschen abhängig. Dabei stützte sich Bucer vor allem auf Dencks Schrift ‚Vom Gesetz Gottes', die dieser gleich nach seiner Ankunft in Straßburg veröffentlicht hatte. Tatsächlich wurden darin die reformatorische Gesetzeslehre, die Verkündigung von der stellvertretenden Genugtuung Christi und das Vertrauen auf sie scharf attackiert. Statt dessen forderte Denck, jeder Gläubige müsse kraft der in ihm vorhandenen Kenntnis des göttlichen Gesetzes Christus in der vollkommenen Gesetzeserfüllung nacheifern. Als ihren Kern bezeichnete er die ausschließliche Liebe zu Gott. Am 22. Dezember 1526 hielt Bucer ohne Erlaubnis und Wissen des Rates vor etwa vierhundert Bürgern eine Disputation mit Denck. Dieser versuchte dabei die ja auch bei ihm vorhandenen reformatorischen Intentionen derart hervorzukehren, daß es der Gegenseite schien, er verschleiere bewußt die bestehenden Unterschiede. Dennoch erzielte Bucer den wohl beabsichtigten Erfolg. Zwar mußte er einen Tadel wegen der unerlaubten Diskussion einstecken, aber der Rat befahl Denck wenige Tage später, Straßburg zu verlassen. Nur rund zwei Monate hatte Denck Ruhe gehabt.

Leider ist uns nicht bekannt, wie sich das Verhältnis Dencks zu den Straßburger Täufern gestaltete, mit denen er, wie wir wissen, Kontakt hielt. Es ist jedenfalls nicht auszuschließen, daß es zwischen ihm und Michael Sattler, dem führenden Mann der Schweizer Brüder, seines Spiritualismus wegen zu Spannungen kam. Dennoch war Denck, als er sich von Straßburg aus nach Worms begab, mit einem Empfehlungsschreiben der Straßburger Täufer versehen, und er besuchte unterwegs die bereits bestehenden Täufergruppen, versuchte auch, neue Anhänger zu gewinnen. Jetzt brauchte man ihn nicht mehr zu stellen, er suchte von sich aus die Diskussion mit den Predigern der Orte, durch die ihn sein Weg führte. Anfang Januar 1527 hielt er sich einige Zeit in Bergzabern auf. Hier diskutierte er auf der Grundlage seiner hervorragenden Kenntnis des Hebräischen und wohl auch mit den neuplatonistisch-mystischen Traditionen jüdischer Kabbala vertraut, mit den Vertretern der dortigen Judengemeinde. Wahrscheinlich versuchte er, sie mit Hilfe seiner Schrift über das Gesetz zum Übertritt zu bewegen und auf diese Weise einen Beitrag zu der endzeitlich erwarteten Bekehrung der Juden zu leisten. In einem Gespräch mit dem Prediger Nikolaus Thomae konnte er mit seinen täuferischen Argumenten wenig Eindruck machen und erreichte auch nicht die von ihm gewünschte öffentliche Diskussion mit allen Predigern, die er gern zu einer Abrechnung mit den Straßburger Predigern benutzen wollte. Unsicher aber wurde Thomae angesichts der von Denck für die Allversöhnung beigebrachten Schriftstellen.

Kurze Zeit danach versuchte Denck, in Landau den dortigen Prediger Johann Bader von der Unzulässigkeit der Kindertaufe zu überzeugen. Er forderte Glauben und persönliches Bekenntnis des Täuflings als conditio sine qua non für die Erteilung der Taufe. In einem Brief, den Denck wenige Tage später an Bader richtete, finden wir bei ihm zum erstenmal die klassisch täuferische Beweisführung für die Notwendigkeit der Erwachsenentaufe. Im übrigen scheint er mit Bader jene Punkte besprochen zu haben, die er — abgesehen von der Allversöhnungslehre — im zweiten Teil seiner Schrift ‚Von der wahren Liebe' behandelte. Der erste Teil entfaltete in Verbindung mit einer von der Mystik bestimmten Erlösungslehre Dencks Christologie und interpretierte die Sakramente als äußere Erkennungszeichen der wahren Christen. Im Manuskript damals offenbar fertig, wurde der Traktat doch erst in Worms gedruckt.

Vielleicht zog Denck in diese Stadt, weil er dort einen Drucker für seine Schriften zu finden hoffte. Denn außer der eben erwähnten erschien in Worms ein weiteres Stück aus seiner Feder mit dem Titel ‚Ordnung Gottes und der Kreaturen Werk'. Von einer spekulativen Gotteslehre ausgehend, schildert Denck darin in zwei Anläufen die Erlösung des von Gott abgefallenen Menschen, der nur dadurch, daß Gott ihn in tiefstes Leid — die Hölle gleichsam — führt, zum Verzicht auf die Welt und zur reinen Gottesliebe gebracht werden kann. Daran schließt sich eine Ablehnung der Lehre sowohl vom freien als vom unfreien Willen — Denck sucht auch in diesem Punkt nach einem dritten Weg —, die noch einmal zur Gotteslehre zurücklenkt. Den Schluß bildet eine auffallend scharfe Polemik gegen die reformatorische Lehre von den Sakramenten und ihre Vertreter. Außer den beiden eigenen Arbeiten brachte Denck in Worms zusammen mit Ludwig Hätzer eine Übersetzung der prophetischen Bücher des Alten Testamentes heraus, die ‚Wormser Propheten'. Noch in Straßburg hatte Hätzer Denck für diese Übersetzung gewonnen. Und möglicherweise war es Denck, der auf eine Übertragung des hebräischen Urtextes drängte. Seine Ausweisung aus Straßburg hatte die Arbeit dann kurz unterbrochen. Sie konnte aber wieder aufgenommen und zügig zu Ende geführt werden, als Hätzer Anfang Februar ebenfalls nach Worms kam. Die ‚Wormser Propheten' füllten bei ihrem Erscheinen eine echte Marktlücke und erlebten zahlreiche Nachdrucke. Tatsächlich handelte es sich um eine sehr gelungene Übersetzung, an der im reformatorischen Lager nur wegen der Ablehnung der theologischen Überzeugungen der Herausgeber, nicht aber aus sachlichen oder sprachlichen Gründen Kritik geübt wurde. Dennoch konnte sie sich natürlich nicht halten, als später die Zürcher und die lutherische Prophetenübersetzung erschienen, die übrigens nicht selten auf die Wormser zurückgriffen. Möglicherweise hat Denck auch schon in Worms an jenem Kommentar zum Propheten Micha gearbeitet, der von Johann Vielfeld als ‚Fürstenspiegel' überarbeitet erst posthum im Jahr 1532 erschien. Leider fehlt bis heute eine genaue Untersuchung darüber, wie weit dieses Werk in seiner Endgestalt Dencks Auffassungen repräsentiert.

Seine literarischen Pläne mußten Denck veranlassen, sich in Worms möglichst unauffällig zu bewegen und im Hintergrund zu bleiben. Dennoch gelang es ihm, den Prediger Jakob Kautz für sich zu gewinnen, obwohl dieser von Capito vorsorglich vor Denck gewarnt worden war. Schon im März 1527 fielen Kautz und einer seiner Kollegen dem Rat der Stadt dadurch auf, daß sie den Vollzug von Kindertaufen verweigerten. Großes Aufsehen aber erregte es, als Kautz am 9. Juni in seinem sowie im Namen von Denck, Hätzer und Melchior Rinck, dem späteren hessischen Täuferführer, sieben Artikel an die Tür der Dominikanerkirche heftete und zu ihrer Diskussion aufforderte. Diese Artikel stellten eine durch die Thesenform zwar leicht vergröberte, sonst aber durchaus getreue Wiedergabe zentraler Punkte von Dencks Theologie dar: Die ersten beiden Artikel bestritten nahezu jegliche Bedeutung der Heiligen Schrift und der Predigt als des äußeren zugunsten des inneren Wortes. In den zwei folgenden wurde die Kindertaufe und die Realpräsenz Christi im Abendmahl abgelehnt. Der fünfte Artikel bildete mit einem Verweis auf die wesentlichen Gedanken von Röm. 5 die Überleitung zu den zwei folgenden, die gegen die reformatorische Rechtfertigungslehre gerichtet waren. Als es aufgrund der Artikel zu keiner Diskussion mit den anderen Predigern der Stadt kam, begann Kautz mit zwei seiner

Freunde über diese Artikel öffentlich zu predigen. Diesem Versuch einer ‚Täuferreformation' sah man in Worms nicht tatenlos zu. Kautz wurde sofort ausgewiesen, und wahrscheinlich wäre es Denck und Hätzer genauso ergangen, hätten sie sich nicht schon vorher aus der Stadt entfernt. Wieder beginnt eine Zeit im Leben Dencks, über die wir nur gelegentliche Nachrichten haben, die beweisen, daß er sich überall verbergen mußte und nirgends lange aufhalten konnte. Das ist nicht erstaunlich. Denn inzwischen hatten seine Schriften ihre Repliken aus dem reformatorischen Lager erhalten. Der nürnbergische Pfarrer Andreas Althamer schrieb mit seiner „Diallage hoc est conciliatio locorum scripturae, qui prima facie inter se pugnare videntur" eine Antwort auf Dencks ‚Wer die Wahrheit wahrlich liebhat', in der die Klarheit der Schrift behauptet wurde. Sebastian Franck, damals noch Geistlicher in Büchenbach bei Schwabach, fand sich bereit, Althamers Schrift ins Deutsche zu übersetzen und ihr so weitere Verbreitung zu sichern. Als Antwort auf die von Kautz veröffentlichten Artikel publizierten die Straßburger Prediger eine ‚Getreue Warnung', in der sie Denck als Initiator und treibende Kraft der täuferischen Theologie des Wormsers entlarvten. Johann Bader veröffentlichte eine ‚Brüderliche Warnung' vor den Täufern und gab darin einen ausführlichen Bericht über seine Auseinandersetzungen mit Denck. Dencks Straßburger Kontrahent Martin Cellarius trat mit einem Werk ‚De operibus electionis et reprobationis Dei' hervor, die im Titel an Dencks letzte Wormser Schrift erinnerte und die darin behandelte Prädestinationslehre untersuchte. Bald schloß sich auch Urbanus Rhegius dem Reigen an und berichtete in einem ‚Wider den neuen Tauforden' ausgegangenen Traktat über Dencks Augsburger Aufenthalt. So war nun Denck allenthalben als Täufer bekannt und verschrien. Immer schwieriger mußte es für ihn werden, ein Asyl zu finden, zumal er, der zu keinerlei Handarbeit taugte, auf ein Leben in den Städten angewiesen war.

Denck zog von Worms aus zunächst rheinaufwärts nach Basel. Doch wagte er sich nicht in die Stadt und besuchte auch seinen alten Freund Ökolampad nicht. Dennoch scheint dieser von Dencks Anwesenheit erfahren zu haben. Aber seine an den Rat Basels gerichtete Bitte, zu den Verhandlungen mit dem Täufer Karlin N. auch Hans Denck zuziehen zu dürfen, fand kein Gehör. Denck ist dann noch im Zürcher Gebiet gewesen und zog von da aus über Konstanz und Schaffhausen in Richtung Augsburg. Unterwegs traf er in Ulm erneut mit Ludwig Hätzer zusammen, der seit den Wormser Wochen völlig unter Dencks Einfluß stand. Mit ihm könnte er damals an einer Übersetzung der Apokryphen gearbeitet haben, von der Hätzer einen Teil im Jahre 1528 veröffentlichte. Gemeinsam zogen die beiden Männer weiter nach Augsburg. Hier war inzwischen eine große Täufergemeinde entstanden, die aber in sich alles andere als einheitlich war. Vielmehr trafen sich hier die durch Jakob Groß aus Waldshut vermittelten Traditionen der schweizerischen Täufer mit denen, die Hans Hut und seine Schüler repräsentierten. Gerade damals hielt sich dieser mit allen bedeutenderen seiner Anhänger in Augsburg auf. Denck traf mit ihnen zusammen und nahm auch an den Auseinandersetzungen über Huts Apokalyptik, deren Kern ein für Frühjahr 1528 erwartetes Strafgericht an den gottlosen Herren und Predigern darstellte, teil. Daß er zu denjenigen gehörte, die gegen Huts Berechnungen Widerspruch erhoben, ist ebensowenig erwiesen wie die Auffassung, Denck habe mit Hut im wesentlichen übereingestimmt und lediglich die Geheimhaltung seiner Lehren verlangt. Wahrscheinlich hat Denck bei den in Augsburg stattfindenden Versammlungen überhaupt keine besondere Rolle gespielt. Doch nahm er an der Aussendung weiterer täuferischer Missionare teil. Als schließlich der Augsburger Rat die Versammlungen der Täufer, die man wegen des baldigen Todes der meisten Teilnehmer als ‚Märtyrer-Synode' bezeichnet, aushob, war Denck bereits nicht mehr in der Stadt. Er hatte an sich nach Basel und Zürich zurückgehen wollen, scheint aber in Begleitung Hätzers zunächst noch eimal ganz kurz in Franken gewesen zu sein. Erst im Oktober 1527 kam er in Basel an und verbarg sich im Haus seines früheren Kollegen, des Humanisten und Korrektors Martin Bentinus.

Denck war zu dieser Zeit nicht mehr der überzeugte Täufermissionar, der er in seiner Straßburger und Wormser Zeit gewesen zu sein scheint. Eine Wandlung war in ihm vorgegangen. Dazu mag die angesichts der Hutschen Lehren allenthalben intensivierte Verfolgung der Täufer, die Denck mit dem Martyrium bedrohte, beigetragen haben. Entscheidend war das wohl nicht. Vielmehr sah Denck im Rückblick auf seine kurze täuferische Wirksamkeit, daß er mit seinem Anschluß an die Täufer und der Propagierung ihrer Gedanken nicht das erreicht hatte, worum es ihm eigentlich gegangen war: eine Gemeinde der Heiligen, in der möglichst viele Menschen einmütig Gott preisen sollten. Statt dessen war es überall nur zu Trennung und Spaltung gekommen. Denck wurde an seiner Überzeugung, als Täufer und Prediger in Gottes Auftrag zu handeln, irre. Zudem bewiesen ihm das ‚Schleitheimer Bekenntnis‘ vom Februar 1527, das sich teilweise gegen ihn und seine Anhänger richtete, sowie die Ereignisse auf der ‚Märtyrer-Synode‘ in Augsburg, wie wenig man selbst innerhalb dieser Bewegung einig war. Und mit Sicherheit mußte ihn eine mit dem Biblizismus verbundene Gesetzlichkeit in der Regelung christlichen Lebens von den Täufern trennen. Er sah ein, daß auch diese Gruppe nicht einfach mit der Kirche Christi identifiziert werden konnte, die er zeitlebens gesucht hatte. Unter diesen Umständen wagte er es, Ökolampad zu bitten, sich dafür zu verwenden, daß er einige Zeit in Basel bleiben dürfe. Der Brief, in dem er das tat, ist mit seiner Mischung aus Stolz und Demut, vor allem aber mit seiner entwaffnenden Ehrlichkeit und Offenheit das schönste Zeugnis für den lauteren Charakter des Mannes, den selbst böse Erfahrungen nicht hatten ändern können.

Ökolampad verschloß sich der Bitte nicht. Es kam in der noch verbleibenden kurzen Zeit bis zu Dencks Tod zwischen den beiden Männern zu vielen Gesprächen. Und vielleicht hoffte der Basler Reformator, als Denck kurz vor seinem Ende noch einmal zur Feder griff, einen ‚Widerruf‘ zu erhalten. Aber das, was Denck damals niederschrieb, später von Ökolampad so bezeichnet und sogar unter jenem Titel gedruckt wurde, war alles andere als ein Widerruf. Vielmehr handelte es sich um eine Schrift, mit der sich Denck angesichts der über ihn und seine Lehre umlaufenden Anschuldigungen noch einmal aufraffte, klar und selbstkritisch über den derzeitigen Stand seiner theologischen Erkenntnis Rechenschaft zu geben. Sie ist in ihrer Prägnanz und eindeutigen Klarheit wohl die wertvollste von allen seinen Schriften: Denkmal eines Mannes, der nicht bereit war, um der Gemeinschaft willen die von ihm bekannte Wahrheit zu verleugnen und sich dennoch nicht an Skeptizismus und Individualismus verlor. Er blieb, was er wohl von Anfang an hatte sein wollen: ‚ein fleißiger Schüler Christi'.

LITERATUR

Grundlegend: Hans Denck, Schriften. Teil 1: Bibliographie hg. v. Georg Baring, Teil 2: Religiöse Schriften, und Teil 3: Exegetische Schriften, Gedichte und Briefe hg. v. Walter Fellmann, Gütersloh 1955, 1956 und 1960 (= Quellen und Forschungen zur Reformationsgeschichte 24; = Quellen zur Geschichte der Täufer 6); weitere wichtige Quellen zu Dencks Leben und Werk finden sich in den Editionen der Täuferakten jener Gebiete, in denen Denck gewirkt hat. Sie sind zum Teil innerhalb der Reihe ‚Quellen und Forschungen zur Reformationsgeschichte (Quellen zur Geschichte der Täufer)' erschienen, die laufend fortgesetzt wird. Die ältere Literatur über Hans Denck findet man fast vollständig zusammengestellt bei: Hillerbrand, Hans Joachim: Bibliographie des Täufertums 1520—1630, Gütersloh 1962 (= Quellen und Forschungen zur Reformationsgeschichte 30; = Quellen zur Geschichte der Täufer 10), S. 64—67, Nr. 1350—1406. Im folgenden nenne ich die wichtigste seitdem erschienene Literatur: Hall, Theodor: Possibilities of Erasmian Influence on Denck and Hubmaier in Their Views on the Freedom of the Will, in: The Mennonite Quarterly Review (im folgenden = MQR) 35, 1961, S. 149—170; Fellmann, Walter: Irenik und Polemik bei Hans Denck, in: Luther-Jahrbuch 29, 1962, S. 110—116; Williams, George Huntston: The Radical Reformation, Philadelphia 1962, S. 149—162 und 176—180; Fellmann, Walter: Theological Views of Hans Denck, in: Mennonite Life 17, 1963;

Foster, Claude R.: Hans Denck and Johannes Bünderlin: A Comparative Study, in: MQR 39, 1965, S. 115—124; Klassen, William: Was Hans Denck a Universalist?, in: MQR 39, 1965, S. 152—154; Armour, Rollin Stely: Anabaptist Baptism. A Representative Study, Scottdale 1966 (= Studies in Anabaptist and Mennonite History 11), S. 62—64; Fellmann, Walter: Martin Bucer und Hans Denck, in: Mennonitische Geschichtsblätter (im folgenden = MGBL) 23, 1966, S. 29—35; Lohse, Bernhard: Hans Denck und der „linke Flügel" der Reformation, in: Humanitas — Christianitas. Walther v. Loewenich zum 65. Geburtstag hg. v. K. Beyschlag, G. Maron und E. Wölfel, Witten 1968, S. 74—83; Günter Goldbach: Hans Denck und Thomas Müntzer — ein Vergleich ihrer wesentlichen theologischen Auffassungen. Eine Untersuchung zur Morphologie der Randströmungen der Reformation, Theol. Diss. Hamburg 1969; Gastaldi, Ugo: Storia dell' Anabattismo dalle origini a Münster 1525—1535, Torino 1972, S. 229—244; Packull, Werner Otto: Denck's Alleged Baptism by Hubmaier. Its Significance for the Origin of South German-Austrian Anabaptism, in: MQR 47, 1973, S. 327—338; Deppermann, Klaus: Die Straßburger Reformation und die Krise des oberdeutschen Täufertums, in: MGBL 30, 1973, S. 24—41; Stayer, James M.: Anabaptists and the Sword, Lawrence 1972; Ozment, Steven E.: Mysticism and Dissent. Religious Ideology and Social Protest in the Sixteenth Century, New Haven and London 1973, S. 116—136; Seebaß, Gottfried: Müntzers Erbe. Werk, Leben und Theologie des Hans Hut, Theol. Habilitationsschrift Erlangen 1972 (bis jetzt ungedruckt); Packull, Werner Otto: Mysticism and the Early South German-Austrian Anabaptist Movement, Phil. Diss. Queens University, Kingston / Ontario 1974. Die genannten Titel bringen meist auch Hinweise auf weitere Literatur.

ALBRECHT ALCIBIADES VON BRANDENBURG-KULMBACH

Von Bernhard Sicken

„Man leut die glocken
Vor grosen freuden und frolocken,
Das er nun hin ist auf der erdt.
Das todten-gsang und klag-gebert
Helt man gewislich allein darumb,
Das in der todt nit lengst hinnumb."

So schrieb Hans Sachs, als sich im Januar 1557 die Nachricht vom Tod Markgraf Albrechts bestätigte. Zwar durfte der Meistersinger sein Spottgedicht über die Himmelfahrt des Zollern nicht veröffentlichen, weil der Nürnberger Rat sich nicht vollends mit dem mächtigen Haus Brandenburg überwerfen wollte, doch entsprachen diese Zeilen durchaus dem Empfinden, mit dem in weiten Teilen Frankens und darüber hinaus im Reich diese Kunde aufgenommen wurde. Denn jetzt durfte man endlich auf die Beilegung jener politisch und rechtlich ungemein komplizierten Verwicklung hoffen, die eine mehrjährige kriegerische Auseinandersetzung ausgelöst hatte.

Seit geraumer Zeit waren es die meisten Fürsten und Stände nämlich müde, sich immer wieder mit der „causa marchionis Alberti" zu befassen, wie der leidige Konflikt des Markgrafen mit seinen Gegnern — in erster Linie mit den Hochstiftern Bamberg und Würzburg sowie der Reichsstadt Nürnberg — bezeichnet wurde. Wohl hatte man dem im Dezember 1553 geächteten Zollern drei Jahre später die Rückkehr ins Reich ermöglicht und ein weiteres Mal Ausgleichsverhandlungen eingeleitet, jedoch hatte die Unnachgiebigkeit beider Seiten erneut eine Annäherung ausgeschlossen; darauf griff Albrecht wiederum zu Drohungen und ließ heimlich rüsten, was seine Gegner selbstverständlich zu gleichen Schritten bewog. An einem abermaligen Krieg, der den im Jahr 1555 mühsam errungenen Religionsfrieden und die Exekutionsordnung auf die Probe stellen mußte, war allerdings kaum einem der unbeteiligten Reichsstände gelegen, und deshalb wurde Albrechts Ableben mit mehr Freude als Trauer aufgenommen.

Umstritten war das Treiben des Markgrafen im übrigen auch in den Jahren zuvor gewesen, als er mit harter Hand in das politische Geschehen Deutschlands eingegriffen hatte. Je nach dem Standort des Beobachters hatte er dem einen als „kaiserlicher Hetzhund" und dem anderen als „Kämpfer für das reine Evangelium", einem dritten als „gemeingefährlicher Unruhestifter" und dem vierten als „Protagonist für die deutsche Freiheit" gegolten. Diese scharfen gegensätzlichen Urteile lassen freilich keine Rückschlüsse auf den Kulmbacher zu. Sie verwirren eher, als daß sie uns Klarheit bieten, und verweisen nur vordergründig auf die Spannungen, die die letzten Regierungsjahre Kaiser Karls V. überschatteten; allenfalls lassen sie die kontroversen politischen Konstellationen erahnen, an denen Albrecht beteiligt war. Bevor wir uns nochmals mit diesen Schlagworten des publizistischen Tageskampfes befassen, soll der Lebensweg dieses fürstlichen Kriegsunternehmers in groben Zügen skizziert werden.

I.

Albrecht, dem die Nachwelt den Beinamen Alcibiades verlieh, wurde im Jahr 1522 zu Ansbach geboren; er war der Sohn Markgraf Kasimirs und Susannas von Bayern. Sein Vater war Regent des zollernschen Besitzes in Franken; dieser regierte das Land zugleich im Namen seiner jüngeren Brüder Georg und Johann. Die Herrschaft Kasimirs war insofern mit einem Makel behaftet, als er im Jahr 1515 seinen Vater wegen angeblicher Geisteskrankheit zur Abdankung gezwungen und inhaftiert hatte. Schon im Jahr 1527 starb Kasimir als Feldhauptmann König Ferdinands im Lager zu Ofen. Auf dem Sterbebett empfahl er seinen einzigen Sohn der Obhut und Fürsorge dieses Habsburgers und überging damit absichtlich seinen Bruder Georg, obgleich die Hausgesetze dessen Vormundschaft vorsahen. Zu dieser Brüskierung hatten Differenzen um die Landesregierung geführt, vor allem religiöse Streitigkeiten, denn Markgraf Georg trat entschieden für die lutherische Lehre ein, hingegen hielt Kasimir aus Opportunismus am alten Glauben fest. Seinen politisch und konfessionell wertvollen Anspruch auf die Erziehung Albrechts konnte König Ferdinand trotz Unterstützung durch Karl V. nicht durchsetzen. Vielmehr blieb der junge Markgraf am Hof seines Oheims Georg, der die Vormundschaft zusammen mit seinem jüngeren Bruder Albrecht, dem letzten Hochmeister des Deutschen Ordens und ersten Herzog von Preußen, übernahm. Da Susanna von Bayern bald nach dem Tod ihres Gemahls Franken verließ, begab auch sie sich des Einflusses auf ihren Sohn. Auf diese Weise wurde ein Einwirken Fremder auf das Land verhütet. Für die Erziehung des Prinzen — er war lange Zeit der einzige männliche Nachkomme der fränkischen Zollern — wurde indes mehr schlecht als recht gesorgt; er wurde schon früh einem Präzeptor anvertraut, der vor allem auf eine gute religiöse Unterweisung zu achten hatte. Erfolg war diesem Bemühen allerdings nicht beschieden: in Glaubensfragen war Albrecht zeitlebens indifferent. Auf die Mängel in der Bildung seines namengleichen Neffen hat insbesondere der preußische Herzog wiederholt hingewiesen und ein Studium an der Universität Wittenberg empfohlen, wo „... alle tugend und gute leeren als aus einem prunnen entspringen...", ohne daß er freilich die manchmal recht dürftigen Bedenken und Einwände des Ansbacher Hofs gegen den Hochschulbesuch überwinden konnte.

War das Verhältnis zwischen dem Mündel und dem Ansbacher Vormund lange Zeit ohne Spannungen, so sollte sich das ändern, als dem fast sechzigjährigen Georg im Jahr 1539 ein Sohn geboren wurde. Nunmehr waren die Hoffnungen Albrechts hinfällig, den fränkischen Besitz ungeteilt zu erben; ebensowenig hatte er fortan noch Aussichten auf jene schlesischen Herzogtümer, auf die Markgraf Georg Anrecht erworben hatte; außerdem mußte ihm in seinem Vetter ein Konkurrent in der Anwartschaft auf das preußische Herzogtum erwachsen, auf das die fränkischen Zollern spekulieren konnten, solange Herzog Albrecht noch ohne Sukzessor war.

Weil dem Heranwachsenden eine längere Vormundschaftsregierung des Oheims jetzt unvorteilhaft erschien, verlangte er alsbald eine Landesteilung, nachdem er im Jahre 1540 mündig geworden war. Obwohl das maßgebende Hausgesetz, die Dispositio Achillea, eine solche Teilung vorsah, suchte sie Markgraf Georg zu verhindern und bemühte sich überdies, seinen Neffen weiterhin von der Regierung fernzuhalten. Hatte er Albrecht deshalb zunächst in der Absicht bestärkt, sich in der Welt umzusehen und in den Dienst eines großen Herrn zu treten, so sah er sich in seinen Erwartungen enttäuscht. Zwar reiste der Neffe an den Kaiserhof nach Brüssel, doch kehrte er nach wenigen Monaten aus den Niederlanden zurück, um desto hartnäckiger eine Teilung zu fordern. Offenbar hatte man ihm am Hof Karls V. dazu geraten, denn ein solcher Schritt mußte dem Reichsoberhaupt und den Altgläubigen nützlich sein.

Schließlich setzte der auf Selbständigkeit bedachte Fürst sein Teilungsverlangen gegen den Widerstand Markgraf Georgs durch. Auf dem Regensburger Reichstag des Jahres 1541 wurde eine Nutzungsteilung vorgenommen, bei der Albrecht das „Fürstentum auf dem Gebirge" mit den Zentren um Kulmbach, Bayreuth und Hof sowie ein paar Ämtern um Neustadt/Aisch, Georg hingegen das „Fürstentum unter dem Gebirge" mit der Hauptstadt Ansbach erloste. Da eine Reihe von Rechten und Gefällen sowie Pflichten und Lasten nach wie vor „gesamthänderisch" genutzt bzw. getragen wurde, blieben Reibungsflächen zwischen dem Oheim und seinem Neffen erhalten. Hierfür waren zum einen finanzielle Forderungen Albrechts aus der Zeit der Vormundschaftsregierung und zum anderen einige ehemalige Räte Georgs verantwortlich, deren sich das vormalige Mündel nun gegen den Vormund bediente; außerdem war der junge Landesherr eifrig bestrebt, seine Unabhängigkeit zu wahren, und trat jeder Bevormundung durch den erfahrenen Oheim entgegen. Selbst nach dem Tod Markgraf Georgs im Jahr 1543 dauerten die Streitigkeiten zwischen den Fürstentümern Kulmbach und Ansbach an, sah sich Albrecht nun doch in seiner Hoffnung auf die Vormundschaft über seinen Vetter Georg Friedrich von Ansbach getäuscht, weil Markgraf Georg sein Anrecht ebenso übergangen hatte, wie Kasimir im Jahr 1527 jenen hatte übergehen wollen.

II.

Die beschränkten Verhältnisse in seinem hoch verschuldeten Territorium fesselten Markgraf Albrecht so wenig, daß er schon knapp zwei Jahre nach dem Regierungsantritt seinem Land den Rücken kehrte, um als kaiserlicher Reiterführer mit ca. 400 Mann ins Feld zu ziehen. Über seine Beweggründe können wir nur Vermutungen anstellen; offenbar suchte er in erster Linie materiellen Gewinn, darüber hinaus Ruhm und Ehre. Indem er sich dem Habsburger anschloß, folgte er übrigens nur dem Weg, den viele seiner Vorfahren gegangen waren. Nach wie vor bot der Waffendienst einem jungen Fürsten die besten Voraussetzungen, sich auszuzeichnen und bekannt zu werden. Daß sich der Brandenburger als evangelischer Landesherr dem altgläubigen Habsburger zur Verfügung stellte, kann kaum Erstaunen hervorrufen: wie er rückten nämlich weitere Glaubensverwandte mit Karl V. gegen Franz I. von Frankreich aus.

Aus kaiserlicher Sicht begrüßte man den Dienst des Zollern ohne Vorbehalt, gewann man dadurch doch zu günstigen Bedingungen Kriegsvolk. Obendrein galt die Herstellung guter Beziehungen zu protestantischen Fürsten als erstrebenswert, nicht zuletzt schon aus konfessionellen Erwägungen; denn dieser Kriegsdienst hatte nicht nur militärische Bedeutung. Das traf um so mehr zu, als von vornherein zu erwarten war, daß ein jugendlicher, schlecht oder allenfalls unzureichend beratener Landesherr nicht in der Lage war, der Argumentation gewiegter Diplomaten zu begegnen oder der Verlockung kaiserlicher Gnade zu widerstehen. Der im Frühsommer 1543 zwischen Albrecht und Räten Karls V. abgeschlossene Dienstvertrag lieferte dafür einen ersten Beweis.

Der huldvollen Haltung des Reichsoberhaupts und den schönen Worten seiner Ratgeber gelang es unschwer, den Markgrafen weiterhin ans kaiserliche Lager zu fesseln. Obwohl der Brandenburger in der Kampagne des Jahres 1543 finanzielle Verluste erlitten hatte, folgte er im Jahr 1544 erneut den Fahnen Karls V. Unterdessen ließ er sein Fürstentum, das ihm als Basis für Werbungen und zur Sicherung des Unterhalts für seine Soldateska diente, von Statthaltern und Räten verwalten. Selbst im Schmalkaldischen Krieg stand er treu auf der Seite des Habsburgers und nahm mit der stattlichen Zahl von 2 500 Reitern, später zudem mit Fußvolk, am Kampf gegen seine Glaubensverwandten teil. Für Albrecht ging es in dieser Auseinandersetzung allerdings um die Bestrafung ungehorsamer Fürsten und Stände und um die Wahrung der Reichseinheit, keineswegs aber um konfessionelle Fragen, wie er seinem Oheim Albrecht von Preußen auf Vorhaltungen mehrfach entgegnete. Somit engagierte er sich rückhaltlos für den kaiserlichen Standpunkt und lieferte zusammen mit seinen Waffengefährten Moritz von Sachsen und Johann von Brandenburg-Küstrin Karl V. gleichzeitig den dringend erwünschten Beweis, daß dieser Krieg eben nicht aus religiösen Gründen geführt werde.

Übrigens hat es im Schmalkaldischen Krieg nicht an Versuchen gefehlt, Markgraf Albrecht wenigstens zur Neutralität zu bewegen. Alle Mahnungen und Vorstellungen prallten indes wirkungslos ab. Wenn der Kulmbacher auch die kaiserliche Position energisch verteidigte und die durch den Glaubensstreit im Reich verursachte Spaltung aufrichtig beklagte, so dürfen darüber seine persönlichen und eigennützigen Motive nicht übersehen werden. Hatten ihn ohnehin schon die traditionellen Bindungen seines Geschlechts an die deutschen Kaiser und Könige und die Hoffnung auf Belohnung an die Seite des Reichsoberhaupts geführt, dann kam jetzt noch hinzu, daß er sich an Johann Friedrich von Sachsen und Philipp von Hessen, den Häuptern des Schmalkaldischen Bundes, rächen wollte, weil ihm diese im Streit um die Vormundschaft über den Ansbacher Vetter entgegengetreten waren. Überdies setzte er von vornherein auf einen Sieg des

Habsburger und lehnte es aus militärischen Überlegungen ab, sich einem „gestückelten unordentlichen Haufen" anzuschließen. Vermutlich fiel es ihm außerdem schwer, sich in ein reichsständisches Bündnis einzuordnen, dem auch Städte angehörten, und ebensowenig wollte er sich mit einer untergeordneten Rolle begnügen.

Obgleich Karl V., der durch den schnellen Vorstoß seiner Gegner an die Donau im Sommer 1546 ernstlich in Bedrängnis geraten war, dem tatkräftigen Zollern dankbar sein mußte, verstand es jener nicht, die Situation für sich auszubeuten. Statt dessen gab sich der Markgraf mit den Bestimmungen seines Soldvertrags zufrieden und blieb folglich auf die Großzügigkeit seines Kriegsherrn angewiesen. Dieses Verhalten, das sich in bemerkenswerter Weise von dem ,Moritz' von Sachsen abhebt, demonstriert die politische Naivität des Zollern. Seine Haltung zeugt beiläufig nicht einmal für bedingungslose Loyalität gegenüber dem Habsburger, denn andererseits zögerte er nicht, von Karl V. für seine Parteinahme eine Sicherstellung gegen Verluste zu verlangen.

Nachdem die Führer des Schmalkaldischen Bundes den Donaufeldzug im Herbst 1546 ohne Entscheidungsschlacht hatten abbrechen müssen, hatte der Kaiser strategisch die Oberhand zurückgewonnen und konnte im Winter 1546/47 das Land südlich des Mains wieder unter seine Kontrolle bringen. Diese Kriegsmonate waren für den Zollern ereignislos verstrichen, so daß er keine Gelegenheit fand, sich irgendwie auszuzeichnen. Dagegen bereitete ihm die politische Haltung seiner lutherischen Untertanen Sorge, weil diese ziemlich unverhüllt der protestantischen Partei anhingen. Mit Verboten, über die Händel der großen Herren zu disputieren, mit einem Ausschreiben über die „wahren Ziele" des Feldzugs und mit strengen Strafandrohungen konnte er indes die Unruhe weitgehend dämpfen, zumal sein Land — sieht man von einigen unbedeutenden feindlichen Einfällen ab — im Windschatten der großen Ereignisse lag.

Den Rückzug des schmalkaldischen Heeres hatte Markgraf Albrecht nebenbei zu nutzen gesucht, um sich vor seinen Mitständen zum Beschützer Frankens aufzuschwingen. Tatsächlich schien er als einziger weltlicher Fürst von Bedeutung in diesem Raum und als kriegserprobter Reiterführer, der das Vertrauen des Reichsoberhaupts genoß, für diese Aufgabe geradezu prädestiniert zu sein. Indem er behauptete, seinen Rüstungen sei es zu verdanken, daß die fränkischen Lande nicht überzogen worden seien, begehrte er an der Jahreswende 1546/47 von seinen Mitständen Unterhaltsbeihilfe für seine Soldateska. Selbstverständlich lehnten jene die Zumutung ab, nachdem die Gefahr inzwischen abgeklungen war, da niemand für einen Dienst bezahlen wollte, der nicht geleistet worden war. Um das markgräfliche Kriegsvolk abzuschieben, scheinen endlich aber die Hochstifter Bamberg und Würzburg ein paar tausend Gulden erlegt zu haben, ohne damit den Zollern jedoch zufriedenzustellen.

Während Albrecht im Januar 1547 nach Sachsen zog, um Herzog Moritz zu unterstützen, der von seinem ernestinischen Vetter Johann Friedrich schon fast aus seinem Territorium vertrieben worden war, kam es zu unbedeutenden Übergriffen auf das „Fürstentum auf dem Gebirge". Diese Bedrohung überschätzend, ersuchte der Markgraf Bamberg, Würzburg, Ansbach und Nürnberg schleunigst um Hilfe für sein Land. Im Gegensatz zum Markgraftum Ansbach, das Beistand zusagte, wichen die übrigen Stände unter recht fadenscheinigen Entschuldigungen diesem Verlangen aus; Nürnberg scheint das Bittgesuch sogar unbeantwortet gelassen zu haben. Verbittert und aufgebracht ordnete Albrecht daraufhin an, diese Abweisungen gut aufzuheben, damit man davon Gebrauch machen könne, wenn die Stifter ihrerseits einmal um Hilfe einkommen sollten. Über das Verhalten Nürnbergs äußerte Albrecht hingegen lapidar, daß die Städter schon noch erfahren würden, welch guten Nachbarn sie an ihm hätten.

Wähnte der Zoller bei seinem Marsch nach Sachsen, im Verein mit dem Albertiner Moritz gegen Johann Friedrich leichtes Spiel zu haben, so sollte er in Rochlitz ein böses Erwachen erleben. Denn hier erlitt er Anfang März durch den Ernestiner eine vernichtende Niederlage; seine Streitmacht wurde zerstreut und er selbst gefangengenommen. Obgleich behauptet wird, Verrat habe den Feind begünstigt, so ist Albrecht indes vorzuwerfen, in Rochlitz sorglos Feste gefeiert zu haben, ohne sich mit dem schlecht befestigten Platz und seinen Verteidigungsmöglichkeiten vertraut gemacht zu haben, obwohl er den Gegner in der Nähe wußte. Nicht einmal über dessen Stärke war er unterrichtet, wähnte er doch, der Feind „trüge bereits den Hasen im Busen". Mit dieser Schlappe hatte der fürstliche Kriegsunternehmer seine Aussichten auf Gewinn eingebüßt; das traf ihn um so bitterer, als er gehofft hatte, seine zerrütteten Finanzverhältnisse in diesem Krieg konsolidieren zu können.

Durch Karls V. Sieg bei Mühlberg über den geächteten Ernestiner wurde das Debakel von Rochlitz allerdings bald insofern zur bedeutungslosen Episode, als es für den Kriegsausgang ohne Folgen blieb und der Gefangene unentgeltlich seine Freiheit zurückerhielt. Noch immer erfreute sich der Zoller zwar der Gunst des Kaisers, jedoch war er mehr denn je von dessen Großherzigkeit abhängig, seit er ihm mit leeren Händen gegenüberstand. Freilich war das Reichsoberhaupt jetzt kaum noch gewillt, einem Parteigänger für seinen Dienst und seine Ergebenheit einen Preis zu zahlen. Statt dessen forderte er nun kurzweg Gehorsam, da kein Stand mehr zur Opposition fähig schien. Folglich ging Albrecht leer aus, sieht man von zwei kleinen Donationen einmal ab. Ihm wurden weder rückständige Soldgelder vergütet, noch wurde sein Verlangen nach Übereignung der Stadt und Pflege Coburg erfüllt; ebensowenig vermochte er die Lösung seines Oheims Albrecht von Preußen aus der Reichsacht zu erreichen, so sehr er auch seine Dienstfertigkeit dem Reichsoberhaupt zu beweisen suchte und deswegen — unbekümmert um den Widerstand der Geistlichen seines Landes — für das Interim eintrat.

III.

Nach dem Triumph über den Schmalkaldischen Bund schien der Kaiser die Verhältnisse in Deutschland nach seinen Vorstellungen ordnen zu können, wie der „Geharnischte Reichstag" zu Augsburg vordergründig bewies. Aber in

Wirklichkeit legte schon die Augsburger Reichsversammlung dar, daß der Habsburger weder die konfessionellen Probleme noch die verfassungsrechtlichen Fragen eigenmächtig lösen konnte. In den Jahren nach 1548 sollten vielmehr die politischen Mißgriffe Karls V. und seiner ausländischen Ratgeber sowie die seit der Einführung der kaiserlichen Kirchenordnung zweifelhafte Zukunft des reformatorischen Bekenntnisses das Entstehen einer heimlichen Oppositionspartei begünstigen. Grundlage für diese Bewegung war die Konfession, Motor die Angst vor einem Dominat. Auftrieb erhielt der Widerstand, seit sich die Gerüchte verdichtet hatten, die Kaiserwürde solle im Haus Habsburg zum erblichen Besitz werden. Von jenem komplizierten und kaum realisierbaren Plan, demzufolge auf König Ferdinand Karls Sohn Philipp und auf diesen wiederum Ferdinands Sohn Maximilian im Kaisertum folgen sollte, scheinen die Fürsten und Stände freilich keine genaue Kenntnis gehabt zu haben, jedoch war ihnen nicht verborgen geblieben, daß das Wahlrecht der Kurfürsten verkürzt werden sollte. Ein solches Vorhaben mußte indes Widerspruch hervorrufen, weil hierdurch eine jahrhundertelange Entwicklung rückgängig gemacht werden sollte. Tatsächlich verfehlten das Gespenst der drohenden „monarchey" und die Propaganda gegen die „spanische servitut" ihre Wirkung nicht und trugen erheblich dazu bei, Karl V. zu isolieren. Nicht zuletzt wurden durch den Erbfolgeplan auch die habsburgischen Brüder einander so entfremdet, daß fortan von einer echten Zusammenarbeit zwischen Karl und Ferdinand nicht mehr die Rede sein konnte.

Hatte die Spekulation auf materiellen Gewinn den Zollern auf die Seite des Kaisers geführt, so führte ihn dieser Beweggrund zusammen mit dem Verlangen nach Rache ins Lager der Fürstenopposition. Zum einen wollte sich der Enttäuschte an dem undankbaren Habsburger rächen, und zum anderen war er auf ein gewinnbringendes Unternehmen mehr als zuvor angewiesen, da er den Forderungen seiner Gläubiger kaum noch entsprechen konnte. Der Bruch mit dem Reichsoberhaupt galt als endgültig besiegelt, als sich der

Markgraf über ein kaiserliches Werbeverbot hinwegsetzte und die für England eingeleiteten Bestallungen — schon wegen der finanziellen Vorleistungen — trotz mehrerer Mandate Karls V. fortsetzte. Daß Albrecht, dem sein verschuldetes Land wenig bedeutete, der sich ohnehin fast vollständig dem Waffendienst verschrieben hatte, durch diese kaiserliche Anordnung besonders betroffen wurde, soll freilich nicht unerwähnt bleiben. Daraufhin suchte er Anlehnung und Rückhalt bei dem gleichfalls isolierten Albertiner Moritz von Sachsen.

Nachdem es Kurfürst Moritz im Jahr 1551 endlich gelungen war, das auf protestantischer Seite gegen ihn herrschende Mißtrauen zurückzudrängen und die Führung der Opposition gegen Karl V. zu übernehmen, zog er den Zollern ebenfalls in dieses Lager. Dem Einfluß des Sachsen war es auch zuzuschreiben, daß sich die Opposition für ein offensives Vorgehen gegen den Kaiser entschied, ein Bündnis mit Heinrich II. von Frankreich einging und außerdem auf eine konfessionelle Zielsetzung verzichtete. Im Auftrag der Fürstenopposition, zu deren Kern Moritz von Sachsen, Wilhelm von Hessen und Johann Albrecht von Mecklenburg gehörten, reiste der Markgraf dann im November 1551 nach Frankreich, um das angestrebte und bis auf wenige Punkte bereits ausgehandelte Bündnis mit Heinrich II. abzuschließen. Nach schwierigen und ranküneveichen Verhandlungen wurde am 15. Januar 1552 zu Chambord von König Heinrich und Markgraf Albrecht schließlich jener Vertrag unterzeichnet, durch den sich Frankreich, Kursachsen, Hessen und Mecklenburg zum Kampf gegen Karl V. verpflichteten. Der Vertrag enthielt die Zusage des Königs, seine deutschen Verbündeten durch Subsidien zu unterstützen, hingegen empfahlen jene Heinrich II., die Städte nichtdeutscher Zunge, „... als nemlich Chamerich, Toll in Lottringen, Metz, Verdun und was derselben mehr weren...", einzunehmen und als Vikar des Reichs zu behalten.

Diesem Bündnis trat Albrecht von Brandenburg im übrigen nicht bei, sondern schloß sich der Allianz nur als „unverpflichteter Hilfsgenosse" an. Ursprünglich hatte der Markgraf gehofft, mit seinem schon im Herbst 1551 vorsorglich auf Wartegeld bestallten Kriegsvolk von Frankreich in Sold genommen zu werden, und deshalb scheint er nicht ungern zu den Unterhandlungen nach Frankreich gereist zu sein. Diese Erwartungen hatten sich aber nicht erfüllt, und somit war er gezwungen, den Unterhalt für seinen Heerhaufen im Feld zu erwerben. Die Aussichten auf Gewinn und Beute waren günstig, war in den Kriegsabsprachen doch vorgesehen worden, all diejenigen Reichsstände, die sich dem Feldzug gegen Karl V. widersetzten oder dem Feind Vorschub leisteten, mit Feuer und Schwert heimzusuchen und zur Zahlung von Kontributionen heranzuziehen. Insbesondere wurden die geistlichen Territorien als leichte Beute betrachtet. Mit Territorialgewinn zu Lasten der Stifter scheint man sowohl die ernestinischen Herzöge als auch Markgraf Albrecht gelockt zu haben. Zudem hatte sich Kurfürst Moritz eigens den Anspruch auf das Erzstift Magdeburg und das Stift Halberstadt vorbehalten. Trotz dieser recht deutlichen Indizien kann man jedoch den Fürstenaufstand nicht als Pfaffenkrieg apostrophieren, denn mehr als die Mittel, mit denen man Parteigänger zur Erweiterung der allzu schmalen Basis ködern wollte, sind damit nicht angegeben.

Den Krieg, der zum Schutz der „teutschen Libertät" und zur Befreiung Philipps von Hessen aus der kaiserlichen Haft geführt wurde, eröffnete im März 1552 der „unverpflichtete Hilfsgenosse" Albrecht von Brandenburg; anscheinend wollte der Zoller hierdurch jedes weitere Zaudern schlagartig zunichtemachen. Gleichzeitig unterstrich er mit seinem Angriff auf einen kaiserlichen Musterplatz seine loyale Gesinnung, die auf Seiten der Fürstenopposition ins Zwielicht geraten war, nachdem er angesichts übergroßer Schwierigkeiten bei der Finanzierung und Aufstellung seines Heeres dunkle Drohungen ausgestoßen hatte. An dem gemeinsamen Kampf, der den in Innsbruck weilenden Kaiser trotz aller Warnungen überraschte und fast wehrlos traf, nahm der Zoller indes nur wenige Wochen teil, um sich sodann dem Krieg auf eigene Faust zu widmen, das heißt, um in Franken die Pfaffen und „Pfeffersäcke" zu bekriegen. Bezeichnenderweise begann er sein Unternehmen, als Kurfürst Moritz zur Aufnahme von Friedensverhandlungen nach Linz gereist war. Anfänglich führte er seinen Beutefeldzug sogar mit Zustimmung der Verbündeten, schließlich aber gegen deren erklärten Willen, seit sein Treiben den Kampf zum Schutz der Libertät allzusehr kompromittierte. Auch wenn sich der Brandenburger daraufhin kurzerhand zum Parteigänger Frankreichs erklärte und Heinrich II. sich aus Opportunität nur vorsichtig von „seinem Bundesgenossen" distanzierte, so hinderte ihn das nicht, seinen Raubzug rücksichtslos fortzusetzen und von den Hochstiftern Bamberg und Würzburg und der Reichsstadt Nürnberg überaus vorteilhafte Verträge zu erpressen, durch die sein Fürstentum weitgehend entschuldet und auf Kosten Bambergs um einen stattlichen Territorialkomplex vergrößert wurde. Von den hehren Kriegszielen, für die auch angeblich der Markgraf zu den Waffen gegriffen hatte, verlautete nun nichts mehr; ebensowenig nahm er auf den politischen Kredit Kursachsens, Hessens oder Mecklenburgs Rücksicht, falls das Verzicht auf seinen Vorteil bedeutete. Aus seinem Wunsch, sich an den ihm verhaßten fränkischen Mitständen zu rächen, hatte er keinen Hehl gemacht und bei seinem Vorgehen gegen Nürnberg Landgraf Wilhelm unverblümt erklärt, daß er nun eine gute Gelegenheit habe, sich für all das schadlos zu halten, was die „Pfeffersäcke" seinen Vorfahren seit mehr als einhundert Jahren angetan hätten.

Die Beute und die Brandschatzungsgelder, die dem fürstlichen Söldnerführer zunächst in den Landen am Main, später auch am Rhein, zufielen, erlaubten es ihm, sein Heer rasch zu vergrößern, so daß er bald unter den Verbündeten über den größten Heerhaufen gebot. Damit wuchs selbstverständlich seine Bedeutung für die Koalition, zumal die Rüstungen des Kaisers allmählich bedrohliche Fortschritte machten. Folglich konnte man sich nicht einmal von dem „unverpflichteten Hilfsgenossen" lossagen, geschweige denn seinen Umtrieben entgegentreten. Selbst als sich der Zoller und Frankreich zusammenfanden, um Kurfürst Moritz' Friedensbemühungen zu hintertreiben, konnte der Albertiner diesen Intrigen nicht offen begegnen, weil er einen Bruch vermeiden mußte. Zwar schickte der Markgraf schließlich eine Gesandtschaft zu den Verhandlungen nach Passau, um seine exorbitanten Friedensbedingungen vorzulegen, doch hatte er zuvor schon auf die französische Karte gesetzt, da er offenbar nicht mit der Annahme seiner Forderungen rechnete. Wie früher hatte er hierbei übrigens sein unpolitisches Verhalten neuerlich unter Beweis gestellt, indem er sich im Reich isolierte und an Frankreich band, ohne ein verbindliches Abkommen mit Heinrich II. ausgehandelt zu haben.

IV.

Nach der Annahme des Passauer Vertrags im August 1552 setzte außer der Krone Frankreich nur Markgraf Albrecht den Kampf fort; letzterem galt diese Friedensvereinbarung als Verrat am französischen König und Verräterei an der deutschen Nation, wie er seinen ehemaligen Bundesgenossen lautstark vorhielt. Den Krieg führte der Zoller in gewohnter Weise als Raub- und Beutezug, unter dem nun vor allem die Hochstifter Mainz, Worms, Speyer und Trier zu leiden hatten. Während er sengend und plündernd durch das Rheinland zog, überließ er sein Fürstentum ungerührt seinem Schicksal; anscheinend kümmerte ihn das Geschick seines Landes so wenig, daß er sich ungehemmt dem Kriegstreiben hingab. Fortan war er nur noch als fürstlicher Söldnerführer anzusehen.

Zu diesem Schritt scheint ihn ein Gutteil Selbstüberschätzung verleitet zu haben, denn im Spätsommer befehligte er mit ungefähr 20 000 Mann einen überaus ansehnlichen Heerhaufen; außerdem setzte er leichtfertig auf die großspurigen Versprechungen, mit denen ihn Frankreich umschmeichelte. Wenngleich er in seinen späteren Rechtfertigungen stets betonte, dem Passauer Vertrag deshalb nicht beigetreten zu sein, um an Heinrich II. nicht wortbrüchig zu werden, so legen schon seine König Ferdinand übermittelten Friedensbedingungen dar, was von diesen Beteuerungen zu halten ist. Nicht ethische Vorstellungen trieben ihn zur Fortsetzung des Kriegs, sondern in erster Linie das Verlangen nach Beute. Zu seiner Entschuldigung kann man allenfalls anführen, daß der

Zwang zur Versorgung und Beschäftigung der Soldateska im zunehmenden Maß an Eigengesetzlichkeit gewann und somit seinen Spielraum erheblich einengte.

Die Erwartung, von König Heinrich in Dienst genommen zu werden oder wenigstens Subsidien für den Unterhalt seines Kriegsvolks zu erhalten, erfüllte sich nicht. Ohne vertragliche Abmachung ließ er sich von französischen Räten monatelang hinhalten und zog noch im Oktober planlos im französisch-lothringischen Grenzgebiet umher. An seinem Dienst hatte Frankreich unterdessen das Interesse verloren, weil man sich von der schlecht beleumundeten Soldateska wenig versprach und die fortgeschrittene Jahreszeit überdies kaum noch Gelegenheit für größere Aktionen ließ. Nicht genug damit, wurde die Situation für den Brandenburger schließlich noch schwieriger: zum einen rückte nämlich Karl V. im Herbst mit einem starken Heer gegen Lothringen, und zum anderen wurde das markgräfliche Kriegsvolk infolge Soldmangels allmählich unbotmäßig. Obendrein hatte das Reichsoberhaupt inzwischen die Bamberg, Würzburg und Nürnberg im Frühsommer abgepreßten Verträge kassiert, und außerdem formierte sich in Franken ein Bündnis, von dem er fürchten mußte, es werde gegen sein Land vorgehen.

Während sich der Knoten für Albrecht schürzte, bahnte sich überraschend eine Wende an. Mit dem Entschluß des Kaisers, noch in diesem Jahr Metz zu belagern, gewann plötzlich das in der Nähe liegende markgräfliche Korps eine kaum erahnte Bedeutung. Denn sollte es glücken, den Zollern ins kaiserliche Lager zu ziehen, dann hielt man eine erfolgreiche Belagerung der Stadt für durchaus möglich. Dem Habsburger lag viel an Metz, da er die Verbindung zwischen den oberdeutschen Erblanden und den Niederlanden decken wollte und zudem mit der Wiedereroberung dieses Platzes das im Fürstenaufstand verlorene politische Terrain wenigstens teilweise zurückerwerben konnte. Deswegen gelang es dem Herzog von Alba, Karl V. zur Aussöhnung mit Albrecht von Brandenburg zu bewegen. Als Preis für den Parteiwechsel mußte der Kaiser dem Zollern die Gültigkeit jener im Frühjahr erpreßten Verträge bestätigen, die er wenige

Wochen zuvor kassiert hatte. Aus militärischen Erwägungen wurde somit Unrecht in Recht verkehrt, wurde Geschehenes für Ungeschehenes erklärt. Also hatte der Markgraf — weniger durch eigenes Verdienst als vielmehr durch glückliche Umstände — doch noch jenes Ziel erreicht, das in Passau als schlichtweg indiskutabel verworfen worden war.

Das Debakel vor Metz und das Scheitern einer weiteren kaiserlichen Initiative, die der Wiedergewinnung von Einfluß im Reich dienen sollte, leiteten den langwierigen Prozeß der Abdankung Karls V. ein. Für den Brandenburger aber begann am Jahresanfang 1553 das Ringen um den Vollzug der durch das Reichsoberhaupt konfirmierten Verträge. In erster Linie waren von seinen Forderungen die Stifter Bamberg und Würzburg betroffen. An ein Nachgeben dachten die Bischöfe allerdings nicht; denn mittlerweile hatte der Kaiser den Prälaten heimlich zu verstehen gegeben, er habe vor Metz unter Zwang gehandelt, und zugleich andeuten lassen, er werde nach Kräften bemüht sein, ihnen für etwaige Verluste Ersatz zu verschaffen. Daraufhin lehnten Bamberg und Würzburg jedes Entgegenkommen ab und wandten sich an das Reichskammergericht, um vor den markgräflichen Forderungen sichergestellt zu werden.

Pochte die eine Seite auf die kaiserliche Konfirmation der Verträge, so berief sich die andere auf die Kassation. Eine Entscheidung war jedoch so lange ausgeschlossen, wie Karl V. es ablehnte, eine seiner kontroversen Entschließungen für verbindlich zu erklären; mehr als Mahnungen zum gütlichen Ausgleich waren aus Brüssel nicht zu erhalten. Obwohl sich der Habsburger später sogar mit Kommissaren an den Mediationsverhandlungen beteiligte, hüllte er sich nach wie vor über diesen ausschlaggebenden Punkt in Schweigen. Verständlicherweise stieg darauf das Mißtrauen, mit dem man allenthalben seiner undurchsichtigen Politik begegnete; insbesondere verdächtigte man Karl V., Deutschland entzweien und die Reichsstände gegeneinander aufhetzen zu wollen, um die „teutsche Libertät" zu unterdrücken und eine Erbmonarchie zu errichten. Weil sich der Zoller seit der Aussöhnung vor Metz noch immer Rat und Diener des Kaisers nannte und in dessen Namen zur Auffüllung seines arg zusammengeschrumpften Heeres werben ließ, schien er den meisten Fürsten und Ständen ein Werkzeug des Habsburgers zu sein und wurde daher in gleicher Weise argwöhnisch beobachtet. Demnach kann es eigentlich nicht erstaunen, daß die Ausgleichsverhandlungen voll und ganz scheiterten, die im März in Heidelberg und im Mai und Juni in Frankfurt am Main zwischen Albrecht von Brandenburg und seinen Gegnern eingeleitet worden waren. Statt dessen verhärteten sich die Fronten, zumal die Vermittler auch zögerten, die Kontrahenten zum Kompromiß zu nötigen. Vor allem der Zoller hatte jedes Nachgeben verworfen und hervorgehoben, es stehe ihm nicht zu, sich über „... kays[erliche] brieff und siegell inn rechtliche handlung einzulassen, noch die offenbaren confirmirten Vertrege disputiren zu lassen...". Nicht genug mit diesem Mißerfolg, sollte sich die Auseinandersetzung der fränkischen Stände alsbald ausweiten.

V.

Seinen Mitständen galt der Zoller als unberechenbar, zugleich aber als überragender Heeresorganisator. Im Spätwinter 1552/53 wurde er auch für kriegerische Unruhen in Niedersachsen verantwortlich gemacht, von denen Herzog Heinrich von Braunschweig-Wolfenbüttel betroffen war; das wiederum veranlaßte den Welfen, auf Rache zu sinnen und Bamberg und Würzburg gegen ihren Widersacher Hilfe anzubieten. Außerdem hatte Albrecht den Albertiner Moritz wiederholt geschmäht, der daraufhin das Treiben seines einstigen Waffengefährten mit größtem Mißtrauen verfolgte. Solange ferner der sächsische Kurfürst mit seinem ernestinischen Vetter noch nicht vertragen und das Verhältnis Heinrichs von Wolfenbüttel zu einigen seiner Nachbarn gespannt war, solange Karl V. unterstellt wurde, eine Revision des Passauer Vertrags zu planen, war jederzeit mit dem Ausbruch weiterer Feindseligkeiten zu rechnen, für welche der Konflikt in Franken den Zündfunken abgeben konnte. Dem Albertiner Moritz, der sich zunächst mit Heinrich von Wolfenbüttel verständigt hatte, um dann gemeinsam mit dem Welfen den Stiftern Bamberg und Würzburg sowie der Reichsstadt Nürnberg beizustehen, stellte sich demnach das Eingreifen in die Auseinandersetzung als Präventivmaßnahme dar, die ihm hauptsächlich zur Wahrung des Status quo diente. Da es dem Kurfürsten schließlich sogar gelang, König Ferdinand zur förmlichen Absage an Markgraf Albrecht zu bewegen, hatte der Brandenburger das politische Ringen schon lange vor der Entscheidung im Feld verloren. Gegen diese übermächtige Koalition vermochte er keine gleichwertige Partei aufzubieten; auf Unterstützung konnte er nur bei Herzog Erich von Braunschweig-Kalenberg und einigen niedersächsischen Städten und Adeligen rechnen.

Nachdem der Zoller im April und Mai 1553 im raschen Siegeslauf weite Teile Frankens in seine Hand gebracht hatte, wandte er sich Anfang Juni plötzlich nach Niedersachsen, um das hier für ihn geworbene Kriegsvolk an sich zu ziehen und seine Feinde im eigenen Land aufzusuchen. Mit diesem Einfall suchte er vor allem Heinrich von Wolfenbüttel zu treffen, da er anfänglich noch hoffte, der Albertiner werde trotz aller gegenteiligen Anzeichen nicht in den Kampf eingreifen.

Unbestreitbar war der Entschluß Albrechts richtig, seine Gegner in ihren Territorien zu bekämpfen, konnte er doch auf diese Weise einer sich aus kursächsischen, wolfenbüttelschen, bambergischen, würzburgischen und nürnbergischen Truppen formierenden Übermacht entgehen, die ihn in Franken zu erdrücken drohte. Indem es ihm durch einen ebenso geschwinden wie geschickt angelegten Marsch gelang, seine Gegner zu überraschen, gewann er einen Vorsprung von mehreren Wochen vor den gegen ihn ausgerückten Kriegsvölkern, so daß er im Juni seine norddeutschen Reiter und Knechte ungestört zusammenziehen und einen Großteil des Fürstentums Wolfenbüttel erobern konnte. Gleichzeitig ließ er in Niedersachsen durch Brandschatzen Geld eintreiben, um sein bis Anfang Juli auf mehr als 20 000 Mann angewachsenes Heer unterhalten zu können.

Kann man dem Brandenburger bescheinigen, auf militärischer Ebene klug vorgegangen zu sein, so muß man ihm dagegen vorwerfen, die nötige politische und diplomatische Vorbereitung des Kampfs leichtfertig vernachlässigt zu haben. Das traf in erster Linie für die Auseinandersetzung um den Vollzug „seiner" Verträge zu. Schon das Verhalten des Kaisers, der ihm trotz mehrfacher Bitten nicht zur Durchsetzung seiner Ansprüche verhalf und nur immer wieder auf einen Kompromiß drängte, hätte ihn zur Vorsicht mahnen müssen, zumal ihm dessen Eröffnung an die Bischöfe nicht unbekannt geblieben war. Davon unbeeindruckt, hielt Albrecht indes starr an seinen Forderungen fest und bemühte sich nur unzureichend um Rückhalt und Verständnis. Ihm genügte offenbar die einmalige Bestätigung der Abmachungen durch das Reichsoberhaupt, so daß ihm weitere Schritte unnötig schienen. Weil seine Gegner jedoch für sich in Anspruch nehmen konnten, die Rechtsordnung des Reiches und den Status quo zu verteidigen, befand sich der Zoller propagandistisch von vornherein im Nachteil. Nicht einmal mit der Behauptung, für das „reine Wort Gottes" zu streiten, konnte er größere publizistische Wirkung erzielen — ein Argument, das in seinem Mund ohnehin recht fragwürdig klang —, denn mit Kursachsen und Nürnberg machten namhafte evangelische Stände gegen ihn Front. Auch das juristische Feld hatte er fast kampflos seinen Gegnern überlassen, indem er sich immer wieder auf die kaiserliche Zusicherung von Metz berief, niemandem über seine im Jahr 1552 begangenen Kriegstaten Rechenschaft geben zu müssen. Daß das Reichskammergericht — nach Albrecht „... der gewert handt Erbfeindt..." — gleichwohl gehalten war, einer Klage auf Landfriedensbruch nachzugehen, hatte er entweder übersehen oder bewußt übergangen.

Während die Entwicklung Anfang Juli unaufhaltsam auf eine Schlacht zutrieb und Burggraf Heinrich V. von Meißen im Namen des Römischen Königs sowie Kurfürst Moritz ihre „verwarnungsschrift gegen und wider marggraf Albrechten" bereits erlassen hatten, scheint dieser im letzten Augenblick gezögert zu haben, den Kampf aufzunehmen. Durch Erich von Kalenberg ließ er nämlich Karl V. nochmals seinen Kriegsdienst unter der Bedingung anbieten, daß der Kaiser die Bischöfe zum Vollzug der Verträge zwänge. Bevor der Emissär aber am Hof zu Brüssel eintraf, waren die Heere bei Sievershausen bereits aufeinandergeprallt. Den Kampf hatte der Markgraf nach anfänglich großen Erfolgen verloren, als seine Soldateska blindlings zur Verfolgung der fast geschlagenen feindlichen Reiterei überging und dann einem durch wenige Geschwader eingeleiteten Gegenangriff nicht mehr zu widerstehen vermochte. Beide Heere hatten in der Schlacht in gleicher Weise Verluste erlitten, doch waren auf Seiten der Verbündeten zwei Söhne Herzog Heinrichs und ein Lüneburger Herzog gefallen; ungleich bedeutsamer war indes, daß Kurfürst Moritz schwer verwundet worden war und wenige Tage später starb.

Durch diese Niederlage war der Markgraf, der nur leicht verletzt nach Hannover entkommen war, jedoch noch längst nicht besiegt. Im Gegenteil, weil sich das sächsische Kriegsvolk nun aus dem Feld zurückzog und der Römische König noch nicht recht in die Auseinandersetzung eingegriffen hatte, hatte sich seine Situation in gewisser Weise sogar verbessert; denn jetzt stand ihm in Norddeutschland nur der Herzog von Wolfenbüttel gegenüber. Sollte es dem Zollern gelingen, rasch wieder ein kampfstarkes Heer zu sammeln, dann hatte er gute Aussichten, die Schlappe von Sievershausen wettzumachen.

Diese Auffassung scheint auch im Lager des Zollern vorgeherrscht zu haben, sofern wir den Äußerungen Albrechts Glauben schenken dürfen. Optimistisch behauptete er nämlich über das Geschehen von Sievershausen: „... wir sindt ... über den hundt gesprungen, wir kommen leicht auch über den schwanz ...". In den Briefen an seine wenigen in Franken verbliebenen Befehlshaber gefiel sich der Markgraf dagegen in zynischen Bemerkungen, etwa wenn er schrieb, sagt den „... Pfaffen zu Würtzburg und Bamberg, das sie den vier Pfaffenfürsten Hertzog Moritzen, Hertzog Karln und Hertzog Philips magnussen von Braunschweig, desgleichen dem Hertzog von Lüneburg, vil Seelmessen lesen lassen, dieweil sie uff iren Glauben erschossen sein; das ist das glück, wer mit den Schelmpfaffen umbgeet, das sie der Teuffel alle hole...". An anderer Stelle ließ er sich über den Tod des früher mit ihm eng befreundeten Albertiners aus: „Ich leb und noch lang, ob Gott will, als allen Pfaffen lieb ist, ir Messias Hertzog Moritz ist uffgeflogen; wer er im schon Hauß zu Tressen [Dresden] sizen blieben, so were ime das nit geschehen." Ganz anders geartet waren allerdings die markgräflichen Berichte an fürstliche Standesgenossen; hierin fehlte es selbstverständlich nicht an bedauernden Bemerkungen, die freilich stets mit Beteuerungen der eigenen Unschuld verknüpft waren.

Die Wochen nach der Schlacht waren sowohl auf Seiten des Welfen als auch auf der des Zollern durch Rüstungen für einen neuerlichen Waffengang sowie das Suchen nach Unterhaltsgeldern für das Kriegsvolk gekennzeichnet. Beide Heerführer hatten mit Finanzierungsschwierigkeiten zu kämpfen, so daß vorab an eine Wiederaufnahme des Ringens nicht zu denken war. Schließlich aber konnte die Reichsstadt Nürnberg die Besoldung des herzoglichen Heerhaufens durch Kredite sicherstellen. Als Albrecht deshalb in der Annahme, Herzog Heinrich sei durch meuternde Truppen am Kampf gehindert, überraschend seinen zahlenmäßig überlegenen Gegner im September angriff, wurde er ein zweites Mal besiegt und jetzt endgültig aus dem Feld geschlagen. Auch in Franken, wohin er im Oktober 1553 zurückkehrte, vermochte er sich nur noch in einigen Stützpunkten zu halten, denn sein Fürstentum war während seiner Abwesenheit größtenteils von Bamberg, Würzburg und Nürnberg erobert worden. Im Winter 1553/54 war bereits absehbar, wann der letzte feste Platz fallen werde. Uneinsichtig setzte der Markgraf jedoch den aussichtslosen Kampf fort.

Die militärisch ausweglose Lage veranlaßte den Brandenburger endlich, sich mehr als zuvor um Beistand zu bemühen. Materielle Hilfe fand der Glücklose indes weder bei seinen Verwandten noch bei anderen Ständen; allerdings waren die märkischen Zollern sowie einige west- und süddeutsche Fürsten bereit, zu seinen Gunsten Ausgleichsverhandlungen einzuleiten. Mit einer solchen Aktion erklärte sich der Markgraf einverstanden, doch stellte er unannehmbare Bedingungen, indem er den Vollzug der mit den Bischöfen eingegangenen Verträge und außerdem Ersatz für die erlittenen Kriegsschäden verlangte. Da er wissen mußte, daß diese Forderungen schlechterdings indiskutabel waren, zeigte sich, daß er offenbar nur auf Zeitgewinn bedacht war, um sich weiterhin um Unterstützung zu bemühen und neuerlich rüsten zu können. Zudem suchte er die gegnerische Koalition zu spalten und mit König Ferdinand und Heinrich von Braunschweig zu einer Übereinkunft zu kommen; er hoffte nämlich noch immer, den Stiftern Bamberg und Würzburg und der Reichsstadt Nürnberg gewachsen zu sein.

Die markgräfliche Rechnung ging nicht auf. Die Hoffnung auf Separatabkommen stellte sich als Illusion heraus; ebenso fand sich niemand zur Beihilfe bereit. Während sich die Ausgleichsverhandlungen monatelang ohne Ergebnis hinzogen, verlor er Zug um Zug seine Stützpunkte und gebot zu Kampagnebeginn 1554 nur noch über zwei feste Plätze. Zur gleichen Zeit war durch die rücksichtslose Kriegführung beider Seiten die Erbitterung unter den fränkischen Kontrahenten gewachsen. Vor allem zeichnete sich der Zoller durch Brutalität aus, der das Feuer zum Hauptkampfmittel gewählt hatte, seit er zum offenen Gefecht zu schwach war. So wies er beispielsweise einen seiner Befehlshaber im Dezember 1553 an: „... Ir wöllet uf künftigem Christag, montag gegen tag od[er] umb mitternacht, wann die pfaffen zu metten geen, ein feuer od[er] zehen gegen Windsheim, Ypshoven und dem grundt nach gegen Kitzing machen lassen, das wir den pfaffen desto frölicher Neus Jar machen...". Durch dergleichen Befehle, denen zumeist die Tat auf dem Fuß folgte, schuf sich der Markgraf gewiß keine Freunde, wie auch dem Kommentar eines fürstlichen Standesgenossen zu entnehmen ist, der das Treiben schon Monate zuvor folgendermaßen charakterisierte: „Euer Vetter [Albrecht] ist gar unsinig, plündert, prantschazt und prenndt, was er ankumbt, hengkt darzue landsknecht und paurn wie ain ungeschikter tiran oder menschenmörder...".

Unterdessen hatten die Prozesse gegen Albrecht von Brandenburg am Reichskammergericht ihren Fortgang genommen und waren im Spätherbst 1553 mit der dreimaligen Ächtung wegen Landfriedensbruchs abgeschlossen worden. Hatte der Kaiser bisher dem Krieg in seltsamer Inaktivität zugeschaut, und ließ er nach der Achterklärung nochmals mehrere Monate ohne Stellungnahme verstreichen, so ordnete er endlich im Mai 1554 die Exekution des Urteils an, nachdem er sichere Kunde über neuerliche Anknüpfungen des Zollern mit Frankreich erhalten hatte. Wenn Albrecht tatsächlich auch noch kein Bündnis mit Heinrich II. abgeschlossen hatte — die Verhandlungen sollten sich ergebnislos zerschlagen — und sich deshalb Karl V. ein letztes Mal zum Waffendienst anbot, so vermochte er damit das Blatt doch nicht mehr zu wenden. Statt dessen rief sein Verhalten auf allen Seiten Mißtrauen hervor. Darauf ließen ihn selbst die märkischen Verwandten fallen, um nicht in den Strudel hineingezogen zu werden und um sein Land für den Ansbacher Vetter Georg Friedrich zu retten.

Nachdem der Geächtete im Juni 1554 bei Schwarzach ein weiteres Mal geschlagen worden war, floh er nach Frankreich, wo er zwar ein Unterkommen fand, ihm jedoch jegliche Unterstützung für seinen Kampf gegen die fränkischen Stände, mit denen er noch immer abrechnen wollte, versagt blieb. Mit dem Abschluß eines Waffenstillstandes zwischen Karl V. und Heinrich II. im Februar 1556 verlor er dann vollends für Frankreich an Bedeutung, so daß man ihn getrost zur Verhandlung über seine Restitution ins Reich zurückkehren ließ, für die sich neben den Fürsten des Hauses Brandenburg einige weitere Reichsstände erwärmt hatten.

Sehr schnell erwies sich allerdings, daß der Gegensatz zwischen dem Zollern und Bamberg, Würzburg und Nürnberg nach wie vor unüberbrückbar war, zumal über die sachlichen Gegensätze hinaus persönlicher Haß erheblich zur Vergiftung der Atmosphäre beitrug. Insbesondere muß das Verhalten Albrechts als unverständlich bezeichnet werden, weil er mit seinen Forderungen offenbar die Ergebnisse des Krieges auf den Kopf stellen wollte. Selbst jetzt, da ihm eine Brücke zur Rückkehr ins Reich gebaut werden sollte, beharrte er nämlich starr auf den im Jahr 1553 erhobenen Ansprüchen und verlangte den Vollzug der mit den Prälaten eingegangenen Verträge und den Ersatz seiner Kriegsschäden. Aus den Ereignissen der vergangenen Jahre hatte er nichts gelernt; das demonstrieren in gleicher Weise seine abermaligen Kriegsvorbereitungen. Sogar mit dem Papst knüpfte er nun an, um diesem als Heerführer im Kampf gegen die spanischen Habsburger zu dienen. Bevor allerdings mehr als einleitende Unterredungen über ein Abkommen geführt worden waren und die Rüstungen größere Fortschritte gemacht hatten, starb Markgraf Albrecht am 8. Januar 1557 im Alter von noch nicht 35 Jahren nach mehrmonatiger, auf Grund unklarer Symtome jedoch nicht einmal exakt zu bestimmender Krankheit.

VI.

Bis wenige Wochen vor dem Ableben war der Fürst, der bei seinen politischen Vorhaben ebensowenig wie in seiner persönlichen Lebensführung Maß kannte, mit Kriegsplänen beschäftigt, die sowohl der Zurückeroberung seines sequestrierten Landes als auch dem Waffendienst für einen fremden Herrn galten. Gewinn winkte ihm — wenn überhaupt — auf der Seite des Papstes, denn nach jahrelangen Auseinandersetzungen durfte er im verwüsteten Franken kaum noch auf Beute oder Entschädigung hoffen. Hüben wie drüben aber konnte er Rache nehmen: zum einen an den Pfaffen und „Pfeffersäcken" und zum anderen an den spanischen Habsburgern. Da kaum Aussichten bestanden, daß er bei seinen Verwandten und Freunden Rückhalt finden würde, um nochmals gegen Bamberg, Würzburg und Nürnberg loszuschlagen, schien er wieder einmal auf den Solddienst angewiesen zu sein. Nimmt man Albrechts Politik der vorausgegangenen zehn, zwölf Jahre zum Maßstab, so war vorauszusehen, daß er bei diesem Abenteuer wiederum einen Mißerfolg erleiden würde.

Erstaunlich mutet indes an, daß niemand von den Standesgenossen und Ratgebern den Markgrafen von dergleichen

Unternehmen abhalten konnte. Gewiß, solange er erfolgreich war, mußten Mahnungen zur Mäßigung auf taube Ohren stoßen, und als sich das Debakel abzeichnete, erwies sich der Scheiternde gegenüber allen Vorstellungen und Warnungen als unzugänglich. Statt dessen überschüttete er die Verwandten und befreundeten Fürsten gleichermaßen mit Hilfsgesuchen und Vorwürfen. Darüber hinaus bemühte er sich immer wieder, seinem Kampf einen programmatischen Anstrich zu geben, indem er hervorhob, die „Pfaffen" und „Pfeffersäcke" hätten sich zu einem Komplott zusammengefunden, das mit Sicherheit nach ihm weitere weltliche Fürsten treffen werde. Diese fast manisch anmutenden Beschuldigungen fanden freilich nirgends Glauben.

Über den Einfluß der Räte auf die Entscheidungen des Zollern sind wir übrigens nur unzureichend unterrichtet. Unverkennbar ist aber, daß der zuweilen überhebliche Fürst gelegentlich ein dem niederen Landadel eigentümliches Verhalten an den Tag legte; mit einigen seiner Befehlshaber stand er zudem im vertraulichen Umgang. Nur von zwei Beratern, Wilhelm von Grumbach und Lic. iur. Christoph Straß, ist bekannt, daß sie mit fast allen wichtigen Verhandlungen betraut wurden und wiederholt bedeutsame diplomatische Missionen übernahmen. Zeitweise suchte man dem einige Jahre später unrühmlich hervorgetretenen Grumbach die Schuld für das markgräfliche Treiben zuzuschieben und erklärte ihn zum „bösen Geist" des Kulmbachers. Diese Behauptung dürfte indes nur begrenzt zutreffen; vielmehr scheint Albrecht stets auf seine Eigenständigkeit bedacht gewesen zu sein, wie auch die Behandlung seiner Landstände dokumentiert.

Seit dem Jahr 1552 bediente sich der Markgraf gern bei besonders schwierigen Missionen des Proviant-, Brand- und Rentmeisters Sylvester Raid. Dieser ehemalige Faktor des Handelshauses Fugger war maßgeblich an den Verhandlungen beteiligt, die vor Metz zur Aussöhnung mit dem Kaiser führten. Anscheinend hatte Raid rasch das Vertrauen des Brandenburgers gewonnen, indem er diesem Kenntnisse über die großen Handelsströme und den Kapitalverkehr verschaffte, eine Welt, die dem Zollern weitgehend verschlossen war. Das Gefühl der Unsicherheit und der Ohnmacht gegenüber den mächtigen Wirtschaftszentren, dem sich Albrecht ausgesetzt wähnte, war nicht zuletzt eine der Ursachen für die Städtefeindschaft, die er mit vielen seiner Standesgenossen teilte. Die leidvollen Erfahrungen seiner Vorfahren mit der Reichsstadt Nürnberg sowie seine eigenen bei den Belagerungen von Magdeburg, Nürnberg, Frankfurt und Metz werden in gleicher Weise zum Haß auf die „Pfeffersäcke" beigetragen haben. Wie Grumbach sollte Raid unter der Hand des Henkers enden.

Schon mehrfach wurde hervorgehoben, daß Albrecht seine militärischen Unternehmen politisch nur nachlässig und unzureichend vorbereitete. In erster Linie fühlte sich der Fürst augenscheinlich zum Heerführer berufen. Doch auch auf diesem Gebiet war er bei größeren Aktionen, bei Belagerungen und Schlachten, in geringerem Maß erfolgreich, als es den Anschein hat und sein Ruf lange Zeit zu belegen schien. Hingegen trug er bei kleinen Treffen, die er handstreichartig an der Spitze von Reiterei durchfocht, zumeist den Sieg davon; offenbar lag seine Stärke in der beherzten Reiterattacke. Weniger vertraut war er mit dem Einsatz von Fußvolk. Vor allem aber vermißte man an ihm die Fähigkeit, nüchtern die eigenen Grenzen und Möglichkeiten zu erkennen; sein Mangel an Selbstdisziplin, an Urteilsvermögen und Reife dürfte hauptsächlich zu den militärischen und politischen Niederlagen geführt haben.

Unbestreitbar bewies der Markgraf indes bei Werbungen besonderes Geschick, denn wie rasch er trotz beständiger Geldverlegenheit ein stattliches Heer aufzubringen vermochte, hat er wiederholt demonstriert. Freilich bestand die Soldateska nicht immer aus einer Auslese unter den Dienstwilligen; vielfach nahmen seine Befehlsleute liederliches Volk an, das noch mehr als die gewöhnlichen Söldner auf das Marodieren aus war. Angefügt sei, daß die dem Zollern und dem Albertiner zugeschriebene „Erfindung" der Pistolenreiter, der sogenannten deutschen Reiter, für Albrecht nicht nachweisbar ist, wenngleich sich der Fürst ihrer hauptsächlich bediente; hierfür waren in erster Linie finanzielle Gründe maßgebend, da die Ausrüstung der Pistolenreiter viel weniger Unkosten als die der übrigen Reisigen verschlang.

Albrechts bewegtes Leben bezeugt vor allem, wie sehr Kaiser, König, Fürsten und Stände einander mißtrauten, als um die Mitte des 16. Jahrhunderts die militärischen Auseinandersetzungen um die konfessionelle Zukunft und die verfassungsrechtliche Gestalt des Reichs ausgetragen wurden. Und insofern geben jene Schlagworte, in denen der Zoller als „kaiserlicher Hetzhund", als „Kämpfer für das reine Evangelium", als „gemeingefährlicher Unruhestifter" oder als „Protagonist für die deutsche Freiheit" bezeichnet wird, spiegelbildlich im Grunde nur die allgemeine Unsicherheit wieder. Das Geschick des Markgrafen vermag zugleich zu zeigen, daß ein Kriegsfürst wie er Deutschland wohl nur deshalb so lange beunruhigen und unbedenklich die Parteien wechseln konnte, weil keine Seite stark genug war, um auf ihn und seine Soldateska verzichten zu können. Diese günstige Situation und den Niedergang der Macht Karls V. nutzte der Fürst rücksichtslos aus, um seine auf Gewalt gegründeten Forderungen durchzusetzen. Seine konfessionelle Gleichgültigkeit gestattete ihm zudem, abwechselnd für beide Glaubenslager zu kämpfen. Aber auch wenn er ein überzeugter Vertreter seines Glaubens gewesen wäre, so hätte er deswegen seinen kriegerischen Neigungen in gleicher Weise nachgehen können; das lehrt das Beispiel des überzeugten Lutheraners Johann von Brandenburg-Küstrin. Gern hätten es im übrigen einige Mitstände Albrecht gleichgetan, wie er wiederum stets den Aufstieg Moritz' von Sachsen als Vorbild vor Augen hatte, doch fehlte es jenen an Energie und Skrupellosigkeit, dem Markgrafen hingegen an Augenmaß und Wirklichkeitssinn.

LITERATURHINWEISE

BAADER, Jos[eph] (Hrsg.): Krieg der fränkischen Einigungs-Verwandten gegen Markgraf Albrecht von Bandenburg. In: 33. Bericht des historischen Vereins zu Bamberg im Jahre 1870. 1871.

BAADER, Jos[eph] (Hrsg.): Krieg der fränkischen Einigungs-Verwandten gegen Markgraf Albrecht von Brandenburg. In: 34. Bericht des historischen Vereins für Oberfranken zu Bamberg im Jahre 1871. 1872.

BECK, Wilhelm: Reiterwerbung im Jahre 1546. In: Archiv für Kulturgeschichte. 8. Band. 1910.

BEZZENBERGER, Adalbert (Hrsg.): Die Berichte und Briefe des Rats und Gesandten Herzog Albrechts von Preußen Asverus von Brandt nebst den an ihn ergangenen Schreiben in dem Königlichen Staatsarchiv zu Königsberg. Heft 1—5 (Heft 5 hrsg. von Walther Hubatsch). Königsberg, 1904—1921, Hameln 1953.

BORN, Karl Erich, Moritz von Sachsen und die Fürstenverschwörung gegen Karl V. In: Historische Zeitschrift. Band 191. 1960.

BRANDENBURG, Erich: Moritz von Sachsen. 1. Band: Bis zur Wittenberger Kapitulation (1547). Leipzig 1898.

BRANDI, Karl (Hrsg.): Beiträge zur Reichsgeschichte 1553—1555. (= Briefe und Akten zur Geschichte des sechzehnten Jahrhunderts mit besonderer Rücksicht auf Bayerns Fürstenhaus. 4. Band.) München 1896.

BRANDI, Karl: Kaiser Karl V. Werden und Schicksal einer Persönlichkeit und eines Weltreiches. 2 Bände. München 1937, 1941.

BRÜCK, Anton Ph[ilipp]: Kurmainz in den Kriegswirren 1552—1553. In: Hessisches Jahrbuch für Landesgeschichte. 6. Band. 1956.

BUSTO, Bernabé de: Geschichte des Schmalkaldischen Krieges. Bearbeitet von Otto Adalbert Graf von Looz-Corswaren. (= Texte und Forschungen. Im Auftrage der Preußischen Akademie der Wissenschaften herausgegeben von der Romanischen Kommission. Band 1.) o. O. [1938].

BÜTTNER, Ernst: Der Krieg des Markgrafen Albrecht Alcibiades in Franken 1552—55. In: Archiv für Geschichte und Altertumskunde von Oberfranken. 23. Band, 3. Heft. 1908.

CHROUST, Anton (Hrsg.): Chroniken der Stadt Bamberg. 2. Hälfte: Chroniken zur Geschichte des Bauernkrieges und der Markgrafenfehde in Bamberg. (= Veröffentlichungen der Gesellschaft für fränkische Geschichte. 1. Reihe: Fränkische Chroniken. 1. Band.) Leipzig 1910.

DRUFFEL, August von (Hrsg.): Beiträge zur Reichsgeschichte 1546—1555. 4 Bände. (Band 4 herausgegeben von Karl Brandi.) (= Briefe und Akten zur Geschichte des sechzehnten Jahrhunderts mit besonderer Rücksicht auf Bayerns Fürstenhaus.) München 1873—1896.

ERNST, Viktor (Hrsg.): Briefwechsel des Herzogs Christoph von Wirtemberg. 4 Bände. Stuttgart 1899—1907.

FRIEDENSBURG, W[alter]: Politische Correspondenz der Stadt Straßburg im Zeitalter der Reformation. 5. Band: 1550—1555. (= Urkunden und Akten der Stadt Straßburg. 2. Abteilung.) Heidelberg 1928.

FRIEDRICHSDORF, Rudolf: Markgraf Albrecht Alcibiades als Reiterführer. Diss. Berlin 1919.

Fuchs, Walter: Ein Bild des Markgrafen Albrecht Alcibiades von Brandenburg im Zeughause in Berlin. In: Zeitschrift für historische Waffen- und Kostümkunde. Neue Folge, 5. Band. 1935.

Glafey, Woldemar: Die Schlacht bei Sievershausen am 9. Juli 1553. In: Mittheilungen des Königlich Sächsischen Alterthums-Vereins. 26., 27. Heft. 1877.

Goetze, Edmund: Hans Sachs als Gegner des Markgrafen Albrecht Alcibiades. In: Archiv für Litteraturgeschichte. 7. Band. 1878.

Grimm, Heinrich: Die Verwüstung des Hochstifts Bamberg im Markgrafenkrieg 1552—54. In: Fränkische Blätter für Geschichtsforschung und Heimatpflege. 6. Jahrgang, Nr. 6—9, 16, 17. Bamberg 1954.

Hartung, Fritz: Die Geschichte des fränkischen Kreises von 1521—1559. (= Veröffentlichungen der Gesellschaft für fränkische Geschichte. 2. Reihe: Geschichte des fränkischen Kreises, Darstellung und Akten. Band 1.) Leipzig 1910.

Heerbrandt, Jacob: Warhafftige Histori und bericht / wellicher gestallt weyland der Durchleuchtig Hochgeborn Fürst... Albrecht der Jünger / Marggraf zu Brandenburg... auß disem Jammerthal Christlich verscheyden / und sein End genommen hab. Pfortzheym 1557.

Hortleder, Friderich: Von Rechtmäßigkeit / Anfang / Fort- und endlichen Außgang deß Teutschen Kriegs / Keyser Carls des Fünfften ... Franckfurt am Mayn 1618.

Jegel, August: Tätigkeit der Landstände in Ansbach-Bayreuth 1534—1541. In: Jahresbericht über das K. Bayer. Realgymnasium und die Reformschule in Nürnberg. Nürnberg 1910.

Jegel, [August]: Geschichte der Landstände in den ehem. Fürstentümern Ansbach-Bayreuth. In: Archiv für Geschichte und Altertumskunde von Oberfranken. 24. Band, 2. Heft. 1910.

Jegel, August: Die landständische Verfassung in den ehemaligen Fürstentümern Ansbach-Bayreuth. In: Archiv für Geschichte und Altertumskunde von Oberfranken. 25. Band, Heft 1, 2. 1912, 1913.

Kneitz, Otto: Albrecht Alcibiades, Markgraf von Kulmbach. 1522—1557. (= Die Plassenburg. Blätter für Heimatkunde und Kulturpflege in Ostfranken. Heft 2.) Kulmbach 1951.

Lutz, Heinrich: Christianitas afflicta. Europa, das Reich und die päpstliche Politik im Niedergang der Hegemonie Kaiser Karls V. (1552—1556). Göttingen 1964.

Meyer, Christian (Hrsg.): Zur Geschichte des markgräflichen Krieges von 1553 und 1554 in Franken. In: Hohenzollerische Forschungen. 4. Jahrgang. 1896.

Meyer, Christian (Hrsg.): Zu Thiel's Geschichte der Belagerung der Veste Plassenburg in den Jahren 1553 und 1554. In: Hohenzollerische Forschungen. 4. Jahrgang. 1896.

Meyer, Christian (Hrsg.): Zur Geschichte des markgräflichen Krieges in Franken in den Jahren 1553 und 1554. In: Hohenzollerische Forschungen. 5., 6. Jahrgang. 1897, 1900.

MUMMENHOFF, Ernst: Altnürnberg in Krieg und Kriegsnot. 1. Der zweite markgräfliche Krieg. Nürnberg 1916.
ORTLOFF, Friedrich: Geschichte der Grumbachischen Händel. 1. Teil. Jena 1868.
RABE, Horst: Reichsbund und Interim. Die Verfassungs- und Religionspolitik Karls V. und der Reichstag von Augsburg 1547/1548. Köln, Wien 1971.
REDLICH, Fritz: The German Military Enterpriser and his Work Force. A Study in European Economic and Social History. Volume I. (= Vierteljahrschrift für Sozial- und Wirtschaftsgeschichte. Beiheft 47.) Wiesbaden 1964.
[REITZENSTEIN, Clodwig von (Hrsg.):] Das Gefecht bei Rochlitz am 3. März 1547. In: Archiv für Geschichte und Alterthumskunde von Oberfranken. 12. Band, 1., 2. Heft. 1872, 1873.
RÖSSLER, Hellmuth: Dämonische Kräfte. Albrecht Alcibiades von Brandenburg-Kulmbach. 28. 3. 1522—8. 1. 1557. In: Hellmuth Rößler: Fränkischer Geist — Deutsches Schicksal. Ideen — Kräfte — Gestalten in Franken 1500—1800. (=die Plassenburg. Blätter für Heimatkunde und Kulturpflege in Ostfranken. Band 4.) Kulmbach 1953.
ROTH, Friedrich: Sylvester Raid, der Brand-, Proviant- und spätere Rentmeister des Markgrafen Albrecht Alcibiades von Brandenburg-Kulmbach, und Georg Frölich, der Verfasser der „Historia belli Schmalcaldici". In: Archiv für Reformationsgeschichte. Texte und Untersuchungen. 9. Jahrgang, 1911/12. Nachdruck: Vaduz 1964.
SACHS, Hans: Werke. Herausgegeben von A[delbert] von Keller und E. Goetze. 23. Band. Stuttgart 1895. Nachdruck: Hildesheim 1964.
SCHLEMMER, Jakob: Geschichte der Belagerung der Stadt Hof im Jahre 1553 (veröffentlicht von Christian Meyer). In: Hohenzollerische Forschungen. 3. Jahrgang. 1894.
SCHORNBAUM, K[arl]: Das Interim im Markgraftum Brandenburg-Ansbach. In: Beiträge zur bayerischen Kirchengeschichte. Band 14. 1908.
SCHOTTENLOHER, Karl: Johann Sleidanus und Markgraf Albrecht Alcibiades. In: Archiv für Reformations-Geschichte. Jahrgang 35. (1953) Nachdruck: Vaduz 1964.
SICKEN, Bernhard: Der Heidelberger Verein (1553—1556). Zugleich ein Beitrag zur Reichspolitik Herzog Christophs von Württemberg in den ersten Jahren seiner Regierung. In: Zeitschrift für Württembergische Landesgeschichte. 32. Jahrgang. 1975.
SIEBERT, Ferdinand: Zwischen Kaiser und Papst. Kardinal Truchseß v. Waldburg und die Anfänge der Gegenreformation in Deutschland. Berlin 1943.
SKALWEIT, Stephan: Reich und Reformation. Berlin [1967].
STORKEBAUM, Werner: Graf Christoph von Oldenburg (1504—1566). Ein Lebensbild im Rahmen der Reformationsgeschichte. (= Oldenburger Forschungen. Heft 11.) Oldenburg 1959.

STUMPF, Andreas Sebastian: Verhandlungen zwischen den Bischöfen von Bamberg und Wirzburg, und dem Markgrafen Albrecht von Brandenburg Kulmbach zu Frankfurt im May und Junius 1553. In: Denkwürdigkeiten der teutschen, besonders fränkischen Geschichte. 1. Heft. Erfurt 1802.

THIEL, Georg: Kurze Verfassung der Belagerung und Zerstörung des fürstlichen Hauses Plassenburg und der Stadt Culmbach. Von Anno 1553 bis 1554. Veröffentlicht durch H. Harleß und K. H. Caspari. Ansbach 1853.

VAISSIERE, Pierre de: Charles de Marillac, ambassadeur et homme politique sous les règnes de François I er, Henry II et François II 1510—1560. Paris 1896.

VOIGT, Johannes: Markgraf Albrecht Alcibiades von Brandenburg-Kulmbach. 2 Bände. Berlin 1852.

WENCK, Woldemar: Des Kurfürsten August Verwickelungen mit den Ernestinern und dem Markgrafen Albrecht von Brandenburg-Kulmbach beim Antritte der Regierung. In: Archiv für die Sächsische Geschichte. Neue Folge, 3. Band. 1877.

ZELLER, Gaston: La réunion de Metz à la France (1522—1648). 1. L' occupation. 2. La protection. (= Publications de la faculté des lettres de l' Université de Strasbourg. Fascicule 35, 36.) Paris 1926.

Unterschrift des Markgrafen Albrecht Alcibiades

JOHANN PHILIPP VON SCHÖNBORN

Von Friedhelm Jürgensmeier

Eine Inschrift im Mainzer Dom nennt Johann Philipp von Schönborn „einen wahrhaft Großen". Mit seiner Aussage beruft sich der Schreiber der Zeilen zurecht auf das allgemeine Urteil der Zeitgenossen des Geehrten. Selten einhellig priesen diese den Erzbischof von Mainz und Bischof von Würzburg und Worms schon zu Lebzeiten als „Vater des Vaterlandes", als „Friedensfürst" und „Deutschen Salomo". Nicht um einem Mächtigen zu schmeicheln, gaben sie ihm solche Ehrennamen. Diese galten ihm vielmehr wegen seiner außergewöhnlich großen Verdienste für das Reich, für die Kirche und besonders für die ihm übertragenen drei geistlichen Territorien. Die Ehrenbezeichnungen waren die Anerkennung für einen Mann, der sich als Kirchenfürst und Landesherr in einer bewegten Zeit wie wenig andere eingesetzt hatte für den Frieden und für den raschen Wiederaufbau eines weithin ruinierten Landes.

Als ältester Sohn des Georg V. von Schönborn und der Maria Barbara, geborene von der Leyen, wurde Johann Philipp am 6. August 1605 auf Burg Eschbach nahe Weilburg geboren. Kurze Zeit später, am 24. August 1605, taufte ihn der evangelische Pfarrer Jacobus Staudt aus Blessenbach, in dessen Pfarre Burg Eschbach lag. Seine Kindheitsjahre verlebte Johann Philipp von Schönborn gemeinsam mit seinen jüngeren Geschwistern Philipp Erwein und Agatha Maria in der Abgeschiedenheit und Ruhe des schmalen heimatlichen Taunustales. Es ist möglich, aber nicht wahrscheinlich, daß die Eltern den hochbegabten, doch körperlich ein wenig behinderten Knaben zu gegebener Zeit auf die Lateinschule im benachbarten Weilburg sandten.

Eine große Veränderung für die gesamte Familie brachte 1614 der frühe Tod Georgs V. von Schönborn mit sich. Maria Barbara von Schönborn, die jetzt in schwieriger Situation für die Erziehung ihrer Kinder allein verantwortlich war, entschloß sich, ihre Söhne zur schulischen Ausbildung nach Mainz zu geben. Welche Gründe sie dazu bewogen, läßt sich nur vermuten. Einmal dürfte es der Wunsch der katholischen Mutter gewesen sein, Johann Philipp und Philipp Erwein eine katholische Erziehung zu ermöglichen. Deren erheblich bessere Aufstiegchancen in Mainz waren sicherlich ein ebenso starker Beweggrund. In Mainz waren es vor allem Hans Wolff von der Leyen, ein unverheirateter Bruder der Maria Barbara, der Domherr Friedrich Georg von Schönborn aus der Hanstätter Linie und dessen Bruder Johann, die sich für die Schönborn-Knaben aus der Freienfels-Eschbacher Linie einsetzten. Spätestens 1616 begannen diese ihre Studien am Jesuitengymnasium in Mainz.

1619 trat Johann Philipp von Schönborn in den Klerikerstand. Am 28. Oktober tonsurierte ihn in der Allerheiligen-Kirche der Mainzer Weihbischof Stephan Weber. Für den damals vierzehnjährigen Knaben bedeutete die Hinnahme der Tonsur weniger die klare Entscheidung für den geistlichen Beruf, als vielmehr die notwendige Voraussetzung, um an kirchliche Pfründen zu gelangen.

Der erste Schritt auf eine solche Pfründe hin war der 1620 gefaßte Entschluß, Johann Philipp in Würzburg weiterstudieren zu lassen. Am dortigen Domstift hatte sein 1579 vor Maastricht gefallener Oheim Johann als erster Schönborn 1567 eine Dompräbende erhalten. Als zweiter Schönborn wurde Johann Philipp am 2. Oktober 1621 als Domizellar des Würzburger Domstifts aufgeschworen, nachdem ihn zuvor Georg Neustetter, genannt Stürmer, nominiert hatte. Für das Mainzer Domstift nominierte ihn am 15. Dezember 1623 mit dem Recht des Turnars sein Verwandter Friedrich Georg von Schönborn. Es ist auffallend und ungewöhnlich, daß seine Aufschwörung in Mainz erst am 12. Juli 1625 erfolgte.

In der Zwischenzeit hatte Johann Philipp sein Studium in Würzburg beendet und gemeinsam mit seinem Bruder Philipp Erwein die Universität in Orléans besucht.

Mit dem Eintritt ins Mainzer Domstift scheint sich der junge Schönborn endgültig für den geistlichen Stand entschieden zu haben, denn er bereitete sich jetzt auf die Minores und die Subdiakonatsweihe vor, die er dann auch am 12. Mai 1626 aus der Hand des Weihbischofs Ambrosius Saibäus empfing. Wenig später erhielt er ein Kanonikat am St. Albans-Stift in Mainz.

Das Spätjahr 1626 führte ihn wieder nach Würzburg. Am 2. November ließ er sich an der Universität als Student der Rechtswissenschaft einschreiben und begab sich als Domizellar in die obligatorische „prima residentia" am Domstift. Nach einem Jahr brachte ihn dies in den Genuß seiner Pfründe. Eine Präbende am Ritterstift zu Komburg, die ihm 1627 ebenfalls zufiel, brachte ihm eine weitere finanzielle Sicherung.

1628 machte sich der junge Domherr nochmals auf eine größere Studien- und Kavaliersreise. Siena in Italien war das Ziel. Gemeinsam mit seinem Bruder Philipp Erwein immatrikulierte er sich hier am 12. Mai für ein Jahr an der Juristischen Fakultät. Dieser Auslandsaufenthalt, dessen Höhepunkt zu Ostern 1629 ein Besuch in Rom war, vermittelte den beiden Schönborn nicht nur Fachwissen. Sie lernten auch, wie schon zuvor in Frankreich, das gesellschaftliche und höfische Leben ihrer Zeit kennen. Darüber hinaus vertieften sie ihre später oftmals gerühmten Kenntnisse der lateinischen, italienischen und französischen Sprache.

Aus Italien kehrte Johann Philipp von Schönborn 1629 in eine Heimat zurück, die seit annähernd zwölf Jahren in einen sinnlosen Bruderkrieg verstrickt war. Hatte ihn bisher das mörderische Kriegsgeschehen nur am Rande berührt, so sollte es ihn jetzt bald einholen und um so härter treffen. Der Krieg sollte für ihn zu einer Schicksalsfrage werden mit bestimmendem Einfluß auf sein gesamtes ferneres Leben und Wirken.

1629 war Johann Philipp von Siena aus über Mainz nach Würzburg gereist. Hier wurde er am 25. September in das vierundzwanzigköpfige Kollegium der Domkapitulare aufgenommen. Er war jetzt Mitglied der vornehmsten Körperschaft des Fürstbistums. Dennoch warteten in naher Zukunft auf ihn weder eine Zeit des Glanzes noch ein ruhiges und gesichertes Leben. Das verhinderten große politische Ereignisse, die sich wenig später förmlich überschlugen.

Im Juli 1630 landete nahe Peenemünde der Schwedenkönig Gustav Adolf mit etwa 13 000 Bewaffneten, um als Befreier der kriegerisch unterlegenen und durch das Restitutionsedikt von 1629 erschreckten deutschen Protestanten den Kampf gegen Kaiser Ferdinand II. (1619—1637) aufzunehmen. Große Hilfe war ihm dabei ein Bündnis mit der aufstrebenden und antihabsburgisch eingestellten Macht Frankreich, das am 30. Januar 1631 in Bärwalde zustande kam. Diese für Deutschland verhängnisvolle Verbindung machte aus dem bisher mehr oder weniger konfessionell motivierten Bruderkrieg ein mörderisches Ringen um die europäische Hegemonie.

Sofort flammten die Kämpfe wieder auf. Zu einer entscheidenden Schlacht zwischen Gustav Adolf und General Tilly kam es am 31. September 1631 bei Breitenfeld nahe Leipzig. Die totale Niederlage der Kaiserlichen brachte nicht nur eine Wende des Krieges zugunsten der deutschen Protestanten mit sich, sie eröffnete dem aggressiven Schweden auch die Möglichkeit großer machtpolitischer und territorialer Gewinne. Das Reich lag ungeschützt und offen vor ihm.

Es war ein strategisch kluger Zug, daß Gustav Adolf seine militärischen Aktionen nicht sofort gegen Wien vortrug, sondern die Main-Rhein-Linie besetzte. In raschem Vormarsch nahm er bis zum Dezember 1631 die Städte Königshofen i. Gr., Würzburg, Aschaffenburg und Mainz. Als er dann am 14. Oktober vor Würzburg stand, hatte Johann Philipp von Schönborn die Stadt bereits verlassen. Wie Franz von Hatzfeld, der erst am 7. August 1631 zum Bischof von Würzburg und Herzog in Franken gewählt worden war, befand er sich auf der Flucht. Beide suchten und fanden Unterkommen beim Kölner Erzbischof Ferdinand von Bayern. Wenig später trafen auch der Erzbischof Anselm Casimir Wambold zu Umstadt aus Mainz, der Wormser Bischof Georg Anton von Rodenstein und der Osnabrücker Oberhirte Franz Wilhelm von Wartenberg als Flüchtlinge im

Kölner Exil ein. Fast drei Jahre sollten sie in der Fremde bleiben müssen.

Johann Philipp wohnte in diesen Jahren mit Dr. Adam Gros zusammen, der später sein Würzburger Weihbischof (1643—45) wurde.

Die Jahre im Kölner Exil waren für den jungen Schönborn, der 1633 auch noch die Würde eines Mainzer Domkapitulars erhielt, Zeiten der Not. Sie waren für ihn aber auch Jahre, in denen er wichtige Beziehungen mit bedeutenden Persönlichkeiten des kirchlichen und politischen Lebens anknüpfen konnte. Zudem vermochte er große Erfahrungen zu sammeln bei diplomatischen Gesandtschaften nach Frankreich, an denen er im Auftrag der fränkischen und mittelrheinischen Bischöfe beteiligt war.

Sehr bedeutsam für ihn wurde seine damalige Begegnung mit dem Jesuiten P. Friedrich Spee. Dieser unermüdliche Kämpfer gegen den damals grassierenden Hexenwahn und Verfasser der berühmten „Cautio criminalis" beeindruckte ihn so tief und nachhaltig, daß er später als geistlicher Landesherr in all seinen Territorien sofort die berüchtigten Hexenprozesse einstellen und verbieten ließ. Er gehörte damit zu den ersten Reichsfürsten, die diesen Schritt wagten.

Ende 1634 ermöglichten die kaiserlichen Waffenerfolge den Würzburger Domherrn, in ihre Bischofsstadt zurückzukehren. Seit dem 25. Januar 1635 nahm auch Johann Philipp von Schönborn wieder an den Kapitelssitzungen im St. Kiliansstift teil. Im gleichen Jahr 1635 erhielt er als Dank für geleistete diplomatische Dienste die Propsteien von Komburg und St. Burkard in Würzburg.

1636 übertrug man ihm die Stelle eines würzburgischen Amtmanns in Mainberg bei Schweinfurt. Obwohl er offiziell bis 1640 dieses Amt verwaltete, fielen ihm zwischenzeitlich wichtige Aufgaben zu. Die spektakulärste war 1638 der Auftrag des Domkapitels, den 1631 nach Lüttich geflüchteten Domschatz und das Domarchiv nach Köln zu transferieren. Dabei scheint es erhebliche Schwierigkeiten gegeben zu haben. 1640 fuhr Johann Philipp im Auftrag des Domkapitels wiederum nach Köln, um die dort lagernden Domschätze zu überprüfen. 1642 schließlich hieß man ihn, Archiv und Domschatz nach Würzburg zurückzuholen. Es war eine verantwortungsvolle und schwierige Reise, die der Domherr im März 1642 antrat. In Köln konnte er die notwendigen Formalitäten erledigen und mit den vielen Kostbarkeiten die Heimreise antreten. Im Mai 1642 hatte er nach einer risikoreichen Fahrt auf dem Rhein Mainz erreicht. Mainaufwärts brachte er im Juni die Schätze nach Würzburg zurück. Mit großer Umsicht hatte er sich in unsicherer Kriegszeit einer schwierigen Aufgabe entledigt.

Wo sich Johann Philipp von Schönborn aufhielt, als am 30. Juli 1642 unerwartet Bischof Franz von Hatzfeld starb, läßt sich mit Sicherheit nicht sagen. Wohl aber ist sicher, daß er bereits am 6. August 1642 an einer die Neuwahl vorbereitenden Kapitelssitzung teilnahm. Diese Tatsache und verschiedene andere Gründe lassen nicht nur die häufig gehörte Episode unwahrscheinlich erscheinen, nach der Johann Philipp von Schönborn in der Uniform eines kaiserlich-hatzfeld'schen Reiteroffiziers der Würzburger Bischofswahl von 1642 beigewohnt haben soll, sie stellen auch die bisher unbewiesene Vermutung in Frage, der Domherr habe mit der Waffe in der Hand unter General Melchior von Hatzfeld gedient. Unbestritten und beweisbar ist nur, daß Johann Philipp von Schönborn wegen seiner Kenntnisse und wegen seines Organisationstalentes hohes Ansehen in militärischen Kreisen besaß und kurz vor seiner Wahl zum Würzburger Bischof beabsichtigte, in Frankfurt gekauftes Salpeter dem am Niederrhein operierenden General von Hatzfeld zu überbringen.

Der Plan zerschlug sich, denn am 16. August 1642 wählten ihn die Würzburger Domkapitulare zum neuen Bischof. Johann Philipp von Schönborn nahm die Wahl an und unterschrieb noch am gleichen Tag die vorbereitete Wahlkapitulation. Die schnelle und reibungslose Wahl war nur dadurch möglich, daß sich schon vor dem 16. August eine Mehrheit für ihn entschieden hatte. Manches deutet darauf hin, daß der Gewählte mit dieser Entwicklung nicht ganz einverstanden war. Er scheute zwar nicht die Würde des Amtes, wohl aber die überschwere Verantwortung, die in harter Kriegszeit auf ihn zukam. Doch gerade für diese Situation sah man in ihm den richtigen Mann. Sein diplomatisches Können und sein mehrfach bewiesenes Geschick, in wirtschaftlichen und finanziellen Notlagen geeignete Gegenmaßnahmen zu finden, waren dabei für die Domkapitulare ebenso ausschlaggebend wie sein untadeliger Ruf, sein fester Charakter, seine hervorragende Intelligenz und seine echte Frömmigkeit.

Johann Philipp von Schönborn, dessen Wahl zum Bischof von Würzburg am 18. April 1644 von Papst Urban VIII. bestätigt wurde, ließ sich am 31. August 1642 vom Apostolischen Nuntius Fabio Chigi die Diakonatsweihe, am 16. Juli 1645 von Weihbischof Wolther Heinrich von Strevesdorf die Priesterweihe und von eben diesem am 8. September 1645 auch die Bischofsweihe erteilen.

Von Beginn seiner Regierung an nahm Bischof Johann Philipp das Steuer seiner Diözese fest in die Hand. Schwere Aufgaben lagen vor ihm. Er hatte zugleich die bereits vom Krieg geschlagenen Wunden zu heilen und zu verhindern, daß neue Schäden und Nöte hinzukamen. Das zwang ihn, bei Freund und Feind zugunsten seines vom Krieg zerschundenen Landes zu intervenieren. Mit den Kaiserlichen feilschte er um die Herabsetzung der bedrückenden Kriegslasten. Die Franzosen drängte er, Franken freizugeben, in das Marschall Guebriant im Winter 1642/43 eingefallen war. Von den ihm feindlich gesinnten Schweden wußte er in zähen Verhandlungen durch hohe Kontributionszahlungen für Würzburg und sein fränkisches Territorium eine relative Sicherheit zu erkaufen. Sein dabei gezeigter persönlicher Mut trug ihm mehrfach den Respekt der schwedischen Verhandlungspartner ein. All diese Bemühungen um die sofortige und unmittelbare Linderung der Not des fränkischen Volkes, dessen Wohl ihm oberstes Gesetz war, wie er 1643 schrieb, genügten dem Bischof nicht. Er wollte die Einstellung aller Kämpfe und die möglichst baldige Aufnahme von Friedensgesprächen. Er hatte erkannt, daß darin die einzige Chance für die Rettung lag. Kompromisse hielt er für besser als weiteres sinnloses Blutvergießen. In der damaligen Atmosphäre des Grauens und der Hoffnungslosigkeit mußten seiner Meinung nach weitere Kämpfe für das Reich und die Kirche, die er beide leidenschaftlich liebte, viel gefährlicher und nachteiliger sein als schmerzliche, jedoch notwendige Zugeständnisse an den Gegner. Als bester Weg auf einen baldigen Frieden hin schien ihm in der Anfangsphase seiner Regierung jene Politik zu sein, die man mit den Worten Konjunktion, Separation und Pazifikation umschrieb.

Unter K o n j u n k t i o n war damals der Versuch verstanden, durch den Zusammenschluß mehrerer Kreise eine erhöhte Verteidigungskraft gegen äußere Feinde und vermehrten Einfluß auf die politischen Entscheide im Reich zu finden. Zwei Zusammenschlüsse standen zur Debatte. Einmal war es die Konjunktion der Kreise Bayern, Franken und Schwaben unter der militärischen Führung des bayrischen Kurfürsten Maximilian. In der Erörterung der Würzburger war jedoch auch der Plan, die Verbindung mit einer rheinisch-westfälischen Verteidigungsgemeinschaft zu suchen, die unter der militärischen Führung des kaiserlichen Generals Melchior von Hatzfeld stehen sollte. Verwirklicht wurde keine der beiden Verteidigungs- und Aktionsgemeinschaften. Die Pläne scheiterten an den politischen Einzelinteressen und an der sich durchsetzenden Erkenntnis, daß kriegerische Mittel überhaupt nicht mehr geeignet waren, zu einem Frieden zu kommen.

Um so beharrlicher drängte Bischof Johann Philipp auf die S e p a r a t i o n , d. h. auf die klare Trennung des spanisch-französischen Krieges von den kriegerischen Auseinandersetzungen im Reiche. In der Verflechtung der spanischen Politik mit der des Kaiserhauses, gegeben durch die Zugehörigkeit beider Familien zum Hause Habsburg, sah er eine der Hauptursachen für den immer noch in Deutschland wütenden Krieg. Daher forderte er zum Verdruß Ferdinands III. als eine notwendige Vorbedingung für einen baldigen Frieden im Reiche die scharfe Abgrenzung und Loslösung der politischen Aktionen des Kaiserhofes von den militärischen Zielen Spaniens. Das hier deutlich gewordene Bestreben, die Einflußnahme der Spanier auf die politischen Entscheide des Kaisers aus dem Hause Habsburg zurückzudrängen, blieb bis in die sechziger Jahre hinein für die Reichs- und Außenpolitik des Schönborn maßgebend.

Spätestens seit 1643 gehörte schließlich eine konsequente P a z i f i k a t i o n zum Programm der von Bischof Johann Philipp bestimmten würzburgischen Politik. Der Pazifikationsplan sah die Forderung nach der Beseitigung aller Hindernisse vor, die einem baldigen Friedensschluß entgegenstanden.

Besonders große Hindernisse schienen dem Bischof und seinen politischen Beratern, an ihrer Spitze Johann Philipp von Vorburg, einmal die kaiserliche Weigerung, den mit großer Fortune im Reich Krieg führenden Mächten Frankreich und Schweden die geforderten Satisfaktionen und Reparationen zu gewähren und zum andern die Weigerung, die deutschen Reichsstände mit Sitz und Stimme an den kommenden Friedensverhandlungen zu beteiligen.

Daß auch die protestantischen Religionsgravamina, vor allem die Forderungen nach rechtlicher Gleichstellung mit den Katholiken und nach Zuerkennung der in protestantischem Besitz befindlichen und entgegen den Bestimmungen von 1555 erworbenen geistlichen Güter in dieses Pazifikationsprogramm gehörten, wollte Johann Philipp von Schönborn zunächst nicht anerkennen. Er war nicht, wie sich bald zeigen sollte, grundsätzlich gegen notwendige religionspolitische Absprachen, Kompromisse und Zugeständnisse. Nur gehörten seiner Meinung nach solche „innerdeutschen Angelegenheiten" nicht auf einen allgemeinen Friedenskongreß. Optimistisch glaubte er, die Religionsgravamina ließen sich auf einem gesonderten Reichstag leicht durch ein „toleramus" beheben, wäre der Reichsfriede nach Verhandlungen mit den ausländischen Mächten erst einmal erreicht.

Die baldige Aufnahme solcher Friedensgespräche, und zwar unter Hinzuziehung aller Reichsstände, ließ der Würzburger Bischof auf dem in Frankfurt 1643 eröffneten ordentlichen Reichsdeputationstag durch seinen Delegierten Johann Philipp von Vorburg so energisch fordern, daß Kaiser Ferdinand III., der dem Tag als Ziel die Reichsjustizreform gegeben hatte, brüskiert von Würzburg neue Instruktionen für den Delegierten verlangte. Bischof Johann Philipp ließ sich dadurch nicht beeindrucken. Er blieb nicht nur bei seinen Forderungen, sondern suchte, verärgert über diejenigen, „die Gerechtigkeit verlangten, ohne den Frieden zu wollen", sogar nach weiteren Wegen, um zum Frieden zu kommen. Er berief sich auf das alte Bündnisrecht der Reichsfürsten auch mit ausländischen Mächten und nahm Geheimkontakte mit der französischen Regierung auf. Beim ersten Minister Kardinal Mazarin ließ er vorfühlen, ob ein separater Friedensvertrag zwischen dem katholischen Frankreich und dem Fürstbistum Würzburg im Bereiche des Möglichen läge.

Dieses Vorgehen ist typisch für die später vielfach angewandte Politik Schönborns. Als in seinen Entscheidungen Freier und Selbständiger, machtpolitisch jedoch Schwacher und immer Bedrohter suchte er durch kluges Manövrieren und Taktieren vornehmlich zwischen den Großmächten Habsburg und Bourbon seinen Territorien Bestand und Sicherheit zu erhalten und, wenn möglich, den eigenen Ämtern und Würden vermehrtes Ansehen und Gewicht zu verschaffen. Vordergründig mag dieses Vorgehen egozentrisch erscheinen. In Wirklichkeit stand es bei den damals herrschenden politischen Gegebenheiten jedoch auch immer im Dienste eines allgemeinen Reichsfriedens.

1643 kam es zu keinem Separatvertrag zwischen Frankreich und Würzburg, ja es kamen nicht einmal ernsthafte Gespräche für dieses Ziel zustande. Wohl aber war durch die Aktion die Aufmerksamkeit Frankreichs auf den politisch agilen und eigenwilligen Würzburger Bischof gelenkt. Das sollte sich bald vorteilhaft auswirken. Als nämlich der fränkische Kreistag auf Drängen Würzburgs im November 1644 beschloß, auch gegen den Willen des Kaisers den inzwischen in Münster und Osnabrück zusammengetretenen Friedenskongreß zu beschicken, fand der Entscheid die volle Unterstützung der französischen Regierung. Das ermöglichte den Bischöfen von Würzburg und Bamberg, im März 1645 als Abgeordneten des fränkischen Kreises Cornelius Gobelius nach Münster zu senden. Ihm folgte im September 1645 als der eigentliche Delegierte für Würzburg Johann Philipp von

Vorburg. Er traf gleichzeitig mit dem kaiserlichen Bevollmächtigten Graf Maximilian von Trauttmansdorff in Münster ein. Überraschend für alle legte dieser dem Kongreß ein völlig neues Friedenskonzept vor. Der Kernpunkt dieses Programms war der ernsthafte Versuch, der drohenden Trennung der Reichsstände vom Kaiser entgegenzuwirken und eine erneute innere Einigung des Reiches zu finden. In einer solchen Einigung sah der Kaiserhof die beste Möglichkeit, mit den äusländischen Mächten zu einem Verhandlungsfrieden zu kommen und die dabei fälligen territorialen und finanziellen Forderungen der Schweden und Franzosen möglichst gering zu halten. Um die innere Einigung des Reiches auch wirklich zu erreichen, war von Trauttmansdorff bereit, den protestantischen Ständen große religionspolitische Zugeständnisse zu machen.

Bischof Johann Philipp mißtraute der plötzlich veränderten kaiserlichen Politik. Skeptisch stand er der Einbeziehung der protestantischen Religionsgravamina in die allgemeinen Friedensgespräche gegenüber, die von Trauttmansdorff jetzt auf einmal zubilligte. Er vermutete nämlich dahinter ein „Stücklein", das Wien mit den Protestanten spiele, nur um politisch wieder selbst in den Vordergrund zu rücken. Doch als er bald einsehen mußte, daß die deutschen Protestanten und mit ihnen die verbündeten Schweden wirklich unnachgiebig die Friedensfrage mit der Behandlung und Lösung der Religionsbeschwerden verbanden, gab er unverzüglich seinen Widerstand auf. Um des Friedens willen trug er spätestens seit dem Frühjahr 1646 keine Bedenken mehr, die Religionsgravamina auf dem Friedenskongreß mitzuverhandeln.

Er war sogar als einer der ersten katholischen Landesherren zu weitgehenden kirchenpolitischen Konzessionen an die Protestanten bereit, als er erkannte, daß nur dadurch der katholischen Kirche noch größerer Schaden erspart blieb. Nur gab er den evangelischen Ständen unmißverständlich zu verstehen, sie dürften ihre Forderungen und Ansprüche nicht über ein erträgliches Maß hinaus steigern.

Recht bald machte diese seine kirchenpolitische Flexibilität den Würzburger Bischof beim Apostolischen Nuntius Fabio Chigi unbeliebt. Unnötigerweise hatte sich dieser seit 1645 in das Lager jener extrem konservativen katholischen Minderheit um Bischof Franz Wilhelm von Wartenberg, Abt Adam Adami, Dr. Johann Leuchselring und P. Heinrich Wangnereck SJ ziehen lassen, die jedes Zugeständnis an die Protestanten als Verrat an der heiligen Religion ablehnte. Selbst die Gefahr eines weiteren Krieges hinderte sie nicht, unnachgiebig auf ihren Rechtspositionen zu beharren. Spätestens seit Ende 1645 war Nuntius Fabio Chigi wegen der zu erwartenden notwendigen kirchenpolitischen Kompromisse entschlossen, offiziell gegen jenen Frieden zu protestieren, den Johann Philipp Schönborn mit aller Macht herbeisehnte und verwirklichen half.

Diese unterschiedliche Beurteilung eines eminent wichtigen kirchenpolitischen Entscheids belastete viele Jahre lang das Verhältnis des hohen Kurialbeamten zu Johann Philipp von Schönborn. Dies ist um so bedauerlicher, als Chigi 1655 als Alexander VII. den Stuhl Petri bestieg. Während seines gesamten zwölfjährigen Pontifikats verlor er nie mehr ganz das Mißtrauen dem deutschen Bischof gegenüber. Daß diese Belastung ihren Grund hatte in divergenten kirchenpolitischen Auffassungen und in subjektiven Empfindungen und nicht in einem religiösen oder kirchlichen Indifferentismus, dessen sich der Schönborn-Bischof schuldig gemacht hätte, beweist schon die Tatsache, daß Johann Philipp zu den Chigi-Nachfolgern ein gutes, ja herzliches Verhältnis fand. Klemens IX. ernannte ihn in Anbetracht seiner außergewöhnlichen Verdienste für die Kirche am 23. Juni 1668 zum „Beschützer der Rechte der orthodoxen Religion und des Heiligen Stuhles in Deutschland", und der greise Klemens X. hieß ihn 1670 in einem Breve den „Trost seiner alten Tage". Als dieser gegen Ende seines Lebens von der höchsten kirchlichen Autorität so Geehrte 1647 der aussichtsreichste Kandidat für die Nachfolge des Mainzer Kurfürsten Anselm Casimir Wambold zu Umstadt war, hegte der Nuntius Fabio Chigi gegen ihn große Bedenken. Er hielt ihn für zu französenfreundlich und den Protestanten gegenüber für zu nachgiebig. Richtig an dieser Behauptung ist, daß der damalige Würzburger Bischof gute Beziehungen zu führenden französischen Persönlichkeiten besaß. Richtig ist auch, daß Frankreich spätestens seit Juni 1647 dessen Anwartschaft auf den Heiligen Stuhl von Mainz favorisierte. Falsch jedoch ist, anzunehmen, Johann Philipp von Schönborn habe sich dadurch zu einem willigen Werkzeug der Franzosen machen lassen. Ohne deren Anregung oder Zutun hatte er sich auf Drängen seiner Freunde Johann von Heppenheim, gen. von Saal, und Wilderich von Walderdorff seit 1646 bemüht, alle Voraussetzungen für eine eventuelle Kandidatur in Mainz zu schaffen. Er hatte sich vom Würzburger Domkapitel von der 1642 eingegangenen Verpflichtung lösen lassen, niemals ein anderes Bistum anzustreben oder anzunehmen. Nur mußte er versprechen, alle Jahre wenigstens sechs Monate in Würzburg zu residieren. Auch hatte er sich von Papst Innozenz X. am 22. Januar 1647 ein „Breve eligibilitatis" ausstellen lassen, das ihm erlaubte, sich zum Oberhirten eines weiteren Kirchensprengels wählen zu lassen.

Eine solche Gelegenheit ergab sich, als Erzbischof Anselm Casimir am 9. Oktober 1647 im Frankfurter Exil starb. Nach dem 2. November begab sich Bischof Johann Philipp von Würzburg aus über Frankfurt, wo er Gespräche sowohl mit den Kaiserlichen als auch mit den Franzosen führte, nach Mainz. Auf dem letzten Wegabschnitt wurde er von vagabundierenden Soldaten überfallen und ausgeraubt.

Der Mainzer Wahltag war für den 19. November 1647 anberaumt. Schon vor diesem Termin hatte sich die Mehrheit der Domkapitulare für Johann Philipp von Schönborn entschieden. Maßgeblichen Anteil daran hatten jene Domherren, die sowohl in Mainz als auch in Würzburg Pfründen besaßen. Sie kannten ihn besonders gut und wußten aus unmittelbarer Erfahrung von seinen intensiven Friedensaktivitäten, seiner Umsichtigkeit bei diplomatischen Verhandlungen, seiner klugen Regierung, seinen guten Beziehungen und seinem Geschick, aus wirtschaftlichen Miseren herauszuführen. Gerade diese Eigenschaften wurden von dem künftigen Mainzer Regenten erwartet, denn Anselm Casimir hatte ein politisch unbewegliches und wirtschaftlich ruiniertes Erzstift hinterlassen.

Am 19. November 1647 wählten dann die Mainzer Domkapitulare gemäß alter Tradition „per viam inspirationis Spiritus Sancti" Johann Philipp von Schönborn zum neuen Erzbischof. Das geschah in der Weise, daß der Domdekan Adolf Hund von Saulheim als Repräsentant aller Wahlmänner für ihn die Stimme abgab, worauf alle anderen öffentlich die Wahl approbierten. Die römische Wahlkonfirmation erfolgte erst am 23. August 1649 in der Aula Paulina des päpstlichen Quirinalpalastes. Am 13. September 1649 verlieh dann Papst Innozenz X. dem neuen Mainzer Metropoliten auch das erzbischöfliche Pallium.

Mit der Erhebung auf den Mainzer Erzstuhl war Johann Philipp von Schönborn zu den höchsten kirchlichen und weltlichen Würden des Reiches aufgestiegen. Er besaß zwei Bistümer, zu denen 1663 noch als drittes Worms hinzukam, er konnte als Metropolit Einfluß nehmen auf zehn Suffragane, er hatte die Kurwürde, das Reichserzkanzleramt und das Reichsdirektorium inne, und schließlich war er Herzog in Franken. Ein wahrlich phantastischer Aufstieg für ihn, der aus dem bescheidenen Eschbachtal stammte und sich gerne „armer Westerwälder Edelmann" nannte.

Es hätte nicht seinem Naturell entsprochen, die ihm übertragenen Ämter nur dem Titel nach zu führen. Er wollte vielmehr mit und aus ihnen heraus wirken. Mehr denn je fühlte er sich verpflichtet und legitimiert, auch in die großen Belange des Reiches miteinzugreifen. Als seine vordringlichste Aufgabe betrachtete er den möglichst baldigen Friedensschluß. Er machte seinen ganzen Einfluß geltend und wandte sich mit gesteigerter Autorität nachhaltig den Friedensverhandlungen in Münster und Osnabrück zu. Soweit er konnte, griff er auch unmittelbar in das Geschehen ein. Schon kurz nach seiner Wahl stellte er dem schwerfälligen und streng kaiserlich gesinnten Nikolaus Georg von Raigersperger, der die Mainzer Delegation in Münster führte, den agilen Würzburger Kanzler Sebastian Wilhelm Meel zur Seite. Er sollte

Johann Philipp von Vorburg unterstützen, die im Herbst 1647 über die Religionsfragen ins Stocken geratenen Verhandlungen wieder in Bewegung zu bringen. Das führte bald zu erneuten Gesprächen mit den Evangelischen. Plötzlich kamen die Dinge wieder gut voran. Bereits im März 1648 konnte Kurmainz im Namen des Corpus Catholicorum den endgültigen Religionsvergleich mit den Protestanten unterzeichnen.

Dieser Kompromiß verlangte den Katholiken erhebliche Zugeständnisse ab, doch gab er gleichzeitig den lange versperrten Weg zu den Westfälischen Friedensverträgen frei, die am 24. Oktober 1648 endlich einen dreißigjährigen Krieg beendeten. Pax rerum optima! Am Zustandekommen dieses Friedenswerkes, das trotz aller Mängel und Schwächen zu dem bedeutendsten der deutschen und europäischen Geschichte gehört, hatte Johann Philipp von Schönborn maßgeblich Anteil.

Für ihn persönlich war es besonders erfreulich, daß im Vertrag das umstrittene Kitzingen dem Bistum Würzburg und die Bergstraße dem Erzstift Mainz zugesprochen wurden. Er selbst, sein Bruder Philipp Erwein und vier andere Persönlichkeiten bürgten damals mit ihrem persönlichen Vermögen für einen Kredit in Höhe von 100 000 Gulden, den Mainz für die Einlösung der verpfändeten Bergstraße aufnehmen mußte.

1648 konnte es Mainz als weiteren Erfolg verzeichnen, daß ihm im Vertrag von Osnabrück die alten Hoheitsrechte auf Erfurt erneut bestätigt und verbrieft wurden. Ein zähes und langen Ringen war dieser Entscheidung vorausgegangen. Die endgültige Rückführung von Erfurt unter die kurmainzische Oberhoheit konnte jedoch erst 1664 erfolgen, als Johann Philipp von Schönborn die unbotmäßige Stadt mit französischer Beteiligung und mit Duldung des Kaisers und der protestantischen Stände in einem Blitzkrieg unterwarf. Nach der Eroberung zeigte sich der katholische Bischof den protestantischen Einwohnern gegenüber sehr tolerant und rücksichtsvoll. Die gleiche Toleranz war schon 1648 nach der Inbesitznahme des ebenfalls großenteils protestantischen Kitzingen an ihm gerühmt worden.

Nach 1648 war die Außenpolitik des Territorialfürsten Erzbischof Johann Philipp von Schönborn bis zu seinem Tod im Jahre 1673 eindeutig gekennzeichnet durch das Bestreben, den mühsam errungenen Reichsfrieden unter allen Umständen zu erhalten und zu sichern. Er wußte, daß der bereits in Angriff genommene wirtschaftliche, finanzielle, kulturelle, moralische und religiöse Aufbau seiner Gebiete nur dann Erfolg und Bestand haben konnte, wenn der Friede im Reich gewahrt blieb. Dieser Friede war stets gefährdet. Die machtexpansiven Dynastien Habsburg und Bourbon standen sich nach wie vor feindlich gegenüber. Zudem fehlte dem deutschen Reich die Schutz gebende und regulierende Gewalt einer wirklich herrschenden Reichsregierung. Weitgehend auf sich gestellt, machten die einzelnen Reichsstände von dem ihnen im Westfälischen Friedensvertrag erneut zugestandenen Recht Gebrauch und suchten zur eigenen Sicherheit Bündnisse einzugehen.

E r d m a n n s d ö r f e r nennt mit Recht die Jahre von 1648 bis 1659 nachgerade die Zeit der Förderationen. Kurfürst Johann Philipp, ein Meister jener Politik, die man später „Balance of powers" nannte, war an vielen dieser Bündnisse beteiligt. 1650 plante er die Erneuerung eines Kurvereins. Am 21. März 1651 wurde daraus die Frankfurter Allianz der Kurstaaten Mainz, Trier und Köln mit dem Ziel, die drohenden Angriffe des unruhigen Karl von Lothringen abzuwehren. Bereits am 14. April 1651 erweiterte sich diese Förderation zu der allerdings kurzlebigen und aktionsschwachen Einigung der beiden rheinischen Kreise.

Als sich 1654 Köln, Trier, Münster und Pfalz-Neuburg zur katholischen Kölner Allianz verbanden, fehlte Mainz. Erzbischof Johann Philipp von Schönborn war nicht zur Unterschrift bereit. Er hatte nämlich aus Verärgerung darüber, daß die Franzosen 1651 nach dem Nürnberger Exekutionstag die Räumung des Reichsgebietes über Gebühr verzögerten, eine auf das Kaiserhaus hin orientierte politische Position bezogen. Diese Politik riet ihm jetzt, auf eine Allianz

zu drängen, der unter der Führung des Kaisers neben Mainz auch das katholische Bayern und das evangelische Kursachsen angehören sollten. Eine solche Allianz schien ihm der größere Garant für die Sicherheit seiner Territorien und des Reichsfriedens. Außer diesen politischen Überlegungen hinderten ihn aber auch persönliche Differenzen mit dem Erzbischof Maximilian Heinrich, der Kölner Allianz beizutreten. Er hatte nämlich den Streit mit diesem wegen der Krönungsrechte anläßlich der Wahl König Ferdinands IV. im Jahre 1653 noch nicht vergessen. Nach heftigen Fehden hatte sich Johann Philipp durchsetzen können. Er krönte in Regensburg am 18. Juni 1653 den jungen römischen König und am 15. Juli 1653 die Kaiserin Eleonore Augusta.

Nicht lange hielt Kurfürst Johann Philipp seine ablehnende Haltung gegenüber der Kölner Allianz aufrecht. Als diese am 11. August 1655 in Frankfurt erneuert und auf die Dauer von drei Jahren festgelegt wurde, schloß er sich ihr an. Schon bald errang er das Direktorium der Förderation. In dieser Zeit gelang es der französischen Diplomatie, stärkeren Einfluß auf ihn zu gewinnen. Vor allem war es Robert de Gravel, der mit politischen Argumenten, mit klingender Münze und mit der Drohung, das nach dem Frondekrieg wieder erstarkte Frankreich könne gegebenenfalls auch die Waffen sprechen lassen, den Kurfürsten davon überzeugte, daß es für ihn und den Reichsfrieden besser sei, die einseitig prokaiserliche Haltung aufzugeben. Drohende Isolierung, die alte Abneigung gegen den noch immer starken Einfluß der Spanier am Kaiserhof und seine grundsätzlich reichsständische Haltung erleichterten dem Kurfürsten Johann Philipp die politische Kehrtwende.

Diese ging allerdings nicht so weit, daß er sich jetzt etwa von Frankreich abhängig gemacht hätte. Um zu großen französischen Ansprüchen stärker entgegentreten zu können, begann er, als Landesherr die innere Verteidigungskraft seiner geistlichen Fürstentümer zu festigen. Er bestand darauf, alle Streitigkeiten, die das gute Einvernehmen der Stifte Mainz und Würzburg belasteten, auszuräumen. Das geschah in dem

Vergleich vom 15. Mai 1656, der sowohl die Kontroversen in weltlichen, als auch die in kirchlichen Angelegenheiten regelte. Diese Schlichtung war die Voraussetzung für den Versuch, beide Fürstbistümer enger zu vereinen. Der Anfang eines solchen Zusammenschlusses gegen Gefahren aller Art wurde gemacht in „Unio und Bündnis", das auf Drängen des Erzbischofs am 3. November 1656 zwischen Mainz und Würzburg zustandekam, und das seine Ergänzung fand in der „Confoederatio in spiritualibus" von 1663. Der erhöhten Verteidigungsbereitschaft seiner Stifte sollten auch die großen Befestigungsanlagen dienen, die Johann Philipp von Schönborn 1656 in Mainz und in der Stadt Würzburg zu erstellen begann. An den Fortifikationen, zu denen 1664 auch noch die von Erfurt hinzukamen, bauten italienische Ingenieure während seiner gesamten Regierungszeit. Die Kosten waren enorm. Sie überstiegen die finanziellen Kräfte der Stifte und waren die Hauptursache für eine große Schuldenlast. Bei späteren kriegerischen Auseinandersetzungen haben sie die Mühen eigentlich nicht gelohnt. Dennoch hatten die Festungen ihre große Bedeutung. Sie gaben dem Land ein Gefühl der Sicherheit und waren Johann Philipp von Schönborn und seinen politischen Beratern, zu deren wichtigsten von 1653 bis 1664 der Konvertit Johann Christian von Boineburg zählte, bei diplomatischen Verhandlungen starke Rückenstütze, galten sie doch nach außen lange Zeit als die Garanten einer schwer einnehmbaren fränkisch-rheinischen Pufferzone zwischen den großen Machtblöcken.

Trotz des guten Einvernehmens, das Johann Philipp von Schönborn seit 1656 mit der französischen Regierung hatte, bewies er auch bei seinen größeren politischen Aktivitäten, daß er sich nicht abhängig machen ließ. Die Sicherung des Reichsfriedens, die Sicherheit seiner Territorien und die eigene Libertät blieben stets oberstes Ziel seiner Handlungen.

So betätigte er sich zwar als stärkster Promotor des von ihm propagierten, von den Franzosen favorisierten und als antikaiserlich geltenden Rheinbundes, der am 15. August 1658 in Frankfurt geschlossen wurde und dem kurz darauf auch Frankreich beitrat. Doch zur gleichen Zeit beteiligte er sich auch maßgeblich daran, daß der von den Franzosen bekämpfte Habsburger Leopold von Österreich am 18. Juli 1658 in Frankfurt zum Nachfolger seines 1657 verstorbenen Vaters gewählt und am 1. August 1658 zum deutschen Kaiser gekrönt wurde. Obgleich er aus Furcht, über den Habsburger könnte das Reich wegen der unsicheren spanischen Erbfolgefrage wieder in einen Krieg hineingezogen werden, die Wahl Leopolds lange verzögerte, war es für ihn von Anfang an selbstverständlich, daß die deutsche Kaiserkrone unbedingt dem Zugriff Frankreichs verwehrt bleiben mußte und daß im Habsburger ein geeigneter Kandidat gefunden war. Dem neuen Kaiser widmete Johann Philipp von Schönborn, der sich gerne und erfolgreich als religiöser Schriftsteller und Bibelübersetzer betätigte, einen kostbaren, von ihm selbst verfaßten „Kaiserlichen Psalter". Dieses großartige deutsche Psalmenwerk in gereimter Sprache erschien 1658 in Mainz.

Den gleichen Kaiser half er 1658 aber auch politisch binden durch eine harte Wahlkapitulation. Daß Leopold I. darin den Reichsständen größere Mitspracherechte einräumen, den Verzicht auf die Einmischung in fremde Kriege leisten und in § 41 dem Mainzer Erzkanzler die Ernennung des Reichsvizekanzlers zugestehen mußte, entsprach ganz dem politischen Konzept Schönborns.

Damals hätte sich dieser auch gerne als Vermittler an der Beilegung des spanisch-französischen Krieges beteiligt. Er entwickelte diesbezüglich schon lebhafte Aktivitäten. Seine Gesandten waren in Madrid, Paris, Wien und Rom anzutreffen. Um so enttäuschender war es für ihn, daß Mazarin an all diesen Bemühungen vorbeisah. Ohne die aktive Beteiligung des interessierten Mainzers und all der deutschen Fürsten, mit denen Frankreich verbündet war, wurde am 7. November 1659 der Pyrenäenfrieden mit Spanien geschlossen. Die dabei vereinbarte Vermählung Ludwigs XIV. mit der Infantin Maria Theresia verschaffte dem machtbesessenen und nach dem Tode Mazarins (gest. 1661) allein regierenden französischen König 1667 mit umstrittenen Erbansprüchen den willkommenen Anlaß zum sogenannten Devolutionskrieg gegen die spanischen Niederlande. Dieser brutale, den Reichsfrieden stark gefährdende Hegemonialkrieg war für Kurfürst Johann Philipp der letzte Anlaß, seine politische Position erneut zu wechseln. Mazarins ihm gegenüber gezeigte kühle Reserviertheit beim Pyrenäenfrieden, Differenzen mit Frankreich wegen des Mainzer Weinhandels mit Holland, die aggressive und beleidigende Politik Ludwigs XIV. der römischen Kurie gegenüber, die 1662 wegen eines provozierten Angriffs auf die französische Botschaft in Rom mit dem Abbruch der diplomatischen Beziehungen ihren Anfang genommen hatte und trotz aller Vermittlungsbemühungen der deutschen geistlichen Kurfürsten bis in den beschämenden Pisaer Diktatfrieden vom 12. Februar 1664 gesteigert wurde, die reichsfeindliche und zwielichtige Haltung des Sonnenkönigs 1664 beim Türkenkrieg, an dem auch fränkische und mainzische Truppen beteiligt waren, und schließlich die wenig freundliche Haltung der Franzosen im sogenannten Wildfangstreit, den Mainz in den Jahren von 1664 bis 1667 mit der Kurpfalz führte, all das hatte nach und nach die politische Haltung des Kurfürsten Johann Philipp Frankreich gegenüber immer reservierter und zurückhaltender werden lassen. Enttäuscht sperrte er sich schließlich 1668 gegen die Verlängerung des von ihm einst mit so großen Hoffnungen initiierten Rheinbundes.

Von Marquis Castel Rodrigo, dem Gouverneur der spanischen Niederlande, darum gebeten, hatte Erzbischof Johann Philipp 1667 noch einmal alle Anstrengungen unternommen, einen Frieden zwischen Frankreich und Spanien zu vermitteln. Es muß ihm geschmeichelt haben, daß ihn der Spanier „patris Patriae et pacis cognomine decoratus" genannt hatte. Die Schönbornschen Bemühungen fanden allgemein Anerkennung. Doch daß der Aachener Friede vom 3. Mai 1668 wirklich zustande kam, ist weniger der Vermittlung des Erzbischofs zuzuschreiben, als vielmehr dem Druck der Tripleallianz von Holland, England und Schweden, deren Gründung im Januar 1668 Johann Philipp als „fröhliche Zeitung" gelobt hatte.

Kaum war in Aachen der Friede beschlossen, da war er durch Frankreich schon wieder gefährdet. König Ludwigs XIV. aggressive Pläne gegen Holland drohten das Reich mit in die Kriegswirren hineinzuziehen. Dem suchte Johann Philipp von Schönborn durch neue Defensivbündnisse zu begegnen. 1668 schloß er sich mit Trier und Lothringen zur Limburger Allianz zusammen. Dem folgte 1669 die Erbverbrüderung zwischen Mainz, Würzburg und Böhmen. Ein phantastischer Plan, dem Reich den Frieden zu erhalten, entstand 1670. Es war das „Consilium Aegyptiacum" des jungen Gottfried Wilhelm Leibniz, der auf Vermittlung von Boineburg als Beamter am Mainzer Hof tätig war. Dieses Projekt, das vorsah, Frankreich politisch an Nordafrika zu interessieren, um es von Europa abzulenken, scheiterte. Ebenso zerschlug sich der Plan, Leopold I. zum Anschluß an die Tripleallianz zu bewegen. Das gab den Anlaß zur sogenannten Marienburger Allianz, die in Würzburg 1671 Mainz, Trier und Münster mit dem Kaiser schlossen.

Für den alternden und oft nierenkranken Johann Philipp von Schönborn war es das letzte Bündnis, das er zur Erhaltung und Sicherung des Friedens einging. Das Bündnis brauchte nie zu beweisen, wie stark es war, denn bis zum Tode des Kurfürsten Johann Philipp im Jahre 1673 blieb das Reich vom Krieg verschont. Dem Schönborn allein war dieses Glück nicht zu verdanken, wohl aber hatte er, der als großer Staatsmann wie wenige andere seit 1642 für den Frieden gekämpft hatte, erheblichen Anteil an dieser historischen Gegebenheit. Sein ständiges Eintreten für den Frieden hatte sich gelohnt. Sein Ringen um den Frieden war nicht zuletzt ein Kampf um das Wohl seiner Stifte Mainz, Würzburg und Worms. Dank seiner Friedensaktivitäten konnten diese nach der furchtbaren Zeit des Dreißigjährigen Krieges in einer Phase relativer Ruhe wirtschaftlich, kirchlich, kulturell und moralisch wieder aufblühen.

Die führende und gelegentlich energisch durchgreifende Hand des geistlichen Landesherrn war dabei immer zu spüren. Er verstand es glänzend, fähige Berater und Mitarbeiter um sich zu sammeln. Das Grundkonzept jedoch bestimmte er. Bedeutende Reformdekrete für die Hebung des sittlichen und des kirchlichen Lebens, der Justiz und des Schulwesens wurden auf seine Initiative hin erlassen. Er sorgte für die Wiederbesiedlung verödeter Landstriche, leistete Erhebliches zur Föderung der Forst- und Mühlenwirtschaft, leitete städtebauliche Maßnahmen in Mainz und Würzburg ein und baute Waisenhäuser. Durch häufige Visitationen und durch die Errichtung von Seminarien suchte er Volk und Klerus zu bessern. Soweit es ihm möglich war, förderte er den Kirchenbau. Mehr noch widmete er sich der inneren Erneuerung seiner Kirchen. Seine berühmten Agenden und Kirchenordnungen verhalfen den tridentinischen Reformbestimmungen zum Durchbruch. Und schließlich bemühte er sich, durch „Unio oder Conversio" die konfessionelle Spaltung zu überwinden.

All das konnte nur wachsen und gedeihen, solange Frieden herrschte. Dieses Wissen beflügelte ihn, alle Einsätze für den Frieden zu wagen. Manche dieser Einsätze wurden mißverstanden und waren mißverständlich. Dennoch schufen sie die Voraussetzungen für jene glänzende Epoche der fränkischen und mittelrheinischen Geschichte, die man die „Schönbornzeit" nennt. Dem Reichs- und Kirchenfürsten Johann Philipp von Schönborn, der am 12. Februar 1673 auf der Marienburg starb und dessen Leib in Würzburg beigesetzt wurde, während sein Herz im Mainzer Dom seine letzte Ruhestätte fand, haben die Kirche, das Reich und die Hochstifte Mainz, Würzburg und Worms viel zu verdanken.

LITERATUR

SCHÖNBORN, Johann Philipp von, Die Psalmen des Königlichen Propheten Davids in Teutsche Reymen und Melodeyen verfasset. Mayntz 1658 (Nachdruck New York 1972).
MENTZ, Georg, Johann Philipp von Schönborn, Kurfürst von Mainz und Bischof von Würzburg und Worms. 2 Bde, Jena 1896/99.
WILD, Karl, Johann Philipp von Schönborn genannt der deutsche Salomo, ein Friedensfürst zur Zeit des dreißigjährigen Krieges. Heidelberg 1896.

BRUNNER, Karl, Der pfälzische Wildfangstreit unter Karl Ludwig (1664 1667). Innsbruck 1896.

LOEWE, Viktor, Frankreich, Österreich und die Wahl des Erzbischofs Johann Philipp von Mainz im Jahre 1647. In: Westdeutsche Zeitschrift 16, 1897, S. 172—188.

HELBIG, Karl Gustav, Johann Philipp von Mainz und Johann Georg II. von Sachsen während der Erfurter Wirren 1650—1667. In: Archiv für die Sächsische Geschichte 3, 1898, S. 391—442.

VEIT, Andreas Ludwig, Kirchliche Reformbestrebungen im ehemaligen Erzstift Mainz unter Erzbischof Johann Philipp von Schönborn 1647—1673. Freiburg 1910.

SCHROHE, Heinrich, Mainz unter dem Kurfürsten Johann Philipp von Schönborn (1647—1673). In: Mainzer Journal 1909, Nr. 20.

VEIT, Andreas Ludwig, Das Hochschulwesen in Kur-Mainz unter Johann Philipp von Schönborn. In: Katholik 89, 1909, S. 349—362.

VEIT, Andreas Ludwig, Konvertiten und kirchliche Reunionsbestrebungen am Mainzer Hofe unter Erzbischof Johann Philipp von Schönborn. In: Katholik 97, 1917, S. 178—185.

HENNER, Theodor, Johann Philipp von Schönborn. In: Altfränkische Bilder 34, 1928, o. S.

KRAPPMANN, Friedrich Josef, Johann Philipp von Schönborn und das Leibnizsche Consilium Aegyptiacum. In: Zeitschrift für Geschichte des Oberrheins NF 45, 2, 1931, S. 187—219.

PÖLNITZ, Götz Frhr. von, Johann Philipp Schönborn 1605—1673. In: Nassauische Lebensbilder 2, 1943, S. 91—108.

ABERT, Josef Friedrich, Vom Mäzenatentum der Schönborn. Würzburg 1950.

BRAUBACH, Max, Politische Hintergründe der Mainzer Koadjutorwahl von 1670. In: Rheinische Vierteljahrsblätter 15/16, 1950/51, S. 313—338.

DOMARUS, Max, Würzburger Kirchenfürsten aus dem Hause Schönborn. Gerolzhofen 1951.

KÖLLNER, Georg Paul, Die Bedeutung des Johann Philipp von Schönborn für die Reform des Kirchengesangs. In: Kirchenmusikalisches Jahrbuch 39, 1955, S. 55—70.

JEDIN, Hubert, Die Reichskirche in der Schönbornzeit. In: Trierer theologische Zeitschrift 65, 1956, S. 202—216.

BRÜCK, Anton Philipp, Der Mainzer „Unionsplan" aus dem Jahre 1660. In: Jahrbuch für das Bistum Mainz 8, 1960, S. 148—162.

FREEDEN, Max H. von, Die Schönbornzeit an Rhein und Main. In: Mainzer Zeitschrift 58, 1963, S. 55—71.

WALLNER, Günter, Der Krönungsstreit zwischen Kurköln und Kurmainz (1653—1657). Diss. Mainz 1967.

REIFENBERG, Hermann, Die Rhein-Mainischen Schönborn-Bischöfe und die Liturgie. In: Archiv für Mittelrheinische Kirchengeschichte 20, 1968, S. 297—306.

MARIGOLD, W. Gordon, Die „Königlichen Psalmen" des Kurfürsten Johann Philipp von Schönborn. In: Mainfränkisches Jahrbuch für Geschichte und Kunst 22, 1970, S. 187—216.

MARIGOLD, W. Gordon, „Sacerdos Magnus". In: Mainfränkisches Jahrbuch für Geschichte und Kunst 23, 1971, S. 14—34.

JÜRGENSMEIER, Friedhelm, Johann Philipp von Schönborn (1605—1673) und die römische Kurie. Ein Beitrag zur Kirchengeschichte des 17. Jahrhunderts. Habil. Schr. Mainz 1973 (im Druck).

JÜRGENSMEIER, Friedhelm, Zum 300. Todestag des Kurfürsten Johann Philipp von Schönborn. In: Allgemeine Zeitung Mainz 10./11. Februar 1973.

MEYER, Otto, Johann Philipp von Schönborn. Fürstbischof von Würzburg, Erzbischof von Mainz, Bischof von Worms. 1605—1673. Ringen um Frieden. Würzburg 1973.

SCHRÖCKER, Alfred, Besitz und Politik des Hauses Schönborn vom 14. bis zum 18. Jahrhundert. In: Mitteilungen des Österreichischen Staatsarchivs 26, 1973, S. 212—234.

JÜRGENSMEIER, Friedhelm, Die Servitienzahlungen des Mainzer Erzbischofs Johann Philipp von Schönborn (1647—1673). In: Archiv für Mittelrheinische Kirchengeschichte 26, 1974, S. 193—202.

MAXIMILIAN VON WELSCH

Von Joachim Meintzschel

In der Literatur finden sich Nachrichten über das Leben und Wirken des 1671 in Kronach geborenen und 1745 in Mainz verstorbenen Kurmainzer Generals Maximilian von Welsch bis zum Jahre 1924 nur vereinzelt; damals erfolgte erstmals in einem Zeitungsaufsatz „eine Kennzeichnung der Persönlichkeit" durch Heinrich Schrohe. Drei Jahre später hat Karl Lohmeyer die „Schönbornschlösser — die Stichwerke Salomon Kleiners — Favorita ob Mainz, Weißenstein ob Pommersfelden und Gaibach in Franken aufs neue herausgegeben und mit einer Einleitung und der Lebensgeschichte Maximilian von Welschs" versehen. Damit hat Lohmeyer den General und Festungsbaumeister zugleich als Zivilarchitekten des deutschen Barock vorgestellt. Das von ihm skizzierte Bild des großen Barockarchitekten Welsch, durch zwei jüngere Dissertationen in Teilen schärfer umrissen, hat in der Kunstgeschichte seinen festen Platz behalten.

Inwieweit dem nebenberuflichen Zivilarchitekten Welsch in der gegenüberstellenden Wertung zu hauptberuflichen Barockarchitekten wie Lukas von Hildebrandt in Wien oder den großen Italienern und Franzosen Unrecht geschah, erscheint fast unwichtig gegenüber der Tatsache, daß Welsch im Hauptberuf Ingenieuroffizier und Festungsbaumeister war, und andererseits seine Mitarbeit an Schloß Pommersfelden und den Residenzen in Würzburg und Bruchsal unter dem Aspekt „concertirte Bauconzepten" gesehen werden sollte. Dem General Welsch würde damit als Künstler nichts abgesprochen, sondern es würde sich nur bestätigen, daß Bauten des Barock, auch dem Umfang nach groß dimensionierte, nicht unbedingt an den Begriff des schöpferischen Einzelindividuums in dem Sinne gekettet sind, wie die im 19. Jahrhundert beginnende Kunstgeschichte zeitbedingt damals und bis heute den Einzelkünstler in unsere Vorstellungswelt eingebaut hat. Bei Maximilian von Welsch tritt noch die Tatsache hinzu, daß er uns durch zwei jüngere Arbeiten von Friedrich Kahlenberg und Wolfgang Einsingbach als hauptberuflicher Ingenieur und Festungsbaumeister deutlicher gemacht wurde. Den Soldatenberuf wählte Welsch, wohl ebenso wie sein jüngerer Bruder Johann Lorenz, unter väterlichem Einfluß. Der Vater hatte als Feldwebel in Würzburger Diensten gestanden, ehe er sich in Kronach als Handelsmann niederließ. Dieser Würzburger Militärdienst dürfte auch die Voraussetzung für die Einstellung des Vaters in fürstbischöflich-bambergische Dienste gewesen sein. Im Jahre 1776 übersiedelte er mit seiner Familie in die Residenzstadt Bamberg, wo er später als Prokurator genannt wird.

Der 1671 in Kronach, der nördlichsten befestigten Stadt des Fürstbistums Bamberg, geborene erste Sohn Maximilian, ältestes von vier Geschwistern, kam mit seinen Eltern als Fünfjähriger in die Residenzstadt Bamberg. Hier besuchte er die lateinische Elementarschule und ab 1690 die von Jesuiten geleitete Academia Ottoniana.

Von 1693 bis 1704, von seinem 22. bis zu seinem 33. Lebensjahr, stand Welsch als Offizier in gothaischen Diensten auf verschiedenen Kriegsschauplätzen. Der Eintritt Welschs, eines Landeskindes des Hochstifts Bamberg, in ein gothaisches Regiment erklärt sich aus Verträgen zwischen dem Fränkischen Kreis und Sachsen-Gotha, für die Dauer des Krieges gegen Frankreich und die Türken im Rahmen der Reichsarmee zusammenzuarbeiten. Sachsen-Gotha stellte dem Fränkischen Kreis wegen dessen Reichsverpflichtungen gegen Entgelt drei im Januar 1693 aufgestellte Regimenter, also Mietregimenter, zur Verfügung. Hier war im Januar 1693 der Kornett Welsch in der Leibkompanie des Kürassierregiments von Generalfeldmarschall von Wartensleben, dem gothaischen Oberbefehlshaber. Im September desselben Jahres, im Heilbronner Feldlager der Reichsarmee, begegnete Welsch wohl zum erstenmal Prinz Johann Wilhelm von Sachsen-Gotha. 1694, nach dem Winterquartier in der Nähe von Tübingen, stehen die gothaischen Truppen noch am Oberrhein. 1695 und 1696 ist Welsch an den Kämpfen in Savoyen beteiligt und danach wird das Regiment noch in

Ungarn gegen die Türken eingesetzt, wo auch seit 1698 Prinz Johann Wilhelm mit einem Kontingent von 6 000 Brandenburgern, Würzburgern und Gothaern im kaiserlichen Dienst unter Prinz Eugen kämpft. Im folgenden Jahr wird der Türkenkrieg beendet.

Für den Lebensweg Welschs läßt sich aus dem Fragment eines Reiseberichts schließen, daß er mit dem Prinzen Johann Wilhelm von Sachsen-Gotha nach dem 26. Januar 1699 von Ungarn aus über Wien nach Gotha reist und dann weiter über Holland nach Brüssel, wo der Reisebericht am 24. November 1699 einsetzt: „Nachmittag machten Seine Durchlaucht Anstalt, unser Corps zu detachieren und eine Theill mit der völligen Pagage voran aus nach Paris zu schicken."

Der Prinz ist wohl, außer von Bediensteten, nur von den zwei im Bericht genannten Offizieren begleitet: Obristwachtmeister von Lüderitz und Leutnant Welsch.

Wie der Weg des 22jährigen Prinzen und seiner Begleiter von Brüssel über Tournai, Lille und Calais von Festungsbesichtigung zu Festungsbesichtigung führt und weiter nach London, beschreibt das Reisetagebuch anschaulich. Darin hören wir vom 28jährigen Welsch: „Hier (in Mons) hatte Herr Lieutenant Welsch ein Disputte mit Herrn dem Premier-Ingenieur, so auf diesem Terrain an einem Hohrnwerckh arbeithen lisse, ob es nicht besser wäre, das Terraine durch einen sehr weithen Graben weg führen zu lassen, damit die Inondation umb die gantze Statt ginge, oder ob man solches Terrain mit lauther Außenwerckhen belegen solte." — „Es ging die Reiß dorthin noch glücklich von statten, außer daß der Lieutenant Welsch mit dem Pferd stürtzte, und obwohlen ihme das Pferdt auf den Leib gefallen, hatt ihme solches doch nicht geschadet." Die Gesundheit Welschs muß beachtlich gewesen sein, auch auf der Überfahrt nach London: „Die unsrigen waren alle sehr krankh, ausser Herrn Lieutenant Welsch, der in geringsten keine Alteration spührte." Vor der englischen Küste geriet das Schiff in Seenot, es lief auf eine Sandbank auf, kam aber wieder flott. Von dem Aufenthalt in England, wo der Reisebericht am 17. Januar 1700 abbricht, sei der Weihnachtstag des Jahres 1699 zitiert: „Den 24. fuhren Seine Durchlaucht mit dem Prinzen von Cassel, Herrn von Tetau, Forchier, Thalwig sambt ihren beeden Herren Officiers nach dem Tower, alwo sie erstlich das Zeughaus sahen, nemlich den Sale des Armes..."

Der Gothaer Prinz wird während seines Aufenthalts in England auch vom König empfangen und zu einer großen Jagd eingeladen. Auf der Rückreise, die über Frankreich führt, empfängt ihn König Ludwig XIV. in Versailles, und in Paris porträtiert ihn Hyacinthe Rigaud.

Nach fast zweijähriger Studienreise kehren Prinz Johann Wilhelm und Welsch im Dezember 1700 nach Gotha zurück, doch schon im folgenden Jahre brechen sie wieder auf, um an den Kämpfen des gerade entbrannten Nordischen Krieges teilnehmen zu können. Der Weg führte über Hannover, Celle und Hamburg nach Stralsund und weiter zum Hauptquartier des schwedischen Königs Karl XII. bei Libau in Kurland.

Über die fast vierjährige Dienstzeit des Hauptmanns Welsch in der schwedischen Armee von 1701—1704 sind fast keine Nachrichten überliefert. Daß er als Ingenieuroffizier eingesetzt war, kann aber nicht bezweifelt werden, denn nach seinem Studium in Bamberg sammelte er praktische Erfahrungen auf verschiedenen Kriegsschauplätzen, und danach führte ihn die Reise, auf der er Prinz Johann Wilhelm von Sachsen-Gotha begleitete, durch Holland, Belgien, England und Frankreich, dem Bericht zufolge von Festungsbesichtigung zu Festgungsbesichtigung. Auch in den Kurmainzer Kriegsdienst wird Welsch als Ingenieuroffizier eingestellt. Zunächst empfiehlt der Mainzer Kurfürst dem Fränkischen Kreis Anfang Februar 1704 Hauptmann Welsch als Ingenieur, aber schon Ende des Monats entschließt er sich, da sein Vorschlag auf Schwierigkeiten stößt, „besagten Welschen in ansehung angerühmter experienz in meine allhiesige erzstiftische kriegsdiensten aufzunehmen, dan demselben nebst einer compagnie den titul als obristwachtmeister beizulegen". Bevor Welsch zusagt, erkundigt er sich, ob die „Gage" auch dem neuen Titel entspreche, gibt sich aber mit der Hauptmannsgage zufrieden. Doch die Rückkehr nach Deutschland verzögert sich, da Welsch in polnische Gefangenschaft gerät. Nach seiner Entlassung tritt Welsch Ende Juni 1704 in Mainz seinen Dienst an; der Kurfürst findet „an dessen conduite und qualitäten ein vollständiges vergnügen" und empfiehlt ihn sofort seinem Bamberger Obermarschall von Schrottenberg, dem Welsch „mit seiner wissenschaft dienen könne". Das dem Kurfürsten von Welsch überbrachte Bildnis des schwedischen Königs erscheint dem Kunstkenner Lothar Franz „wegen der singularen tracht zimblich wunderlich".

Ein Jahr nach seinem Dienstantritt in Mainz erkrankt Welsch lebensgefährlich, und der Kurfürst befürchtet seinen Tod. Im folgenden Sommer ist er wieder schwerkrank und wird nach Bamberg beurlaubt. Der Mainzer Kurfürst, schon seit 1693 auch Fürstbischof von Bamberg, empfiehlt Welsch seinem dortigen Statthalter, Karl Sigismund von Aufseß, der Welsch nicht wohlgesonnen ist. Welsch soll die Festungen des Hochstifts Bamberg, Kronach und Forchheim, inspizieren und verbessern; er habe „von der gesamten generalität die approbation eines rechtschaffenen soldaten und guten ingenieur erhalten, und darum mein hochstift sonderlich glücklich, daß es ein solches statt- und landkind habe". Um dem Hochstift Welsch als Festungbaumeister zu sichern, läßt der Fürst seinem Ingenieur eine jährliche Pension von 100 Talern aussetzen.

Aber nicht nur im eigenen Bamberger Fürstbistum, sondern auch im Würzburger wünscht der Mainzer Kurfürst seinen Ingenieur tätig zu sehen. Einer der Neffen des Kurfürsten, Dompropst Johann Philipp Franz, später Fürstbischof von Würzburg, soll in diplomatischer Weise Welsch empfehlen lassen, „damit er hiedurch so glücklich werden könne, sich zu Würzburg bekannt zu machen und sein wissenschaft derorten mit der zeit gleichfalls anzubringen".

Selbstverständlich hat Lothar Franz auch in seinem Kurfürstentum, zu dem auch Erfurt gehört, dem Ingenieuroffizier Welsch Festungsbauprojekte übertragen. Im Frühjahr 1707 überbringt Welsch dem Kurmainzer Statthalter in Erfurt, Philipp Wilhelm Graf von Boineburg, den Entwurf für die Festung Petersberg und wird gebeten, „noch vor seiner abreise nach dem baad und nach der Armee die vorzunehmende arbeit noch selbsten desgl. accurater abmessen, entwerfen und selbsten ahngeben" zu wollen. Die Hauptsorge des Kurfürsten galt, schon aus strategischen Gründen wegen ihrer Bedeutung innerhalb der Reichspolitik, der Festung Mainz. Ihre Baugeschichte näher untersucht zu haben, ist das Verdienst von Kahlenberg, der aber in seiner 1963 erschienenen Arbeit darauf verzichten mußte, den Festungsbaumeister Welsch näher darzustellen und einer kritischen Untersuchung zu unterziehen; seine Erkenntnisse sind deshalb nicht minder von Interesse: Die Erfindung der Außenforts kann weder Welsch noch einem anderen Festungsbaumeister zugeschrieben werden, denn in der Fortifikationskunst sind Entdeckungen von Verbesserungen nie das Werk eines einzelnen genialen Ingenieurs gewesen. Welschs Mainzer „detachierte Bastions", von der Hauptverteidigungslinie abgesonderte Außenforts, sind zwar in der theoretischen Fortifikationsliteratur seiner Zeit unbekannt, aber ähnliche Vorschläge existierten, und Welsch kannte diese Manieren aus den Belagerungen, die er während seiner Feldzüge am Oberrhein, in Savoyen und Polen miterlebte. Die Erfahrung der Belagerungstechnik auf Verteidigungsanlagen übertragen zu haben, ist ebenso ein Verdienst Welschs wie das hervorragende Anpassen seiner Werke an die Bedingungen des Geländes. Kahlenberg sieht in Welsch nicht den Erfinder einer neuen Befestigungskunst, sondern einen Festungsbaumeister, der beweglich genug war, die beste der möglichen Befestigungsarten für ein bestimmtes Gelände auszuwählen und ihre Durchführung zu erreichen. Nur für die Mainzer Festung, nicht bei seinen Plänen für Straßburg, Philippsburg, Kehl, Erfurt und andere Plätze, hat Welsch detachierte Außenforts entworfen, Bollwerke, die ebenso untereinander als auch mit der Stadtbefestigung verbunden waren.

Der militärische Rang der Mainzer Festungspläne von Welsch wird deutlich durch die häufige persönliche Anteilnahme des Prinzen Eugen, aber auch durch Umfang und Kosten. Sogar nach 1800 erregt Welschs Beachtung der artilleristischen Verbindungslinien zwischen den Fronten der Forts die Bewunderung Napoleons.

Welsch hat aber nicht nur als Festungsbaumeister Nachruhm erlangt, sondern vor allem als Architekt des deutschen Barock. Innerhalb seines zivilarchitektonischen Oeuvres beanspruchen die Gartenanlagen und ihre Bauwerke zahlenmäßig den größten Raum. — Den ersten Auftrag, die Gartenanlage des Kurmainzer Lustschlosses Favorita beträchtlich zu erweitern, erhält Welsch von seinem Dienstherrn, Kurfürst Lothar Franz Graf von Schönborn, der im Sommer 1708 Garten und Planung dem Prinzen Eugen zeigt und darüber seinem Lieblingsneffen, Reichsvizekanzler Friedrich Karl Graf von Schönborn, nach Wien berichtet: „Mon jardin a eu le bonheur d'avoir son approbation tant pour sa situation que la distribution, que j'y ai fait et fairay encor avec le temps, luy en ayant monstré le plan."

Die zweite Aufgabe wird Welsch vom Nachbarn des Mainzer Kurfürsten, Fürst Georg August von Nassau-Idstein, gestellt. Vom Jahre 1708 an gestaltet und erweitert er dessen Lustschloß Biebrich. Der Anlage des Gartens folgen die Bauten. Zwischen zwei bereits stehende Pavillons stellt er einen runden Mittelbau, den er durch Galerien mit den Pavillons verbindet; dies sind die ersten Bauwerke nach Welschs Plänen. Die ebenfalls nach seinem Plan erbaute Orangerie ist nicht mehr erhalten.

Wahrscheinlich ebenfalls im Jahre 1708, Welsch hatte bereits die Mitte der Dreißig überschritten, schließt er die Ehe mit Sabine Therese, einer Tochter des Mainzer Hofapothekers Bralliard. Sie war die Witwe des Kaiserlichen Oberingenieurs, Oberstleutnant Giovanni Domenico Fontana von Kaysersbrunn, und brachte einen Sohn mit in die Ehe, aus der fünf Kinder hervorgingen, drei Söhne und zwei Töchter.

In den folgenden Jahren erhält Welsch, neben seinen Arbeiten als Festungsbaumeister, Aufträge verschiedener Bauherren. Das erste von Welsch entworfene Palais ist der Wambolder Hof in Worms, der repräsentative Statthaltersitz Franz Georg Freiherrn von Wambolds, eines Neffen des

Mainzer Kurfürsten, der als Hauptmann in dessen Dienst stand.

Während die Palais nach Anzahl und Entstehungszeit innerhalb der Werkgattungen nur einen geringen Raum beanspruchen, erstrecken sich Welschs Entwürfe für Altäre fast über seine ganze Schaffenszeit, beginnen aber, wie die Palais, mit dem Jahre 1710.

Erster Auftraggeber für einen Hochaltarentwurf ist Fürstpropst Franz Ludwig von Pfalz-Neuburg, der 1710 monatelang in Mainz weilt, um seine Wahl zum Koadjutor vorzubereiten. Als Propst zu Ellwangen betraut er Welsch zunächst mit einem Gutachten über die abgebrannte Wallfahrtskirche Maria von Loreto auf dem Schönenberg bei Ellwangen und danach mit dem Entwurf eines neuen Hochaltars, der auch ausgeführt wird. Außerdem beauftragt Franz Ludwig, in seiner Eigenschaft als Hochmeister des Deutschen Ritterordens, Welsch ebenfalls im Frühjahr 1710, die Deutschordenskommende in Frankfurt-Sachsenhausen zu begutachten und die Portalachse und das Treppenhaus neu zu gestalten. Diese dreiläufige Treppenanlage ist die erste dieses Typus in Südwestdeutschland. Fünf Jahre später entwirft Welsch für Franz Ludwig von Pfalz-Neuburg ein Gartenhaus für dessen fürstbischöflichen Lustgarten in Neisse in Schlesien, der Residenzstadt des Fürstbischofs von Breslau. Diese und die Wormser Bischofswürde vereinigte Franz Ludwig seit Jahrzehnten in seiner Person, und im Jahre 1729 trat dazu die Würde des Fürstbischofs und Kurfürsten von Mainz, als Nachfolger von Lothar Franz.

Welschs Aufenthalt in Ellwangen war für den Fürsten Albrecht Ernst II. von Oettingen-Oettingen der äußere Anlaß, ihn zu einem mehrtägigen Besuch nach Oettingen einzuladen, da er seinem Lustschloß im Tiergarten Schrattenhofen einen Garten und ein Belvedere zufügen wollte. Der Fürst, seit 1708 Reichsgeneral der Kavallerie, dürfte Welschs Gartenanlagen ebenso gekannt haben wie seine Gemahlin als Schwester des Fürsten zu Nassau-Idstein. Während aber in Biebrich die Bauten erhalten blieben, ist die gesamte Anlage in Schrattenhofen zerstört. Das gleiche Schicksal erlitt der Garten des

Siegel des Maximilian von Welsch

Residenzschlosses in Usingen, den Welsch für einen anderen Verwandten des Idsteiner Fürsten, für Fürst Wilhelm Heinrich von Nassau-Usingen, um 1712 entwirft. Verwandtschaftliche Beziehungen dürften auch mitgespielt haben, als Philipp Wilhelm Graf von Boineburg, der Bruder einer Schwägerin von Lothar Franz und sein Statthalter im Kurmainzer Territorium Erfurt, das Statthalterpalais von Welsch entwerfen läßt, als dieser wegen der Festungsbauten 1711 wieder in Erfurt weilt. Das Regierungspalais, selbstverständlich nicht ohne kurfürstliche Billigung gebaut, steht heute noch.

Die Aufgaben Welschs als Festungsbaumeister beschränken sich infolge des Spanischen Erbfolgekriegs auf Verbesserungen, da keine Neubauten ausgeführt werden konnten. Der Umfang dieser Arbeiten in Mainz, einschließlich der Behebung von Schäden, war aber beträchtlich, und Arbeitskräfte fehlten, da die mainzischen stehenden Truppen zumeist im Verband des Reichsheeres auf fremden Kriegsschauplätzen standen. Trotzdem gelang es im Sommer des Jahres 1713, für sechs Wochen etwa eintausend Schanzbauern, Untertanen aus den Nachbarterritorien, zu bekommen.

Dafür hatten sich der Generalstab des Reichsheeres, der kaiserliche Hofkriegsrat, Prinz Eugen und der Kaiser selbst eingesetzt. Deutlicher kann die der Festung Mainz zuerkannte Bedeutung nicht gemacht werden. Die 1713 begonnenen Außenforts, diese von Welsch entworfene zweite Umwallung, sowie die anderen Bauarbeiten und Lasten überstiegen die finanziellen Kräfte des Kurstaates. So beordert Lothar Franz im Frühjahr 1714 seinen Ingenieuroffizier Welsch nach Wien mit dem Auftrag, für die Mainzer Festungspläne am kaiserlichen Hof und im Hofkriegsrat zu werben, um die Habsburger zur Zahlung größerer Subsidienbeträge zu veranlassen. Die ehrenvolle Mission wurde Welsch durch drei einflußreiche Fürsprecher erleichtert. Sein Dienstherr Lothar Franz, dem Kaiser Karl VI. für seine Wahlhilfe 1711 für den Bau des Privatschlosses Pommersfelden 100 000 Thaler geschenkt hatte, schrieb am 24. März 1714 seinem Lieblingsneffen, Friedrich Karl Graf von Schönborn, der seit 1705 das

Amt des Reichsvizekanzlers in Wien bekleidete: „Bitte allso ... mit meinem ... schreiben ad caesarem in solang einzuhallten, bis der maior undt ingenieur Welsch mit dem plan der statt Mainz, so solchen verfertiget undt gewisslich ein uhngemeines schönes werk ist, hienunder kommet, welcher dann hoffentlich under der protection des herrn r. v. canzlers undt des prinz Eugen solchen I. kaisl. Mt. zu presentiren undt die explication darüber zu thuen, die gnadt haben wirdt."

Der Kurfürst wünscht seinen Festungsbaumeister Welsch auch als Zivilarchitekt dem Kaiser empfohlen zu sehen, und zwar durch Friedrich Karl, den Freund Lucas von Hildebrandts. „Sollte der kaiser einstmahls in den friedenzeiten in der Favorit (in Wien) sowohl den garthen als das haus recht bauen wollen undt dem major Welsch erlaubt sein, ein rechten plan vom platz zu nehmen, so würde er vielleicht keine üble gedanken über beydes zusammen bringen." Während dieser kurfürstliche Wunsch unerfüllt bleibt, geht ein für Welsch bedeutsamerer in Erfüllung: „Auch, lieber h. r. v. canzler, wäre es nicht etwann eine sach, dass man dem major Wälsch, als welcher gewisslich ein perfecter ingenieur ist, darunden hellffen könde, dass er als oberingenieur über die vestungen ahm Rhein, als Pilippsburg, Kehl und Breisach, von Ihre Mt. ernennt undt ihme die oberinspection über die fortificationes von Deroselben, nebenst einer leidentlichen gage ahnvertrauth würde, allermassen er es nebenst Mainz, gleich der ehemalige obristwachtmeister Fontana gethan hatt, gar wohl versehen könde? Ich habe ihn desswegen auch ahn den prinz Eugen recommendiert undt wolle der h. r. v. canzler ahn orth undt endt gleichmessig hierin sein patron sein, dann er ist einmahl sowohl in architectura militari quam civili überaus wohl erfahren."

Welsch überbringt Ende Mai 1714 dem Reichsvizekanzler seine Pommersfeldner Marstall- und Gartenpläne, und der sachverständige Bauherr Lothar Franz schreibt seinem Neffen dazu, Welschs Gartenprojekt sei „ein rechtes chef d'oeuvre". „Dieser mann hatt einmahl in dergleichen dinge vortreffliche gedanken, aber es gehören, umb solche zu assequiren, undt auszumachen, ahnstatt eines zwei esel dazu... allso, daß er nuhr vor grose undt sehr reiche herren ist." Außerdem ist der Kurfürst überzeugt, daß „der herr vetter sonder zweiffel satisfaction ahn dem major Welsch (haben wird), als welcher in allem voller guether einfälle ist." Die Annahme des Kurfürsten, sein Neffe werde an Welsch Gefallen finden, bestätigte sich, denn Welsch kehrte erst nach einem halben Jahr aus Wien zurück, wo ihn Reichsvizekanzler Friedrich Karl an der Garten- und Orangerieplanung für sein Schloß Schönborn bei Göllersdorf in Niederösterreich stark beteiligt. Der Kurfürst wird seinen Neffen und seinen Ingenieuroffizier gut gekannt haben, denn schon bald wird Friedrich Karl ermahnt, Welsch zurückzuschicken, aber zu Friedrich Karls Nutzen hat „ein sonst ganz fromb pferd (Welsch) auf ein schinbein geschlagen". Nach den Briefen Friedrich Karls geht es Welsch zunehmend schlechter, und Ende September ist „Der ahnstoß des fues... kein podagra mehr, sondern fast eine ganze lähmung, daß ahnmit keine schuelkrankheit seye, ist wahrhafftig wahr". Dabei hatte der Kurfürst Welschs Reisespesen schon längst sperren lassen und dem Neffen geschrieben: „Dieser dominus will hallt auff meine spesen seine affairen darunden machen undt seine frau sich wacker caressiren lassen." Dabei hatte der Neffe zuvor seinem Onkel die kaiserliche Zusage von 20 000 Gulden jährlich zum Mainzer Festungsbau übermittelt und gewiß den berechtigten Unwillen des ebenfalls baufreudigen Kurfürsten abzuschätzen gewußt. Mitte November erscheint es dann doch dem Reichsvizekanzler an der Zeit, „den armen guten ehrlichen obristwachtmeister Welsch... dem stattlichen soliden und curiosen genio" gegenüber seinem Onkel in Schutz zu nehmen, denn Welsch hatte ja schließlich nicht nur den Gartenplan Hildebrandts verbessert, sondern auch die ganze Anlage ausgesteckt.

Der Kurfürst, mit Recht verärgert über Welschs sehr verspätete Rückkehr fast zum Jahresende 1714, konnte trotzdem mit dem Erfolg zufrieden sein: Der Reisezweck, Subsidien für die Festung Mainz zu erhalten, wurde erfüllt, denn spätestens 1725 sind die Außenforts vollendet. Auch der kurfürstliche Wunsch, Welsch den erblichen Adelstitel zu verleihen und ihn zum Oberingenieur der Reichsfestungen Philippsburg, Kehl und Breisach zu ernennen, wurde vom Kaiser erfüllt. Zudem verstärkt sich durch Welschs Pläne und Mitarbeit der Gedankenaustausch zwischen Onkel und Neffen über ihre Privatschlösser in Pommersfelden und Göllersdorf. Während seines langen Aufenthalts in Wien trifft Welsch auch wieder mit dem Bruder des Reichsvizekanzlers, dem Würzburger Dompropst Johann Philipp Franz Graf von Schönborn zusammen, für den er bereits zu Jahresbeginn einen Gartenplan geschaffen hatte und dem er wenige Jahre später große Entwurfsaufträge verdankt: Die Fassade für den Würzburger Dom, die Schönbornkapelle und die Residenz. Im Jahre 1718 plant das Würzburger Domkapitel auch das Äußere des Doms zu modernisieren und ihm eine neue Fassade vorzusetzen, ein Gedanke, der wohl wesentlich von Johann Philipp Franz herrührt, der sich zur gleichen Zeit erstmals mit dem Gedanken trägt, für sich und seine Familie eine Begräbniskapelle zu errichten. Während die Domfassade nicht erneuert wird, verwirklicht Johann Philipp Franz nach seiner Wahl zum Fürstbischof im Herbst 1719 das Residenzprojekt und die Begräbniskapelle.

Schon Ende des Jahres 1719 läßt der Fürstbischof den Gedanken, das Schlößlein am Rennweg zu ändern, fallen und wünscht einen Residenzneubau. Diese Absicht erweckte in Mainz und Wien neuen Eifer, und Lothar Franz schreibt Anfang Januar 1720 seinem Neffen nach Wien: „Ich, der obriststallmeister von Rothenhahn, der von Erthal und der Obristleutnant Welsch, studiren nuhn auch ... wiederumb auff was neues." Bereits Ende Januar sind die Mainzer Pläne fast vollendet.

Der Würzburger Fürstbischof, zwar durch religiöse Streitigkeiten im Reich genötigt, den Festungsbau dem Residenzprojekt voranzustellen, verbindet, ähnlich wie sein Bruder in Wien, Pflicht und Neigung und bittet den Kurfürsten, daß er mit Herrn von Erthal „zugleich Dero obristleutnant Welsch mitgehen zu lassen, zwar solchergestalt erlauben mögten, damit es nicht heißen möge, als hätte ich ihn express berufen, allermaßen mir sonsten bei dermaliger beschaffenheit meiner cammer schwer fallen würde, einen bekanntlich an sich so kostbaren mann genugsam zu belohnen". Der Kurfürst sagt seinem Neffen den „kostenlosen" Besuch Welschs zu; da sich dessen Abreise aber durch Krankheit verzögert, hätte ihn der sparsame Johann Philipp Franz am liebsten wieder ausgeladen.

Geplant wurde inzwischen nicht nur in Mainz, sondern auch in Würzburg und Wien. Der Bauherr, „als ein neuangehender Anfänger", ließ seine Architekturideen durch Balthasar Neumann in Zeichnungen umsetzen. In Wien planten wiederum sein Bruder Friedrich Karl, Prinz Eugen, der kaiserliche Bauintendant General Graf Althan und Hildebrandt, der, so beteuerte der Reichvizekanzler seinem Bruder in Würzburg, „hat gedanken und ein werk unter handen, welches ... ewigen nachruhm geben wird".

Die Mainzer Pläne läßt der Kurfürst in Würzburg direkt durch die Mitschöpfer vertreten und bittet seinen Neffen Ende Februar, „die von mir mit ihme (v. Erthal) und meinem obristlieutnant Welsch für Dero residenzbau mit aller nur möglichsten und gewiß ohnermüteter attention, fleiß und application zusammengetragene bauconcepten zu empfangen". Bis tief in die Nacht hinein beraten die Mainzer mit dem Bauherrn in Würzburg, und wegen der Befestigung reitet Welsch bereits am nächsten Vormittag mit Hauptmann Neumann um die Stadt. Das Hauptanliegen des Mainzer Kurfürsten ist aber, „seine" Residenzpläne bei seinem Neffen durchzusetzen. Dabei soll in Würzburg noch sein Oberstallmeister von Rotenhan helfen. Ihm schreibt der Kurfürst nach Würzburg: „Ihr herren consumptionsräth seit nuhn beisammen undt werdet zweifelsohne Euere rethoriqúe zusammentragen, damit uns alle zusammen das praemium nicht aus handen gehen möge, allermassen ich gewißlich glaube, daß weder zu Wien, Paris und Rom, und solte es auch in Constantinopel sein, was besseres wirdt aufgefunden werden."

Einige Änderungswünsche, „uhngereimbte Einfäll", von Johann Philipp Franz, wie drei mittlere Durchfahrten und ein Mezzaningeschoß im unteren Stockwerk, verärgern Philipp Christoph von Erthal, Welsch und den Kurfürsten, werden aber erfüllt. Die Mühe und die Bemühungen der Mainzer haben sich jedoch gelohnt, denn der Würzburger Fürstbischof bleibt im wesentlichen bei dem Mainzer Projekt, auch nachdem die Wiener Pläne in Würzburg eingetroffen sind. Über Welsch als Festungsbaumeister, der Anfang März auch die Festung Königshofen inspiziert, berichtet der Fürstbischof seinem Oheim, daß er „in der fortifikationsarbeit mir sehr nutzliche dienste leistet", immerhin „arbeithen 800 bauern ohne underlaß" an der Befestigung von Würzburg.

Über den Würzburger Landesherrn beklagt sich sein Oheim bei dessen Bruder Friedrich Karl, der wohl das Honorar für Hildebrandt bemängelt hatte; Lothar Franz schreibt: „Undt eben also hat er es mit dem von Erthal und obristl. Welsch gemacht, welche, nachdem er nuhn sie seith dem neujahr occupiret undt sie bei 6 Wochen zu Würzpurg gehabt undt auff dem landt herumbgeschickt, jedem von ihnen endlich 45 ducaten geschenkt, worüber ich mich dann von hertzen geschähmet, indem es ja nicht einmahl vor ein present vor einen simplen werkmeister, der nuhr ein wenig ein riss verstehet, passiren kann, enfin in dergleichen ist er recht kahl; doch er es sonsten in anderen uhnötigen dingen zimlich lauffen lasset." Das Versäumte, Welsch für seine Arbeit am Residenzprojekt und an den Verteidigungsanlagen des Hochstifts Würzburg angemessen zu honorieren, holt der Fürstbischof im Oktober des gleichen Jahres nach, indem er anordnet, „den obristlieutnant Welsch als einen erfahrenen mann und ingenieur jährlich 500 fl rhein. zu geben. Hingegen solte er jährlich 4 mal als alle quartal anher kommen und nachsehen oder riße verfertigen". Diese Summe erhält Welsch auch nach dem plötzlichen Tod des Fürstbischofs im Jahre 1724 von dessen Nachfolger Fürstbischof von Hutten. Da dieser den Residenzbau nahezu einstellt, wird die Weiterzahlung im wesentlichen für Welschs Leistungen auf dem Gebiet der Festungsbaukunst erfolgt sein.

Wenig später als Residenzplanung und Baubeginn im Jahre 1721 greift Fürstbischof Johann Philipp Franz den

Gedanken, an den Dom eine Grabkapelle anzubauen, wieder auf. Bereits im Frühjahr 1722 liegen Pläne Maximilian von Welschs vor, und der Bau wird im Sommer begonnen. Die Schönbornkapelle ist in ihrer äußeren Gestalt eines der wenigen erhaltenen Werke von Welsch und zusammen mit der späteren Innenraumvariation von Balthasar Neumann ein Kleinod des deutschen Barock.

In Würzburg die Residenz und die Schönbornkapelle zu errichten, war Johann Philipp Franz erst durch seine Wahl zum Fürstbischof im Jahre 1719 ermöglicht. Ebenso ergreift sein Bruder, Kardinal Damian Hugo, fast unmittelbar nach seiner Wahl zum Fürstbischof von Speyer, Ende des Jahres 1719, die dadurch gegebene Möglichkeit, eine Residenz zu planen und zu bauen. Als Ort wählt Damian Hugo nicht das „zanksichtige" Speyer sondern Bruchsal und beauftragt Welsch, die Residenz zu planen und zu vermessen. Alle Voraussetzungen hatte der Fürstbischof wohl bedacht, einschließlich der Kriegsgefahr. „Ich baue haldt in ein landt, wohe täg- und stündlich kriech. Also muß auch so gebauet werden, daß wan eine flam aufgehet, das andere gebey noch zu erretten, also wirdt fast alles von einander separiret...". Dem entspricht Welschs Disposition der Gesamtanlage. Bereits Anfang Juni 1720 wird in Bruchsal das Gelände von ihm vermessen, wobei der Kurfürst auf baldige Rückkehr des „preziosen Mannes" drängt, auch mit Rücksicht auf die schlechte Finanzlage seines Neffen. Während dessen Kur in Schlangenbad, dem Kurfürst Lothar Franz durch den Bau eines Kurhauses den Charakter eines exklusiven Diplomaten-Bades gegeben hatte, trifft Damian Hugo wieder mit Welsch zusammen, der ihm, nach Mainz zurückgekehrt, schreibt, der Kurfürst habe sich „sehr verwundert, daß wir so fleißig gewesen". Welschs Auftraggeber und Gesprächspartner, Damian Hugo, ist der Bruder des Würzburger Bischofs und des Reichsvizekanzlers Friedrich Karl. Wie seine Brüder am Collegium Germanicum in Rom ausgebildet, später als Diplomat vom Kaiser mit schwierigen Missionen betraut, wurde er durch dessen Einfluß 1715 zum Kardinal erhoben.

Kurz nach seiner Wahl zum Koadjutor des Hochstifts Speyer im Jahre 1716 erhält Welsch den ersten Auftrag von ihm. Der von Welsch entworfene und danach als Kupferstich ausgeführte mannshohe Wappenkalender für das Speyerer Domkapitel ist der erste von drei überlieferten. Der zweite Entwurf eines Wappenkalenders für die Fränkische Reichsritterschaft wird 1719 initiiert von Hans Georg von Rotenhan, Direktor der Fränkischen Reichsritterschaft, und einem der „Baudirigierungsgötter" am Hofe von Lothar Franz in Mainz. Für dessen Bamberger Domkapitel entwirft Welsch später einen Kalender, dessen Druck vielleicht durch den Tod des Fürsten im Jahre 1729 unterblieb. Daß der Mainzer Kurfürst an seinen Tod durch eine Bauidee seines Neffen Damian Hugo schon 1716 erinnert werden würde, findet jener suspekt. Der Kardinal hatte als Begründung für den Bau eines Landhauses mit Gartenanlage in Weisenau bei Mainz, das er Welsch projektieren läßt, mit angeführt, daß er dadurch dem durch Koadjutorwahl designierten Nachfolger seines Oheims Lothar Franz, dem Kurfürsten von Trier Franz Ludwig von Pfalz-Neuburg, näher wäre. Lothar Franz rät seinem Neffen von dem Projekt ab und ebenso der Bruder des Kardinals, Reichsvizekanzler Friedrich Karl: „... für dem teuffels bawen wahrne, dan dieses führet über alle weeg und mittel hinaus, und stehet in keines, der schon angefangen hat, seiner macht, jemahlen, wan er will, wieder aufzuhören." Diese Warnung gilt ausschließlich dem Projekt in Weisenau, denn wenige Jahre später sind sich alle Schönborn darin einig, daß Damian Hugos Residenz in Bruchsal, ebenso wie die seines Bruders Johann Philipp Franz in Würzburg, Bauwerke werden müssen, die der Familie Nachruhm über Jahrhunderte sichern. — Als die Residenzprojekte im Jahre 1720 spruchreif werden, ist das geistliche und geistige Oberhaupt der Familie, Kurfürst Lothar Franz, 65 Jahre, und die beiden Bauherren gehen, ebenso wie ihr Bruder, der Reichsvizekanzler, und Maximilian von Welsch auf die Fünfzig zu.

Dem Kreis der fürstlichen Auftraggeber Welschs gesellt sich 1721 ein weiterer hinzu: der Fürstabt von Fulda, Constantin von Buttlar. Der unter seiner Regierung im Jahre 1722 begonnene Lustgarten neben dem Residenzschloß und die erhaltene Orangerie stammen von Maximilian von Welsch. Dieser Auftrag bedurfte sicher keiner Vermittlung mehr, erwähnt sei aber das gutnachbarliche Einvernehmen zwischen dem Fürstabt und dem Würzburger Fürstbischof Johann Philipp Franz, die einen jahrzehntelangen Streit zwischen den beiden Fürstentümern über geistliche Gerichtsbarkeit beigelegt hatten.

Mit den Entwürfen für den Fuldaer Fürstabt schließt die Tätigkeit des 50jährigen Maximilian von Welsch auf dem Gebiet der Gartenanlagen und Gartenbauten, während sich sein zivilarchitektonisches Oeuvre in Altar- und Kirchenbauten fast bis zu seinem Lebensende im Jahre 1745 fortsetzt. Dem ersten Auftrag für einen Hochaltarentwurf für die Wallfahrtskirche auf dem Schönenberg bei Ellwangen im Jahre 1710 folgt bereits 1712 der für die Kirche der Kartause bei Mainz. Selbstverständlich schließen die späteren Entwürfe für die Schönbornkapelle und die Würzburger Hofkirche das Thema Altäre mit ein, und 1726 erwägen auch die Mainzer Domherren, „ob nicht dienlich scheinen wolle, weillen man anitzo in Einer zeith, dahe Ihro Churfürstl. Gnd. (Lothar Franz) selbsten der Architectur undt bawwesens bekanntlich im fundament Erfahren, auch annebens h. Obrist Welsch und h. von Ritter völlig Experimentirt, das sie Einen förmblichen riß über das hohe Chor undt den hohen altar, wie solches alles zu kunfftigen besten zierath der hohen dhombkirchen eingerichtet werden könte, anitzo verfertigen". Während das Mainzer Domchor- und Hochaltarprojekt unausgeführt bleibt, werden Welschs Entwürfe für den Hochaltar und die Chordekoration in der Mainzer Liebfrauenkirche 1733 ausgeführt, wo Welschs Stiefsohn, Georg Michael Fontana, Kapitular am Liebfrauenstift ist.

Vom Jahre 1729 an wird Welsch, 58jährig, einsamer: Sein Dienstherr und Förderer, Kurfürst Lothar Franz verscheidet, und im gleichen Jahr fällt sein ältester Sohn im Duell. Wenige Jahre später, 1732, verliert er seinen jüngeren, einzigen

Bruder, Obristwachtmeister Johann Lorenz von Welsch in Mainz, und im Jahre 1735 seine Frau, Sabine Therese.

In den dreißiger Jahren erwachsen dem Festungsbaumeister Welsch durch den Beginn des Polnischen Thronfolgekrieges wieder große Aufgaben. Dem weiteren Ausbau der Mainzer Verteidigung muß, wegen der exponierten Lage gegenüber Frankreich, besondere Aufmerksamkeit geschenkt werden. Die notwendigen, umfangreichen Neubauten an der Festung führen im Jahre 1734 zu engen Kontakten zwischen der Reichsfestung Philippsburg und Mainz, der Festung des Kurstaates. Im gleichen Jahre werden die getroffenen Verteidigungsvorbereitungen in Mainz von den hervorragendsten Festungsbaumeistern der Zeit beraten. Neben Maximilian von Welsch beteiligen sich an Planung und Entwurf der neuen Werke mit Vorschlägen und Gutachten der Ingenieurhauptmann von Philippsburg, Johann Christian Lüttich, Feldmarschalleutnant von Wutgenau, der Kommandant dieser Festung, und der Chef des preußischen Ingenieurkorps Obrist von Wallrawe. Sie werden regelmäßig unter der Leitung des Grafen Seckendorff, der Anfang des Jahres als Kommandant berufen worden war, in einem Kriegsrat versammelt, aus dessen Vielzahl von Vorschlägen erkennbar ist, daß die Hauptsorge der Vollendung der zweiten Umwallung und der Verstärkung der Gartenfeldfront gilt. Die bis zum Jahre 1736 ausgeführten Arbeiten sind durch einen Plan des Generalmajors von Welsch überliefert und erfahren danach keine wesentlichen Veränderungen mehr.

Diesen Festungsbauten folgen wieder Aufgaben aus dem Bereich der Sakralarchitektur. Fast siebzigjährig entwirft General Welsch 1738 zwei Hochaltäre: einen für den Wormser Dom, wo bereits Neumanns Plan angenommen worden war, und einen für die Pfarrkirche St. Quintin in Mainz, zu deren Erzbruderschaft vom heiligsten Altarsakrament Welsch gehört. Die feierliche Grundsteinlegung, der Welsch beiwohnt, vollzieht Weihbischof Christoph Nebel, der zugleich Pfarrer von St. Quintin ist.

Noch in seinen letzten Jahren entwirft Welsch Pläne für zwei große Kirchenbauten: für die Abteikirche in Amorbach

und für die Wallfahrtskirche Vierzehnheiligen. In Amorbach beginnt der Neubau unter Verwendung des alten Westbaus und der Umfassungswände des Langhauses nach den Plänen Welschs im Jahre 1742; er ist gut erhalten geblieben. Dagegen sind Welschs Pläne für Vierzehnheiligen aus dem Jahre 1744, ebenso wie die früheren von Krohne und Küchel der Konkurrenz Balthasar Neumanns unterlegen.
Im folgenden Jahre, am 14. Oktober 1745, verstirbt Maximilian von Welsch in Mainz und wird hinter dem Hochaltar von St. Quintin beigesetzt. Der Eintrag ins Kirchenbuch von Weihbischof Christoph Nebel lautet fast wie ein Nachruf: Excellentissimus D. Maximilianus de Welsch excubiarum extremus praefectus et dux legionis pedestris, architecturae militaris director, vir architectura tam bellica quam civili, pietate et liberali(ta)te in pauperes maxime celebris, o(mnibus) m(orientium) S(acramentis) m(unitus).

LITERATUR

Heinrich SCHROHE, Johann Maximilian von Welsch, Eine Kennzeichnung der Persönlichkeit, in: Mainzer Zeitschrift Jg. XVII/XIX, 1921/24, S. 7—19.
Richard SEDLMAIER und Richard PFISTER, Die fürstbischöfliche Residenz zu Würzburg, (München 1923).
Walter BOLL, Die Schönbornkapelle am Würzburger Dom, (München 1925).
Karl LOHMEYER, Die Stichwerke Salomon Kleiners, Favorita ob Mainz, Weißenstein ob Pommersfelden und Gaibach in Franken, aufs neue herausgegeben und mit einer Einleitung und der Lebensgeschichte Maximilian von Welschs, (Heidelberg 1927).

Anton CHROUST, Quellen zur Geschichte des Barock in Franken unter dem Einfluß des Hauses Schönborn, Teil I, 1. Halbbd., bearb. v. H. HANTSCH und A. SCHERF, (Augsburg 1931); 2. Halbbd., bearb. v. M. H. v. FREEDEN, (Würzburg 1955).

Wolfgang EINSINGBACH, Johann Maximilian von Welsch, Neue Beiträge zu seinem Leben und zu seiner Tätigkeit für den Fürsten Georg August von Nassau-Idstein, in: Nassauische Annalen, Bd. 74, 1963, S. 79—170.

Joachim MEINTZSCHEL, Studien zu Maximilian von Welsch, (Würzburg 1963) (Veröffentlichungen der Gesellschaft für fränk. Geschichte VIII, Bd. 2).

Friedrich P. KAHLENBERG, Kurmainzische Verteidigungseinrichtungen und Baugeschichte der Festung Mainz im 17. und 18. Jahrhundert, (Mainz 1963) (Beiträge zur Geschichte der Stadt Mainz, Bd. 19).

Wolfgang EINSINGBACH, Zum Leben des Mainzer Barockarchitekten Maximilian von Welsch zwischen 1693 und 1704 und der Bericht über seine Reise in die Niederlande, nach Frankreich und England in den Jahren 1699—1700, in: Mainzer Zeitschrift Jg. 67/68, 1972/73, S. 214—229.

WILHELMINE VON BAYREUTH

Von Gerhard Pfeiffer

„Die kleine Markgräfin mit dem gelben Teint ging in die Geschichte ein, ohne etwas getan zu haben." Mit diesem Satz schloß der französische Schriftsteller Michel Davet sein Buch über Wilhelmine von Bayreuth ab. Wer sie trotz dieses Verdikts als historische Persönlichkeit darstellen will, wird sich zu fragen haben, ob und wie sie der ihr gestellten Aufgabe als Markgräfin in Bayreuth gerecht geworden ist.

Die 1709 als ältestes Kind des preußischen Soldatenkönigs Friedrich Wilhelm I. von seiner Gemahlin Sophie Dorothea aus dem Hause Hannover geborene Prinzessin Sophie Friederike Wilhelmine ist nur aus einer politischen Verlegenheit heraus Markgräfin im fränkischen Fürstentum Bayreuth geworden. Von dem ehemaligen Benediktiner La Croze gründlich auf der Basis humanistischer Bildung im französischen Geist erzogen, ließ sie früh Charakterzüge erkennen, die in Bayreuth ausgeprägt hervortraten. Schon als Zehnjährige wurde sie auf eigenen Wunsch als Erwachsene gekleidet, gab sich ihrer Mutter gegenüber als „die vernünftigste aller ihrer Töchter" zu erkennen, und bedauerte, nicht ein Knabe zu sein, der den Anspruch hätte, vorgezogen zu werden. Während ihr Bruder Fritz den Pietisten August Hermann Francke unverhohlen als Pharisäer bezeichnete, wußte sie — trotz der gleichen Beurteilung — auf diesen den Eindruck zu machen, daß sie, „wenn sie spricht, viel artiger ist, als man ihr ansehen sollte." Sie wurde von ihrem auf den englischen Königsthron gelangten Großvater Georg als hübsch, groß und gut gewachsen bewundert, mußte aber u. a. eine Pockenkrankheit durchmachen, so daß sie von ihrer Umgebung einmal als häßlich, mager und pockennarbig herabgesetzt wurde. Ihre Eitelkeit veranlaßte sie jedenfalls, ihrer Schönheit durch Kosmetika und Schmuck nachzuhelfen. Für ihre Eigenart hat weder der Vater noch die Mutter ein wirkliches Verständnis aufgebracht.

Die Frage ihrer Heirat wurde zu dem Zeitpunkt aktuell, als Brandenburg-Preußen zwischen zwei Koalitionen stand, die eine latente Kriegsgefahr bedeuteten, einem Bund der Seemächte Hannover/England, Frankreich, Spanien und einem Bund Österreichs mit Rußland. Der auch von seinem General Friedrich Wilhelm v. Grumbkow und dem österreichischen Gesandten Friedrich Heinrich Graf Seckendorff beeinflußte Vater wollte dem Kaiser und dem Reich die Treue halten, während die ehrgeizige Mutter die Verbindung zu England auch durch die Ehen ihrer beiden ältesten Kinder Wilhelmine und Friedrich mit dem Prinzen von Glocester und der Prinzessin Amalie herstellen wollte. Beide Kinder standen so zwischen den Eltern in dem Streit um ihre künftige Lebensgestaltung. Der Vater war Wilhelminens Ehe mit dem Prinzen von Glocester nicht grundsätzlich abgeneigt, wollte aber in die eine politische Bindung einschließende Ehe des Kronprinzen mit Amalie von Hannover-England, die als Bedingung für die englische Heirat der Tochter gestellt war, nicht einwilligen. Im Laufe dramatischer Ereignisse, des Fluchtversuches des Kronprinzen und der Verhandlungen des Vaters mit dem englischen Gesandten Sir Hotham, stand Wilhelmine nur vor der Wahl einer Ehe mit dem Angehörigen einer brandenburgischen Nebenlinie, dem Markgrafen Friedrich Wilhelm von Schwedt, oder mit einem Wettiner, Herzog Adolf von Sachsen-Weißenfels. Sie lehnte beide ab, den einen, weil er bösartig, den andern, weil er gar zu arm sei. Sie sprach die Hoffnung aus, der Vater würde sie unverheiratet lassen, willigte aber ein, als der Vater ihr die Ehe mit Markgraf Friedrich von Brandenburg-Bayreuth als letzte Alternative offen ließ. So sehr sie versicherte, sie wolle ihren Ehrgeiz nicht durch eine glänzende Ehe befriedigt sehen, stand über ihrem weiteren Leben das Trauma eines verständnislosen Verhaltens des Elternhauses und einer aus Vernunftgründen eingegangenen Ehe mit einem um drei Jahre jüngeren Kleinfürsten. Sie stellte 1751 bei der Nachricht vom Tode des ihr ursprünglich zugedachten englischen Kronprinzen resigniert Betrachtungen über die Nichtigkeit menschlicher Wünsche an.

Wurde sie auch nicht Königin, so blieb sie die Königstochter. Sie fühlte sich tief gekränkt, als ihr Schwiegervater, Markgraf Georg Friedrich Karl, um ihren Prätentionen zu begegnen, ihre Bitte ablehnte, ihrem um die Regelung ihrer Heirat verdienten Hofmeister Baron Friedrich Karl Voit von Salzburg das Oberamt Hof zu übertragen. In ihren Memoiren bemerkt sie dazu, daß sie im Blick auf die ersten Throne Europas aufgezogen worden sei und daß der väterliche Hof die Reichsfürsten, ja selbst die Kurfürsten, als Vasallen betrachtet habe, mit denen man nach Belieben umspringen könne. Man versteht ihren Schrecken, als die Gefahr auftrat, daß ihr geschiedener Schwiegervater die Schwester ihrer Hofdame, Florentine von Wittenhorst-Sonsfeld, heiraten würde und sie selbst durch Erhebung ihrer Gesellschafterin zum Rang der Schwiegermutter sich gedemütigt sehen sollte. Nach der Hochzeit ihres Bruders bestritt sie der Großmutter ihrer Schwägerin, der Herzogin von Braunschweig-Wolfenbüttel, Schwiegermutter Kaiser Karls VI., den Vorrang, denn sie war überzeugt, „wenn ich einmal meine Vorrechte als Königstochter verlöre, würde ich sie niemals wiedererlangen." Bei dem Besuch der Kaiserin Amalie in Frankfurt anläßlich der Kaiserkrönung bestand sie darauf, daß ihr ein Sessel angeboten wurde, den sie ihrerseits auf ihrer italienischen Reise den adeligen Damen Genuas verweigerte, so daß nur ein Stehempfang zustande kam. Nach dem Regierungsantritt ihres Gemahls vermied sie bewußt, beim Antrittsbesuch am Nachbarhof dem Bamberger Fürstbischof Friedrich Karl von Schönborn die Anrede „Euer Gnaden" zu geben. Zwar konnte sie die Neugier nicht verbergen, als sie die Gelegenheit wahrnahm, von der Sakristei von Santa Maria Maggiore aus Papst Benedikt XIV. bei der Messe zu beobachten, aber ein Papstbesuch scheiterte an ihrer Weigerung, den zeremoniellen Fußkuß zu geben. Ihr Verhalten brachte ihr mehrfach den Vorwurf der Hochmütigkeit ein.

Mit der Übersiedlung nach Bayreuth wurde ihr nicht sofort jene Selbständigkeit geschenkt, die sie bei ihrem groben Vater nicht hatte durchsetzen können. Zwar blieben nun demütigende und schmerzhafte Stockschläge aus, aber die Ärmlichkeit des Lebenszuschnitts und die pietistisch fromme, patriarchalische Haltung des Schwiegervaters ähnelten gar zu sehr dem, was sie in Berlin hatte hinnehmen müssen. So mußte sie die Hoffnung auf rauschende Hoffeste vorerst begraben und sich weiter mit bescheidenen Mahlzeiten begnügen, die in ihrer Erinnerung der Vater im Zorn über den ungeratenen Sohn und die mit ihm heimlich verschworene Wilhelmine angeblich noch mit seinem Speichel ungenießbar gemacht hätte. Psychologisch verständlich war es jedenfalls, wenn Wilhelmine bei der Erkrankung von Vater und Schwiegervater 1735 pietätlos mit ihrem Bruder die Hoffnung auf den baldigen Tod der älteren Generation teilte. Während König Friedrich Wilhelm sich wieder erholte, machte der Markgraf Platz für seinen Sohn — und für seine Schwiegertochter, der er immerhin jene Meierei bei Bayreuth geschenkt hatte, die sie Monplaisir benannte.

Nach dem Tode ihres Schwiegervaters schenkte ihr Gatte ihr die schon vor 20 Jahren errichtete Eremitage, bei der sie bald begann, die Gärten nach eigenen Plänen auszugestalten und zu erweitern. Zugleich setzten Hoffeste, Maskenbälle und Musikaufführungen ein, die den Widerspruch der dem Pietismus verhafteten führenden Bayreuther Geistlichkeit fanden. Erst nach dem i. J. 1740 eintretenden Tode ihres Vaters, der ihr bereits 1732 einen Pietisten, M. Johann Adam Steinmetz, durch Ernennung zum Generalsuperintendenten in Magdeburg abgenommen hatte, klang der Pietismus in der Stadt Bayreuth und am Hofe aus: Johann Christoph Silchmüller, der Gründer des Bayreuther Waisenhauses, wurde als Superintendent nach Kulmbach wegversetzt, den Hofkaplan Johann Adam Flessa berief König Christian VI. von Dänemark, Gemahl der pietistischen Tante ihres Gatten, nach Altona, und der Stadtpfarrer M. Friedrich Hagen starb.

So schien man nach 1740 freier leben zu können, aber in Berlin trat der Bruder an die Stelle des Vaters, der zwar für Wilhelmine und ihren Gatten Stütze und Hilfe sein konnte, aber auch fordernde Autorität bedeutete. Er war

eben Chef des Hauses Hohenzollern geworden, der nach einem Worte Voltaires zwar als Philosoph dachte, aber als König handelte. Im Siebenjährigen Kriege ließ er jedenfalls dem leitenden Bayreuther Minister Graf Ellrodt beibringen, daß das Wohl Bayreuths am Wohle des königlichen Hauses hinge.

Die gemeinsame Jugend am Berliner Hofe mit gemeinsamem Musizieren auf Laute und Flöte, die Verknüpfung ihres Schicksals durch die konträren Ehepläne von Vater und Mutter und die Hemmnisse der eigenen Entwicklung durch den Vater, der die Kinder nach seinem Bilde formen wollte, haben die Geschwister fest aneinander gekettet. Wilhelmine glaubte sogar, daß sie mit dem Opfer, das sie durch Eingehen der Ehe mit Markgraf Friedrich gebracht hätte, die Versöhnung von Vater und Sohn angebahnt und sich den Dank Friedrichs verdient habe. Sicher hat die ältere Schwester ihren Bruder nachhaltig beeinflußt und — sie selbst eine leidenschaftliche Leserin — hat ihn zur Lektüre aufgemuntert. Daß sie ihre Meinung, er solle seine Talente besser pflegen, mit dem wirksamen Hinweis begründete, er würde sonst als Herrscher in die Abhängigkeit seiner Ratgeber kommen, hat er selbst noch lange im Gedächtnis behalten. Freilich hat Wilhelmine die Innigkeit, mit der der Bruder an ihr hing, überschätzt, vor allem seit dieser in der zielbewußten Ausbildung in Heer und Verwaltung stand und nur kurze Besuche in Berlin und Gegenbesuche in Bayreuth die lebhafte Korrespondenz der beiden durch persönliche Begegnungen ergänzten und zu gemeinsamen Erlebnissen führten. Aber schon 1731/32, als das Erbprinzenpaar nach der Geburt der ersten und einzigen Tochter in der Mark Brandenburg weilte, bemächtigte sich der Wilhelmine das Gefühl des Fremdwerdens, zumal der Gatte zu seinem Regiment eilen mußte, das ihm der König anvertraut hatte. Das Geflüster, daß die jungen Leute durch den Berliner Aufenthalt Haushaltungsgeld sparen konnten, und später der Rat des Kronprinzen, auf dem Fuß von Landedelleuten zu leben, mußten der Königstochter die ganze Dürftigkeit der Lage, in die sie durch ihre Ehe geraten war, gespenstisch vor Augen stellen. Aber noch galt Wilhelminens Einfluß auf ihren Bruder als so stark, daß der Wiener Hof glaubte, durch Geldleistungen an sie auch den Kronprinzen an das Kaiserhaus fesseln zu können.

Das Jahr 1740, in dem der junge König so nebenbei in Bayreuth ein paar hundert Mann anforderte, mußte einen Einschnitt bringen. Der Bruder konnte und wollte seinen politischen und militärischen Ehrgeiz nicht der Pflege der Familienbande unterordnen, und seine Abreise nach Schlesien während des Besuchs von Schwester und Schwager zeigte, daß er andere Gedanken im Kopfe hatte. In der in Bewegung geratenen politischen Welt Europas versuchte man auch in Bayreuth selbständig zu handeln. Den Gedanken, daß auch die Bayreuther Linie der Hohenzollern Ansprüche auf Jülich und Berg erheben könnte, oder den Wunsch, sich durch einen Handstreich der Reichsstadt Nürnberg zu bemächtigen, verwies König Friedrich mit dem Hinweis auf die Ohnmacht eines Kleinfürsten in den Bereich des politischen Dilettantismus.

Den mit Friedrichs ersten beiden Schlesischen Kriegen parallel geführten Kampf des Hauses Wittelsbach um das Habsburger Erbe nutzte der Bayreuther Markgraf zum Abschluß eines Vertrages mit Kaiser Karl VII. und zum Erwirken der Universitätsprivilegien für die Hohe Schule in Erlangen. Diese politische Selbständigkeit der Bayreuther tadelte König Friedrich und bedachte die Universitätsgründung mit leichtem Spott: „Ich zittere bereits im voraus vor all den Gelehrten, die daraus hervorgehen werden." Daß die Bayreuther sich durch den Grafen Burghauss beim Großherzog von Toskana, dem Gemahl der „Königin von Ungarn" Maria Theresia, vertreten ließen, daß der den Preußenkönig als schlechten Charakter einschätzende Leibarzt der Wilhelmine, Daniel von Superville, Beziehungen zu dem österreichischen Gesandten beim Fränkischen Reichskreis Karl Graf Cobenzl unterhielt, daß der Herausgeber der Erlanger Zeitung „Auszug der neuesten Weltgeschichte" Johann Gottfried Groß eindeutig für die habsburgische Königin eintrat, ja, daß Wilhelmine nach dem Tode Kaiser Karls der Kaiserin Maria Theresia auf ihrer Fahrt zur Kaiserkrönung nach Frankfurt bis nach Emskirchen nachreiste, um ihr ihre Aufwartung zu machen, all das mußte dem Bruder als Verrat an seiner Sache erscheinen. Daß schließlich Wilhelmine ihre Hofdame Wilhelmine Dorothea Gräfin von der Marwitz mit dem österreichischen Obersten Burghauss vermählte, obwohl ihr Vater eine Ehe außerhalb der preußischen Lande verboten hatte, mußte ihm vollends unverständlich sein. Er wußte nicht, daß die Ehestiftung der Versuch war, die Hofdame zu binden, um nicht durch sie ihre eigene Ehe mit dem Markgrafen stören oder gefährden zu lassen.

Ein reinigendes Gewitter im April 1746 begann die Spannung zwischen den Geschwistern zu lösen. Aber wie kläglich waren die Entschuldigungen, die Wilhelmine vorbrachte! Daß der Erlanger Zeitungsschreiber Invektiven gegen den Bruder hätte verbreiten können, läge daran, daß man bei Hofe keine Zeitung läse, die Aufwartung bei der Kaiserin wäre die Erfüllung einer reinen Höflichkeitspflicht gewesen, und die Verehelichung der Marwitz mit dem Österreicher hätte sie „zugelassen", weil sie das Versprechen, sie nicht außerhalb der preußischen Lande zu vermählen, nur dem Vater, aber nicht ihm, dem Bruder, gegeben hätte. Nunmehr ist es Wilhelmine, die um die Liebe des Bruders wirbt und sich seinen Wünschen anpaßt. 1747 fährt sie überraschend von einem Kuraufenthalt in Karlsbad nach Berlin, um den Bruder zu sprechen. Dieser Aussprache folgt eine Auseinandersetzung mit der Gräfin Burghauss-Marwitz, die schließlich verspricht, den Bayreuther Hof ganz zu verlassen; gleichzeitig legt Superville seine Ämter nieder. Aber noch an der Hochzeit der Tochter des Markgrafenpaares mit Herzog Karl Eugen von Württemberg im September 1748 nimmt die Marwitz teil, der Bruder, der die Ehe mit Herzog Karl Eugen eingefädelt hatte, entschuldigt sich mit Staatsgeschäften und Unpäßlichkeit. Das geschwisterliche Verhältnis ist normalisiert, es ist auf die Ebene einer geistreichen Konversation und eines literarisch im Geiste der Empfindsamkeit kultivierten Briefwechsels gehoben. Nach dem Brand des alten Bayreuther Schlosses 1753 hilft der Bruder dem Markgrafen mit ein paar artigen Kleinigkeiten, nicht ohne der Schwester zu bestätigen, daß er jedenfalls für seine Schloßbauten nie Staatsmittel in Anspruch genommen habe. Von der Reise durch Frankreich und Italien schickt Wilhelmine dem Bruder römische Altertümer, und seit Ausbruch des Siebenjährigen Krieges teilt sie Freuden und Sorgen mit dem angebeteten Bruder, in dem sie den größten Staatsmann ihres Jahrhunderts sieht.

Aber gerade die Nöte des Siebenjährigen Krieges versetzten Friedrich wieder in die Lage, seinerseits die Schwester um die Erfüllung von Wünschen zu bitten. Ihre Mitteilungen über politische Vorgänge und Truppenverschiebungen im süddeutschen Raum sind ihm willkommen, und die Markgräfin muß, nachdem der Reichskrieg gegen Friedrich erklärt ist, hinter dem Rücken ihres Mannes, den sie nicht bloßstellen darf, durch Marquis d'Argens und sogar über den Minister Graf Ellrodt Nachrichtenverbindungen zu Friedrich herstellen und aufrechterhalten, selbst nachdem die Plassenburg von kaiserlichen Truppen besetzt ist. Nach der Niederlage von Kolin, ja selbst nach dem Sieg von Roßbach vermittelt sie auf Friedrichs Wunsch einen Friedensversuch, zu dem Voltaire engagiert wird. Wilhelmine hatte zu ihm nie die Verbindung abreißen lassen, aber nicht gewagt, ohne Zustimmung des Bruders, der sich mit Voltaire überworfen hatte, ihn an den Bayreuther Hof zu berufen. Jetzt versucht sie durch ihn über den Bankier Tronchin in Lyon und den dortigen Erzbischof Kardinal Tencin an den Pariser Hof und den Leiter der französischen Außenpolitik Abbé Bernis vorzustoßen. Wilhelmine hatte aber die Kriegsmüdigkeit des französischen Hofes überschätzt: Der Friedensfühler wird zurückgewiesen. Voltaire aber rühmte sich schadenfroh, schon vorher gewußt zu haben, daß der Versuch scheitern werde.

Bei Wilhelminens enger Bindung an den Bruder erhebt sich die Frage, inwieweit sie ihrer Aufgabe als Landesmutter, und das heißt zunächst als Gattin des Markgrafen Friedrich gerecht wurde. Mochte dieser auch in Haltung und Sprechen kaum den Eindruck einer starken Persönlichkeit machen, so sind doch Urteile, die seine Regierung abwerten, nicht gerechtfertigt, sofern man den Maßstab des an vergleichbaren deutschen Fürstenhöfen Geleisteten anlegt. Er hatte es nicht leicht, sich bei Schwiegereltern und Schwager durchzusetzen, und seiner Gemahlin ließ er einen weiten Spielraum für eigene Aktivitäten. Wie sich Wilhelminens Anteil an den politischen Entscheidungen beim Regierungsantritt des Markgrafen gestaltete, hat sie in ihren Memoiren geschildert, ohne daß die Angaben im einzelnen nachprüfbar wären. Der Markgraf wäre beim Tode des Vaters nur oberflächlich über die Staatsgeschäfte unterrichtet gewesen. Sie wäre ihrerseits überzeugt gewesen, daß er sich nicht von seinen Ratgebern lenken lassen würde, und hätte zugleich ihre Entschlossenheit bekundet, sich in nichts einzumischen, sich jedoch Respekt zu verschaffen und sich von niemand in ihre Sachen dreinreden zu lassen. Als ihr Oberhofmeister Voit geäußert hätte, sie werde es sein, die herrschen würde, und als die Marwitz ihr geraten hätte, einzuspringen, weil der junge Markgraf sich nicht um die Details der Regierungsgeschäfte kümmere, wäre eine Vertrauenskrise zwischen ihr und dem Markgrafen eingetreten. Das Angebot des Geheimen Rats, für sie beim Markgrafen eine Erhöhung ihrer Schatullegelder zu erwirken, hätte sie empört als den Versuch zurückgewiesen, sie zum Werkzeug für die Beherrschung des Markgrafen durch jenes Conseil zu machen.

Exponent des Selbstregiments des Markgrafenpaares, gleichsam einer „Nebenregierung" gegenüber dem Geheimen Rat, wurde Daniel von Superville. Wie dieses Selbstregiment fungierte, zeigt die Markgräfin in ihren Memoiren an den Vorgängen, die sich 1739 um eine Reise nach Frankreich und Italien rankten. Die von Superville angeregte Reise galt zunächst einer persönlichen Sache der Markgräfin, der Wiederherstellung ihrer Gesundheit, die den Geheimen Rat nichts anging. Aber die Stände mußten die Reisemittel bewilligen, und die finanzielle Frage mußte zugleich das Problem der Sanierung der Staatsfinanzen nach sich ziehen. Aber nicht daran scheiterte die Ausführung der Reise, sondern der Kammerdiener der Markgräfin, Johann Wilhelm Meermann, der eine religiöse Erweckung im Sinne des Pietismus erlebt hatte und in wiederholter Lektüre der ganzen Bibel religiöse Befriedigung fand, sprach am Hofe des Soldatenkönigs über die ihn empörende Verschwendung der Markgräfin, so daß ein Wink aus Berlin zum Abbruch der Reise führte. Eines der Ergebnisse der Tätigkeit des regierenden Dreigestirns war die Gründung der Universität Erlangen. Sicher hat Wilhelminens Ehrgeiz, nach dem Vorbild der Kusine, die die Universität Göttingen angeregt hatte, wie ihrer Großmutter, der im gleichen Sinne die Universität Halle zu danken war, auch ihrerseits eine Hochschule zu stiften, eine Rolle gespielt. Aber der Anteil der Eheleute und ihres Beraters Superville am Gründungsvorgang ist kaum noch säuberlich auseinanderzuhalten. Eine Reihe von einschlägigen Reskripten erging jedenfalls aus der Eremitage, und die kurzfristige Anordnung der Markgräfin, die Juristen Gadendam und Braun sowie den Theologen Huth über zwei philosophische Thesen öffentlich in ihrer Gegenwart und der ihrer Hofdamen disputieren zu lassen, zeigte, daß sie das Bild einer Institution vor Augen hatte, die dem höfischen Gesellschaftsideal entsprechen sollte. Die Widerstände der obersten Landesbehörden, insbesondere des Konsistoriums, finden nicht nur in der Rivalität zu dieser „Nebenregierung", sondern auch in der pragmatischen Auffassung von der Funktion einer Universität ihre Erklärung, nämlich geeignete „Subjekte" für den Dienst in Staat und Kirche heranzubilden. Mit dem Sturz Supervilles und der Betreuung des Hofrats Adam Anton v. Meyern mit dem Amt des Kurators der Universität und mit ihrer bald darauf erfolgten Unterstellung unter das Geheime Ministerium war der Sieg der Auffassung von der staatlichen Funktion der Universität entschieden. Ihre Verbundenheit mit der Universität bekundete Wilhelmine noch vor ihrem Tode dadurch, daß sie ihre Bibliothek ihr vermachte.

Zu den Erwartungen, die man einer „Landesmutter" gegenüber hegte, gehörte, daß sie dem Lande einen Erbprinzen schenken würde. Wilhelmine hat diese Hoffnung nicht erfüllt. Während der Vater drastisch der Tochter eine größere

Hingabe an den Markgrafen anempfahl, sollten Kuraufenthalte, die das Land zu finanzieren hatte, dem Versagen abhelfen. Ems und Karlsbad, ursprünglich auch der Aufenthalt in Frankreich und Italien hätten ihrer schon seit 1732 immer wieder auftretenden Kränklichkeit begegnen sollen. Wilhelminens Tochter Elisabeth Friederike Sophie, über die der Bayreuther Großvater überglücklich war, scheint, wie aus einem Brief an den Bruder vom Herbst 1748 hervorgeht, in ein engeres Verhältnis zur Mutter erst nach deren Bruch mit der Marwitz getreten zu sein. Wilhelmine überließ ihre religiöse Unterweisung dem Oberhofprediger August German Ellrodt, ihre sonstige Ausbildung dem vielseitigen Hofmeister, Schauspieler und Bibliothekar Joseph Uriot, der später (seit 1760) das Stuttgarter Theater und die Bibliothek Herzog Karl Eugens betreute. In ihrer Wesensart dürfte die Tochter der Mutter in mancher Hinsicht geähnelt haben, sie hatte aber keinen so verständnisvollen Ehepartner, wie es ihrer Mutter beschieden war. Sie lebte seit 1756 getrennt von Karl Eugen im Bayreuther Land.

Empfand man Wilhelmine als wirkliche „Landesmutter"? Ihr wurde z. B. gesagt, es könnte ein Aufstand ausbrechen, wenn sie mit ihrer Familie nach Berlin verreiste! Sie selbst mußte 1753 feststellen, daß die Bayreuther lässig waren, als es galt, beim Löschen des Schloßbrandes zu helfen. Es war wohl Einsicht in ihr kühles Verhältnis zur Untertanenschaft, wenn sie nach d'Adhémars Bericht in der Gedenkrede auf sie darüber verwundert war, daß das Volk auf die Wiederherstellung ihrer Gesundheit hoffte. „Ich habe ihnen ja niemals Gutes tun können", wäre ihre Antwort darauf gewesen.

Nun wurde das Land im 18. Jahrhundert nicht von den breiten Schichten des Volkes repräsentiert, sondern vom Adel. Diesen Adel, der in der Organisation der voigtländischen Ritterschaft sich nur lose in das Fürstentum eingegliedert hatte, betrachtete sie als altmodische Korporation, die Vorrechte, die er besaß, als Anmaßung und das Verhältnis der Landesfürsten zu ihm als unverantwortlich nachgiebig. Der Adel des Bayreuther Landes hatte sich nicht zu einem eigentlichen Hofadel entwickelt, und der Hofstaat der

Fürstin bestand aus Landfremden, d. h., soweit sie nicht aus der Mark Brandenburg mitgekommen waren, aus Franzosen, auch einem Hugenotten wie Superville. Charakteristischerweise versammelte ihr Gemahl keinen ähnlichen Gesellschaftskreis um sich.

In Wilhelminens Umgebung hatte zunächst ihre frühere Gouvernante, die 18 Jahre ältere Gräfin Dorothea Luise von Wittenhorst-Sonsfeld, starken Einfluß ausgeübt, und mit deren Nichten, insbesondere der 1718 geborenen Albertine von Marwitz, hatte sie ein enges Verhältnis verbunden. 1748 war dieser Kreis aufgelöst, und seitdem hat keine Gesellschafterin für die Markgräfin auch nur annähernd eine ähnliche Bedeutung gewonnen. Hoffnungen, die wegen ihres Pariser Salons gefeierte Madame de Graffigny für Bayreuth zu verpflichten, blieben erfolglos. Nach dem Sturze Supervilles 1748 tritt in die Vertrauensstellung als Oberhofmeister, Theater- und Baureferent ein französischer Offizier, Theodore Camille de Montperny, der das Markgrafenpaar entzückte. Nach seinem Tode gesellte sich 1754 Louis Alexandre de Mirabeau, Oheim des Politikers der Französischen Revolution, in Avignon als Reisebegleiter dem Markgrafenpaar zu und verstand es, Geheimer Rat und Präsident des Oberkommerzienkollegs zu werden. Er konnte nach dem Ausbruch des Siebenjährigen Krieges bei der zunehmenden Kränklichkeit der Fürstin einen Stillstand der künstlerischen Aktivität nicht verhindern, war aber im Juli 1757 an dem vergeblichen Versuch einer Friedensvermittlung zwischen Preußen und Frankreich beteiligt. Neben dem seit 1752 in Bayreuth lebenden Kammerherrn Marquis d'Adhémar, dem leichtlebigen Sohn des Oberhofmeisters des Stanislaus Lesczynski, konnte auch der auf der italienischen Reise zur Markgräfin stoßende junge Karl Heinrich von Gleichen (aus Nemmersdorf) in seiner Funktion als Kammerherr keine bedeutende Rolle mehr spielen.

Wilhelmine schätzte die von ihr engagierten Künstler, deutsche Instrumentalisten, italienische Sänger und französische Komödianten, nach ihrem Können, ließ sie aber nicht in ein Vertrauensverhältnis zu sich treten, wiewohl einige von ihnen ihre Lehrmeister wurden, z. B. Weiß aus Dresden im Lautenspiel, Quantz im Violinenspiel, Graun in Komposition und Paganelli im Gesang. Indem sie selbst sang, Instrumente spielte, als Schauspielerin auftrat, dichtete und komponierte, schließlich die Regeln der Architektur studierte und malte, stellte sie sich mit den Künstlern auf eine Stufe, wahrte aber den Abstand. 1738 konstatierte sie bei ihnen: „Mit ihrem Können wachsen ihre Ansprüche, und ihre Begehrlichkeit kennt keine Grenzen". Einer „Revolution" des künstlerischen Personals mit ihrem Kapellmeister Johann Pfeiffer an der Spitze, der an den Universitäten Altdorf, Jena, Halle und Leipzig studiert hatte, mußte sie mit Entlassungen begegnen. Trotz dieser Distanz hingen im Neuen Bayreuther Schloß Bildnisse von „Komödianten", z. T. mit eigener Hand gemalt, wohl zur Erinnerung an schönes Erleben, das sie diesen Künstlern verdankte.

In ihren brieflichen Äußerungen und in ihren Memoiren bleiben auch die bildenden Künstler ihrer Umgebung fast ganz anonym, ob es die in Bayreuther Diensten herangewachsenen Maler, Bildhauer und Architekten oder von auswärts Berufene waren, wie Räntz oder Wunder, Graël, Weiß oder Richter, Pedrozzi, Vater und Sohn Galli Bibiena oder Saint Pierre. Ihr Werk muß erst durch die kunsthistorische Forschung rekonstruiert werden. Nur der ihr in Rom begegnende Maler Anton Raphael Mengs erschien ihr wegen seiner „philosophischen Natur" erwähnenswert.

Der Kreis um Wilhelmine stand im Grunde genommen isoliert, fast wie ein Fremdkörper, der Bayreuther Bürgerschaft und dem Adel des Landes gegenüber, zumal zahlreiche Angehörige dieser Gruppe zur katholischen Gemeinde hielten, die 1745 eine Neufassung ihres Status für die private Ausübung ihrer Religion erhielt und in den folgenden Jahren unter Oberbaudirektor Montperny nach Plänen Saint Pierres ihr Oratorium an der Ludwigstraße errichten ließ.

Über Wilhelminens aktiver Mitarbeit in der Kunst — sofern es sich nicht um reproduzierendes Kunstschaffen handelt — erlauben erhaltene Werke ein Urteil. Nicht nur der moderne Kunsthistoriker (E. Bachmann) hält ihre Gemälde für „dilettantische Arbeiten ohne künstlerische Bedeutung", sondern selbst ihr Bruder Friedrich, der höflich ihre Qualität als „große Künstlerin" unterstellte, meinte im März 1747: „Du solltest nicht so viele Talente in einer Person vereinigen. Ich fürchte, die Malerei schadet Deiner Gesundheit...", und der jüngere Bruder Prinz Ferdinand hat unverblümt seinem Ärger über ein von der Schwester übersandtes Bild freien Lauf gelassen. Bei ihren Architekturstudien etwa nach Schriften Palladios und Sturms hat sie sich den Idealen des klassizistischen Barock genähert, war von St. Peter in Rom begeistert, wußte aber auch die Schönheit des Schlosses in Monaco oder des Domes in Siena zu schätzen, obgleich es sich um gotische Gebäude handelt. Von ihrer Grundeinstellung her fand sie sowohl den Weg zur römischen Kunst des Altertums als auch zu naturalistischen künstlichen Ruinen. Sie hat sich in Italien so stark der Antike genähert, daß sie die Fontana di Trevi in Rom als schön bezeichnete, „obwohl" der Brunnen modern sei.

Wilheminens künstlerische Initiativen lassen sich am besten in der Eremitage verfolgen. Sie arbeitete an den Plänen für die Gartengestaltung und fügte dem von Markgraf Georg Wilhelm errichteten sog. Alten Schloß Flügelbauten hinzu, deren innere Ausstattung sie nach ihren Vorstellungen gestalten ließ. In Bildern mit historischen Szenen ließ sie die Tugenden von Fürsten und Fürstinnen darstellen und schmückte ihre persönlichen Aufenthaltsräume mit Erinnerungen an ihre Familie, mit Porträts ihrer Umgebung und mit Bildnissen von Gelehrten. Ihr Anteil an der Ausgestaltung des Hains bei Zwernitz und die Originalität ihrer Konzeption sind wohl überschätzt worden. Die Überlieferung für die Arbeiten des Jahres 1744 läßt erkennen, daß an die Verwendung des Buchenhains als Fasanerie und Tiergarten gedacht war, wo eine fürstliche Jagdgesellschaft in Hütten Unterkunft finden und unter belaubten Bogengängen sich ergehen konnte. Erst 1745/6 werden — nun unter Einflußnahme der Markgräfin — die Gebäude des sog. Hainbaus und im Park selbst ein Ruinentheater und ein Tanzplatz hergerichtet und wird der Hain unter Verwendung von Motiven des Telemachromans von Fénélon und seiner Travestie durch Marivaux — vielleicht für die Zwecke eines Festes anläßlich der Vermählung der Tochter des Markgrafenpaares — programmiert. Von einer bewußten Planung als „Landschaftsgarten" kann m. E. kaum gesprochen werden. Sie schreibt davon am 15. September 1749 an ihren Bruder: „Die Lage des Ortes ist einzig. Die Natur selbst war die Baumeisterin, die dort aufgeführten Gebäude sind von sonderbarem Geschmack. Alles ist ländlich und bäurisch..." 1746 wendet sich das Interesse des Markgrafenpaares von der jetzt Sanspareil benannten Anlage ganz dem Bau des für die Bayreuther Hofgesellschaft erstaunlich großen Opernhauses zu. Die Fassade dürfte auf Saint Pierre zurückgehen, für das Innere waren Vater und Sohn Galli Bibiena gewonnen worden. Nach der Vollendung des Opernhauses ging die Markgräfin an die Errichtung des Tempels in der Eremitage, über dem Apollo als Schützer der Herrscher und Musen stand. Sie ergänzte die Anlage durch „Zirkelbauten" zu einem Orangerieschloß, zu dessen Konzeption persönliche Vorstellungen der Markgräfin wesentlich beitrugen. Auch im Neuen Schloß in Bayreuth selbst, das Saint Pierre entwarf, zeigen z. B. das Alte Musikzimmer, das Spiegelscherbenkabinett und das Palmenzimmer den Einfluß, den Wilhelmine auf die Raumgestaltung nahm.

Ende 1737 konnte Wilhelmine ihrem Bruder berichten, daß der Markgraf ihr den sehnlichen Wunsch, die Oper zu leiten, erfüllt habe. Die Spuren dieser Wirksamkeit können wir an den Kompositionen und Bühnendichtungen verfolgen. Sie war als Komponistin „von nicht gerade großem Ausmaß" keine Dilettantin, sie beherrschte „das musikalische Handwerk" nach den Regeln der Harmonie- und Instrumentationslehre „in durchaus befriedigender Weise". Gilt unter ihren Dichtungen die „Amélie" als „verunglückter Versuch, Racine umzudichten", so wird der Szenenfolge „L'Homme" Geschicklichkeit in Aufbau und Dialogführung zuerkannt. Stofflich schließt das Werk ein persönliches Bekenntnis der Autorin ein, den Gedanken des Kampfes zwischen dem Guten und Bösen im Menschen und die Vorstellung, es komme der Vernunft die Aufgabe zu, die menschlichen Leidenschaften zu zügeln. Das Werk berührt sich mit der von ihr jahrelang überdachten Fragestellung, wie die immaterielle Seele auf den Körper einwirken könne oder ob die Fähigkeit zu denken bereits der Materie innewohne. Sie setzte sich darüber mit ihrem Bruder auseinander, sprach mit Prof. Wolff in Halle darüber, erhielt 1739 vom Hofprediger Ellrodt ein Geburtstagsprogramm „de erudito pulvere" und ließ schließlich Erlanger Professoren nach dem Eröffnungsakt der Universität darüber sowie über die Frage der Teilbarkeit der Atome diskutieren. Mit ihrer Auffassung verließ sie den Deismus Voltaires, den sie deswegen bedauerte, weil er die Personalität Gottes und das Angewiesensein des Menschen auf Christus leugnete.

Bis zum heutigen Tage erfolgreich ist die Schriftstellerin Wilhelmine mit ihren in gewandtem Französisch geschriebenen „Denkwürdigkeiten" geblieben. Sie sind wegen ihrer Entstellungen und Übertreibungen, wegen der fingierten Briefe, negativen Akzente und der Wiedergabe böswilligen Hofklatsches für die Geschichte Preußens von 1710—1740 nur sehr beschränkt verwertbar, sie sind aber in ihren mehrfachen Fassungen als persönliches Zeugnis der Verfasserin und ihrer Stimmungen von hohem Interesse. Es ist etwas daran, wenn sie erklärt, sie schreibe, um sich zu unterhalten; denn sie verfolgt dieses Ziel auch beim Leser. Das Ganze ist Ausfluß höfischen Gesellschaftslebens. Wie sie während ihres Karlsbader Kuraufenthaltes sich ein Vergnügen daraus macht, sich über die Torheiten der andern lustig zu machen, und wie sie manche zu ihrer Zeit aktuellen wissenschaftlichen Probleme im Sinne der „Erheiterungen" und „Belustigungen" zeitgenössischer Magazine behandelt, so sind auch ihre Memoiren als Unterhaltungslektüre zu verstehen. Sie hat sich selbst charakterisiert, wenn sie schrieb, ihre herrschende Leidenschaft wären die Studien und die Musik, aber vor allem der Zauber der Gesellschaft, und wenn ihr Bruder ihr bescheinigte: „Man kann mit Dir über die Haartracht, über Krieg und Politik reden und von der erhabensten Philosophie zu den seichtesten Romanen übergehen", oder wenn er ein andermal meinte, man könne mit ihr „von der Zeder bis zum Ysop sprechen, nach der erhabensten Philosophie... über die Geschichte der Toilettenkunst plaudern." In der Gesellschaft fand sie ihre Selbstbestätigung. Sie brauchte nach dem Urteil des Grafen Gleichen ein halb Dutzend talentierter Leute um sich, um sich ihres eigenen Talents bewußt zu werden. Sie litt deshalb unter der Umwelt in Bayreuth: „Die gleichgültige Einförmigkeit des Landes, der düstere Trübsinn des Himmels, die Schweigsamkeit der Einwohner zersetzt mein Wesen und taucht es in dieselbe Nichtigkeit hinein", schrieb sie im September 1756 an Graf Gleichen.

Wilhelmine war 1750 in Berlin am „Nervenfieber" (Typhus) erkrankt. Dem Leibarzt des Bruders, Christian Andreas Cothenius, gelang es, sie völlig zu heilen, wofür er von Friedrich ehrenvoll belohnt wurde. Da nach dem Ausscheiden Supervilles Wilhelmine keinen Leibarzt ihres Vertrauens hatte, entsandte ihr Bruder mehrfach Cothenius zur Schwester, 1751 in dem Wunsche, daß „dieselbe noch vor dieses Mal aus dem gefährlichen Zustand... gebracht... werde." 1756 konstatierte Cothenius eine Schädigung ihres Nervensystems. Bei ihrer schweren Erkrankung im Herbst 1758 bot Maria Theresia der Schwester ihres Todfeindes die Entsendung ihrer berühmten Ärzte van Swieten und Werlhof an. Sie aber bevorzugte den Arzt ihres Bruders, der sie von dem „Erstickungskatarrh, der vom Wasser in der Brusthöhle herrührte" (wohl Pleuritis), nicht mehr retten konnte.

Später wachte in Stunden der Depression bei Friedrich dem Großen, der die Nachricht von ihrem Tode nach seiner Niederlage bei Hochkirch erhielt, die Erinnerung an die Schwester wie auch an Mutter und Vater immer wieder auf. Der Erlanger Professor Chladenius aber faßte in seiner Gedenkrede auf die Landesmutter seine Eindrücke in den Worten zusammen: „Woher jener Glanz und feine Geschmack des Bayreuther Hofes, die die Fremden zur Bewunderung der höchsten Pracht hinreißen? Woher die neue Größe der markgräflichen Metropole und ihr Wachstum? Leuchtet nicht überall das Ingenium der Friederike Sophie Wilhelmine hervor, die dazu geboren war, alles zu verschönen, womit ihre erhabene Gegenwart in Berührung kam?"

LITERATUR

Die Literatur bis 1945 verzeichnet in der Fränkischen Bibliographie I (Würzburg 1967) Nr. 8317—8363; dazu:

Charles Augustin SAINTE-BEUVE, La margrave de Baireith, in: C. A. S—B.: Causeries du lundi (Paris 1857).

Michel DAVET: La Margravine de Bayreuth (Paris 1936).

Otto VEH: Markgräfin Wilhelmine von Bayreuth im Urteil d. Mit- und Nachwelt. Jber. d. Hum. Gym. Fürth 1959.

Im Glanz d. Rokoko: AO 39/1959.

Gerh. PFEIFFER: Grüundung u. Gründer d. Univ. Erlangen, in: Festschr. f. Hans Liermann (Erlangen 1964).

ders.: Markgräfin Wilhelmine u. d. Eremitagen bei Bayreuth u. Sanspareil in: Festschr. Fridolin Solleder (Neustadt/Aisch 1966).

Constance WRIGTH: A royal affinity, the story of Frederick the Great and his sister Wilhelmine of Bayreuth (New York 1965).

Heinrich THIEL: Wilhelmine v. Bayreuth u. ihre Umwelt (München 1967).

ders.: Wilhelmine von Bayreuth, in: Altfränk. Bilder 68 (1969).

Ausstellungskatalog: Wilhelmine v. Bayreuth u. ihre Umwelt (München 1959).

Memoria d. Christiani Andreae COTHENII, in: Nova Acta medico-physica (Nürnberg 1791) Appendix.

Journal secret du baron de SECKENDORFF 1734—1748 (Tübingen 1841).

Gustav KRAMER: Neue Beiträge z. Gesch. Aug. Herm. Francdes (Halle 1875).

Graf LEHNDORFF, 30 Jahre am Hofe Friedrichs d. Gr. (Gotha 1907).

Alexander v. GLEICHEN-RUSSWURM: Aus den Wanderjahren eines fränkischen Edelmanns (Würzbg. 1907).

Gebhard L. MAMLOCK: Friedrichs d. Gr. Korrespondenz m. Ärzten (Stuttgart 1907).

Karl Eugen v. Württemberg u. s. Zeit (Eßlingen 1907).

Georg HÜBSCH: D. fürstl. Lustsitz Eremitage b. Bayreuth (Bayreuth 1924).

Anton ERNSTBERGER, Joh. Gottfr. Gross 1703—1769 (München 1962).

Unterschrift der Markgräfin Wilhelmine

HEINRICH GOTTFRIED GENGLER

Von Friedrich Merzbacher

Zu den bekanntesten Gelehrten der Friedrich-Alexander-Universität Erlangen im 19. Jahrhundert zählte der namhafte Rechtshistoriker Heinrich Gottfried Gengler, der fast ein halbes Jahrhundert, nämlich von 1843—1893, dort in der juristischen Fakultät gewirkt hat. Nahezu jeder eingesessene Erlanger kannte diese ehrwürdige Gestalt, ihr gütiges, von einem Backenbart eingerahmtes Antlitz, ihre freundlichen Augen hinter den kleinen runden Brillengläsern und das silberweiße Nackenhaar, das ein eleganter Zylinder bedeckte, wenn der noch gelenkige, schon über siebzig Jahre alte, beliebte Professor, der mehr als zwei Generationen an der Alma mater Mittelfrankens gelehrt hatte, in gewohnter Pflichttreue seinem Hörsaal zustrebte.

Heinrich Gottfried Philipp Gengler erblickte am 27. Juli 1817 früh um dreiviertel sechs Uhr in Bamberg das Licht der Welt als Sohn des königlich bayerischen Rentamtmanns Heinrich Gengler und seiner Ehefrau Josepha geb. Bisani. Bereits am nächsten Tage, dem 28. Juli, wurde er nach katholischem Ritus im Hohen Dom zu Bamberg von Kaplan Schwend getauft. Sein Pate war der Bruder seines Vaters, der damalige Professor und Rektor am Königlichen Gymnasium der Stadt, Gottfried Gengler. Der Vater des Täuflings war am 16. Oktober 1772 in Oberscheinfeld, einem bambergischen Marktflecken, der zehn Stunden von der Hauptstadt des Hochstifts entfernt gelegen war und dessen Pfarrei zum Bistum Würzburg und zu dessen Landkapitel Schlüsselfeld im Steigerwald gehörte, als Sohn des dortigen Amtmannes Johann Michael Gengler geboren worden. Dieser Heinrich Gengler hatte sich nach Erlangung der philosophischen Doktorwürde der Rechtswissenschaft zugewendet, als geheimer Referendariatssekretär, Kammerrechnungsrevisor mit dem Charakter eines Hofkammerrats in der fürstbischöflichen Verwaltung gedient und war 1804 als Kronacher Rentamtmann in den bayerischen Staatsdienst übernommen worden. Der Taufpate und Onkel unseres Rechtshistorikers, ein jüngerer, 1776 geborener Bruder seines Vaters, hat sein Leben 1836 als Domkapitular und erzbischöflicher Sekretär in Bamberg beschlossen.

Nach dem Besuch des Bamberger Gymnasiums, das er am Schlusse des Studienjahres 1834/35 absolvierte, unterzog sich Heinrich Gottfried Gengler einem vierjährigen Universitätsstudium, dem er von 1835—1837 in Würzburg, 1837/38 in Heidelberg und 1838/39 wiederum in Würzburg oblag. Im Oktober 1836 legte er die Zwischenprüfung aus den allgemeinen Wissenschaften bei der philosophischen Fakultät Würzburg mit der Note der Befähigung ab. In Würzburg und Heidelberg hörte Gengler an juristischen Vorlesungen u. a. „Institutionen des römischen Rechts" bei Johann Joseph von Kiliani, dem Würzburger Ordinarius für gemeinen und bayerischen Zivilprozeß und Zivilpraktikum, Pandekten bei den Romanisten und Zivilisten Ludwig von der Pfordten und Anton Friedrich Justus Thibaut, bayerisches Landrecht wiederum bei von der Pfordten. „Deutsches Privatrecht" hat Gengler in Würzburg bei Anton Friedrich von Ringelmann, gemeines deutsches Kriminalrecht bei Karl Joseph Anton Mittermaier in Heidelberg, den Code Napoléon wiederum bei Thibaut, das Kirchenrecht der Katholiken und Protestanten in Würzburg bei Joseph Ambrosius Michael von Albrecht belegt. Außerdem war er im Kolleg des Völkerrechts bei Carl Salomo Zachariae, im allgemeinen und deutschen Staatsrecht bei seinem Bamberger Landsmann Heinrich Zöpfl, der wie er ebenfalls in Würzburg studiert hatte und zu den Koryphäen der Heidelberger Universität zählte. Anton Arnold von Linck unterrichtete den strebsamen Studenten im deutschen und bayerischen Territorialstaatsrecht an der Alma mater Herbipolensis. Den Zivilprozeß brachte ihm Mittermaier, deutschen und bayerischen Strafprozeß Albrecht, Enzyklopädie und Geschichte des deutschen Rechtes Konrad Eugen Franz Roßhirt, Naturrecht Zachariae und die Geschichte des römischen Rechts von der Pfordten nahe.

Am 24. Oktober 1839 erlangte Gengler das Zeugnis über die theoretische Prüfung zum Staatsdienst aspirierender Rechtskandidaten in Würzburg. Die Gerichtspraxis durchlief er vom 2. November 1839 bis zum 2. November 1841 beim königlichen Landgericht Bamberg II. Das abschließende Stationszeugnis vom 2. November 1841 bescheinigte ihm „ausgezeichnete theoretische Kenntnisse, praktische Geschäftsgewandtheit, nie ermüdende Tätigkeit, den beharrlichsten Fleiß, im mündlichen, aber besonders im schriftlichen Vortrag eine gleich geschmeidige Darstellungsgabe, Tiefe und Gründlichkeit". Außerdem wurden seine untadelhafte Konduite, Treue und sein Patriotismus rühmend hervorgehoben. 1842 legte der Gerichtspraktikant am Sitz der königlichen Regierung in Bayreuth und am königlichen Appellationsgericht in Bamberg die Concursprüfung ab. Das am 28. Mai 1843 in Bayreuth und am 30. Mai 1843 in Bamberg ausgefertigte Zeugnis betonte, Gengler habe in allen Prüfungsgegenständen in der ersten Klasse den ersten Platz erhalten und sich im mündlichen Vortrag die Note „Eins", in Stil und Darstellung die Note „Vorzüglich", in der Orthographie die Note „Rein" und in der Kalligraphie „Sehr gut" erworben. Damit hatte der junge Jurist einen glänzenden Abschluß seiner praktischen Ausbildung erreicht.

Zuvor bereits, am 26. März 1841, war der als außerordentlich zurückhaltend und ängstlich geschilderte angehende Wissenschaftler in Gießen unter dem Rektorat des Historikers Schaefer durch den Promotor und Professor der Eloquenz Friedrich Osann auf Grund der lateinisch abgefaßten Dissertation „De Minerva dea, eiusque apud Romanos cultu commentatio" in Abwesenheit zum Doktor der Philosophie promoviert worden. Wie er selbst betonte, längst angefacht durch die begeisternden Worte seiner großen Heidelberger Lehrer Karl Joseph Anton Mittermaier und Konrad Eugen Franz Roßhirt, der übrigens wie sein Vater ebenfalls in Oberscheinfeld geboren war, entschloß sich der spätere Rechtslehrer zur juristischen Promotion im Strafrecht. Mit der im Druck immerhin 716 Seiten starken Dissertation „De crimine veneficii", die allerdings unter dem deutschen Titel

„Die strafrechtliche Lehre vom Verbrechen der Vergiftung" 1842/1843 in Bamberg erscheinen sollte, wurde Gengler am 18. August 1841 unter dem Prorektorat des Zivilrechtlers Carl Bucher und dem Exdekan und Strafrechtler Edward Joseph Schmidtlein wiederum in absentia in Erlangen zum iuris utriusque doctor promoviert. Das Doktordiplom führte Genglers Titulaturen als „artium liberalium magister et philosophiae doctor, auscultator in iudicio inferiore, quod Bambergae floret", mithin als Magister der freien Künste, Doktor der Philosophie und Praktikant am Untergericht Bamberg, auf. Schon am 27. April 1842 „wagte in allertiefster Unterwerfung" der Kandidat und Doktor der Rechte Heinrich Gottfried Gengler von Bamberg aus, seiner Königlichen Majestät vorzutragen, daß er nach vollendeten Studien und vorschriftlicher Praxis den juridischen Doktorgrad erworben und sich nun zum Ziel seines Strebens das Lehrfach gesetzt habe. Er bat, ihm zu gestatten, an der Universität Erlangen als Privatdozent öffentliche Vorlesungen über sämtliche Teile der Rechtswissenschaft, insbesondere über Strafrecht, Geschichte des Strafrechts und Strafprozeß halten zu dürfen. Mit dem Habilitationsgesuch legte Gengler als wissenschaftliche Schrift pro licentia docendi seine „Dissertatio de Morgengaba secundum leges antiquissimas Germanorum" der Erlanger Fakultät vor. Die Disputation zur Erlangung der venia legendi fand im Sitzungssaal des Akademischen Senats im Konsilienhaus am Samstag, dem 19. August 1843, um 10 Uhr vormittags, am gleichen Tage nachmittags um 2 Uhr die vorschriftsmäßige Probevorlesung statt. Der amtierende Dekan Schmidtlein teilte am 16. August dem Senat den Fakultätsbeschluß mit. Genglers Habilitationsschrift „De Morgengaba" wurde bescheinigt, sie trage „das Gepräge gründlicher Gelehrsamkeit, zeuge vom Urteil und Scharfsinn des Verfassers und habe außerdem noch das Verdienst, daß die Latinität korrekt und fließend ist". Allerdings war diese Untersuchung weniger zur öffentlichen Disputation geeignet, weil sie ihren Gegenstand fast nur unter historischen Gesichtspunkten behandelt hat. Bei der Disputation selber sprach Gengler immerhin völlig frei. Im Gutachten des Dekans vom 9. September 1843 wurde der Habilitand als „bescheidener junger Mann mit exemplarischem sittlichem Wandel" bewertet.

Schon am 13. Oktober 1843 verfügte das Ministerium des Innern in München Genglers Aufnahme als Privatdozent der Juristen-Fakultät der Universität Erlangen und gebrauchte bei dieser Gelegenheit die stereotype amtliche Formel, wonach der neue Angehörige des Lehrkörpers daraus keinen Anspruch auf Anstellung als Professor habe. Ein knappes halbes Jahr später gründete Gengler einen eigenen Hausstand. Am 18. Februar 1844 wurde er in der oberen Pfarre U. L. Frau zu Bamberg mit Katharina Adler, der am 20. November 1825 zu Bamberg geborenen Tochter des musikalischen Instrumentenmachers Karl Adler und seiner Ehefrau Franziska Adler geb. Huber durch Pfarrer Brumbach getraut. Als Trauzeugen stellten sich der königliche Bibliothekar Johann Heinrich Jäck und der Bamberger Bierbrauermeister Friedrich Dorsch den Nupturienten zur Verfügung. Aus Genglers Ehe gingen drei Kinder hervor: Margaretha, geboren am 20. Juli 1846, später vermählt mit dem nachmaligen Regierungspräsidenten von Niederbayern Rudolf Freiherrn von Andrian-Werburg; Fanny (Franziska), geboren am 18. Oktober 1852, und schließlich Josef, geboren am 13. April 1863, der bekannte spätere bayerische Generaloberarzt des Ersten Weltkriegs.

Unterm 27. März 1845 bewarb sich Gengler um Verleihung einer außerordentlichen Professur der Rechtswissenschaft an der königlichen Universität Erlangen. Durch den Weggang des Ordinarius Briegleb war damals ein ordentlicher Lehrstuhl frei geworden, auf den ein außerordentlicher Professor der Fakultät nachrückte. Gengler machte in seinem Gesuch darauf aufmerksam, daß er in den vergangenen Semestern deutsches Privatrecht, deutsche Staats- und Rechtsgeschichte, gemeines und bayerisches Lehenrecht, Handels-, Wechsel- und Gewerberecht, europäisches Völkerrecht, Verteidigungskunst im Strafprozeß und Privatrecht des Königreichs Bayern ausschließlich der Rheinpfalz gelesen habe. Besonders bevorzugte er „das quellenmäßige Studium des vaterländischen Civilrechts, für welches bei seinen Zuhörern Neigung und Eifer zu erwecken, er sich zur Aufgabe gemacht habe". Bereits am 8. Mai 1845 folgte der abschlägige Bescheid des Ministeriums des Innern, weil sich die juristische Fakultät Erlangen am 21. April dagegen ausgesprochen hatte, da sie der Meinung war, Genglers Beförderung zum außerordentlichen Professor sei noch zu frühzeitig. Als er sich am 15. April 1846 von Bamberg aus erneut — mithin zum zweiten Male — um ein Extraordinariat in Erlangen anläßlich des Austritts des ordentlichen Professors des deutschen Rechtes Dr. Ernst Adolph Theodor Laspeyres (1800—1869) bewarb, befürwortete diesmal die Fakultät sein Gesuch. Ein gutes Jahr später, unterm 20. Mai 1847, wurde Gengler von König Ludwig I. zum außerordentlichen Professor ohne Gehalt an der juristischen Fakultät der Universität Erlangen ernannt. Erst am 2. März 1850 erhielt er ein Jahresgehalt von 525 Gulden in Geld und einen Naturalbezug von zwei Scheffeln Weizen und fünf Scheffeln Korn, die im Geldanschlag 75 Gulden ausmachten, bewilligt und bezog damit mit Wirkung vom 1. April dieses Jahres ein Gehalt von 600 Gulden. Als 1851 der ordentliche Professor des deutschen Rechtes Karl Friedrich Wilhelm Gerber, der Nachfolger von Laspeyres, als Lehrstuhlnachfolger Wächters und Universitätsvizekanzler nach Tübingen ging, schlug die Erlanger Juristen-Fakultät am 21. Juli unter dem Dekanat von Schelling für die vakante Professur des deutschen Rechtes Gottfried Heinrich Gengler vor, der sich „fortwährend einer nicht geringen Zahl von Zuhörern erfreute". Die Fakultät hatte damals auch den Münchener Privatdozenten Alois Brinz in Erwägung gezogen, der durch seine Dissertation „De usufructu" und durch eine Schrift von der Lehre der Compensation literarisch hervorgetreten war. Allein unter Abwägung aller Umstände erschien letztlich Gengler die sichere Gewähr für eine rasche und den Bedürfnissen der Fakultät Rechnung tragende Neubesetzung zu bieten. Am 18. Oktober 1851 wurde der Vierunddreißigjährige zum ordentlichen Professor des deutschen Rechts in Erlangen ernannt und ihm ab 1. Oktober dieses Jahres ein Gehalt von 1000 Gulden jährlich bewilligt.

Als Dozent bewährte sich der Ordinarius glänzend. Im Sommersemester las er fünfstündig „Deutsche Rechtsgeschichte", zweistündig „Einleitung in das bayerische Privatrecht", einstündig über „Deutsche Rechtsquellen des Mittelalters", insbesondere über leges barbarorum und den Schwabenspiegel. Auch seine literarische Produktion wuchs von Jahr zu Jahr. Am 19. November 1863 berichtete er in einem Brief an den Münchener Theologen Ignaz von Döllinger, der verstorbene Erlanger Historiker und Bibliothekar Hofrat Karl Wilhelm Böttiger (1790—1862) sei ihm gewogen gewesen und habe nur bedauert, daß er „das Unglück habe, Katholik zu sein". Im Wintersemester 1870/71 beispielsweise kündigte Gengler „Bayerisches Zivilrecht", fünfstündig, „Deutsches Privatrecht", siebenstündig, und „Sachsenspiegel-Übungen" an. In Verbindung mit seinen rechtshistorischen Vorträgen, aber auch gelegentlich unabhängig davon, pflegte Gengler exegetische Übungen über deutsche Rechtsquellen des Mittelalters, vor allem über die der Merowinger- und Karolingerzeit durchzuführen. Dabei kam es ihm, wie er im Vorwort zu seinen „Germanischen Rechtsdenkmälern" (Erlangen 1875) betonte, darauf an, die Hörer „in den Geist und das Wesen der sämtlichen Rechtsaufzeichnungen einer bestimmten Periode einzuführen". Er suchte dieses Ziel dadurch zu erreichen, daß er „von jedem bedeutenderen, dem betreffenden Zeitraume angehörigen Rechtsdenkmale einige lehrreiche und dasselbe besonders charakterisierende Abschnitte zur Lektüre vorlegte, bei der Auswahl dieser Lesestücke aber in der Art verfuhr, daß dieselben zusammengefaßt am Ende ein annähernd vollständiges Gesamtbild des Rechtslebens innerhalb der gesteckten Zeitgrenzen zu gewähren vermochten". Im Sommersemester 1865 dozierte er neben der Rechtsgeschichte ebenfalls über Handels- und Wechselrecht. Diese Vorlesungszyklen scheint Gengler bis über das Jahr 1890 beibehalten zu haben. Im Wintersemester 1859/60 und im Sommersemester 1860 war er außerdem noch Prokanzler im Akademischen Senat, gleichzeitig ordentlicher Beisitzer im Spruchkollegium der Juristen-Fakultät. Damals wohnte der Gelehrte im Anwesen Hauptstraße Nr. 495.

Aber auch außerhalb Erlangens war man auf den Rechtslehrer aufmerksam geworden. Schon am 8. Dezember 1853 hatte er für die Januar- oder Februar-Nummer des Anzeigers des Germanischen Nationalmuseums Nürnberg einen Aufsatz über eine Bamberger Handschrift des Schwabenspiegels angekündigt, und am 14. Februar 1854 wurde er durch Diplom für das Fach des Deutschen Städtewesens und Privatrechts in den Gelehrtenausschuß des Germanischen Nationalmuseums aufgenommen. Außerdem war Gengler Mitglied des Verwaltungsausschusses. Am Tage seiner Aufnahme wurden in den Gelehrtenausschuß noch Professor Dr. Karl Friedrich von Gerber, der damalige Vizekanzler in Tübingen, für das Fach des deutschen Privatrechts berufen, ebenfalls Professor Dr. Constantin Höfler in Prag für das Fach der deutschen Geschichte, Th. G. von Karajan, Vizepräsident der kaiserlichen Akademie zu Wien, für das Fach der österreichischen Literaturgeschichte und Altertumskunde und Gerold Meyer von Knonau, Zürich, für schweizerische Geschichte, Literaturgeschichte und Münzkunde.

Schließlich erklärte sich Gengler am 21. März 1876 zum Erwerb des Bürgerrechts von Erlangen bereit und erlegte für diesen Zweck die vorgeschriebene Aufnahmegebühr von 128 Mark. In seinem Gesuch betonte der Universitätsprofessor, daß er nunmehr über fünf Jahre hier wohne. Seine Wohnung war das Haus Friedrichstraße 1. Sie lag in der südlichen Parallelstraße der Universitätsstraße. Dieses Grundstück hatte Gengler Anfang 1873 ersteigert. Die Erlanger Bürgeraufnahmsurkunde fertigte der Stadtmagistrat am 1. April 1876 aus. Damit war Gengler nun endgültig ein Erlanger Bürger geworden und hatte auch seinen häuslichen Mittelpunkt in der Stadt seines akademischen Wirkens gefunden.

Da der Gelehrte Anfang der neunziger Jahre zunehmend unter Atemnot und asthmatischen Beschwerden litt, suchte er am 29. September 1893 um Enthebung von der Verpflichtung, regelmäßig in jedem Semester Vorlesungen zu halten, nach. Man darf nicht vergessen, daß Gengler immerhin damals bereits das 76. Lebensjahr vollendet hatte. Am 18. Februar 1894 konnte er mit seiner Frau noch das Fest der Goldenen Hochzeit begehen. Aus diesem Anlaß schrieb er am 24. Februar an den Geheimen Justizrat Johann Friedrich von Schulte in Bonn, der Gengler zu dem von ihm begangenen seltenen Fest beglückwünscht hatte: „Es ist wohltuend, von Männern, zu denen man mit Verehrung aufblickt, deren wissenschaftliche Leistungen man als köstliche Geistesschöpfungen bewundert, sich geachtet zu wissen, wenn man sich auch sagen muß, daß die von ihnen ausgespendeten Anerkennungsworte nur im kleinsten Bruchteile der Wirklichkeit entsprechen". In diesem Brief erwähnte der arbeitsame und äußerst bescheidene Gelehrte sein schweres asthmatisches Leiden, außerdem heftige rheumatische Schmerzen, die ihn in diesem Winter befallen hatten, so daß er vom 4. November 1893 bis Ende November 1894 an seine Studierstube gefesselt war. Er bedeutete, daß seine Gebrechen es ihm zur Pflicht gemacht hätten, den Ruhestand zu erbitten. Bei dieser Gelegenheit betonte er, er habe bei der Fakultät und durch sie beim Staatsministerium um Neubesetzung seiner Fächer durch Emil Sehling und Heinrich Rehm gesorgt. Seine vornehme Zurückhaltung und menschliche Bescheidenheit klingen im Schlußteil dieses Briefes an, in dem er sich nicht ohne Wehmut als „das abgestorbene Glied im Gebiet der Wissenschaft" charakterisierte. Lange sollte sein Eheglück nicht mehr währen. Gerade am 52. Hochzeitstag, dem 18. Februar 1896, wurde ihm die geliebte und treue Gattin durch den Tod entrissen.

Festlich beging der Akademische Senat der Friderico-Alexandrina am 20. Mai 1897 vormittags 11$^{1/2}$ Uhr im Senatssaal und um zwölf Uhr in der Wohnung Genglers das fünfzigjährige Professorenjubiläum seines ehrwürdigen Mitglieds und würdigte aus diesem Anlaß seine hohen unvergessenen Verdienste um die gedeihliche Entwicklung der Universität. Die Kollegen hatten zu Ehren ihres hochgeschätzten Jubilars den festlichen Talar angelegt.

Auch Ehrungen der Hochschule, des Staates und der Krone waren dem verdienten Universitätslehrer zugekommen. Bereits am 27. Dezember 1889 hatte Prinzregent Luitpold von Bayern Gengler den kgl. Verdienstorden vom Hl. Michael IV. Klasse verliehen und ihn am 25. Mai 1897 mit Rücksicht auf die seit 50 Jahren mit Treue und Eifer geleisteten Dienste noch mit dem Ehrenkreuz des Ludwigsordens ausgezeichnet. Die Philosophische Fakultät Erlangen hat am 20. Mai 1897 dem im achtzigsten Lebensjahr stehenden Hochschullehrer das Ehrendoktorat zuerkannt. Der Geheimrat bedankte sich bei zahlreichen Persönlichkeiten des öffentlichen und wissenschaftlichen Lebens für die freundliche Beglückwünschung, die er anläßlich der Feier seines fünfzigjährigen Amtsjubiläums erfahren hatte. Für jeden, mit dem er korrespondierte, fand er ein dankbares und freundliches Wort. Auch gegenüber seinem nur wenig älteren Universitätskollegen Karl von Hegel, der wie er sich für die Geschichte der Städteverfassung literarisch engagiert hatte, war er von dankbarer Ergebenheit erfüllt.

Genglers schriftstellerisches Werk kann nur als beträchtlich und umfassend veranschlagt werden. Sein langes und fleißiges Gelehrtenleben stand von Anbeginn im Dienste der Forschung und im Zeichen seiner literarischen Feder. Schon 1844 veröffentlichte er „Die Lehre von der Lehenfolge nach gemeinem und bayerischem Recht in ihren Grundzügen". Kaum knapp zwei Jahre später, ließ er 1846 sein „Lehrbuch des im Königreiche Bayern mit Ausschluß der Rheinpfalz geltenden Privatrechts nebst einer Geschichte seiner Quellen", 1849 seine „Deutsche Rechtsgeschichte im Grundriß" folgen. Das Jahr 1851 erlebte die Veröffentlichung des Schwabenspiegel-Landrechtsbuchs. 1852 publizierte er die ihn in weiten Kreisen bekannt machenden „Deutsche Stadtrechte des Mittelalters". Darin gab er eine alphabetisch geordnete Übersicht der gedruckten mittelalterlichen Stadtrechte und erläuterte insbesondere die für die Rechtsgeschichte, aber auch die Interpretation des damaligen Rechtes erheblichen Einzelstücke. Die Kritische Überschau der deutschen Gesetzgebung und Rechtswissenschaft I (München 1853) rezensierte dieses Werk mit höchster Anerkennung und betonte: „Er (Gengler) ist dabei so wählerisch verfahren, daß wir eher noch mehr als weniger dergleichen Mitteilungen wünschen möchten. Ergänzungen und Berichtigungen, die bei einem solchen Werke unvermeidlich sind, sollen nachfolgen".

Auch mit anderen Gelehrten stand Gengler in herzlicher und dankbarer Fühlung. So versicherte er am 28. Januar 1852 dem um die Frankfurter Stadtgeschichte hochverdienten Advokaten und Notar Dr. L. H. Euler: „Empfangen Sie das heilige Versprechen, daß jeder Ihrer belehrenden Winke gewissenhaft befolgt werden soll." 1854 publizierte Gengler als Universitätsprogramm „De codice saeculi XV. Erlangensi inedito, cui Promtuarium Juris Maximam partem a Saxonicis Romanisque Fontibus repetitum inest, Commentatio". Im Januar des darauffolgenden Jahres dankte er dem Direktor des Germanischen Nationalmuseums Frommann für die gütige Verbesserung, „der von mir in der Mitteilung aus dem Codex Eberhardi begangenen gröblichen Schnitzer". Für jede, auch die kleinste und auf das Ganze gesehen vielleicht kaum förderliche Bemerkung hat sich Gengler zeitlebens tief verbunden gefühlt. Mit seinen „Rechtsaltertümern im Nibelungenliede", die er 1858 in der „Zeitschrift für deutsche Kulturgeschichte" veröffentlicht hat, pries Gengler Jacob Grimm, der die Gebiete der Dichtung, des Rechtes und der Geschichte „wie mit magischem Zepter beherrscht". Im Nibelungenlied erkannte der Erlanger Deutschrechtler das „großartigste Denkmal vaterländischer Poesie" und kennzeichnete die Rechtsaltertümer darin als „Gemälde germanischen Staats- und Rechtslebens in jener quellenarmen dunklen Zeitepoche des 10. bis 12. Jahrhunderts". Als Glückwunsch für seinen von ihm hochverehrten Lehrer Karl Joseph Anton Mittermaier zu dessen 50. Doktorjubiläum am 8. Mai 1859 brachte der bedeutende Schüler seine Monographie „Das Hofrecht des Bischofs Burchard von Worms" dar. Gengler hat Burchard von Worms als einen Staatsmann gezeichnet, dem „wahrer Gottesglauben, christliche Milde, klarer Verstand und tiefe Gelehrsamkeit sowie besonnener Mut" eigen waren. Als Ergebnis seiner rastlosen Feder gab er 1860 seine

Studie über Papst Pius II. (1458—1464) unter dem spezifisch rechtshistorischen Titel „Über Aeneas Sylvius in seiner Bedeutung für die deutsche Rechtsgeschichte" an den Tag. Gengler sah Enea Silvio Piccolomini als einen „einseitigen Politiker und matten, unfertigen Juristen", dessen „unantastbarer Ruf" und unübersehbare Bedeutung im Sektor der Kulturgeschichte zu suchen seien.

In einem Brief an den bekannten Münchener Theologen Ignaz von Döllinger, den er „um fromme Gewogenheit" bat, beklagte sich Gengler am 19. November 1863, daß seine „Rechtsgeschichte im Grundriß" durch die mißlichen Vermögensverhältnisse seines Verlegers und einen Rechtsstreit, den der Verfasser mit ihm beginnen mußte, im Wachstum steckengeblieben sei. Bei dieser Gelegenheit betonte der Erlanger Gelehrte, Palm beabsichtige, das Buch in neuer, natürlich überarbeiteter Gestalt in einem Band erscheinen zu lassen und die bisher bereits edierten zwei Hefte dagegen einzulösen.

Ein großer Wurf gelang dem Professor im Jahre 1863 mit dem ersten Band des seiner Vaterstadt Bamberg als Zeichen aufrichtiger Verehrung gewidmeten „Codex juris municipalis Germaniae medii aevi". In der Vorrede deutete Gengler an, daß er beim Verzeichnis seiner deutschen Stadtrechte des Mittelalters vor zehn Jahren bereits den Gedanken gefaßt habe, ebenfalls eine Regestensammlung zur Geschichte der Verfassung und des Rechtslebens in den deutschen Städten bis zum Ende des 15. Jahrhunderts folgen zu lassen. Allerdings wies der Autor selbst darauf hin, daß die Druckausgabe von jenem Höhepunkt, den er zu erreichen sich vorgenommen hatte, nach seinem Gefühl noch weit entfernt geblieben sei. Auch während der Korrektur des Codex juris municipalis hatte er sehr fleißig die reichhaltige Bibliothek des Germanischen Nationalmuseums Nürnberg benutzt. Gleichwohl beklagte er sich am 12. August 1865 brieflich darüber, daß seine gedrängten Berufsarbeiten im vergangenen Semester ihn recht wenig zu seinen Privatstudien kommen ließen. Sein Lehrwerk „Das deutsche Privatrecht", das er 1876 veröffentlicht hatte, erreichte immerhin bis 1892 vier

Auflagen, erlangte damit Rang und Anerkennung in der Fachwelt und verbreitete den Namen des Verfassers unter dem deutschen Juristennachwuchs. Im Vorwort der 4. Auflage unterstrich Gengler, das Buch möge auch in der Neugestaltung den beabsichtigten Zweck erreichen, „nämlich die Liebe zum vaterländischen Rechte schon bei der akademischen Jugend, welche sich der Jurisprudenz widmet, in fruchtbringender Weise anzuregen, und auch denjenigen in lebendiger Frische zu bewahren, welche bereits die Stätte der Wissenschaft mit dem Gerichtssaale vertauscht haben". Über die Rezeption urteilte Gengler damals: „Man kann das Endergebnis dieses gewaltigen Kulturvorganges ohne Übertreibung dahin feststellen, daß das jus Romanum in seinen Grundzügen gleich einem geistigen Fluidum in vielfachen Kanälen das gesamte staatliche, gemeindliche, häusliche und wirtschaftliche Leben der deutschen Nation durchströmte und so mit deren Denken und Fühlen in untrennbarer Weise verschmolz." Gleichzeitig hob er hervor, daß durch diesen Assimilationsprozeß lediglich ein Teil des einheimischen Rechtsstoffes seine Geltung einbüßte, aber ein beträchtlicher Rest dagegen in Übung und Kraft geblieben ist. 1894 beschäftigte sich der rastlose Geist mit einigen ungedruckten Rechtsquellen fränkischer Städte und erarbeitete in diesem Zusammenhange die Aschaffenburger Stadtordnungen von 1360 und 1488, Forchheimer Bischofsbriefe von 1417 und 1438, das Eichstätter Stadtrecht aus der Zeit um 1454 und schließlich die neue Nürnberger Gerichtsreformation. Großer Beliebtheit erfreuten sich ebenfalls Genglers „Beiträge zur Rechtsgeschichte Bayerns" (1889—1899), stellten sie immerhin lange die einzige überschauende rechtshistorische Behandlung der gesamtbayerischen Verfassungs- und Gerichtsentwicklung dar. Daneben hat er sich eingehend mit den deutschen Städteprivilegien des 16. bis 18. Jahrhunderts, mit der Geschichte der Stadtrechte in Ober- und Niederbayern befaßt. Die letzten Tage seines Lebens gedachte er, wie er 1894 dem Kanonisten Johann Friedrich von Schulte brieflich eröffnete, „in Muße und ganz der Bearbeitung seiner Stadtrechte sich hingebend zu verbringen". Seine umfangreiche Stadtrechtsbibliothek vermachte er der Universitätsbibliothek Erlangen. Noch im Jahre 1906 bemühte sich von Freiburg im Breisgau aus G. von Below im Auftrage der vom Historikerverband eingesetzten Kommission beim Rektor der Universität Erlangen wegen der Drucklegung des von Gengler hinterlassenen Werkes „Die Stadtrechte Deutschlands aus dem 16., 17. und 18. Jahrhundert in ihren näher bekannten Hauptbestandteilen mit Rückblicken auf die Vergangenheit und literarischen Notizen verzeichnet, nebst einem Anhange über die gleichzeitigen Stadtrechte Deutsch-Österreichs und Böhmens" um einen Druckkostenzuschuß für die veranschlagten 118 Druckbogen in Höhe von 3 000 Mark, den allerdings der Verwaltungsausschuß Erlangen nicht gewähren konnte. Dieses unveröffentlichte Werk im Nachlaß des unermüdlichen Geheimrats hatte der Tübinger Rechtshistoriker Siegfried Rietschel geradezu als ein unentbehrliches Hilfsmittel der modernen Stadtrechtsforschung gerühmt. Leider standen ebenfalls dem Königlich Bayerischen Staatsministerium des Innern für Kirchen- und Schulangelegenheiten für diesen Zweck ebensowenig Mittel zur Verfügung. Auch die Bayerische Akademie der Wissenschaften leistete keine Zuschüsse, sondern verwies auf die Savigny-Stiftung.

Die vom I. Vaticanum verkündete Lehre von der Unfehlbarkeit des Papstes in Glaubenssachen widersprach Genglers Glaubensüberzeugung und trennte ihn von der römisch-katholischen Kirche. Nach dem Erlaß des päpstlichen Infallibilitätsdogmas vom 18. Juli 1870 erklärte der Bayerische Kultusminister Johannes von Lutz auf eine Anfrage der Mitglieder der Fortschrittspartei in der Sitzung der Abgeordnetenkammer am 14. Oktober 1871, daß die Staatsregierung gedenke, auch die Gemeinden von Anhängern der alten katholischen Lehre als katholische anzuerkennen und diesen nebst ihren Geistlichen sämtliche Rechte einzuräumen, die sie gehabt haben würden, wenn die Gemeindebildung vor dem 18. Juli 1870 erfolgt wäre. Der gleiche Minister unterstrich damals die Behauptung, daß der Papst unfehlbar sei, wäre bis zum 18. Juli 1870 in Deutschland und England zumindest als „eine von den Feinden der katholischen Kirche erfundene

Entstellung bezeichnet worden". Gengler ist anscheinend damals dem „Verein zur Unterstützung der katholischen Reformbewegung" in Erlangen beigetreten. In einer Eingabe vom 17. Februar 1872, die er zusammen mit zwei weiteren Erlanger Professoren, dem Volkswirtschaftspolitiker und Polizeiwissenschaftler Makowiczka und dem Anatomen A. Gerlach mit unterzeichnete, wurde betont, der Erlanger Stadtpfarrer habe am 30. April 1871 die Erlanger Mitunterzeichner der Adresse im allgemeinen als exkommuniziert verkündet. Einem Vereinsmitglied wurde damals auch die erbetene kirchliche Trauung versagt, im Beichtstuhl die Spendung der Absolution und des Abendmahls von der Unterwerfung unter die neue Lehre abhängig gemacht. Auch die Gesuche Erlanger Vereinsmitglieder, ihre Kinder in der katholischen Kirche der Stadt „durch einen von München zu berufenden, der alten Kirche treugebliebenen Priester taufen zu lassen", wurden abgelehnt. Aus diesem Grunde bat der altkatholische Verein um Überlassung der römisch-katholischen Kirche zu gottesdienstlichen Handlungen der Altkatholiken. Schon im März 1872 zählte der Erlanger Verein zur Unterstützung der katholischen Reformbewegung immerhin 167 Mitglieder, denen die ganze katholische Kirchengemeinde von 2 388 Seelen gegenüberstand. Der „Rheinische Merkur" meldete am 21. April 1872, daß in Erlangen die „Altkatholiken günstigere Aussichten als sonst irgendwo im nördlichen Bayern" hätten. Sie verhielten sich dort zu den sog. Infallibilisten — deren episkopale bayerische Repräsentanten auf dem Vatikanischen Konzil 1870 die Bischöfe Senestrey von Regensburg, Leonrod von Eichstätt und Stahl von Würzburg waren — im Verhältnis von 4 : 1 und „zeichneten sich durch Mut und Intelligenz aus. Mehrere tüchtige Beamte, Universitätsprofessoren usw. träten tatkräftig mit ein für das gute Recht der Altgläubigen. Unter diesen ragt besonders hervor der in weiten Kreisen hochverehrte Professor der deutschen Rechtsgeschichte und des deutschen Privatrechts Dr. Gengler, an dessen katholischer Charakterfestigkeit alle infallibilistischen Bekehrungsversuche kläglich gescheitert sind".

Am Altkatholikenkongreß vom 20.—22. September 1872 in Köln nahm ebenfalls Gengler als Redner neben Döllinger und dem Kanonisten Friedrich Maassen teil. Dieser Begebenheit erinnerte sich der greise Gelehrte noch am 24. Februar 1894 in seinem Schreiben an den führenden Altkatholiken Johann Friedrich von Schulte in Bonn: „Ihr gütiges Schreiben erweckte in mir freundliche Erinnerungen an jene schönen Stunden, welche ich bei Gelegenheit der ersten Altkatholiken-Synode und dann wieder als Teilnehmer an dem Altkatholiken-Congresse zu Cöln von hier aus Bonn aufsuchend, in dieser reizend gelegenen Stadt zubrachte. Damals war es, wo ich das Glück genoß, Sie persönlich kennenzulernen, nachdem ich bis dahin den gefeierten Rechtslehrer und gewaltigen Canonisten nur aus seinen prächtigen Schriften gekannt hatte". Nahezu schwärmerisch pries Gengler Schulte als den „rüstigen Fürkämpfer unserer heiligen Sache".

Im Alter bereitete dem Geheimen Rat Freude, daß sein einziger Sohn als Stabsarzt zum 19. Infanterie-Regiment nach Erlangen versetzt wurde und seine mit dem Regierungsrat von Andrian verheiratete Tochter „in dem ziemlich nahen Regensburg" wohnte. Auch über seine fünf Enkel, von denen einer bereits 1894 in Erlangen die Rechte studierte, durfte er sich freuen.

Am 29. November 1901 um acht Uhr abends erlosch sein arbeitsreiches Leben. Genglers Sohn, der königliche Stabsarzt Dr. Josef Gengler, zeigte noch am gleichen Tag dem Prorektor der Universität den Tod seines Vaters an.

Die Beerdigung fiel auf den Sonntag, den 1. Dezember 1901. Nachmittags um ein Uhr vierzig bewegte sich der Trauerzug vom Kollegienhaus zum Neustädter Leichenhaus, wo um zwei Uhr das Leichenbegängnis stattfand. Die Kollegen waren in Amtstracht, sämtliche studentischen Korporationen, u. a. Wingolf, Baruthia, Bavaria, Onoldia, Rhenania, Gothia und Bubenruthia, in Wichs und mit Fahnen erschienen. Die Musik des örtlichen Infanterieregiments und das Offizierskorps der beiden in Erlangen in Garnison stehenden Regimenter, die Vertreter der städtischen Kollegien, zahlreiche Staatsbeamte, die Geistlichkeit und eine große Menge von Trauernden aus sämtlichen Bevölkerungsschichten nahmen am Begräbnis teil. Der altkatholische Pfarrer von Nürnberg Josef Pribyl vollzog die Aussegnung und hielt die Trauerrede am Grabe. Die Nachrufe rühmten noch einmal Genglers Eigenschaften als Mensch, Gelehrter und Lehrer. Die Studentenschaft aber veranstaltete zu Ehren ihres verewigten Professors am Montagabend, dem 2. Dezember, einen Fackelzug. Der Bericht über die Beerdigung im Erlanger Tagblatt vom 2. Dezember 1901 faßte die Gefühle der Leidtragenden, der Trauergemeinde sowohl als auch der fernen Schüler, Freunde und Kollegen, vielleicht am treffendsten zusammen und brachte wohl dies zum Ausdruck, was alle beim Hinscheiden dieses bedeutenden, beliebten und gläubigen Mannes bewegt hatte:

„Er war der Bote des Friedens und der Liebe, von ihm konnte man sagen, er hatte keinen Feind."

I. QUELLEN

Dompfarramt Bamberg (H. H. Pfarrer Gebhard), Kath. Stadtpfarramt zu U. L. Frau — Bamberg (H. H. Stadtpfarrer Bauerlein), Stadtarchiv Erlangen (für vielfache Unterstützung danke ich Herrn Stadtarchivar BISCHOFF), Universitäts-Archiv Erlangen, Akte T II Pos. 1, Lit. G, Nr. 16, Universitäts-Bibliothek Erlangen (Manuskripte), Bayer. Hauptstaatsarchiv München (Ordensakten Nr. * 4305), Bayer. Staatsbibliothek München, Handschriftenabteilung (Autographen), Bayer. Staatsarchiv Nürnberg, Germanisches Nationalmuseum Nürnberg (Matrikel des Gelehrtenausschusses, Autographen-Sammlung V, Nachlaß Frommann). —

Für die Überlassung der diesem Beitrag beigegebenen Photographie Genglers aus dem Photographischen Atelier der Gebrüder Heintz, Erlangen, habe ich Herrn Bundesbahndirektor a. D. Rudi Rost in Germering aufrichtig zu danken.

II. LITERATUR

Ernst LANDSBERG, Geschichte der deutschen Rechtswissenschaft, 3. Abt. 2. Halbbd. Text u. Noten, München u. Berlin 1910. — Walter SCHÄRL, Die Zusammensetzung der bayerischen Beamtenschaft von 1806 bis 1918, Kallmünz/Opf. 1955. — Johann Friedrich von SCHULTE, Der Altkatholizismus, Gießen 1887, Neudruck Aalen 1965. — Werner SCHULTHEISS, Art. Gengler, NDB 6 (Berlin 1964), S. 188 f. — Emil SEHLING, Nachruf Heinrich Gottfried Gengler, Zeitschrift der Savigny-Stiftung für Rechtsgeschichte 23 Germ. Abt. (1902), S. V-XIII. — Margot WEBER, Zum Kulturkampf in Bayern, ZBLG 37 (1974). — Erlanger Tagblatt, 44. Jg. Nr. 283, S. 3.

Unterschrift des Moriz Briegleb

MORIZ BRIEGLEB

Von Harald Bachmann

Als es im Frühjahr 1848 den Anschein hatte, daß die alten Gewalten abgelöst würden und selbst ein für damalige Begriffe schon recht liberal gesinnter Herzog wie Ernst II. von Sachsen-Coburg und Gotha einige Zeit um seinen Thron fürchten mußte, schrieb dieser an seinen Bruder Albert, Prinzgemahl von Großbritannien: „... leider hat sich aber herausgestellt, daß bei dem allgemeinen Wetteifer, sich im Liberalismus immer vor dem andern hervorzutun, die deutschen Stämme sich selbst so weit gebracht haben, daß sie nun staunend vor den Toren der Republik angelangt sind, ohne es eigentlich gewollt zu haben. Dies ist der eigentliche Stand der Verhältnisse, der leider kein Imaginationsgebilde eines allerdings gedrückten Gemütes ist, sondern das traurige Resultat, was ich durch B r i e g l e b s Vermittlung aus den Mitteilungen der Führer der ganzen Bewegung als Welcker, Bassermann, Itzstein erfahren habe... In allen Fällen sehe ich für uns sehr schwarz. Ich habe, um konsequent zu bleiben, Briegleb nach Frankfurt gesendet. Er ist jung, kräftig und von scharfem Verstand und gewiß kein Konservativer. Seine Berichte werde ich Euch mitteilen, sie sind denn das Richtigste, was man über die Bewegung erfährt... Ich bedaure, daß Stockmar für den Augenblick außer Stand ist, eine Mission wie die Brieglebs zu übernehmen, auch glaube ich, daß seine Besonnenheit zu wenig den Enragés gepaßt haben würde, welche uns jetzt Gesetze vorschreiben werden."

Der Coburger Rechtsanwalt Moriz Briegleb stand zu dieser Zeit im 38. Lebensjahr und vor dem Höhepunkt seiner politischen Wirksamkeit. In diesen Monaten dürfte wohl auch das beigegebene Bildnis entstanden sein. Wie war es gekommen, daß dieser Mann in das Frankfurter Vorparlament geholt worden war, von diesem zum Mitglied des Fünfzigerausschusses, der die Wahlen zur Frankfurter Nationalversammlung vorbereiten sollte, erwählt und schließlich noch von seinem Herzog als Beauftragter für den sich allmählich auflösenden alten Bundestag in obigem Schreiben dem allseits bekannten und langjährigen Berater des Hauses Coburg, Christian Friedrich Freiherrn von Stockmar, vorgezogen wurde? Hier mußten schon einige politische Erfahrungen und Verdienste vorliegen, um so von seinem Landesherrn ins Vertrauen gezogen zu werden und in einem solch kritischen Moment als der allein richtige Vertreter der Interessen des Landes Coburg anerkannt zu werden.

Moriz Briegleb wurde am 10. Oktober 1809 in Coburg als ältester Sohn des Advokaten Karl Friedrich August Briegleb und seiner Ehefrau Katharina Barbara, geb. Staude, geboren. Die Vorfahren kamen aus dem Gothaischen. Der Urgroßvater, geboren in Gotha, war zuletzt Konrektor am Gymnasium zu Eisenach. Der Großvater, Johann Christian Briegleb, hatte ebenfalls den Lehrberuf ergriffen und war seit 1768 als Professor der Philosophie, des Griechischen und der orientalischen Sprachen am Gymnasium Casimirianum zu Coburg tätig. 1796 wurde er dessen Direktor und blieb es bis zu seinem Tode im Jahre 1805. Der Vater hatte sich als Hofadvokat in Coburg und Gerichtshalter verschiedener Adelssitze im Coburger Herzogtum einen Namen gemacht. So war er seit 1807 Administrator des von Hansteinschen Gutes in Einberg (heute Ortsteil von Rödental/Lkr. Coburg), das 1833 von ihm käuflich erworben wurde, womit der Familie Briegleb ein materieller Rückhalt gesichert war. Karl Friedrich August Briegleb war damit auch in die Klasse der Rittergutsbesitzer aufgestiegen. Als solcher wurde er in den Landtag des Herzogtums Coburg gewählt, als im Herbst 1839 gerade die Auseinandersetzungen zwischen dem noch recht autoritär eingestellten Herzog Ernst I. und den Landtagsmitgliedern ihrem Höhepunkt zutrieben. Karl Friedrich August Briegleb war dem Herzog schon im Jahre 1824 als Rechtsberater der Herzogin Luise bei ihrer Scheidung entgegengetreten und zeitweise sogar wegen angeblicher Beteiligung an einem Volksauflauf zugunsten der Herzogin unter Polizeiaufsicht gestellt worden. Als sich gar im Jahre 1839 auch Moriz Briegleb anschickte, für den Landtag als Vertreter der Bürgerschaft der Stadt Coburg zu kandidieren, war das Herzog Ernst I. zuviel, und er verwehrte aufgrund des anfechtbaren Recusationsrechts einem Briegleb den Eintritt in den Landtag: Der Vater dürfte nur Mitglied des Landtags werden, wenn der Sohn verzichte oder umgekehrt. So unangenehm war dem Herzog bereits das Eintreten der Brieglebs für die verbrieften verfassungsmäßigen Rechte des Landtags geworden. Dabei stand Moriz Briegleb erst am Anfang seiner politischen Laufbahn!

Nach dem Abschluß des Coburger Gymnasiums Casimirianum im Jahre 1829 hatte Briegleb zwei Jahre in Jena und ein Jahr in Heidelberg Rechtswissenschaften studiert. Im Mai 1832 legte er vor dem Justizkollegium in Coburg die Anstellungsprüfung ab und wurde am 23. Oktober des gleichen Jahres als Hofadvokat in Coburg zugelassen. Zuvor war er für kurze Zeit als Aktuar am Jusitzamt in Königsberg, der Coburger Exklave im heutigen Unterfranken, tätig gewesen. 1833 trat er als Verteidiger von vier Jugendfreunden hervor, die als Mitglieder der Burschenschaft „Germania" zu Jena im Zuge der Studentenverfolgungen nach dem Hambacher Fest und dem Frankfurter Wachensturm verhaftet und zur Aburteilung nach Coburg abgeschoben worden waren. Unter den Angeklagten war sein Vetter Johann Ludwig Friedrich Laurentius Briegleb, der als Sammler der Coburger Volkslieder in die Geschichte eingegangen ist. Moriz Briegleb konnte es schließlich nicht verhindern, daß sein Vetter im März 1835 zu drei Monaten Haft auf der Veste Coburg verurteilt wurde. Ein halbes Jahr später wanderte dieser Briegleb nach den Vereinigten Staaten von Amerika aus, ohne sein Studium abgeschlossen zu haben.

Moriz Briegleb war mit Emilie Braun, der Tochter des Hofrats und Rendanten der Herzoglichen Hauptdomänen- und Landeskasse Friedrich Braun, verheiratet. Aus der Ehe gingen vier Kinder hervor, zwei Söhne und zwei Töchter. Briegleb konnte ein stattliches Anwesen unmittelbar hinter dem herzoglichen Marstall sein eigen nennen (heute Steintor Nr. 1 in Coburg). Er wurde somit zum typischen Vertreter des liberalen Bürgertums, das nun genügend Besitz und Bildung besaß, die Bevormundung durch einen autoritären Landesherrn nicht mehr hinnehmen zu müssen, und selbst in die politische Verantwortung drängen wollte. Sein Beruf als Advokat und seine aufrechte Gesinnung hielten sein Interesse für die Auseinandersetzung des Herzogs Ernst I. mit seinen Landtagsmitgliedern in zunehmenden Maße wach und trieben ihn schließlich zur offenen Opposition gegen den Landesherrn.

Die Gegensätze zwischen Ernst I. und seinem Landtag waren in den ersten Monaten des Jahres 1839 unüberbrückbar geworden. Wegen der dauernd unvollständig vorgelegten Etats, wegen der Besteuerung der herzoglichen Domänen, des kostspieligen Theaterbaus und vieler anderer Mißhelligkeiten war es zum Bruch gekommen, so daß der Herzog am 1. Juli 1839 zu dem drastischen Mittel der vorzeitigen Auflösung des Landtags griff. Bei den daraufhin vom Herzog angeordneten Neuwahlen wurde Moriz Briegleb zum erstenmal in die Politik seines Heimatstaates Coburg hineingezogen. Er hatte nämlich „als Wahlberechtigter, der an der Wahl der Wahlmänner teilgenommen hat", wie er am 21. September 1839 an den Magistrat der Stadt Coburg als Wahlbehörde schrieb, die Öffentlichkeit der Wahlen verlangt. Die Landesregierung, an die der Magistrat die Forderung Brieglebs weiterzugeben hatte, gab ihrer Verwunderung über das unmögliche Verlangen eines Bürgers Ausdruck und lehnte rundweg ab. War Briegleb schon dadurch in weiten Kreisen der Bevölkerung Coburgs bekannt geworden, so trug der Herzog in der folgenden Zeit ein übriges dazu bei. Aufgrund des Recusationsrechts erlaubte er sich, gerade denjenigen Vertreter der Coburger Bürgerschaft, der im bisherigen Landtag am meisten Opposition betrieben hatte und nun mit den meisten Stimmen erneut gewählt worden war, von der Liste der zukünftigen Landtagsmitglieder zu streichen. Ebensowenig ließ der Herzog den als Stellvertreter Gewählten in den Landtag eintreten, sondern bestimmte einen anderen Advokaten einfach zum Abgeordneten und Briegleb zu dessen Stellvertreter, allerdings mit der Auflage, „daß dessen Vater, der Canzleirath und Hofadvokat Karl Friedrich August Briegleb als

Deputierter der Rittergutsbesitzer nicht in die Ständeversammlung eintreten sollte." Das war nun doch ein starkes Stück, wie hier ein Herzog mit den Wahlstimmen seiner Bürger verfuhr und gleichsam die Zusammensetzung des Landtags diktierte!

Moriz Briegleb wie auch sein Vater lehnten den Eintritt in einen solchen Landtag ab. Diesem Schritt schlossen sich die meisten Abgeordneten, an ihrer Spitze Freiherr von Stockmar, ostentativ an. Einhellig war man der Meinung, daß der Herzog den umstrittenen § 62 der damaligen Coburger Verfassung, der die Wahlprüfung durch den Landesherrn gestattete, nicht so weitgehend auslegen konnte, daß er eindeutig gewählte Abgeordnete ablehnen, ja sogar einfach neue Personen, die überhaupt nicht zur Wahl standen, in den Landtag berufen konnte. So wurde dieses vom Herzog willkürlich ausgelegte Recusationsrecht zum Hauptangriffspunkt Brieglebs. Dieser hatte schließlich für seine Person im Juli 1842 eine Nachwahl durch die Bürgerschaft beim Herzog durchgesetzt. Daraufhin erst war er in den Landtag eingetreten; denn nur als Mitglied des Landtags konnte er bei der damals üblichen Nichtöffentlichkeit der Sitzungen von den Vorgängen im Landtag offiziell Bescheid wissen. Bis zu diesem Zeitpunkt konnte er nur als Bürger von außen Stellung nehmen, und dabei war nicht viel zu erreichen. So hatte er beispielsweise am 1. Februar 1840 für die Wahlmänner der Stadt Coburg ein Schreiben an den Herzog verfaßt, worin diesem unverblümt die Frage gestellt wurde, warum er den von ihnen gewählten Abgeordneten und dessen Stellvertreter einfach abgelehnt habe. Diese Beschwerdeschrift wurde auch dem Landtag übermittelt. In seiner Antwort vom 11. Februar 1840 ließ der Herzog den Wahlmännern mitteilen, „daß sie eine strafbare und ordnungswidrige Handlung vorgenommen hätten, da ihre Funktion mit dem Tag der Wahl endige, sie also nicht als Korporation ohne ausdrückliche obrigkeitliche Zusammenberufung und Leitung auftreten dürften". Briegleb ließ daraufhin in aller Öffentlichkeit erklären: „Die Verfassung verbietet weder Versammlungen noch Beratungen noch Petitionen der Wahlmänner."

Briegleb trat einige Monate später mit einer persönlichen Erklärung an den Landtag heran, worin er in scharfer Form die Frage nach der willkürlichen Zusammensetzung des Landtags stellte. Darüber kam es Ende Februar 1841 in drei Sitzungen zu heftigen Aussprachen. Schließlich übernahm der Landtag am 4. März 1841 die Erklärung Brieglebs im Wortlaut für eine Beschwerdeschrift an das Ministerium. Sie wurde von diesem jedoch am gleichen Tag wieder zurückgeschickt, „vielleicht nicht ohne Rücksicht auf ihren mißfälligen Inhalt", wie Briegleb bemerkte. Die Beschwerde wurde nochmals dem Ministerium übergeben und, wie Briegleb in einer späteren Veröffentlichung berichten konnte, mußte sie vor die Augen des Herzogs gekommen sein, da in einer herzoglichen Resolution vom 12. Juni 1841 stellenweise auf ihren Inhalt eingegangen worden ist. Hier wagten also Coburger Bürger, ihnen voran Moriz Briegleb, ihrem Herzog deutlich zu sagen, daß sie den Wahlen durch ihre Mitbürger den Vorrang vor den Weisungen des Landesherrn gaben.

Nun mußte aber Briegleb bald die bittere Erfahrung machen, daß einer politischen Entfaltungsmöglichkeit im Rahmen des Coburger Landtags der vierziger Jahre sehr enge Grenzen gesetzt waren. Einmal gestattete ihm die Verfassung nur sehr wenige Möglichkeiten der Mitsprache — von Gesetzesinitiative oder Gesetzesbeschlüssen ganz zu schweigen —, sodann war der Landtag, in den Briegleb eingetreten war, dauernd beschlußunfähig, da aufgrund der Recusationen durch den Herzog und der dadurch hervorgerufenen Absagen der Abgeordneten nie die vorgeschriebene Zahl in einer Sitzung erreicht wurde. Da die Sitzungen nichtöffentlich waren und es somit den Landtagsmitgliedern nicht gestattet war, über die verhandelten Probleme mit ihren Mitbürgern zu sprechen, griff Briegleb zu dem damals nicht ungefährlichen Mittel der Veröffentlichung im benachbarten „Ausland". Er ließ in Sonneberg, das zum Herzogtum Sachsen-Meiningen gehörte, einen „Bericht über die Sitzung der Ständeversammlung des Herzogtums S. Coburg vom 24. Februar 1843" drucken. Dieser fand schnelle Verbreitung im Herzogtum Coburg, was ja die volle Absicht Brieglebs war. Nicht nur hier, sondern auch bei jeder anderen Gelegenheit erhob er mündlich und schriftlich Protest gegen die willkürliche Festsetzung und Auslegung des Etats durch den Herzog. Er stellte im Landtag den Antrag, gegen den verantwortlichen Minister Beschwerde und Anklage zu erheben, weil dieser den Landtag „... in einer verfassungswidrigen Zusammensetzung berufen und Deputierte der Stadt Coburg 47 Tage lang ferngehalten hat." Damit erreichte die Auseinandersetzung zwischen dem autoritär regierenden Herzog Ernst I. und dem Coburger Landtag ihren Höhepunkt, und Briegleb wurde als dessen Wortführer zum populärsten Mann in Coburg und weit über die Grenzen des Herzogtums hinaus bekannt. In verschiedenen Dankadressen Coburger Bürger fand sein mutiges Vorgehen im Landtag Würdigung und Anerkennung.

Am 3. März 1843 ließ der Herzog den Landtag kurzerhand auflösen. Dagegen protestierten zehn der elf Abgeordneten, darunter auch Briegleb, in einer Erklärung vom 30. März 1843, worin sie auch ihr bisheriges Verhalten rechtfertigten. Briegleb veranlaßte, wie er später selbst zugab, den Druck dieser Protestschrift wieder in Sonneberg, worauf im April 1843 gegen ihn „wegen politischer Verbrechen eine Kriminaluntersuchung" eingeleitet wurde. Es wurden ihm „offene Widersetzlichkeit und Hintansetzung der beschworenen Verfassung, Hochverrat und Majestätsbeleidigung" vorgeworfen. Verärgert ließ der Herzog in Meiningen wegen der Druckschriften Brieglebs anfragen, ob man dort die Zensurbestimmungen nicht kenne. Am 14. Juni 1843 erging an die Coburger Landesregierung die herzogliche Anweisung, „... Briegleb auf das sorgfältigste überwachen zu lassen und der Veröffentlichung unwahrer und aufreizender Artikel in Betreff der hiesigen ständischen Angelegenheiten nach Möglichkeit vorzubeugen." Zudem war ihm das aktive und passive Wahlrecht zu entziehen. Briegleb beschwerte sich hierüber in einem ausführlichen und wohlbegründeten Schriftstück vom 1. Juli 1843 beim Magistrat der Stadt Coburg.

Als wenige Wochen darauf eine anonyme fünfzig Seiten umfassende Druckschrift unter der Überschrift „Die am 3. März 1843 erfolgte Auflösung der Ständeversammlung des Herzogtums Sachsen-Coburg betreffend" erschien und, wie Briegleb bissig bemerkte, „... im Regierungsblatt ausgeboten und in Coburg fast von Haus zu Haus kolportirt worden ist", verfaßte er eine Abhandlung von über 100 Druckseiten unter dem Titel „Vom sogenannten Recusationsrecht nach der Sachsen-Coburgischen Verfassung, eine staatsrechtliche Abhandlung." Er ging darin scharf mit den bisherigen Praktiken des Herzogs, gewählte Abgeordnete zurückzuweisen, ins Gericht. Er erkannte dem Herzog und seinem Ministerium lediglich das Recht der Wahlprüfung und die Befugnis zu, ungesetzliche Wahlen zu verwerfen. Mit wissenschaftlicher Akribie stellte er Verfassungsvergleiche an und kam zu dem Schluß: „Das sogenannte Recusationsrecht widerspricht der Grundbestimmung der Verfassung; es würde die Deputiertenwahl dem Lande entziehen und dieselbe auf den Landesherrn oder sein Ministerium übertragen." Der Herzog habe im Sinne des monarchischen Prinzips etwas in die Verfassung hineininterpretiert, was auf keinen Fall einer strengen juristischen Nachprüfung standhalten konnte. Unüberhörbar pochte hier ein Bürger auf das Recht der Wahl durch seine Mitbürger und der Mitsprache in den Angelegenheiten des Staates. Als Briegleb im Laufe des Prozesses der Vorwurf gemacht wurde, er habe gegen die Verfassungsbestimmung verstoßen, wonach Abgeordnete nichts aus den Landtagsakten und Sitzungen verlauten lassen dürften, antwortete er frei und unerschrocken, daß der Herzog ja den Landtag aufgelöst habe und er nun als Privatperson handle und als solche die Pflicht habe, seine Stimme gegen die willkürlichen Maßnahmen des Landesherrn zu erheben. Deshalb habe er auch seiner Abhandlung eine große Zahl von Auszügen aus Landtagsakten und Etataufstellungen als Beweisstücke angefügt. Das war die Stimme des erwachenden liberalen Bürgertums im Vormärz!

Der überraschende Tod Herzog Ernsts I. am 29. Januar 1844 und das sofortige einsichtige Einlenken seines Nachfolgers Herzog Ernsts II. haben Briegleb vor weiterer Verfolgung bewahrt. Zudem sprach ihn ein Urteil des Oberappellationsgerichts in Jena, das Briegleb angerufen hatte, von jeder kriminellen Handlung vollkommen frei und rechtfertigte sein Vorgehen als mit den Gesetzen in Einklang stehend. Allenthalben hörte man im Coburger Land Stimmen der Genugtuung und Freude darüber, daß eine Ausschaltung Brieglebs nicht gelungen war. Hatte Herzog Ernst I. für ihn den Kerker im Coburger Zeughaus bereithalten lassen, so wollte ihn Herzog Ernst II. jetzt ins Ministerium berufen. Doch Briegleb lehnte ab. Es mag für ihn sprechen, daß er in der folgenden Zeit nur „Wahlämter" angenommen hat.

Im Juli 1844 und im März 1846 wurde er von der Coburger Bürgerschaft wieder in den Landtag gewählt, wobei es für den Grad seiner Beliebtheit sprechen sollte, daß er jeweils mit der größtmöglichen Stimmenzahl zum Wahlmann in seinem Distrikt und dann zum Abgeordneten gewählt wurde. Zugleich wurde er in die Stadtverordnetenversammlung der Stadt Coburg gewählt, die ihn wiederum zu ihrem Vorsteher bestimmte. Als solcher machte er sich sofort an die Aufgabe, eine neue Stadtverfassung für Coburg zu entwerfen. Er wußte aus den Akten des Landtags, daß schon bald nach den Befreiungskriegen Bürger Coburgs und auch anderer Gemeinden im Herzogtum den Wunsch nach zeitgemäßen Stadtordnungen geäußert hatten. „Man erkannte, daß nur die Beteiligung aller Bürger an den Angelegenheiten der städtischen Verwaltung einen auch zu Opfern bereiten Gemeinsinn wecken ... kann", schrieb Briegleb in einer Dankadresse an den Herzog, als die Stadtordnung am 15. Dezember 1846 vom Landtag verabschiedet worden war. Danach wählte die Bürgerschaft der neun Distrikte Coburgs je einen Stadtverordneten, die Stadtverordnetenversammlung einen Magistrat als „Regierung der Stadt". Die Öffentlichkeit der Sitzungen beider Gremien war durch die Stadtordnung gewährleistet. Der Initiative Brieglebs hatte Coburg somit eine recht fortschrittliche Stadtverfassung zu verdanken.

In dem bescheidenen Rahmen des Coburger Kleinstaats hatte Briegleb also schon einige „parlamentarische Erfahrungen" sammeln können, als die Ereignisse von 1848/49 ihn auf den Höhepunkt seiner politischen Laufbahn führen sollten. Er kann zu den Männern der ersten Stunde des Jahres

1848 gezählt werden. Anfang März 1848 eilte er auf Einladung verschiedener süd- und westdeutscher liberaler Landtagsmitglieder sofort nach Heidelberg, um die allgemeine Lage zu erörtern. Bekanntlich war man sich unter den dort versammelten einundfünfzig Landtagsabgeordneten einig darüber, schon für Ende des Monats eine gesamtdeutsche Volksvertretung nach Frankfurt einzuberufen. Aus den bisher bestehenden Landtagen sollte für je 100 000 Einwohner ein Abgeordneter entsandt werden. Dieses sogenannte Vorparlament mit beinahe 600 Mitgliedern tagte in Frankfurt vom 31. März bis einschließlich 2. April 1848. Wie aus den Briefen Brieglebs hervorgeht, hat er sich nach der Heidelberger Versammlung zunächst weiterhin im Kreise der südwestdeutschen Liberalen aufgehalten, vor allem in Karlsruhe. In einem persönlichen Schreiben vom 27. März 1848 an Briegleb zeigte sich Herzog Ernst II. sehr erfreut darüber, daß er sofort als Vertreter Coburgs nach Frankfurt geeilt sei, um an den Beratungen über die Reform der Bundesverfassung teilzunehmen. Der Herzog gab am Ende dieses Schreibens der Hoffnung Ausdruck, „... daß die Verhandlungen volkstümlich genug sind, und daß ein Ergebnis zu erwarten, welches den Anforderungen der Zeit und den wahren Interessen des Gesamtvaterlandes entspricht. Sollten Sie finden, daß eine diesen Erwartungen gegenstehende Richtung verfolgt wird, so werden Sie von mir hierdurch veranlaßt, sich denjenigen Abgeordneten anzuschließen, welche die oben angeführten Interessen in Wahrheit und Festigkeit erstreben." In einem umfangreichen Antwortschreiben vom 30. und 31. März berichtete Briegleb dem Herzog über die bisherigen Besprechungen des Vorparlaments. Er äußerte darin große Skepsis darüber, ob der bisherige Bundestag überhaupt fähig und willens sein könnte, zum gegenwärtigen Zeitpunkt eine Reform der Verhältnisse anzugehen. Briegleb war nämlich inzwischen auch in das Vertrauensmännerkollegium des alten Bundestags geladen worden. Dieses Kollegium konnte jedoch nicht mehr wirksam werden, da sich der Bundestag weitgehend den Wünschen des Vorparlaments beugte und unter dem Druck der allgemeinen revolutionären Ereignisse seine Arbeit einstellte. Schon deutlich ließ sich aus dem eben zitierten Bericht Brieglebs sein Eintreten für die konstitutionelle Monarchie erkennen, wenn er bemerkt: „... Die Konstitutionellen werden ungefähr ihre Beschlüsse vorschlagen, ob sie sie durchbringen, Gott wird es wissen. Nach den heute (= 31. März 1848, Anm. d. Verf.) stattgefundenen Vorberatungen hat die Republik in der Versammlung keine Chance!" Briegleb schloß sich also bereits im Vorparlament der Gruppe der gemäßigten Liberalen an, die für ein geeintes Deutschland mit monarchischer Spitze und parlamentarischer Verfassung eintrat. Sie setzte auch die Ausschreibung von allgemeinen Wahlen für eine Nationalversammlung innerhalb der nächsten vier Wochen durch im Gegensatz zu der radikal-demokratischen Gruppe um Friedrich Hecker und Gustav von Struve, die das Vorparlament bis zum Zusammentritt der Nationalversammlung permanent erklären wollten. Zur Vorbereitung der Arbeit der künftigen Nationalversammlung wurde auf Antrag Heinrich von Gagerns ein Ausschuß von fünfzig Männern eingesetzt. Man verfolgte mit diesem Ausschuß auch die Absicht einer vorläufigen Vertretung des deutschen Volkes gegenüber dem alten Bundestag, der ja nur als Gesandtenkongreß der Könige und Fürsten gelten konnte.

Dieser Fünfzigerausschuß, in den auch Briegleb gewählt worden war, trat am 4. April 1848 zu seiner konstituierenden Sitzung zusammen. Briegleb wurde hierbei zu einem der beiden Schriftführer bestimmt. Wie die Protokolle erkennen lassen, war Briegleb mit vollem Herzen bei der Sache. Er widmete sich vor allem innerhalb eines eigens dafür eingesetzten Ausschusses der Vorbereitung der Wahlordnung für die Nationalversammlung. Dabei ging es in den Diskussionen um die Frage, ob Schleswig, Ost- und Westpreußen, die Provinz Posen und vor allem die nichtdeutschen Gebiete Österreichs mit in die Wahl einbezogen werden konnten, da sie außerhalb des deutschen Bundesgebietes lagen. Mehrere Protokolle lassen erkennen, daß in verschiedenen Sitzungen bereits über Verfassungsfragen diskutiert worden war, so über das Problem Bundesstaat und Staatenbund für das künftige Deutschland. Briegleb trat hierbei, wie aus dem

Protokoll vom 28. April ersichtlich, entschieden dafür ein, daß „die Beschlußnahme über die künftige Verfassung Deutschlands einzig und allein der vom Volke zu erwählenden konstituierenden Nationalversammlung überlassen bleiben soll."

Inzwischen liefen in allen deutschen Bundesstaaten, so auch in Coburg, die Vorbereitungen für die Wahlen zur ersten deutschen Nationalversammlung an. Briegleb konnte darauf und auch auf die anderen Ereignisse dieser März- und Aprilwochen in Coburg nur mittelbar Einfluß nehmen, da er die ganze Zeit über in Frankfurt war. In Coburg war die Revolution aufgrund der bisher gezeigten einsichtigen Haltung Ernsts II. in durchaus gemäßigten Bahnen verlaufen. In mehreren Petitionen der verschiedenen Gemeinden wurden die üblichen „Märzforderungen" nach Versammlungsfreiheit, Pressefreiheit, Schwurgerichten, nach sofortiger Einberufung des Landtags, Bildung einer Bürgerwehr und Wahlen für ein allgemeines deutsches Parlament schriftlich fixiert und verbreitet. Der Herzog ging darauf weitgehend ein. Er berief bereits für den 2. April den derzeitigen Landtag zur Beratung eines neuen Pressegesetzes, das die Zensur aufhob, ein. Der Landtag verabschiedete auch schon am 12. April das Wahlgesetz für die Nationalversammlung, wonach für Coburg 263 Wahlmänner durch die „wahlberechtigten Urwähler" zu wählen waren, die wiederum am 25. April einen Abgeordneten zu bestimmen hatten. Es stand außer Zweifel, daß hierfür Briegleb als der aussichtsreichste Kandidat gelten durfte.

Briegleb konnte jedoch in diesen Tagen nicht selbst für sich werben. Seine gleichgesinnten Freunde nahmen ihm gleichsam in Coburg den Wahlkampf ab. So hatte schon am 11. April in einem ersten Aufruf unter dem bezeichnenden Motto „Zur Freiheit nur durch Ordnung" der Coburger Bürgermeister Leopold Oberländer Briegleb mit überzeugenden Worten empfohlen. Briegleb selbst schickte aus Frankfurt eine umfangreiche Denkschrift unter dem Titel „Der Freiheit eine breite Gasse", worin er seine Vorstellungen über eine künftige deutsche Verfassung ausführlich darlegte. Wiederum trat er für die konstitutionelle Monarchie ein und verwarf die Republik als Staatsform für Deutschland. Der Bruder seiner Frau, der Kammerkurator Philipp Braun, fungierte seit 31. März als Redakteur der „Land- und Stadtzeitung von Coburg" und baute diese in zunehmenden Maße zum Sprachrohr für Briegleb aus.

So wurde am 25. April 1848, „einem der bedeutungsvollsten Tage für unser engeres Vaterland", wie ein zeitgenössischer Coburger Chronist bemerkte, Briegleb in der feierlichen Versammlung der Wahlmänner des Herzogtums Coburg im Rathaussaal zu Coburg mit 224 von 262 abgegebenen Stimmen zum Abgeordneten der deutschen Nationalversammlung gewählt. Sein heftigster politischer Gegner schon in diesen Tagen war der 28jährige Rechtskandidat Feodor Streit, der entschieden für die Republik als Staatsform für Deutschland eintrat. Er hat in den Jahren 1848/49 als Herausgeber und Redakteur des „Coburger Tageblatts" Briegleb scharf bekämpft. Dieser konnte den oft recht ausfälligen Angriffen Streits nur aus dem fernen Frankfurt schriftlich entgegentreten oder den Kampf durch seine Gesinnungsfreunde führen lassen. Briegleb weilte in diesen erregten Monaten nur einmal Anfang Mai 1848 für einige Tage in Coburg, wo „... er am 8. die auf dem Anger exerzierende Bürgerwehr besuchte und unter Präsentieren des Gewehrs freudig begrüßt wurde."

Mit welchen hochgesteckten Hoffnungen auch die Bevölkerung Coburgs die Eröffnung der Frankfurter Nationalversammlung am 18. Mai 1848 verfolgte, geht aus den Briefen von Emilie Briegleb an ihren Gatten hervor. Unverkennbar ist ein gewisser Stolz auf die hohe Berufung ihres Gatten, wenn sie auch ab und zu über seine lange Abwesenheit von Coburg Klage führt. Sie berichtete ihm genau und ausführlich über alle Vorgänge in Coburg, wie sich die politischen Gesinnungsfreunde Oberländer, von Stockmar, der greise ehemalige Minister Karl August von Wangenheim und viele andere mehr um die gemeinsame Sache bemühten. Sie konnte davon berichten, wie sie zusammen mit anderen angesehenen Bürgerfrauen mit Herzogin Alexandrine an der schwarz-rotgoldenen Fahne für die Bürgerwehr stickte. Ausführlich schilderte sie die Fahnenweihe der Coburger Bürgerwehr durch den Herzog am 25. Juni 1848, die schließlich zu einem allgemeinen Volksfest wurde. Bezeichnend für die zeitgemäße bürgerlich-liberale Gesinnung Brieglebs mochte auch sein, daß er seiner Frau dringend empfahl, den neunjährigen Sohn Karl an der eben gegründeten „höheren Bürgerschule" (später Realschule, heute mathem.-naturw. Gymnasium Ernestinum Coburg) anzumelden. Die Leitung dieser Schule übernahm der politische Gesinnungsfreund Brieglebs, Dr. Ernst Eberhard, der im Herbst 1848 einen demokratischmonarchischen Bürgerverein in Coburg ins Leben rief und als 1. Vorsitzender leitete. Man könnte hierin im Ansatz die Bildung einer ersten bürgerlichen Partei in Coburg sehen, die hinter Briegleb stand.

Daneben wußte Emilie Briegleb auch von starken Anfeindungen zu berichten, die meistens, wie schon oben erwähnt, auf Feodor Streit und seine Anhänger zurückgingen. So sei am Tag der Eröffnung der Paulskirche in Coburg ein Flugblatt angeschlagen worden mit dem gehässigen Inhalt: „Briegleb, Philipp Braun und Oberländer müssen entweder durch Gift oder Dolch aus der Welt geschafft werden." Später berichtete Emilie Briegleb ihrem Mann nach Frankfurt, daß ihr Kutscher von einem Handwerksgesellen niedergeschlagen worden sei, weil er im Dienste Brieglebs stünde, und verschiedene Male hätten ihr politische Gegner des Nachts „eine Katzenmusik gebracht". In einem Brief vom 27. Juni 1848 bat sie ihren Mann, doch ein klärendes Wort zur Diätenfrage zu schreiben; es kursierten nämlich in Coburg die merkwürdigsten Gerüchte, daß er pro Tag zehn Gulden als Abgeordneter bekäme und zudem, wie viele Mitbürger behaupteten, nichts arbeite! Dabei bringe die Rechtsanwaltskanzlei seit Wochen nichts mehr ein und sie müßte schon vom Ersparten leben, fügte sie verärgert hinzu.

Doch zurück zur Tätigkeit Brieglebs in Frankfurt! Am Tage nach der Eröffnung der Nationalversammlung nahm sie die Wahl eines Parlamentspräsidenten vor. Paul Wentzcke bemerkt hierzu in seinem Buch „Ideale und Irrtümer des ersten deutschen Parlaments" und charakterisiert damit zugleich Brieglebs politischen Standort treffend: „Neben den Kurhessen Bernhardi . . ., den Badenern Bassermann, Welcker und von Soiron, dem Nassauer Hergenhahn einigten sich Briegleb aus Coburg, Rüder aus Oldenburg, die Rheinländer von Beckerath und Mevissen, die Ostpreußen von Saucken und von Auerswald, aus Schleswig-Holstein Droysen und Francke, aus Hannover Georg Waitz, aus Bayern von Rotenhan, aus Österreich von Schmerling, von Andrian-Werburg, Würth und Sommaruga auf Heinrich von Gagern." Letzterer wurde bekanntlich mit 305 von 397 abgegebenen Stimmen gewählt, Alexander von Soiron mit 341 Stimmen zum Stellvertreter. Damit hatte sich um Heinrich von Gagern eine große parlamentarische Gruppe herausgebildet, die unter dem Namen „Rechtes Zentrum" oder Casinopartei (nach ihrem Versammlungslokal „Casino") innerhalb der Nationalversammlung eine Mehrheit bildete und weitgehend die Politik trug und bestimmte. Briegleb zählte also von Anfang an zu diesem Kreis bekannter und großer Liberaler! Daß Briegleb innerhalb der Nationalversammlung kein Unbekannter war, erhellte auch aus der Tatsache, daß er sofort in mehrere Parlamentsausschüsse gewählt wurde. Am 22. Mai 1848 wurde er als Mitglied für den „Ausschuß zur Prüfung der Vorbereitungsarbeiten" bestimmt, am 25. Mai wurde er in den „Ausschuß für die Prioritätsfrage" gewählt und zu dessen Schriftführer berufen, am folgenden Tage wurde er auch noch in den Redaktionsausschuß gewählt. Er war damit von der ersten Zeit an in drei Ausschüssen tätig, die weitgehend die Vorarbeit für den wichtigsten Ausschuß, den Verfassungsausschuß, mit zu tragen hatten.

Bekanntlich hat die Paulskirche kostbare Zeit mit zu langatmigen Debatten über die Grundrechte und über die Verfassungsfragen verstreichen lassen, so daß in weiten Kreisen der Bevölkerung der Eindruck der Untätigkeit entstand. Man hatte sich zu dieser Zeit noch nicht an die mühsame und nach außen unscheinbare gesetzgeberische Alltagsarbeit eines Parlaments gewöhnt. Auch wollte man im Volke unter dem Eindruck des zunehmenden Erstarkens der reaktionären Mächte Preußen und Österreich spektakuläre Erfolge von seiten des Frankfurter Parlaments sehen. Mit der Zeit waren aber dort keine Lorbeeren mehr zu ernten, und das Interesse weiter Kreise in der Bevölkerung flaute mehr und mehr ab. Emilie Briegleb schrieb im Herbst 1848 und später so manchen fast beschwörenden Brief an ihren Gatten, er möge doch häufiger umfangreichere Berichte über seine parlamentarische Tätigkeit für seine Mitarbeiter in Coburg schicken. Er mache es der Gruppe um Streit zu leicht. Diese bräuchte nur immer darauf hinzuweisen, daß er in Frankfurt kaum in Erscheinung trete und überhaupt in der Paulskirche nichts vorwärtsginge.

Es häufte sich deshalb bei weiterer Abwesenheit Brieglebs von Coburg die Kritik an seiner bisherigen Tätigkeit und Einstellung, und sein Sprachrohr, die „Land- und Stadtzeitung von Coburg", hatte alle Hände voll zu tun, den Angriffen Streits in dessen „Coburger Tageblatt" entgegenzutreten. Nicht nur die Anhänger Streits, sondern auch andere Bürger vertraten in zunehmenden Maße die Ansicht, daß Briegleb nicht mehr in ihrem Sinne tätig sei. Das zeigte sich vor allem in der Frage des zukünftigen Reichsaufbaus und der Regierungsform in Deutschland. Briegleb dachte hier ziemlich realistisch, da er die unüberwindlichen Schwierigkeiten mit dem Vielvölkerstaat Österreich kommen sah, und machte aus seiner kleindeutschen Haltung zum Ärger des Coburger Herzogs und vieler Bürger Coburgs, die noch an Österreich als Vormacht Deutschlands glaubten, kein Hehl: „Österreich muß hinaus, wenn wir gesunden wollen", schrieb er am 27. November 1848 an seinen Freund von Stockmar.

Bei der Durchsicht der stenographischen Berichte der Frankfurter Nationalversammlung fällt in der Tat auf, daß Briegleb nur ein einziges Mal im Plenum das Wort kurz ergriff, dazu auch noch in einer recht unbedeutenden Sache. Auch aus den Protokollen des Fünfzigerausschusses ging schon hervor, daß er keine Reden gehalten hat. Er scheint also in den parlamentarischen Gremien, in denen er wirkte, nicht als glänzender Redner hervorgetreten zu sein; denn es fand sich auch kein Zeugnis eines Zeitgenossen dafür, daß er im Coburger Landtag oder in der Stadtverordnetenversammlung als Redner aufgefallen wäre. Aus dem Briefwechsel der Frankfurter Zeit geht hervor, daß man jedoch die Mitarbeit Brieglebs und seinen politischen Rat bis in die letzten Tage der Tätigkeit der Paulskirche geschätzt und gesucht hat. Mehrere Briefe an Herzog Ernst II. und an den Freiherrn von Stockmar lassen dies erkennen. Anfang März 1849 beriet sich Max von Gagern mit Briegleb, ob von Stockmar das Reichsaußenministerium anzubieten wäre. In den erregten Tagen nach der Ablehnung der Kaiserkrone durch Friedrich Wilhelm IV. von Preußen, als man zwischen Resignation und Radikalismus schwankte, schrieb Fürst Karl zu Leiningen in tiefer Sorge über das weitere Verhalten gerade der bisher konstitutionell gesinnten Liberalen: „... Bei der Hilflosigkeit, in welcher man sich alsdann hier aus Mangel an Soldaten und Gulden befinden dürfte, wird man zu entschieden revolutionären Mitteln greifen müssen. Diese werden nicht allein von der Linken ausgehen, sondern es werden Männer wie Gagern, Bassermann, Beseler, Briegleb, Dahlmann und andere mehr dafür stimmen." Doch Briegleb blieb seiner bisher gezeigten politischen Gesinnung treu, auch als sich unter dem Eindruck des zunehmenden Scheiterns der Paulskirche allenthalben in Deutschland radikale Strömungen ausbreiteten. Er stellte sich sogar Anfang Mai 1849 als Reichskommissar der Nationalversammlung für das Königreich Sachsen zur Herstellung des Friedens in diesem Land zur Verfügung, einer unfruchtbaren und auch ergebnislosen Aufgabe!

Nach langem Ringen einigte man sich in Frankfurt am 28. März 1849 auf eine Reichsverfassung, die nur ein notdürftiger Kompromiß sein konnte und niemanden so recht befriedigte. Schon das Abstimmungsergebnis war bezeichnend genug: von 538 anwesenden Nationalvertretern stimmten 290 für ein deutsches Erbkaisertum unter den preußischen Hohenzollern, 248 Abgeordnete enthielten sich der Stimme. Briegleb hatte für den preußischen König als künftigen deutschen Kaiser gestimmt und war mit in die sogenannte Kaiserdeputation gewählt worden, die Friedrich Wilhelm IV. persönlich die Kaiserkrone in Berlin antragen sollte. So wurde er zusammen mit dem greisen Ernst Moritz Arndt, Dahlmann, Beseler, von Soiron und anderen bekannten Liberalen dieser Zeit vom preußischen König am 3. April 1849 in Audienz empfangen. Doch lehnte dieser bekanntlich die deutsche Kaiserkrone ab. Damit war das so hoffnungsfroh begonnene Werk der deutschen Nationalversammlung gescheitert. Briegleb verließ am 20. Mai 1849 mit dem größten Teil seiner politischen Freunde die Paulskirche.

Völlig enttäuscht von den Mißerfolgen in Frankfurt kehrte Briegleb nach Coburg zurück. Auch hier hatte er sich in letzter Zeit nur Ärger eingehandelt. Schon im Dezember 1848 zehrte ein Beleidigungsprozeß, den er gegen den Herausgeber und Redakteur des „Coburger Tageblatts" angestrengt hatte, an seinen Nerven. Er wurde nämlich im „Coburger Tageblatt" offen als Verräter an der deutschen Sache gebrandmarkt, da er für den Abschluß des Waffenstillstands von Malmö gestimmt hatte. Briegleb gewann zwar den Prozeß, aber Feodor Streit hetzte ungestraft gegen ihn weiter. Hinzu kamen familiäre Mißhelligkeiten. In einem Brief vom 7. Juni 1849 klagte er gegenüber von Stockmar über erhebliche finanzielle Schwierigkeiten. Sein jüngerer Bruder mache Schulden über Schulden. Er bat daher von Stockmar bei einem eventuellen Besuch in England zu sondieren, ob Prinzgemahl Albert nicht für einen Kauf des Brieglebschen Guts in Einberg zu gewinnen sei. Er arbeitete noch einige Zeit in der Coburger Stadtverordnetenversammlung und im Landtag mit, wobei vor allem aufgrund seiner Initiative ein Gesetz zur endgültigen Ablösung aller Feudallasten im Coburger Herzogtum zustande kam.

1851 zog sich Briegleb für das ganze folgende Jahrzehnt aus dem öffentlichen Leben Coburgs zurück und widmete sich seinem Beruf als Rechtsanwalt und vor allem seiner Stellung als Rechtsberater und Beauftragter mehrerer Mitglieder des Hauses Coburg. Im April 1851 wurde er zum Generalbevollmächtigten des Prinzgemahls Albert von England für dessen Besitzungen in Deutschland bestellt und hatte für ihn vor allem den Rechtsstreit um das Hausallodium im Herzogtum Gotha auszutragen. Diese Angelegenheit beschäftigte Briegleb mehrere Jahre. Ebenso beanspruchte ihn der belgische König Leopold I. zur Verwaltung seiner zahlreichen Domänenbesitzungen in Deutschland, Mähren und Ungarn. Briegleb hatte sich zur Aufgabe gestellt, auf diesen Gütern eine straffe Verwaltung einzuführen, sie einer ertragreichen landwirtschaftlichen Nutzung zu erschließen und auch ihren baulichen Bestand zu erweitern. So konnte es nicht wundernehmen, daß er über zehn Jahre lang nur noch zu vorübergehenden Aufenthalten in Coburg weilte.

Ehrungen und weitere Aufträge von seiten des Gesamthauses Coburg blieben nicht aus. Schon 1847 war ihm von der belgischen Linie der Titel eines königlich belgischen Hofrats verliehen worden. 1854 wurde er mit dem Ritterkreuz des Ernestinischen Hausordens ausgezeichnet. Im Jahre 1859 ernannte ihn der belgische König Leopold I. zum „Geschäftsführer und Generalbevollmächtigten für Unsere Angelegenheiten, mögen sich diese auf Unsere agnatischen Rechte oder auf Unsere in Deutschland gelegenen Grundbesitzungen oder auch sonstige Verhältnisse gründen oder beziehen". Nach dem Tode des Prinzgemahls Albert berief Queen Victoria im Jahre 1862 Briegleb ebenfalls zum Generalbevollmächtigten für ihre Rechte und Besitzungen in Deutschland. In gleicher Funktion bestellte ihn noch im gleichen Jahr der britische Thronfolger, Prinz Eduard von Wales. Im Mai 1867 setzte ihn der neue belgische König Leopold II. zusammen mit seiner Schwester, der Kaiserin Charlotte von Mexiko, zum Verwalter ihres Gutes in Niederfüllbach bei Coburg ein. Schließlich ernannte ihn Leopold II. im Jahre 1868 ebenfalls zu seinem Generalbevollmächtigten für seine Rechte und Güter in Deutschland.

Auffallend bei alledem ist, daß Briegleb wohl kein rechtes Verhältnis mehr zu seinem Landesherrn fand. Weder Briefstellen noch sonstige Hinweise lassen auf einen Gedankenaustausch mit Herzog Ernst II. in den fünfziger und sechziger Jahren schließen. Sah sich Herzog Ernst II., dem reaktionäreren Zug dieser Zeit folgend, veranlaßt, den Mann der Bewegung von 1848 zu meiden? Doch mag vielmehr die bewußte Abkehr Brieglebs von jeder Politik und jeglichem

Auftreten in der Öffentlichkeit das Ihre zu einer gewissen Entfremdung zwischen beiden beigetragen haben.

Briegleb war aber bei seinen Mitbürgern keineswegs vergessen, und es mochte ihn wohl ehrlich gefreut haben, als die Stadt Coburg ihm 1865 das Ehrenamt eines Magistratsrats antrug. Er hatte es bis zu seinem Tode inne und widmete sich fast mit dem früher beobachteten Elan den Reformen innerhalb der Stadtverwaltung und Stadtverfassung, besonders auf den Gebieten des Steuer- und Schulwesens. Er gewann auch in zunehmendem Maße wieder Interesse an der großen Politik in Deutschland, entwickelten sich ja gerade die Dinge nach 1866 genau in seinem Sinne einer kleindeutschen Lösung. Leider konnte ich jedoch nirgends eine Stellungnahme Brieglebs zu Bismarcks Deutschlandpolitik finden. Als im Januar 1867 die Wahlen zum norddeutschen Reichstag nach dem Beitritt Coburgs zum Norddeutschen Bund durchgeführt werden mußten, wurden allgemein in Coburg Stimmen laut, Briegleb als Kandidaten dafür aufzustellen. Er lehnte jedoch entschieden ab und empfahl seinen langjährigen Gesinnungsfreund Justizrat Friedrich Forkel.

Als 1871 die kleindeutsche Lösung Wirklichkeit geworden war, glaubte Briegleb noch einmal an seine große politische Stunde. Einhellig wurde seine Kandidatur für den neuen deutschen Reichstag begrüßt. Am 3. März 1871 wurde er für das Herzogtum Coburg mit 3825 Stimmen von 3960 abgegebenen Stimmen gewählt. Mit großen Erwartungen fuhr er nach Berlin und schloß sich dort gemäß seiner bisherigen politischen Gesinnung der Nationalliberalen Partei an, in deren Reihen er sicher eine beachtliche Tätigkeit hätte entfalten können, wenn ihn nicht der Tod schon ein Jahr darauf hinweggerafft hätte.

Am 29. April 1872 mußte der Reichstagspräsident Dr. Simson den Abgeordneten, die sich zu Ehren Brieglebs von ihren Plätzen erhoben hatten, mit folgenden Worten dessen Tod mitteilen: „Meine Herren, ich habe die traurige Pflicht, dem Hause das Ableben eines seiner Mitglieder anzuzeigen. Der Abgeordnete für den Wahlkreis Koburg, Moriz Briegleb, ist am gestrigen Nachmittag der Krankheit erlegen, um deretwillen er heute vor acht Tagen bei dem Hohen Haus um Urlaub nachgesucht hatte. Manche von Ihnen, meine Herren, werden sich mit mir der wirksamen und erfolgreichen Tätigkeit erinnern, die der Verstorbene als Mitglied der Frankfurter Versammlung in den Jahren 1848 und 49 entfaltet hat. Wir alle bewahren ihm ein treues und ehrendes Andenken..." Am 4. Mai 1872 wurde Briegleb unter großer Anteilnahme der Coburger Bevölkerung auf dem Friedhof seiner Vaterstadt beigesetzt.

Queen Victoria nannte ihn in ihrem Beileidsschreiben an die Witwe „einen bewährten treuen Diener ihres Mannes und ihrer Familie". Man ist versucht, hinzuzufügen, daß er nicht nur ein treuer Diener des Hauses Coburg und seines Coburger Landes war, sondern darüber hinaus ein großer liberaler Parlamentarier und engagierter Politiker im Dienste Deutschlands.

BILDNACHWEIS

Die Lithographie von Moriz Briegleb ist mit großer Wahrscheinlichkeit im Jahre 1848 entstanden (Original im Besitz der Familie Apotheker Dr. Hans-Joachim Leffler, Coburg; Reproduktion Bayer. Staatsarchiv Coburg LA Bildsammlung Nr. 595/II).

QUELLEN

Archivalien:
Bundesarchiv, Außenstelle Frankfurt/Main N 51 Briegleb ZSg 1/51 (Briefwechsel Brieglebs während seines Aufenthalts in Frankfurt 1848/49).
Bayer. Staatsarchiv Coburg Min F 1300, LReg Nr. 285, 286, 1130, 3813; Landtag Nr. 24, 72 ff., 91 ff., 215, 1148.
Stadtarchiv Coburg A Nr. 33, 56, 839, B Nr. 238, 280.
Stockmar-Archiv (Depot im Bayer. Staatsarchiv Coburg).
Gedruckte zeitgenössische Quellen:
Anonym, Die am 3. März 1843 erfolgte Auflösung der Ständeversammlung des Herzogthums S.-Coburg betreffend, Gotha 1843.

Moriz BRIEGLEB, Vortrag des Abgeordneten Briegleb in der Sitzung der Ständeversammlung des Herzogthums S.-Coburg vom 24. Februar 1843, als Manuskript gedruckt.

ders., Vom sogenannten Recusationsrecht nach der Sachsen-Coburgischen Verfassung, eine staatsrechtliche Abhandlung, Leipzig 1844.

Die Protokolle über die Verhandlungen des Fünfzigerausschusses 1848, Manuskriptdruck.

Stenographische Berichte über die Verhandlungen der deutschen constituierenden Nationalversammlung zu Frankfurt/Main, hrsg. auf Beschluß der Nationalversammlung von Prof. Franz WIGARD, 9 Bände, Leipzig 1848/49.

LITERATUR

Harald BACHMANN, Herzog Ernst I. und der Coburger Landtag 1821—1844, Coburg 1973.

ders., Das Revolutionsjahr 1848 in Coburg, in: Jahrbuch der Coburger Landesstiftung 1973.

ERNST II., Herzog von Sachsen-Coburg und Gotha, Aus meinem Leben und aus meiner Zeit, I. Bd., Berlin 1888.

Gertraud FRÜHWALD, Herzog Ernst II. von Sachsen-Coburg-Gotha und sein Herzogtum Coburg in der Revolution von 1848, maschinenschriftl. Dissertation München 1952.

Karl KEYSSNER, M. Johann Christian Briegleb, in: Jahresbericht des Gymnasiums Casimirianum Coburg für das Schuljahr 1966/67.

Thilo KRIEG, Moriz Briegleb, Politiker, in: Das geehrte und gelehrte Coburg, I. Teil, Coburg 1927.

Franz MÖCKL, Die Coburger Liederhandschrift des Friedrich Briegleb, in: Frankenland, Heft 2, 1960.

Hermann NIEBOUR, Die Vertreter Thüringens in der Frankfurter Nationalversammlung, in: Zs. d. Vereins für thüringische Geschichte und Altertumskunde, N F, 20. Bd., Heft 2, Jena 1911.

Paul WENTZCKE, Ideale und Irrtümer des ersten deutschen Parlaments (1848—49), Heidelberg 1959.

ders., Thüringische Einheitsbestrebungen im Jahre 1848, in: Zs. d. Vereins für thüringische Geschichte und Altertumskunde, N F, 7. Beiheft, Jena 1917.

Paul WOLF, Lebensgeschichtliche Nachlese für drei Generationen Briegleb, in: 800 Jahre Einberg, Coburg 1964.

FRIEDRICH FABRI

Von Klaus J. Bade

Seinen Zeitgenossen war Friedrich Fabri als Kirchenpolitiker, Leiter der größten evangelischen Missionsgesellschaft Deutschlands und „Vater der deutschen Kolonialbewegung" bekannt. Wenn sich das Augenmerk der Forschung bislang wesentlich auf den Kirchenpolitiker Fabri richtete, so nicht zuletzt deshalb, weil sich die wichtigen kirchenpolitischen Schriften — die in rascher Folge nach 1867 erschienen und von Perthes 1874 nochmals in einem Sammelband vorgelegt wurden — dem Zugriff der Forschung weit mehr anboten als die von der zeitgenössischen Öffentlichkeit ebenso vielbeachteten, aber meist weit verstreuten Stellungnahmen und Beiträge Fabris zu sozialökonomischen und überseeischen, insbesondere kolonialpolitischen und kolonialwirtschaftlichen Problemen. Gerade in diesen gesellschaftlichen, wirtschaftlichen und politischen Überlegungen, Erörterungen, programmatischen Reden und Schriften fand ein bei Fabri von Anbeginn an besonders ausgeprägtes Interesse Ausdruck, das sich seit dem Erlebnis der Revolution von 1848/49 wie ein roter Faden durch sein Leben zog und seit dem Ende der 1870er Jahre dann ganz deutlich dominierte — in jenen letzten Lebensjahren, die Fabri in selbstgefälligem understatement die „kolonialpolitische Episode" seines Lebens nannte. Nicht die mehrfach erörterten kirchenpolitischen, sondern gerade diese gesellschaftlichen, wirtschaftlichen und politischen Vorstellungen Fabris, die ihm, verbunden mit seinen jahrzehntelangen Missionserfahrungen, schließlich eine herausragende Rolle in der deutschen Kolonialbewegung eintrugen, sollen hier im Vordergrund stehen.

Jugend und Studienjahre

Friedrich Fabri entstammte einer Familie, der väterlicherseits einige namhafte Gelehrte und Pädagogen angehörten.

Sie kam Ende des 18. Jahrhunderts nach Franken, als Johann Ernst Fabri (1755—1825), der sich 1781 in Halle für Geographie habilitiert hatte, 1786 einem Ruf auf ein Extraordinariat für Geographie und Statistik in Jena gefolgt war und die Hallische Allgemeine Politische Zeitung herausgab, 1794 für ein Jahrzehnt die Redaktion der Erlanger Realzeitung übernahm. Er war der Sohn Johann Ehregott Fabris, eines Prorektors am Gymnasium zu Öls bei Breslau. In Erlangen hielt Johann Ernst Fabri, Verfasser von zum Teil vielfach aufgelegten geographischen Lehrbüchern und mehrerer Sammelwerke, ohne Gehalt als ordentlicher Professor extra facultatem Vorlesungen über Geographie und Geschichte. Hier erschien 1808 seine große „Encyclopädie der Historischen Hauptwissenschaften und deren Hülfs-Doctrinen".

Die Hoffnung Johann Ernst Fabris, der mit seiner Familie immer wieder an den Rand des Existenzminimums geriet, in Erlangen schließlich einen Lehrstuhl übernehmen zu können, wurde enttäuscht. Noch 1820, fünf Jahre vor seinem Tod, hoffte er vergeblich, Johann Georg Meusels Lehrstuhl für Geschichte zu erhalten. Er war 60 Jahre alt, seit 28 Jahren Professor und hatte seit 35 Jahren Vorlesungen gehalten, als er auf wiederholte Eingaben des Erlanger Senats hin nach 14jähriger Wartezeit 1815 erstmals ein festes Gehalt als Universitätslehrer zugesprochen erhielt. Vier Jahre später wurde der älteste seiner drei Söhne, Ernst Fabri (1793— 1879), zum Privatdozenten ernannt. Seit 1827 vertrat er als außerordentlicher Professor in Erlangen die Kameralwissenschaften. Ernst Fabri wandte sich 1850 mit einer aufsehenerregenden sozialkritischen Schrift an die Öffentlichkeit, in der er ein Sofortprogramm zur Bekämpfung des zum „Notstand unserer Zeit" erklärten „Pauperismus" verlangte und in Grundzügen bereits selbst entwarf. Seine Vorschläge reichten von Armenpflege im allgemeinen und organisierter Karitas im Sinne der Wichernschen Inneren Mission im besonderen bis hin zu einem Bündel staatlicher Initiativen, das bereits den Gedanken an eine umfassende Arbeitsschutzgesetzgebung einschloß. Es sei dringend an der Zeit zu handeln, warnte Ernst Fabri, denn „wenn bei uns nicht bald Hilfe kommt, so wachsen uns in Deutschland die Ereignisse ebenso schnell über den Kopf und es treten hier dieselben Übelstände ebenso gewaltsam ein und wirken ebenso unheilvoll als in Frankreich". Er fürchtete, daß, wie er zwei Jahre später schrieb, „durch eine Revolution die Zukunft des deutschen Volkes auf das Spiel gesetzt" werden könnte.

Der zweitälteste Sohn J. E. Fabris, Ernst Wilhelm Fabri (1796—1845), wurde Rektor des Alten Gymnasiums in Nürnberg. Der Altphilologe trat durch eine Reihe von Schuleditionen hervor. Der jüngste, Ernst Friedrich Wilhelm Fabri (1797—1866), widmete sich der Theologie. Der spätere Würzburger Dekan und Kirchenrat war Friedrich Fabris Vater. Die Mutter, Sophia Helena Christiana Fabri (1799—1846), war die Tochter des Schweinfurter Arztes und Gerichtsphysikus Johann Elias Schmidt, der eine Freiin von und zu der Tann geheiratet hatte.

Dr. E. F. W. Fabri lebte als Pfarrer und Gymnasialprofessor in Schweinfurt, als sein Sohn F r i e d r i c h Gotthard Karl Ernst F a b r i hier am 12. Juni 1824 geboren wurde. 1829 wurde der Vater nach Bayreuth, 1836 schließlich nach Würzburg versetzt. In Würzburg, das er seine Heimatstadt nannte, besuchte Friedrich Fabri das Gymnasium. 17jährig erreichte er 1841 die Universitätsreife, immatrikulierte sich im Wintersemester 1841/42 an der Theologischen Fakultät Erlangen und schloß sich der von Hans von Raumer geleiteten Burschenschaft der Bubenreuther an. Nach vierjährigem Studium in Erlangen und Berlin (WS 1843/44 und SS 1844) absolvierte er Ende 1845 in Erlangen das theologische Examen und trat in das Münchener Predigerseminar ein. In München schrieb er nebenher an seiner Dissertation und wurde am 28. Juni 1847 in Tübingen mit einer Arbeit über „Johannes Scotus, mit dem Beinamen Eruigena, dargestellt nach seinem Leben und seinen Schriften" zum „Doctor philosophiae et artium liberalium magister" promoviert. Als Würzburger Stadtvikar, Religionslehrer an der Landwirtschafts- und Gewerbeschule und Gefängnisgeistlicher trat Fabri 1848 in den Beruf und übernahm 1851 auf Befürwortung der Freiherrn von Gleichen-Rußwurm die Patronatspfarrei Bonnland bei Kissingen. In das gleiche Jahr fiel die Eheschließung mit der südhannoveranischen Gutsbesitzerstochter Henriette Brandt aus Uslar.

Sein vierjähriges Studium hatte Fabri nicht nur genutzt, um die bedeutendsten Erlanger und Berliner Theologen zu hören, sondern auch, um sich neben der Theologie mit den verschiedensten Wissensgebieten — von der Philosophie, der griechischen Literatur über ‚Naturgeschichte' und Pädagogik, Physik und Elementarmathematik bis hin zur vergleichenden Anatomie — vertraut zu machen. Dem für die Zulassung zur Promotion obligatorischem „Vitae curriculum" zufolge, besuchte er in Berlin Schellings Vorlesungen, hörte daneben Neander und den Schelling-Schüler Steffens, die Historiker Ranke und Ritter, den Rechtshegelianer Marheineke und Hegels Nachfolger Gabler, ferner Theremin und den Führer der kirchlichen Restaurationsbewegung in Preußen, den neulutherisch orthodoxen Hengstenberg, der mit ihm korrespondierte und bald auch seine ersten Artikel in die Evangelische Kirchenzeitung aufnahm. Während seiner Erlanger Semester hörte er neben den Positivisten Engelhardt und Kaiser die wichtigsten Vertreter der Erlanger Theologie. Er besuchte Vorlesungen von Harleß, Hoefling, Hofmann und Thomasius, hörte daneben H. W. J. Thiersch, mit dem er in Verbindung blieb, aber auch Fischer und den Naturwissenschaftler K. G. v. Raumer.

Wichtig für die Entwicklung des Theologen Fabri war die Rezeption Schellings, den er in Berlin in seinen Vorlesungen über Mythologie und Offenbarung hörte sowie die von Schelling beeinflußte Richtung der Erlanger Theologie. Eine Schlüsselstellung nahm Thierschs Schwiegersohn, der früh verstorbene Erlanger Lehrstuhlinhaber für Philosophie E. R. von Schaden ein, der erheblichen Einfluß auf den jungen Fabri hatte. Nach dem Erlebnis Schellings selbst war es wesentlich die Verbindung zu diesem Schelling-Schüler, die Fabris Interesse an den Schriften Franz von Baaders, dann Jakob Böhmes und Friedrich Christoph Oetingers stark zunehmen ließ. Ende der 40er Jahre wertete er Baader, den „im Gebiete der Erkenntnis originellsten Christen der Neuzeit", als den „tiefsinnigsten aller neueren Philosophen". Neben dem Studium Baaders vertiefte sich Fabri Anfang der 50er Jahre zunehmend in die Schriften Jakob Böhmes. Die Beschäftigung mit Oetinger brachte ihn in Kontakt mit dem späteren Basler Professor der Theologie C. A. Auberlen, der sich mit den älteren württembergischen Theologen aus der Schule Bengels beschäftigte und 1847 mit einer Oetinger-Studie hervortrat. Hinzu kam der Einfluß Johann Christoph Blumhardts, den Fabri am Ende seiner Vikariatszeit auf einer Reise durch Schwaben in Möttlingen aufsuchte. Dem Neffen des pietistischen Mitbegründers der Basler Missionsgesellschaft blieb er jahrelang eng verbunden. Die Begegnung mit Blumhardt war wichtig für die Herausbildung der Reich-Gottes-Theologie Fabris, die sich Anfang der 60er Jahre zu einer eigenen Konzeption verdichtete. Das eschatologische Denken Fabris, das ihn hinter der Profangeschichte nach dem Ablauf göttlicher Heilsgeschichte und nach einem „Reichsblick", der beides einschließen sollte, suchen ließ, beeinflußte auch seine frühen sozialen und politischen Gedanken. Die „himmlische Vogelperspektive der Geschichte" relativierte nicht nur das Gewicht sozialer Probleme, sondern motivierte auch die in der Frühzeit deutliche Spannung zwischen einem starken Realitätsbezug und einem ebenso ausgeprägten Hang zu „innerlicher Überwindung der Welt". Beides spiegelte sich in Aufnahme und Verarbeitung des Erlebnisses der Revolution von 1848/49.

Revolution und soziale Frage

Aus Fabris Urteilen über das Zeitgeschehen sprach das Bewußtsein einer weltgeschichtlichen Krisenzeit. Dieses ausgeprägte Krisenbewußtsein, das als bestimmende Komponente seines Denkens erhalten blieb, resultierte aus dem Revolutionserlebnis, in dem seine soziale Perspektive ihren Bezugspunkt fand. Fabri setzte zwar große, von nationalem Prestige- und Machtdenken bestimmte Erwartungen in den Einigungsversuch als Schritt auf dem Weg, der „endlich zum ersehnten Kaisertum" führen werde. Doch aller Revolutionsenthusiasmus fehlte, denn hinter der bürgerlichen, politischen Revolution glaubte er das Gespenst der Sozialrevolution lauern zu sehen. Nur der historischen Verspätung Deutschlands auf dem Weg zum Nationalstaat schrieb er es zu, daß die Revolution „zunächst" als bürgerliche und noch nicht als „Revolution des vierten Standes" aufgetreten war. Ausschlaggebend für dieses Revolutionserlebnis war die Überzeugung, „daß die Bewegung, die im gegenwärtigen Augenblicke Europa erschüttert, im letzten Grunde vielmehr sozialer als politischer Natur ist". Den Schlüssel zu Fabris Begriff des Politischen bietet eine schon 1848 gewonnene Einsicht, die zeitlebens für sein politisches Denken und Handeln bestimmend blieb: „Hinter allen politischen Fragen der Gegenwart steht als Lebensfrage für die Zukunft die sogenannte soziale Frage." In der sozialen, insbesondere der „Proletariatsfrage", erkannte er „die eigentliche Frage des 19. Jahrhunderts".

Die Position, von der aus Fabri als Würzburger Stadtvikar und als Pfarrer in Bonnland zur sozialen Frage Stellung nahm, läßt sich allgemeinhin als christlicher Konservatismus fassen. Zu einer durch religiös-theologische und sozialphilosophische Erlebnis- und Erkenntnisvoraussetzungen konservativ bestimmten sozialen Perspektive verbanden sich lutherische Glaubensgrundsätze, die Idee der „sozialen Wiedergeburt" und das Gemeinschaftsideal der Erweckungsbewegung mit dem Rettungsgedanken der Inneren Mission. Hierzu traten Ansätze zu einer ökonomischen Sicht gesellschaftlicher Probleme, welche romantisch-konservativen Soziallehren ebenso verpflichtet waren wie ein organologisches, noch stark ständisch-korporativ bestimmtes Gesellschaftsverständnis, das ihre Entfaltung hemmte und die praxisbezogenen Folgerungen und Vorschläge Fabris in jenen Grenzen der bestehenden Ordnung hielt, die für ihn schon aus religiösen Gründen nicht in Frage zu stellen waren. Darum war es von erheblicher Bedeutung, daß seine soziale Perspektive ihren negativen Orientierungspunkt in der perhorreszierten Sozialrevolution fand. Seinen religiösen Überzeugungen entsprechend, war die „gegebene" Ordnung solange qua Existenz legitim, als sie sich nicht einer der beiden als widergöttlich verstandenen Extrempositionen Despotie oder Anarchie zuneigte. Da Fabri Kommunismus, Sozialismus und Sozialrevolution schlechthin mit Anarchie identifizierte, konnte ihm Widerstand gegen solche „dämonischen Kräfte" nachgerade Christenpflicht bedeuten. Sein Gesellschaftsverständnis, das jedem Stand als Glied eines hierarchisch strukturierten sozialen Organismus einen festen und nur auf Kosten des gesamten „Bestandes" verrückbaren Ort zuwies, ließ ihn den schlechterdings dem „Wahnsinn" zugeschriebenen Gedanken an die politische Emanzipation eines „vierten Standes" in Grenznähe zu sozialrevolutionären Bestrebungen rücken. So staute sich hinter seinem christlichen Konservatismus von Anfang an ein beträchtliches sozialreaktionäres Potential.

Fabris soziales Engagement war von Anbeginn an doppelt motiviert: durch karitatives Interesse und Hilfsbereitschaft gegenüber dem „Notstand" der „arbeitenden Klassen" und durch Revolutionsfurcht im Blick auf jene radikalen Emanzipationskräfte, die das Elend des „vierten Standes" als politisches Argument gegen die bestehende Wirtschafts- und Gesellschaftsordnung kehren könnten. Über ein auch nur annähernd geschlossenes sozialpolitisches Konzept verfügte Fabri nicht. Im Gegensatz zu Ernst Fabri, der wesentlich dazu beigetragen haben dürfte, sein schon frühzeitig deutliches Interesse an den gesellschaftlichen Krisenerscheinungen zu wecken, bot er nur eine Reihe von fast beiläufig in die Erörterungen seiner ersten Broschüren eingestreuten praktischen Vorschlägen für Staat, Gesellschaft und Kirche an: Der Staat sollte durch umfassende Binnenkolonisation, durch die Errichtung von Arbeitshäusern und Spitälern seinen Beitrag leisten. Für die Gesellschaft fiel die Aufgabe auf die „sittliche Kraft des einzelnen und auf die entsagende und hingebende Tätigkeit freier Vereine". Der Kirche empfahl Fabri die Mittel der Inneren Mission im Sinne Wicherns, der sie als soziales Hilfswerk und zugleich als antirevolutionäres Instrument zur „Rettung der bürgerlichen Welt" anbot. Hier lag deutlich erkennbar der Schwerpunkt der konkreten Vorschläge Fabris. In der Praxis folgte er Wichern in die reine Karitas. Auf seiner Vortragsreise durch Süddeutschland betrat Wichern im Sommer 1849 erstmals den Boden der bayerischen Landeskirche. Fabris Vater, der ihm gut bekannte Würzburger Dekan, trug neben dem eng mit ihm befreundeten Erlanger Theologen Hofmann wesentlich zum Erfolg dieser Werbereise Wicherns für die Innere Mission in Bayern bei. Friedrich Fabri arbeitete intensiv am Aufbau der Inneren Mission in Franken mit und setzte sich auch Anfang der 1850er Jahre noch praktisch und literarisch für ihre Ausbreitung ein. Er trug zur Gründung weiterer fränkischer Vereine bei, unterstützte ihre Bestrebungen 1851 durch eine Schrift über „Armut und Armenpflege" und verteidigte Wichern zwei Jahre später noch gegen Löhes Kritik. Doch sein Interesse war nun merklich zurückgegangen. Er begann zu erkennen, daß mit der auf singuläre „Notstände" ausgerichteten organisierten Karitas die „eigentliche Frage des 19. Jahrhunderts" nicht zu bewältigen war. Die Überzeugung von der Notwendigkeit und stets zunehmenden Dringlichkeit ihrer „Lösung" indes hielt unvermindert an und wurde bestärkt durch ein vom Revolutionserlebnis bestimmtes Krisenbewußtsein, das sich in der düsteren Vision eines „allgemeinen vulkanischen Ausbruchs", in der Ahnung kommender allgemeiner „Erschütterungen" und „Katastrophen" ausdrückte.

1848 hatte Fabri Irreligiosität und „Feindschaft wider alles Göttliche" als Antriebskräfte von Sozialismus, Kommunismus und Revolution genannt und dazu aufgerufen, der Ausbreitung von Rationalismus und Atheismus zu wehren. 1855 entsprach er selbst dieser Forderung, als er in seinen „Briefen gegen den Materialismus" jene „negativen Grundkräfte, die in der heutigen massenhaften Herrschaft des Materialismus gipfeln", als die ursächlich bestimmenden Faktoren der widergöttlichen Auflehnung brandmarkte. Ende der 1840er Jahre erkennbare Ansätze zu einer sozialökonomischen Betrachtungsweise traten zurück hinter die Kritik an einer „in ihrer Wurzel negativen und zerstörenden Geistesströmung", die als Ursache für einen Kampf des „irreligiösen" gegen das „religiöse Wissen" vorgestellt wurde. Einen Sieg über den perhorreszierten Rationalismus und dessen „Expulsion aus dem Herzen der Masse" hielt Fabri nur für möglich durch eine neue Zuordnung von Wissen und Glauben, Empirie und Transzendenz in einem „biblischen Realismus", der die Grenzen menschlicher Erkenntnis nicht nur definieren, sondern auch gegen den Durchbruchsversuch verteidigen sollte, zu dem sich eine als autonom vorgestellte, von einem „propagandistischen Triebe" forcierte und auf die „Zerstörung der Grundlagen der gesamten religiösen und sittlichen Weltordnung" ausgehende Vernunft in Gestalt des Materialismus erdreistet zu haben schien. Die von eschatologischen Perspektiven bestimmte düstere Alternative war ein „Weg heftiger Katastrophen, die an Gewalt der Erschütterung alle vorausgegangenen übertreffen werden". Die religiöse Weltsicht sollte die widergöttliche „Apotheose absoluter Unwissenheit und Barbarei" niederzwingen und über sie hinweg den Rückweg zeigen in die prästabilierte, willkürlich durch die Kräfte der Destruktion gestörte Harmonie in einem „Gesellschaftsorganismus", dessen soziales Regulativ ein von der ökonomischen Lage seiner Träger abgehobener religiös-sittlicher Konsensus war.

In den beiden ersten Vorschlägen und Entwürfen Fabris mit direktem und indirektem Bezug auf die „Lösung der sozialen Frage", in Innerer Mission und „biblischem Realismu", begegneten sich Praxisbezug und Realitätsferne. Sie waren nach subjektiver Motivation und objektiver Funktion keine Extrempositionen, sondern zwei Seiten der gleichen Medaille. Sie entsprangen einer Weltsicht, die, wie Fabri 1853 einmal an Hengstenberg schrieb, „von Anfang an eine eigentümliche praktische und theoretische, i. e. theosophische Seite harmonisch in sich vereinigte". Beide waren gleichermaßen sozialdefensiv. Wurde die „soziale Frage" in ihrem Kern, der „Proletariatsfrage", durch den ersten auf ein primär karitatives Problem reduziert, so suchte sie der zweite durch die Theologisierung sozialer Konflikte vollends jedem empirisch-kritischen, potentiell gesellschaftsverändernden Zugriff zu entziehen. Beide gingen mithin am Kern der sozialen Frage vorbei. Seit dem Ende der 1850er Jahre kehrte sich der Prozeß einer Überlagerung des empirischen Aspekts durch den religiösen in der sozialen Perspektive Fabris zusehends um. Äußerer Anlaß für den Wandel war der Eintritt in einen völlig neuen Tätigkeits- und Erfahrungsbereich, der den ökonomischen Aspekt in die „eigentümlich-praktische" Betrachtungsweise einrücken ließ. Ausgangspunkt dieser Veränderung waren ausgerechnet die „Briefe gegen den Materialismus", die das Interesse der akademischen Theologie auf den Pfarrer aus Bonnland lenkten. Schon im Sommer 1856 schwebten Verhandlungen über eine Berufung nach Bern. Auch Hengstenberg zeigte sich von den „Briefen", die sich nicht nur gegen Vogt, Moleschott und Büchner, sondern auch gegen David Friedrich Strauß richteten, angetan und stellte im Juli 1856 eine Berufung nach Preußen in Aussicht. Zu gleicher Zeit erreichte Fabri eine vertrauliche Information, derzufolge man sich im bayrischen Kultusministerium mit dem Gedanken trug, ihn an die theologische Landesfakultät Erlangen zu berufen. Fabri zögerte. Der Gedanke an eine Konzentration auf die akademische Lehre vermochte ihn nicht recht zu befriedigen. Im Frühjahr 1857 bahnte sich die endgültige Wendung an. Nach fünfjähriger Tätigkeit als Pfarrer in Bonnland erhielt Fabri auf die Vermittlung C. A. Auberlens hin eine Berufung auf den Posten des leitenden Inspektors der Rheinischen Mission in Barmen. Das Angebot, das „völlig unerwartet und überraschend" kam, zumal ihm „die Missionssache oder vielmehr der Missionsbetrieb mit all seiner Technik [...] bisher völlig fern lag", hatte seinen Grund wohl darin, daß man sich in Barmen von Fabri, der als allem Konfessionalismus fernstehend galt, eine Vermittlung in konfessionellen Fragen erhoffte, welche die Missionsarbeit belasteten und den leitenden Inspektor Wallmann zum Rücktritt veranlaßt hatten. Im Juni reiste Fabri ins Wuppertal, gab wenige Wochen später seine definitive Zusage und übersiedelte im Oktober 1857 ins Barmer Alte Missionshaus.

Mehr als ein Vierteljahrhundert blieb er an der Spitze der größten deutschen Missionsgesellschaft.

Von der Weltwirtschaftskrise zum Sozialistengesetz

Dem Wechsel aus der industriearmen Umgebung seiner unterfränkischen Patronatspfarrei an die Spitze der größten deutschen Missionsgesellschaft im „bedeutendsten Fabrikbezirk des Kontinents" (Fabri) und der Konfrontation mit den sozialökonomischen Problemen im Wuppertal am Ende der Periode des frühen Industriekapitalismus maß Fabri selbst entscheidende Bedeutung für seine weitere Entwicklung bei. Seine Übersiedlung ins Wuppertal fiel in die Wochen kurz vor dem Einbruch der Weltwirtschaftskrise von 1857/59, von der die hier dominierende Textilindustrie am schwersten betroffen wurde. Seit einiger Zeit bildeten zudem erste Arbeitskämpfe im „deutschen Manchester" einen Mittelpunkt des Tagesgesprächs. Richtungweisendes Kennzeichen dieser Streiks in den Jahren 1855 und 1857 war die Tatsache, daß hier Berufsgruppen in den Ausstand traten, deren Arbeitsbedingungen schon stärker durch die Industrialisierung bestimmt waren. In dieser Phase des Wandels, der im Zuge der einsetzenden Hochindustrialisierung noch beschleunigt wurde, kam Fabri ins Wuppertal. Die Konfrontation mit der elenden Lage des Industrieproletariats nötigte nachgerade zur Reflexion der hier „offenbar vor jedermanns Augen" tretenden ökonomischen Hintergründe sozialer „Notstände". Das Vorrücken des ökonomischen Aspekts in Fabris Sicht der sozialen Frage wurde, verbunden mit einem seit Ende der 50er Jahre fast ruckartig zunehmenden Interesse an Problemen der Industriewirtschaft und des Außenhandels, wesentlich durch die Tatsache bedingt und bestimmt, daß er sich in Barmen von Anbeginn an nicht nur unter Missionsangehörigen, sondern auch unter den Kaufleuten und Unternehmern des engeren Wuppertaler Fördererkreises zu bewegen hatte, der mit seinen Spenden die Arbeit der Rheinischen Mission finanzierte und sich darum auch als deren eigentlicher Auftraggeber verstand.

Die Rundschreiben, in denen Fabri die Mitglieder und Freunde der Rheinischen Mission 1857 in der Regel vierteljährlich mit internen Informationen, aber auch mit allgemein-politischen „zeitgeschichtlichen Betrachtungen" versorgte, lassen ebenso wie die ersten Veröffentlichungen aus den Barmer Jahren erkennen, welchen Einfluß die neue Umgebung auf seine sozialökonomischen und politischen Vorstellungen übte. Er begann die Frage der nationalen zugleich als die einer „kommerziellen Einheit" zu betrachten. Die Politik werde, schrieb er im Blick auf England schon 1861 und formulierte damit eine Erkenntnis, die konstitutiv für sein Denken blieb, „mehr und mehr losgelöst von aller Tradition politischer Prinzipien, von Jahr zu Jahr mehr von industriellen und merkantilen Interessen beherrscht". Die Industrialisierung begriff er jetzt als eine „große, friedliche, soziale Revolution", die nicht nur „im volkswirtschaftlichen Leben die tiefgreifendsten Veränderungen", sondern auch „ganz neue soziale Verhältnisse" geschaffen hatte, deren Problematik den brisanten Konfliktstoff „Arbeiterfrage" ausmachte.

Fabri ging in seiner Sicht der „Arbeiterfrage" und in seinen praktischen Folgerungen nun deutlich und bewußt über die organisierte Karitas, die „Pflege der schon vorhandenen Armen" hinaus. Er suchte nach „Präventivmitteln" und befürwortete 1861 die organisierte „Selbsthilfe der arbeitenden Klassen" im Rahmen der „genossenschaftlichen Bewegung". Er übernahm Viktor Aimé Hubers Konzept der Verbindung von Siedlungs- und Konsumgenossenschaften, dessen Grundgedanke darin bestand, statt erwerbsunfähige Arme zu unterstützen, erwerbsfähige Arbeiter durch langfristige Kredite in kleinbürgerliche Hausbesitzer zu verwandeln. Doch Fabris Plan, die Wohnungsnot durch Siedlungs- und Konsumgenossenschaften zu mindern und das Industrieproletariat damit zugleich „an das Eigentum zu fesseln", kam im Wuppertal ebenso zu spät wie derjenige, mit dem der liberale Genossenschaftspraktiker Schulze-Delitzsch hier zu dieser Zeit hervortrat. Schon in seiner ersten öffentlichen Versammlung im Mai 1863 ging der Barmer Allgemeine Deutsche Arbeiterverein (ADAV) mit derartigen Plänen hart ins Gericht.

Vor einer Barmer Volksversammlung im September 1863 setzte Lassalle solchen Vorschlägen seine staatssozialistischen Forderungen entgegen. 1865 schon war der ADAV in Elberfeld und Barmen mit 1 260 Mitgliedern der größte Deutschlands.

Das rasche Anwachsen der Arbeiterbewegung im industriellen Ballungsraum des Wuppertals verfolgte Fabri mit zunehmendem Befremden. In dem Versuch einer politischen Artikulation sozialer Interessen, erblickte er seit jeher eine Gefahr für das bestehende Gesellschaftssystem. Wie Huber, dessen Pläne er vergeblich zu verwirklichen gesucht hatte, registrierte er mit wachsendem Argwohn die Bemühungen um eine politische Organisation der Arbeiterklasse, wie er sie insbesondere in Lassalles Wahlrechtsagitation erblickte. Bei den Wahlen für die erste Legislaturperiode des Norddeutschen Reichstags im September 1867 siegte Lassalles Nachfolger von Schweitzer mit großer Mehrheit in beiden Wupperstädten. Fabri mußte feststellen, daß es den Arbeitern gelungen war, „sich auf der politischen Bühne zu habilitieren". Sie hatten sich zu einer „kompakten Masse, die sich ihrer gemeinsamen Interessen bewußt geworden" war, formiert. Die „Masse" des Proletariats schien ihm „von den Theorien des modernen Sozialismus angesteckt und in gärende Bewegung gebracht". Im Innern sah er „Umsturzpropaganda", von außen her die „internationale Verbrüderung der Arbeiter" drohen. Sollte sich „diese Bewegung" zu einer revolutionären formieren, deutete er düster an, dann könne sie „nur mit bitterem Schaden des Arbeiterstandes enden".

Der Krieg gegen Frankreich unterbrach die Streikagitation. Als Fabri jedoch im Sommer 1871 enttäuscht aus Straßburg, wo seine kirchenpolitischen Vorschläge gescheitert waren, nach Barmen zurückkehrte, sah er sich im Wuppertal in zunehmendem Maße mit nunmehr systematisch politisierten Streiks konfrontiert, die durch Produktionssteigerung und Vollbeschäftigung während der ‚Gründerjahre' begünstigt wurden. Faktisch sah er 1872 „mit dem allgemeinen Stimmrecht auch schon die Brücke geschlagen, auf welcher die Internationale, wenn auch vielleicht unter Rauch und Trümmern, ins Kapitol unseres politischen Liberalismus einziehen wird". Das von Revolutionsfurcht geprägte und durch das Schreckbild der Pariser Kommune bestärkte ideologische Bewußtsein ließ ihn die „Tage der Internationale" beängstigend nahe wähnen und versperrte ihm die Einsicht in die Tatsache, daß das gefürchtete revolutionäre Proletariat in der vorgestellten Größenordnung und Geschlossenheit im neuen Reich ebensowenig existierte wie 1848.

Die von 1873 bis 1879 anhaltende erste Phase der Großen Depression ließ die Arbeitsplätze bald unsicher, um die Mitte des Jahrzehnts rar werden und setzte damit den politisierten Streiks ein Ende. Der soziale Konflikt verlagerte sich zurück an die Wahlurnen. Doch die Gegensätze spitzten sich mehr und mehr zu, zumal die zunehmende politische Überwachung und Bespitzelung von Arbeiterversammlungen und Arbeiterführern die Arbeiterschaft nur um so mehr konsolidierte. Fabri, der dem nationalliberal-konservativen Lager zugehörte, wähnte die Sozialdemokratie, die in Wirklichkeit auch im Wuppertal überwiegend auf reformistischem Kurs war, jetzt ganz „in den Händen der Internationale". Auch für ihn war sie nun „in der Tat staatsfeindlich". Im Frühjahr 1877, wenige Wochen nach den Reichtagswahlen — in denen der gemeinsame Kandidat der bürgerlichen Parteien dem Kandidaten der Sozialdemokratie nur mit ganz knapper Mehrheit in der Stichwahl das Mandat hatte abjagen können — warb Fabri aus politischen Motiven dafür, eilends an die Lösung der „sozialen Frage" zu gehen, um dem „riesigen Wachstum" der Sozialdemokratie noch Einhalt zu gebieten. Jetzt, fast drei Jahrzehnte nach Ernst Fabri, forderte auch er staatliche Arbeiterschutzgesetzgebung, mahnte jedoch zugleich, daß „der Staat gegenüber der Sozialdemokratie nicht länger in der ihm vom liberalen Regime empfohlenen Passivität verharren" dürfe. Er forderte im Grunde ‚Zuckerbrot und Peitsche', eine nicht näher konkretisierte Sozial- oder doch wenigstens Schutzgesetzgebung für die Arbeiter und repressive Maßnahmen gegen ihre politischen Emanzipationskräfte. Endes des folgenden Jahres, das die Schüsse Hödels und Nobilings auf den Kaiser, die legalisierte antisozialistische Repression und dennoch den Wahlsieg der — aus Gründen des Kulturkampfs vom Zentrum unterstützten — Sozialdemokratie in beiden Wupperstädten brachte, akzeptierte Fabri, in seiner Haltung konsequent, das Sozialistengesetz bei der Niederschrift jenes Buches, das 1879 die weitgespannte öffentliche Diskussion der Frage auslöste: „Bedarf Deutschland der Kolonien?" Die Schrift, die diesen bald berühmten Titel trug, war eine der frühesten und zugleich die aufsehenerregendste deutsche koloniale Propagandabroschüre im letzten Drittel des 19. Jahrhundert, ein „auf deutsche Leser berechneter Katechismus zur Kolonialfrage", der rasch große Verbreitung fand, der Expansionsdiskussion in der weiteren Öffentlichkeit zum Durchbruch verhalf und ihr auf Jahre hinaus ein Kompendium zugkräftiger Argumente bot.

Export der sozialen Frage durch überseeische Expansion

Die Arbeit an der Spitze der Rheinischen Mission hatte Fabri von Anbeginn an mit den verschiedensten überseeischen Fragen und Problemen konfrontiert. Die Erfahrung der verlustreichen Arbeit seiner Gesellschaft in dem immer wieder von kriegerischen Unruhen erschütterten südwestafrikanischen Krisengebiet — in dem die Rheinische Mission in Gestalt einer „Missions-Handelsgesellschaft" auch kommerziell engagiert war — hatte ihn schon frühzeitig zu der Erwägung veranlaßt, ob nicht vielleicht eine koloniale Okkupation des Missionsgebietes die Missionsarbeit fördern würde. Das darüber hinausgehende Interesse Fabris an überseewirtschaftlichen Problemen im allgemeinen und an Kolonialhandel und Kolonialwirtschaft im besonderen dürfte wesentlich durch seinen Kontakt zu jenen christlichen Vertretern des Industrie- und Handelskapitals aus dem Fördererkreis der Rheinischen Mission, die in Rohstoffimport und Fertigwarenexport weltweite Geschäftsverbindungen unterhielten, geweckt und bestärkt worden sein. Auch sein Interesse an Auswanderungsfragen war ursprünglich durch die Missionsarbeit motiviert, denn die Rheinische Mission entsandte über eine Zweiggesellschaft auch Prediger in die Siedlungen deutscher

Auswanderer, insbesondere in Südamerika. Die Rezeption englischer Kolonialliteratur, in der die Auswanderungsfrage eine erhebliche Rolle spielte, und die Lektüre von Schriften aus der deutschen Auswanderungsdiskussion der Jahrhundertmitte, in der die Auswanderung noch als geeignetes Mittel zur Außenhandelsförderung und zur Bewältigung des Pauperismus verstanden wurde, bildete die Brücke zwischen Fabris Gedanken zu sozialen, kolonialen und Auswanderungsfragen. Diese zunehmend aus ihrer ursprünglichen Bestimmung durch die Missionsinteressen gelösten und statt dessen von ökonomischen Leitaspekten beherrschten Vorstellungen setzte Fabri Ende der 1870er Jahre zu einer kumulativen sozialökonomischen Krisentheorie mit kolonialexpansiver Stoßrichtung zusammen.

In den Stellungnahmen Fabris zur ökonomischen, sozialen und politischen Entwicklung in der Depression deutete noch 1877 nichts auf eine Interdependenz seiner Gedanken zu ökonomischen, sozialen, kolonialen und Auswanderungsfragen hin. Kaum ein Jahr später aber brachte er das Ergebnis einer solchen Verschränkung schon in jene Krisentheorie, die das Kernstück seiner kolonialen Propagandaschrift des Jahres 1879 ausmachte. 1878, mit an Sicherheit grenzender Wahrscheinlichkeit auf dem Höhepunkt der in grotesker Umkehr von Ursache und Wirkung als „sozialdemokratische Krisis" mißverstandenen, vermeintlich ausweglosen sozialen Konfliktsituation wählte Fabri publizistisch die Flucht nach vorn: in die „Sozialpolitik" der kolonialen Expansion. Im Laufe einer jahrzehntelangen, seit dem Erlebnis der Revolution von 1848 anhaltenden Suche nach Möglichkeiten zu einer konservativen „Lösung der großen sozialen Frage" war er mit einer gewissen — freilich ergebnisbedingten — Folgerichtigkeit zu wirtschafts- und sozialimperialistischen Vorstellungen gelangt, die er 1879 erstmals propagierte. Er selbst betrachtete diese Entwicklung, die ihn schließlich zur Propaganda für die nicht allein ökonomisch, sondern auch „sozialpolitisch notwendige" überseeische Expansion führte, rückblickend als „im Grunde natürlich".

In relativer Übervölkerung (im Vergleich zum Erwerbsangebot), in Überproduktion und Kapitalüberschuß glaubte Fabri Ende der 1870er Jahre, die eigentlichen Ursachen der wirtschaftlichen und gesellschaftlichen Krisenerscheinungen des Kaiserreichs erkannt zu haben und propagierte deswegen die Exportoffensive an Waren, Kapital und Menschen durch überseeische „Massenauswanderung". Formelle Expansion in Gestalt des „Erwerbs" tropischer Handelskolonien, vor allem in Afrika, sollte ebenso angestrebt werden wie informelle Expansion durch organisierte Auswanderung und Kapitalexport in südamerikanische Siedlungskolonien. Die Handelskolonien, die als Absatzmärkte, vor allem aber als Rohstofflieferanten, insbesondere für die Konsumgüterindustrie, gedacht waren, sollten unter direkte Territorialherrschaft gestellt werden. In den notgedrungen nur noch in schon staatlich organisierten Überseegebieten wie Südbrasilien zu errichtenden Siedlungskolonien dagegen sollten deutsche Auswanderer und deutsches Exportkapital die informelle Kontrolle übernehmen und diese neuen Absatzmärkte gegen die zunehmende internationale Konkurrenz im Exportgeschäft abschirmen.

Überseeische „Sicherheitsventile" sollten den durch Überproduktion und Übervölkerung erzeugten explosiven sozialökonomischen „Druck" ausgleichen. Insofern verstand Fabri seine Propaganda für die überseeische Expansion zugleich als „sozialpolitisches" Engagement. Für die „Grimmigen" unter den Sozialdemokraten indes, die dem propagierten Export der sozialen Frage entgegenarbeiten und weiterhin an ihren vermeintlichen Umsturzplänen festhalten sollten, hielt er als ultima ratio eine besondere „Abart" seiner kolonialen Typologie bereit, die „Verbrecherkolonie". Export der sozialen Frage durch gelenkte Auswanderung der von ihr am härtesten Betroffenen in neu zu begründende Siedlungskolonien, die zugleich als Absatzmärkte für die industrielle Überproduktion dienen sollten und notfalls Deportation derjenigen politischen Emanzipationskräfte der Arbeiterklasse, die eben diese soziale Frage als Hebel zu systemtransformierender Kritik einzusetzen suchen sollten — das war die Alternative der „Sozialpolitik" der überseeischen Expansion. Fabris Pläne für eine großangelegte, zielgelenkte „Auswanderungsorganisation" mußten scheitern: In den 80er Jahren war nur in bescheidenem Umfang Kapital aufzutreiben für die als Millionenprojekte gedachten südamerikanischen Kolonisationsgesellschaften, die die „Organisation" der Auswanderung bewerkstelligen sollten. Das exportinteressierte Industriekapital wartete auf ein Prävenire des Bankkapitals, welches zwar Interesse, noch nicht aber hinreichende Investitionsbereitschaft zeigte, zumal derartige Auswanderungspläne auf seiten der Reichsregierung keinerlei Unterstützung fanden. Seit Mitte der 90er Jahre schließlich wurden großangelegte Auswanderungspläne zusehends gegenstandslos, denn die Massenauswanderung, eines der wichtigsten sozialökonomischen Phänomene und Probleme im Deutschland des 19. Jahrhunderts, gehörte nun bald der Vergangenheit an: Im Zuge der bis zum Vorabend des ersten Weltkrieges anhaltenden Hochkonjunkturphase sollte sich das Reich — im Sinne der Statistik — sogar in ein Einwanderungsland verwandeln.

Von verschiedenen Kritikern wurde Fabri in der Pressediskussion der Jahre 1879/80 zurecht vorgehalten, daß in seinem Programm der überseeischen Expansion, in dem sogar von der „Nutzbarkeit" der Mission „für die ihr nachrückenden Handelsunternehmungen oder kolonialen Annexionen" die Rede war, die einem Missionsleiter doch wohl anstehende Frage ganz ausgeklammert sei, was sich denn nun eigentlich die Mission selbst von einer solchen deutschen überseeischen Expansion verspreche. Im engeren Kreise der Mission hatte Fabri schon wiederholt hierzu Stellung genommen. Er beantwortete diese Frage auch öffentlich, als er der von ihm begründeten Bremer Kontinentalen Missionskonferenz im März 1884 eine Art Programm der Kolonialmission vorstellte, das dort Gegenstand heftiger Auseinandersetzungen wurde. Um die Rolle des schon zuvor angesprochenen Überseehandels ergänzt, läßt es sich in seinen Grundzügen so zusammenfassen: Durch ihre „kulturellen

Pionierdienste" ebnet die Mission in Übersee dem Handel, der auf ihren Spuren nachrückt, die Wege. Die von Missionaren und Kaufleuten geleistete „Vorarbeit" legitimiert eine koloniale Okkupation durch die Nation, der beide angehören. Die Kolonialherrschaft wiederum schafft jene „geordneten politischen Zustände", deren Mission und Handel zu größerer und dauerhafter Entfaltung bedürfen. Alle drei Gruppen, Kolonialbeamte, Kaufleute und Missionare kooperieren nach der Okkupation bei der „Erziehung der Eingeborenen zur Arbeit" im Interesse des „Mutterlandes".

Im Management der organisierten Kolonialbewegung

Wenige Monate nach seinem Bremer Referat verließ Fabri nach 27jähriger Amtszeit als leitender Inspektor 1884 die Rheinische Mission. In den Jahren von 1857 bis 1884, die als „Ära Fabri" in die Geschichte der Missionsgesellschaft eingingen, wurden im Barmer Missionshaus mindestens 160 Missionare und Prediger ausgebildet. Er eröffnete die beiden wichtigsten Arbeitsgebiete der Rheinischen Mission, Sumatra und Nias. In seinem letzten Amtsjahr gehörten der Missionsgesellschaft einschließlich des überseeischen Hilfspersonals und der Missionarsfamilien 1 172 Personen an; die überseeische Missionsgemeinde in Afrika, Niederländisch Indien und China umfaßte die stattliche Zahl von 26 000 Mitgliedern. Fabri konnte sich Wachstum und Erfolg seiner Gesellschaft zu einem erheblichen Anteil zugutehalten. Und doch war sein Ausscheiden aus der Mission von scharfen missionsinternen Spannungen und Auseinandersetzungen überschattet. Als sie auf die weitläufige Missionsgemeinde übergriffen und den Ruf der von Spenden abhängigen Gesellschaft in ihrem Fördererkreis zu gefährden drohten, war das Ende der „Ära Fabri" gekommen. Der Missionsleiter kam mit seinem Rücktritt im Grunde nur noch seiner Entlassung zuvor. War er seinerzeit mit dem Bemerken nach Barmen gegangen, er habe durchaus nicht die Absicht, sich ein Leben lang an die Mission zu binden, so war es gerade diese Vielfalt seiner verschiedenen, zum großen Teil höchst profanen Interessen, die Fabri auf Kosten seiner Missionstätigkeit verfolgte, die in Barmen auf zunehmende Skepsis und zuletzt auf Widerstand stieß. Insbesondere seine überseeischen Interessen, die der Rheinischen Mission in Gestalt der von Fabri durchgesetzten, heftig umstrittenen und Anfang der 1880er Jahre mit Totalverlust liquidierten „Missions-Handelsgesellschaft" auch erhebliche finanzielle Einbußen eingebracht hatten, trugen zuletzt dazu bei, in weiten Teilen des Fördererkreises „den Wunsch der Pensionierung Fabris rege zu machen". Pfingsten 1884 übersiedelte er mit seiner Familie nach Godesberg und widmete sich fortan um so mehr jener Arbeit innerhalb der kolonialen Bewegung, deren Auftakt seine erwähnte Propagandaschrift des Jahres 1879 gewesen war.

Ebenso aktiv und erfolgreich wie als Expansionspublizist beteiligte sich Fabri seit dem Ende der 1870er Jahre am Aufbau der organisierten Kolonialbewegung. In den Führungsgremien ihrer wichtigsten Interessenverbände und Propagandaorganisationen hatte sein Wort gleichermaßen Gewicht: Fabri war „Vertrauensmann" des 1878 in Berlin gegründeten, von der Exportindustrie beherrschten „Centralvereins für Handelsgeographie und Förderung deutscher Interessen im Auslande" sowie Gründer und Vorsitzender des mächtigen, 1880 zusammengetretenen, dem exportinteressierten Industrie- und Handelskapital in Rheinland und Westfalen verpflichteten „Westdeutschen Vereins für Colonisation und Export", des stärksten und wichtigsten Regionalverbands der organisierten Kolonialbewegung. 1883 war er Vizepräsident, später führendes Vorstandsmitglied des 1882 in Frankfurt gegründeten „Deutschen Kolonialvereins", seit 1885 dann sogar „Ehrenmitglied" im Vorstand der mit dem Frankfurter Verband scharf rivalisierenden, ebenfalls überregionalen, 1884 von Peters in Berlin gegründeten „Gesellschaft für deutsche Kolonisation" (GfdK). Er gehörte schließlich dem Vorstand der 1887 aus der Fusion der beiden rivalisierenden Interessenverbände hervorgegangenen überregionalen Holding-Organisation „Deutsche Kolonialgesellschaft" (DKG) an und nahm zuletzt — als Mitglied im ersten Vorstand des „Allgemeinen Deutschen Verbandes", des 1891 gegründeten unmittelbaren Vorläufers des „Alldeutschen

Verbandes" — noch an der Transformation der kolonialen in die alldeutsche Bewegung teil. Daneben fungierte er als graue Eminenz der an der deutschen „Antisklavereibewegung" maßgeblich beteiligten DKG-Abteilung Köln, als führendes Mitglied des wichtigsten, von der DKG eingesetzten demagogischen „Agitationskommitees" sowie als vertraulicher Berater überseeischer Großunternehmen wie der 1887 vom Großkapital übernommenen „Deutsch-Ostafrikanischen Gesellschaft" (DOAG) und des alten, in Südbrasilien arbeitenden „Hamburgischen Colonisationsvereins von 1849" (HCV).

Parallel dazu dirigierte der langjährige Missionsleiter, der zu den wichtigsten ökonomisch-politischen und strategischen Köpfen im Management der organisierten Kolonialbewegung zählte, die neben ihren religiös-theologischen Primärinteressen bald auch zu ökonomisch-politischen Zwecken um die „Erhaltung des Deutschtums" vornehmlich in Südbrasilien bemühte große „Evangelische Gesellschaft für die protestantischen Deutschen in Amerika" und deren gleichgerichteten Vorläufer, das von ihm gegründete „Comité für die protestantischen Deutschen in Südbrasilien". Sein ältester Sohn, Timotheus Fabri, baute 1882 die Düsseldorfer Zentralstelle des westdeutschen Interessenverbandes auf, fungierte als dessen Schriftführer und Redakteur seiner Pressekorrespondenz, arbeitete 1883 dann als Präsidialsekretär für den Kolonialverein, war zwei Jahre später als professioneller Agitator und Herausgeber des Vereinsorgans der GfdK tätig, zählte ebenfalls zum ersten Vorstand der DKG und avancierte überdies 1888 noch zum Generalsekretär der DOAG; Fabris zweitältester Sohn, Carl Fabri, übernahm 1887 die Direktion des HCV.

Schon ein Blick auf dieses Netz von Leitungspositionen und führenden Mitgliedschaften zeigt, daß in Fabris Händen gerade in den innerhalb der Kolonialbewegung nicht eben seltenen Konfliktsituationen wichtige Fäden zusammenliefen. Wesentlich dieser seiner Schlüsselstellung zwischen den hart umkämpften Fronten innerhalb der Bewegung war es zuzuschreiben, daß er erheblich zur Beschleunigung der organisatorischen Konsolidierung der jahrelang in mehr oder minder untereinander verfehdeten regionalen und überregionalen Einzelverbänden operierenden Kolonialbewegung in Gestalt der 1887 gegründeten „Deutschen Kolonialgesellschaft" beitragen konnte. Während Fabri im ersten Jahrfünft der 1880er Jahre unentwegt in Wort und Schrift die überseeische Expansion als sozialökonomische „Existenzfrage für Deutschland" propagierte, warb er hinter den Kulissen gleichermaßen unermüdlich um Interesse und Investitionskapital für konkrete, zum Teil unter seiner Mitwirkung entworfene kommerzielle Großprojekte in Afrika und Südamerika. Expansionsagitation, Mitarbeit an der Spitze mächtiger Interessenverbände und diskrete Investitionswerbung schufen ihm rasch weitreichende vertrauliche Verbindungen sowohl zu führenden Kreisen des Bank-, Industrie- und Handelskapitals wie Adolph von Hansemann, Gustav Mevissen, Eugen Langen und Adolph Woermann, als auch zu Politikern, die — wie der Freikonservative Hohenlohe-Langenburg und die Nationalliberalen Miquel und Bennigsen — selbst maßgeblich an der Organisation der kolonialen Interessen beteiligt waren. Daneben verfügte Fabri über gute Kontakte zu dem Geheimen Legationsrat im Auswärtigen Amt Heinrich von Kusserow, zu Kultusminister Gustav von Goßler und schließlich auch zu Bismarck selbst. War Fabri aufgrund seiner gleichermaßen ausgeprägten missionarischen, ökonomischen und politischen Interessen und seiner jahrzehntelangen Erfahrungen als Missionsleiter nachgerade zu einem Sprecher der kolonialen Missionsauffassung prädestiniert, so ermöglichten es ihm seine weitreichenden Verbindungen, entsprechende Vermittlungsdienste zwischen Missionsgesellschaften, Reichsregierung und kommerziellen Interessenten wie dem Westafrikasyndikat, der DOAG und der Neuguinea-Kompanie zu übernehmen.

Fabri und Bismarck

Die lautstarke Expansionspropaganda und die teils latent, teils offen kolonial ambitionierten Eingaben Fabris an das Auswärtige Amt zum Schutz der Rheinischen Mission und ihrer Arbeit in Südwestafrika waren dem Reichskanzler zu Anfang der 80er Jahre unbequem und lästig. Nach dem Übergang des Reiches zu aktiver Kolonialpolitik hingegen fanden die Voten des nunmehr pensionierten Missionsinspektors bei Bismarck steigendes Interesse, zumal Fabri angesichts des um sich greifenden „Kolonialfiebers" nun vor kolonialen Illusionen warnte, 1885/86 ein konkretes Programm der „Kolonialen Aufgaben" entwarf, das auch im Auswärtigen Amt Beachtung fand und die Praxis der deutschen Kolonialpolitik und Kolonialwirtschaft fortan in zum Teil sehr scharfsichtigen vertraulichen und öffentlichen Stellungnahmen beleuchtete. Der Wandel in Bismarcks Haltung zu Fabri führte soweit, daß der Reichskanzler zu Ende der 80er Jahre wiederholt kritische Voten Fabris in Gestalt von zum Teil umfangreichen Denkschriften zur Entwicklung der deutschen Kolonialpolitik einholen ließ und schließlich sogar in persönlichen Kontakt zu ihm trat. Bismarck, der Ende der 80er Jahre und in seiner letzten ‚Kanzlerkrisis', bei der die Krise der deutschen Kolonialpolitik eine erhebliche Rolle spielte, gern und ausgiebig Fabris Dienste als kritischer Berater, offiziöser Propagandist und Demoskop, als Kontaktmann zu den Führungsgremien der Kolonialbewegung und zugleich diskreter Vermittler zwischen Reichskanzler, Zentrum und Kartellparteien in Anspruch nahm, mußte indes erfahren, daß Fabri zwar ein vielfach bereitwilliges, aber keineswegs willenloses Werkzeug war, Kritik nicht anmeldete, um bloß gefällig zu sein, sondern um ihr Geltung zu verschaffen, und durchaus imstande war, notfalls den von ihm vielfach erprobten Weg einer „energischen Beeinflussung der öffentlichen Meinung" zu gehen.

Die Einsicht in die ökonomische Zweckmäßigkeit überseeischer Expansion war Fabri und Bismarck ebenso gemeinsam wie die Erkenntnis der Möglichkeit, die Absicht und die Fähigkeit, sie als innenpolitisches Argument zu nutzen. Was beide bis zuletzt trennte, war — abgesehen von der Auswanderungsfrage, in der Bismarck als prinzipieller Gegner „jeder Art von Auswanderung" hartnäckig gegen Fabris Vorstellungen opponierte — die Differenz in den Grundvorstellungen von „kolonialer" Politik und in der Einschätzung ihrer Bedeutung im Vergleich zur europäischen Bündnispolitik. Wo Fabri Bismarck vor den überseeischen, innen- und insbesondere parlamentspolitischen Folgen des Glaubens, „Kolonialpolitik nebenbei treiben" zu können, warnte, wies Bismarck darauf hin, daß er sich hier auf einem „sekundären Gebiet" bewege. Bismarck ging mit dem Hinweis, daß Fabri allgemein die überseeische und besonders die koloniale Politik überbewerte, zwar nicht fehl, mußte seinerseits jedoch zuletzt erfahren, daß Fabri mit seiner Warnung vor den Folgen einer durch den „Charakter des Zufälligen, Beiläufigen" gekennzeichneten Kolonialpolitik so unrecht nicht hatte.

Fabri wußte um den grundsätzlichen Widerspruch in Bismarcks Kolonialpolitik, um die Unvereinbarkeit seines im Grunde noch stark freihandelsexpansiv geprägten ‚Kolonialprogramms' mit der Wirtschafts- und Sozialpolitik und enthüllte pointiert den Widerspruch, „daß mitten in dieser Periode des Schutzzolls und der staatlichen Fürsorge das kolonialpolitische Programm der Reichsregierung in seinen Grundgedanken auf dem Boden des Laisser aller steht". Fabris immer wieder vorgetragene Kritik zentrierte in drei Forderungen: Einführung der Reichskolonialverwaltung in allen „Schutzgebieten", Einrichtung eines gegenüber dem Auswärtigen Amt eigenständigen Reichskolonialamts und Aufstellung einer Kolonialtruppe. Alle drei Grundsatzentscheidungen waren, wie die weitere Entwicklung zeigte, nur noch für mehr oder weniger kurze Zeit aufzuschieben, aber nicht mehr zu umgehen. Bismarck sträubte sich gegen den ersten und dritten und liebäugelte nur kurzfristig mit dem zweiten Vorschlag Fabris. Als Fabri erkannte, daß Bismarck, der zuletzt keinen Hehl mehr daraus machte, daß er „die Kolonien satt" hatte, nicht bereit war, von seinen in ihrer Praktikabilität längst durch die Wirklichkeit widerlegten Vorstellungen und Positionen abzurücken, ging er Bismarck gegenüber ein letztes Mal in die propagandistische Offensive. In überarbeiteter Fassung legte er 1889 seine vertraulichen Denkschriften unter dem Titel „Fünf Jahre deutscher Kolonialpolitik" der Öffentlichkeit vor.

Bismarck suchte in einem letzten ‚Appell an die Nation' der durch Fabris Schrift eskalierten Kritik an seiner Kolonialpolitik auszuweichen und rief in einem zur Veröffentlichung bestimmten Schreiben an den Verfasser den in Fragen der kolonialen Finanzpolitik angeblich widerstrebenden Reichstag, das investitionsscheue Großkapital und den mangelnden „kaufmännischen Unternehmungsgeist" des deutschen Überseehandels in die Anklagebank. Die lang anhaltende, auch international aufsehenerregende und vom Auswärtigen Amt ebenso sorgfältig wie besorgt verfolgte Pressediskussion über Fabris Kritik, sein neues „kolonialpolitisches Programm" und Bismarcks Reaktion zeigten, daß sich die Anklage des Reichskanzlers rasch in einen Bumerang verwandelte. In der Absicht, Bismarck zu längst anstehenden und unausweichlich gewordenen Grundsatzentscheidungen voranzudrängen, hatte Fabri letztlich ungewollt zur Isolation Bismarcks in dessen letzter ‚Kanzlerkrisis' beigetragen, die mit seinem Sturz ihr Ende fand.

Fabri suchte zu Bismarck auch nach dessen Entlassung persönlichen Kontakt zu halten und bot sich zugleich seinem Nachfolger Caprivi aufs Neue als Berater in überseeischen, insbesondere kolonialpolitischen und kolonialwirtschaftlichen Fragen an. Ob das erstere gelang und inwieweit das letztere Bestreben über ein längeres Gespräch mit Caprivi im Oktober 1890 hinaus im folgenden, letzten halben Lebensjahr Fabris noch Wirklichkeit wurde, muß offen bleiben.

Bis zuletzt war Fabri bemüht, das angesichts der anhaltenden Krise der deutschen Kolonialpolitik schwindende und durch den Helgoland-Sansibar-Vertrag weiter dezimierte Interesse an der Kolonialbewegung neu zu beleben. Von einem schweren, zu spät erkannten Herzleiden geschwächt, reiste er im Juni 1891 noch ein letztes Mal zur Generalversammlung der „Deutschen Kolonialgesellschaft" nach Nürnberg. In einer programmatischen Rede im Nürnberger Rathaussaal hinterließ der schon vom Tode gezeichnete „Vater der deutschen Kolonialbewegung", wie kurz darauf in der Deutschen Kolonialzeitung zu lesen war, ein „kolonialpolitisches Vermächtnis", das die Grenzen kolonialer Politik transzendierte. „Es genügt für die Bedürfnisse der modernen Kulturstaaten heute nicht, nur Kolonialpolitik im eigentlichen Sinne dieses Wortes zu treiben; zu ihr muß sich auch eine überseeische Politik in der allgemeinsten und umfassendsten Bedeutung dieses Wortes gesellen", erklärte Fabri in Nürnberg. Es gelte, „die wirtschaftlichen und nationalen Interessen des Mutterlandes auf allen Punkten der Erde, in den verschiedensten überseeischen Ländern mit Einsicht und Entschiedenheit zu beobachten und wahrzunehmen". Die Grenze zur ‚Weltpolitik' war überschritten. — Von dieser Reise zur Generalversammlung der DKG kehrte Fabri nicht mehr nach Godesberg zurück. Die „kolonialpolitische Episode" seines Lebens war an ihrem Ende angelangt. In ein Würzburger Hospital eingeliefert, starb er drei Wochen später, am 18. Juli 1891 in der Stadt, in der er seine Jugend verbracht hatte.

Die koloniale „Verteilung der Erde" war mit dem späten Eintritt des Reichs in die Reihe der Kolonialmächte abgeschlossen worden. „Nur auf europäischen Schlachtfeldern werden forthin auch die großen Verschiebungen des kolonialen Besitzes entschieden werden", sagte Fabri 1890 treffend voraus. „Aus den Zeiten der Kabinettspolitik schon länger herausgetreten, stehen wir", fügte er düster an, „vor dem unheimlichen Zeitalter der Völkerkriege". Der erste Weltkrieg schon brachte mit dem Beginn dieses „unheimlichen Zeitalters" auch das Ende der kurzen Geschichte der deutschen Kolonialpolitik, die für Deutschland, nicht anders als für Fabri, „Episode" geblieben war.

LITERATUR

BADE, K. J., Friedrich Fabri und der Imperialismus in der Bismarckzeit, Revolution — Depression — Expansion, Freiburg i. B. 1975 (mit Gesamtverzeichnis der Schriften, Artikel und Reden Fabris 1848—1891.).
— Colonial Missions and Imperialism. The Background to the Fiasco of the Rhenish Mission in New Guinea, in: P. M. Kennedy/J. A. Moses (Hg.), Germany in the Pacific and Far East 1870—1914. A Symposium, 1975.

BAMMEL, E., Die evangelische Kirche in der Kulturkampfära. Studie zu den Folgen des Kulturkampfes für Kirchentum, Kirchenrecht und Lehre von der Kirche, phil. Diss. (MS), Bonn 1949, S. 54 f., passim.

BEYER, H., Friedrich Fabri über Nationalstaat und kirchliche Eigenständigkeit, Mission und Imperialismus, in: Zeitschrift für bayerische Kirchengeschichte 30. 1961, S. 70—97.

BORNKAMM, H., Die Staatsidee im Kulturkampf, in: Historische Zeitschrift 170. 1950, S. 41—72, 273—306 (über Fabri S. 65 f., 276 f.).

HOEKENDIJK, J. Chr., Kirche und Volk in der deutschen Missionswissenschaft, bearb. u. hg. v. E.-W. Pollmann, München 1967, S. 54—60.

KRIELE, E., Geschichte der Rheinischen Mission, Barmen 1928, S. 142—273.

SCHMIDT, W. R., Mission, Kirche und Reich Gottes bei Friedrich Fabri, Stuttgart 1965.

SUNDERMEIER, Th., Mission, Bekenntnis und Kirche. Missionstheologische Probleme des 19. Jahrhunderts bei C. H. Hahn, Wuppertal-Barmen 1962, S. 48—61.

JULIUS SCHIEDER

Von Georg Kuhr

Julius Schieder wurde am 17. Juli 1888 in Weißenburg geboren. Er war in seiner Vaterstadt herkunftsverwurzelt und ihr treuverbunden. Julius Schieder hatte wenige Tage, ehe ihn Gottes Hand unerwartet am 29. Juli 1964 aus dieser Welt führte, seine Familie nach Weißenburg zu einem Familientag versammelt, war den Spuren seiner Eltern und seiner Jugendzeit nachgegangen, hatte das Grab seiner Eltern im Weißenburger Friedhof aufgesucht und war mit seinen Angehörigen unter der Kanzel der St. Andreaskirche gesessen, dankbar dem Evangelium zuhörend, dessen Verkündigung er als Aufgabe und Erfüllung seines Lebens angesehen hat. Unter seinen nachgelassenen Schriftstücken fanden sich, seiner geliebten Frau zugeeignet, ausführliche, doch ganz persönlich und intim gehaltene Lebenserinnerungen ‚Pro memoria'. Die Blätter der Erinnerung spiegeln die Liebe zur Heimatstadt und zur fränkischen Heimat wider: „Bei mir heißt es ‚Geliebtes Frankenland'... Großartiges hast du nicht, du liebe mittelfränkische Heimat. Für mich gibt's wenig Punkte, deren Aussicht mich so freut, wie die von der Wülzburg... Eine Stelle gibt es, die ich in anderer Weise liebe: das ist auf der Straße von Oberhochstatt nach Burgsalach. Da sieht man einmal in die ‚Weißenburger Bucht', links die Wülzburg, rechts flankiert der Rohrberg, mitten in der Bucht die Stadt, früher noch ein geschlossenes Ganzes, jetzt wächst sie überall über ihre Grenzen hinaus wie ein Bub, der plötzlich aus seinen Kleidern hinauswächst. Über der Stadt der Flüglinger Berg und über ihm, wenn die Sicht günstig ist, der Hesselberg. Das müßte mir einmal einer malen!... Er müßte aber ein Weißenburger sein, wenn er die Größe dieses Bildes erfassen will."

Die Schieders sind ihrer Herkunft nach Oberpfälzer. Von 1599 an ist die Familie in Gossenreuth in der Pfarrei Wildenreuth, LK Neustadt a. d. Waldnaab, nachgewiesen. Dann waren sie Müllermeister auf der Steinbachmühle bei Wildenreuth und später in Pegnitz. Schieders Großvater wurde Gerichtsschreiber in Weißenburg und kam als königlicher Taxbeamter nach Schillingsfürst. Nach seinem frühen Tod im Jahr 1869 wurde die Familie in Weißenburg ansässig. Die 36jährige Witwe kehrte mit ihrem einzigen Sohn Julius, Schieders Vater, in ihre Vaterstadt zurück. Sie, Pauline Wilhelmine geborene Poeverlein, war die Tochter des Bierbrauers und Gastwirts „Zum weißen Adler" Paul Poeverlein aus niederösterreichischer Exulantenfamilie (17. Jhd.). Ihren Sohn hätte sie gerne dem Theologiestudium zugeführt. Aber mit der geringen Pension von 35 Mark konnte sie neben ihrem Unterhalt das Studium ihres Sohnes nicht bestreiten. So wurde der in Weißenburg im Jahr 1853 geborene Vater Schieders Kaufmannslehrling bei Tröltsch in der Gold- und Silbertressenfabrikation, zog in die Ferne nach Dresden, kam zurück und heiratete im Jahr 1882 Henriette Rössel aus dem ‚Haus am Hof' in Weißenburg. Vom Schwiegervater Rössel übernahm der Kaufmann Julius Schieder das Geschäft und gestaltete es zum Schnitt- und Weißwarengeschäft (jetzt Firma Adel) um. Er war begeisterter Kaufmann und führte das Geschäft mit einer unbedingten Ehrlichkeit. Seine Ehrlichkeit ging so weit, daß er, als die Inflation langsam begann, um dann immer schneller zu werden, die Waren nicht zu einem höheren Preis verkaufte. Das Ende des Liedes: Ein leeres Lager!... Er war lange Jahre Magistratsrat. Dabei war es sein Anliegen, daß die Stadt aus dem alten Schlendrian herauskomme. Er war auch eine Reihe von Jahren Kirchenvorsteher und Kassier des Krankenvereins, hat das Schwesternheim gebaut, das er mit größter Genauigkeit und Gewissenhaftigkeit leitete. Die letzten Jahre waren schwer für ihn und seine Frau durch Inflation und Verdienstlosigkeit. Er half, wo er konnte, während seine Frau für die Bauernfrauen strickte und manchen Dank für die ehrliche Hilfe im Geschäft erlebte. Ganz still ist Schieders Vater am 24. Januar 1934 als 80jähriger gestorben.

Schieders Mutter Henriette war das einzige am Leben gebliebene Kind des Kaufmanns und Posamentierers August

Rössel und seiner Ehefrau Henriette geborene Schlund, einer Konditorstochter aus Augsburg. Die Vorfahren Rössel hatten durch drei Generationen das Bortenmacherhandwerk in Weißenburg und zuvor in Schwabach betrieben. Der Stammvater der Rössel war um 1726 Perückenmacher in Schwabach und Hochzeitslader. Ihre schöne Zeit hatte Henriette R. in Landshut bei einer Schwester ihrer Mutter zugebracht und dort ein Institut besucht, dessen Pensionsleiterinnen Verwandte am Königshof hatten. Ursprünglich wollte sie Schwester in Neuendettelsau werden. Später hat die sehr tüchtige Geschäftsfrau, wenn sie vom ständigen Mitarbeiten im Laden erschöpft war, ihre Erholung zu Neuendettelsau gesucht. Da der Vater Julius Schieders der Kassier des Krankenvereins war und wegen der Schwestern mit Dettelsau verhandeln mußte, kam der damalige Rektor Bezzel immer wieder ins Haus. Ihn hat sie beinahe schwärmerisch verehrt. Dettelsau war ihre geistige Heimat. Vor allem Bezzels Predigten, Andachten und Christenlehre gaben ihr viel.

Schieder schreibt von seiner Vaterstadt Weißenburg: „Was mir die Stadt so lieb macht, das ist die Geschichte, die um diese Stadt schwebt... blutbefleckte Geschichte... und doch! Wenn Hermann v. Bezzel noch auf seinem Totenbett gemahnt hat: Der Jugend viel Geschichte lehren, damit sie den Trost nicht verliert, so stehe ich auf seiner Seite... Der Vater hat uns, ohne viel zu reden, die Augen geöffnet [und] Vertrautheit mit der deutschen Geschichte [geschenkt]. Ein Augsburger, der Weißenburg besucht hat, hat geurteilt: Wenn man Weißenburg mit seinen Türmen gesehen habe, sei man sich klar, daß ich der hätte werden müssen, der ich geworden bin, d. h. doch wohl einer, der immer einen Gegner haben mußte — noch deutlicher ein Raufbold —, ist's wirklich so?"

Mitten in dieser geschichtsträchtigen Stadt, dicht beim Rathaus, steht Schieders Elternhaus: das ‚Haus am Hof'. „Daß das Haus Schieder das schönste Haus in Weißenburg sei, hat mich mit großem Stolz erfüllt und die Brust des jungen Burschen mächtig gehoben... Was mich besonders an das Haus bindet, ist wie bei der Stadt die Geschichte. Warum hieß es für die Post ‚Am Hof Nr. 1'? Der ‚Hof', der freie Platz südwestlich von unserm Haus, wo anders her konnte er seinen Namen haben als von dem karolingischen Königshof, der hier angelegt war?... Daß das Haus Amtsgebäude war in der Vergangenheit, kann man an allerlei Zeichen erkennen: der Doppeladler auf der Fassade, die leider sehr verwitterten Kaiserbüsten an den Dachrampen, vor allem die Steintafel an der Hausecke: eine abgehauene Hand mit dem Beil, darunter ‚kaiserliche Freiheit 1766'... etwas hatte das ‚neue' Haus mit dem alten römischen Reich deutscher Nation zu tun. Und vielleicht steht es wirklich auf dem Grund des alten Königshofes... Mein Großvater hat es gekauft... Einmal — ich war gar nicht mehr so ganz jung, ich glaube, ich war schon auf dem Gymnasium — träumte ich, daß der Vater das Haus verkauft habe. Ich habe dabei bitterliche Tränen vergossen. Liebes altes Haus! Das war auch eine Liebeserklärung an dich". Das Haus mit seinen Geschäftsräumen, Stuben, Treppen, Winkeln und der Fernsicht vom Dachboden hinterließ leuchtende Erinnerungen. Dazu gehört das Gastzimmer, das in Notfällen Krankenzimmer war. Hier lag Schieder ziemlich häufig, da er als kleines Kind oft unter Darmkatarrh litt. Die Besuche des Hausarztes Dr. Dörfler, die Arzneien, die kleinen Freuden der Rekonvaleszenzzeit, das Schattenspiel an der Zimmerdecke, als Spiegelung vom Straßenpflaster beim Draußenvorübergehen, blieben dauernd haften.

Im Hause Schieder gab es vier Söhne: Heinrich geboren 1883, Karl geboren 1884, Julius geboren 1888 und Max geboren 1889. Der Jüngste starb schon 1892 an einer Bauchfelleiterung. Julius erkrankte nach dessen Tod. Der Arzt sagte, das sei nur das Heimweh nach dem Bruder. Kein Sonntag, an dem die Familie vor dem Spaziergang nicht zuerst ans „Gräble" ging. Heinrich, der Älteste, wurde Naturwissenschaftler, war Lehrer am Technikum in Nürnberg und dann an der Oberrealschule in Bayreuth. 1944 rückte er mit dem Volkssturm aus und kam nach Frankfurt a. d. Oder; seitdem ist er verschollen. Karl, ein Praktiker und leidenschaftlicher Turner, war Kaufmann und ist gleich zu Beginn des Ersten Weltkrieges am 20. August 1914 bei Lauterfingen gefallen.

Über seine Erziehung erzählt Julius Schieder: „War ich das Nesthäkchen, das von den Eltern verwöhnt wurde? Heinrich hat es behauptet. Nun, eines scheint mir zu stimmen: Die Älteren hatten in die strengen Prinzipien der Eltern als Eisbrecher gewirkt. Die Jüngeren haben es dadurch leichter als die Älteren. Verwöhnt, wenn man das so heißen kann, wurde ich dadurch, daß die Mutter in ihrer Sehnsucht nach einem Mädchen mich immer etwas mädchenhaft kleidete: Samtröcklein, ein Strohhut mit gewaltigem Rand, ein richtiger Mädchenhut. Wie habe ich diesen Hut gehaßt! Ich war, es muß bekannt werden, ein recht jähzorniges Bürschlein. Wenn die Brüder über mich zu zweit herfielen, half ich mir mit dem sonst so verpönten Beißen und Kratzen. Dem Heinrich biß ich durch den Rockärmel durch. Weh, das Strafgericht, das der Vater dann an mir vollzog! In der zweiten Volksschulklasse rannte mich in der Pause ein großer Bub um. Gehirnerschütterung! Diesen Augenblick sehe ich heute noch vor mir. Dann war das Bewußtsein geschwunden. Ich rechnete zwar, wie der Lehrer meinen Eltern erzählte, noch an der Tafel, aber ganz verkehrt, ging heim und erschreckte meine Eltern mit dem Wort: ‚Ich weiß nicht mehr, bin ich in der ersten oder zweiten Klasse?' Die Sache hatte für meine Entwicklung eine — ja, soll ich sagen — gute oder schlechte Wirkung. Der Arzt sagte meinen Eltern: ‚Lassen Sie ihn einen Straßenjungen werden!' Jetzt wurde ich erst kräftig. Immer rauflustig... Ich will gar nicht sagen, daß ich von Natur ein tapferer Mensch gewesen wäre. Aber ich wollte mich dazu erziehen. Und an Gelegenheit, kämpferisch zu sein, hat es dann in meinem Leben nicht gefehlt."

Julius Schieder besuchte in Weißenburg drei Jahre die Volksschule und sechs Jahre das Progymnasium. Eigentlich sollte damit der Schulbesuch aufhören. Warum wurde das anders? In Höttingen lebte ein kinderloser Pfarrer Lösch. Er nahm aus einer württembergischen, sehr kinderreichen Familie einen Sohn auf: Edwin Werner. Edwin wurde d e r Freund Schieders. Als Edwin zum Gymnasium kommen mußte, ließ sich der Onkel in die Nähe von Ansbach nach Elpersdorf versetzen und bat Schieders Eltern, ihr Sohn möchte mitkommen. Daß Julius Schieder mit dem Freund zusammenbleiben durfte, das war Erfüllung aller Wünsche. Für drei Jahre (1903—1906) wurde das Pfarrhaus in Elpersdorf zu einer idyllischen Heimstätte, wobei die täglichen Fahrten mit dem Fahrrad nach Ansbach unverdrossen in Kauf genommen wurden. Das Pfarrhaus hatte eine verhältnismäßig große Bibliothek. Da lernte Schieder die Freunde seines Lebens kennen: Konrad Ferdinand Meyer, August Sperl, Jeremias Gotthelf und am Feierabend, wenn vorgelesen wurde, Fritz Reuters *Ut mine Stromtid*. Schieders Urteil über seine Ansbacher Lehrer fiel sehr kritisch aus. Ganz schlimm war der Religionsunterricht bei einem ungeeigneten Lehrer. Schieder urteilt: „Daß er einmal daran gedacht hätte, daß die Klasse fast durch die Bank Häckels ‚Welträtsel' gelesen hat, das ist ihm nicht eingefallen. Es war kein Wunder, daß die meisten von uns Atheisten waren, und es ist ein Wunder, daß ich's nicht auch wurde. Gott sei Dank dem Elternhaus, das eben doch eine Gewalt war. In der letzten Klasse lernte ich Hebräisch..." Auf Drängen von Rektor Hermann Bezzel in Neuendettelsau ging Schieder in Erlangen Mitte Oktober 1906 im ersten Studienmonat ins Hebraicum und bestand die Prüfung, wiewohl die Tage gleichzeitig vom Exerzieren als Einjähriger beim 19. Inf.-Regiment in Erlangen überlastet waren. Die Wahl des Theologiestudiums war nicht selbstverständlich. Schieder schreibt dazu: „Warum ich Theologe wurde? Sicher war dahinter das Gebet der Mutter. Aber auf der anderen Seite das Widerstreben des Vaters, das ich, auch wenn er es nicht aussprach, doch merkte. Das Pfarrhaus in Elpersdorf zog die Waagschale zugunsten der Theologie. Und doch war ich noch beim Absolutorium unentschlossen, ob ich nicht zur Altphilologie gehen sollte. Wie sich's dann doch entschieden hat? Ich weiß es wirklich nicht. Gott führt seine Leute wunderlich. Ich hab' es noch nie bereut, wenn ich auch weiß und es in Ordinationsansprachen immer wieder sagte, es gibt keinen schwereren Beruf als den des Pfarrers. Immer aber setzte ich dazu: auch keinen schöneren. Ich würde wieder diesen Weg gehen." Im Herbst 1906, zu Beginn des Wintersemesters 1906/07, trat Schieder in die Burschenschaft Bubenruthia zu Erlangen ein, „stark deswegen, weil Edwin" Bubenreuther wurde (Edwin W e r n e r , geb. 19. 7. 1888 in Schmerbach, Württ., gest. 27. 5. 1959 in Lochham b. München, Oberstudiendirektor i. R.). Die Einjährigen-Militärzeit ließ das erste Jahr wenig Zeit für Studium und Verbindungsleben. An der Kneipe lag ihm wenig. Das hatte zur Folge, daß er als Einjähriger „nebendraußen" stand. Mit ihm gleichzeitig, aber schon im Sommer 1906 der Burschenschaft beigetreten, war Walter Flex Bubenreuther. Dazu Schieder: „Ich hatte einen Wechsel von achtzig bis neunzig Mark. Walter Flex hatte zweihundert Mark. Er beherrschte die Burschenschaft und forderte einen Stil, der für seinen Wechsel paßte. Aber richtig dagegen zu kämpfen, dazu waren wir Minderbemittelten nicht imstand. Es gab die Flexianer, die mit ihm durch dick und dünn gingen, — wir, die Hilflosen. Das hat mir die Jahre im Bund nicht leicht gemacht. Und doch bin ich dankbar, daß ich dahin geführt wurde ... Die ganze Erziehung war doch so mannhaft, daß es einem wohl tat. Und vor allem die unbedingte Keuschheit. Ich habe in meiner Erlanger Zeit nie einen gemeinen Witz gehört ... Ich möchte die Zeit nicht missen."

Aus den ersten vier Semestern in Erlangen brachte Schieder wenig theologischen Gewinn heim. Sein Urteil: „Wirklich viel Zeit und Kraft habe ich mir durch das Verbindungsleben nicht nehmen lassen. Warum doch so wenig Erfolg? Ich klage die Professoren von damals an. Gewiß, ich erwartete etwas, was eben doch nicht von den Dozenten so ohne weiteres verlangt werden kann: Nicht ‚Erbauliches', obwohl ich's wohl damals so ausgedrückt hätte. Besser ist das Wort, das wir aber damals noch nicht kannten: das Existenzielle. Das gaben uns die Professoren nicht. Wenn Zahn stundenlang darüber redete, warum das ‚sigma' da stehe und das mit zwanzig Gründen bewies, von denen mir höchstens fünf einleuchteten, so erschien mir das alles Zeitverschwendung. Kolde, der Mann der Kirchengeschichte, ein sehr stolzer Mann — ‚diese Ansicht vertreten nur zwei berühmte Männer, der andere ist in Leipzig' —, war vielleicht doch Legende. Aber Legenden haben doch ihren Wahrheitskern. Er thronte hoch über uns

armen Studentlein wie auf dem Olymp. Lotz, der Alttestamentler, war schrecklich ledern. So blieb ich bettelarm!"

Den nächsten Studienort bestimmte Hermann Bezzel. Er gab den Rat, nach Tübingen zu gehen, Herbst 1908: „Eine starke theologische Einwirkung bekam ich zuerst nicht von den Tübinger Professoren, sondern von einem Buch: Johannes Weiss: ‚Die Schriften des Neuen Testamentes.' Wer mir das Buch empfohlen hat, weiß ich nicht mehr. Ich las und las und erlebte das Erdbeben, das mein fundamentalistisches Kartenhaus im Augenblick über den Haufen warf. — Bezzel hatte mich wegen Schlatter hingeschickt. Aber mit ihm konnte ich wenig anfangen. Sein ‚Schwyzerisch' hat mir nicht viel zu schaffen gemacht, das konnte ich bald verstehen. Imponiert hat er mir, wie er z. B. eine Vorlesung über den Römerbrief hielt, ohne den griechischen Text jemals in die Hand zu nehmen, und doch andauernd griechisch zitierend. Seine Leidenschaft machte mir ebenfalls Eindruck. Aber theologisch konnte ich von ihm nichts mitnehmen ... Sicher wußte er etwas von der Tatsache der Textkritik, aber nie ein Wort darüber, nie einen Hinweis, warum Johannes Weiss und Genossen nicht recht hätten. Nur hin und wieder ein Wort ‚Religionsgeschichte — Blechchch!'. Ich war bei ihm im Seminar über die Pastoralbriefe. Ich versuchte manchmal, ihn auf diese Fragen zu bringen. Antwort, mit seinen lachenden Kleinäuglein: ‚Sie ggglauben das wieder nichtch' ... Erst nach meinem Studium habe ich zu ihm bzw. zu seinen Werken Beziehungen, dankbare Beziehungen bekommen. — Dafür hat mir Haering geholfen. Gewiß, es hieß bei ihm sehr häufig: ‚So, aber auch vielleicht auch so' ... Diese Vermittlungstheologie war für mich damals einfach notwendig. Ich bekam wieder etwas Boden unter die Füße ... Sehr helfend war Wurster. Er hat uns, oder mir vielleicht, mehr in der Katechese als in der Homiletik geholfen, mit fröhlichem Herzen vor der Jugend zu stehen. Seine Methode, die sehr stark an Herbart mit seinen Formalstufen sich anlehnte, hat mir den Eingang ins Katechisieren geschaffen. Später, als die Dialektische Theologie mich packte, mußte ich andere Wege gehen."

Haering hat Schieder neben seiner Theologie auch durch seine gute, ungezwungene Art geholfen, hat ihn zu persönlichem Besuch und zu offenen Abenden eingeladen und bei kritischen Bemerkungen ein Beispiel echten Bereitseins für den Anderen gegeben. Haerings ‚gütige und fromme Persönlichkeit' ließ den Gedanken, in den württembergischen Kirchendienst zu gehen, bei Schieder aufkommen. Tübingen hatte ihm einigermaßen ersetzt, was ihm Erlangen versagt hatte. Dazu wurde ihm das Land bei zahlreichen Wanderungen durch die Schwäbische Alb lieb und vertraut.

Nach dem vorgeschriebenen Abschlußsemester in Erlangen bestand Schieder im Sommer 1910 das erste theologische Examen als Anstellungsprüfung für den Dienst in der Evang.-Luth. Kirche in Bayern als Zweitbester mit ‚Sehr gut'. Aufgrund des hervorragenden Ergebnisses wurde er in das Münchener Predigerseminar berufen, dem jeweils die drei Besten ihres Examensjahrgangs angehörten, damit sie am Sitz des Oberkonsistoriums in der Landeshauptstadt für spätere Führungsaufgaben die bestmögliche Ausbildung im Kirchendienst erhielten. Am 19. März 1911 wurde Schieder ordiniert. Von 1912—1914 stand er im weitreichenden Diasporadienst als exponierter Vikar in Burghausen, hatte seinen Wohnsitz und das schlichte evang. Kirchlein in dem mächtigen Burgbereich hoch über der Salzach und den Gemeindebereich bis hinaus über den Wallfahrtsort Altötting, dicht dabei in Neuötting eine Außenstation des Vikariates Burghausen. Als Rektor des Predigerseminars Nürnberg führte er später im Sommer 1931 zur Einweihung der evang. Kirche Neuötting die Kandidaten in sein geliebtes Burghausen und machte sie mit der ganz anders gearteten Volksfrömmigkeit der Katholiken bekannt, die zur schwarzen Madonna und zum Bruder Konrad, dessen Kult neu aufgekommen war, nach Altötting wallfahrteten.

Die Wirksamkeit in Burghausen wurde durch den Ersten Weltkrieg abgebrochen. Vom August 1914 an bis 31. Mai 1915 war Schieder Lazarettgeistlicher in Frankreich und in Bad Reichenhall, wo er Pfarrer Jäger vom 1. Mai bis 30. September 1915 zu vertreten hatte. Schon während dieser Vertretung war er seit 1. Juni 1915 zweiter Pfarrer bei St. Jakob in Augsburg. Er hatte seinen Gemeindesprengel innen in der Jakober Vorstadt und draußen in dem wachsenden Lechhausen.

In Augsburg fand Schieder seine Lebensgefährtin in Wiltrud C l a u ß , der Tochter des kaufmännischen Direktors Clauß in Augsburg. Ihr Bruder Harald Clauß hat sich später als städtischer Baudirektor in Nürnberg für den Wiederaufbau der Stadt sehr verdient gemacht. Am 11. Juli 1918 fand Schieders Trauung in Augsburg statt. Sechsundvierzig reich gesegnete Ehejahre durften folgen. In den seiner Frau gewidmeten Erinnerungen ‚Pro memoria' dankt er ihr u. a., daß sie nie gesagt hat: „Sei vorsichtig!", obgleich sie bei den Bekenntnisgottesdiensten oder, wenn ihr Mann zur Geh. Staatspolizei gerufen wurde, wußte, er könne vielleicht nicht mehr zurückkommen. Er dankte ihr den starken Trost des Spruches an der Wand: „Meinen Frieden gebe ich euch!" Er dankte ihr, die ihm „für Herz und Gewissen und Dienst mehr gegeben hat, als sie wohl selber ahnt".

In seiner Ehe wurden Schieder sechs Kinder geschenkt: Der älteste Sohn Gottfried (1919) starb nach schwerer Krankheit am 3. Mai 1927 nicht ganz acht Jahre alt. Ulrich (1920) wurde Theologe und wirkt als Oberstudienrat im Augsburger Schuldienst. Ruth (1921), verheiratete Stoffregen, ist Kunsterzieherin in Schwaighofen b. Bad Heilbrunn. Christoph (1925) Landwirtschaftsdirektor in Landsberg am Lech. Dorothea (1930), verheiratete Neunhoeffer, in Schliersee und Eva (1934), verheiratet mit Hans-Dieter Caspary, Pfarrer in Kreuzwertheim.

In Augsburg-Lechhausen stand Schieder mit Hingabe im Predigt- und Seelsorgedienst, fand aber auch Zeit für Vortragstätigkeit und schriftstellerische Arbeiten in der Gesamtgemeinde Augsburg. Er befaßte sich mit Ehefragen, Konfessions- und Schulproblemen und diente vor allem im Reformationsjubiläumsjahr 1917 mit Festpredigt und Festschrift. Er wollte ein genaues, getreues Bild von Luther, seiner Theologie und seiner Zeit gewinnen und wiedergeben. So nahm er ein intensives Lutherstudium auf. Als erste Veröffentlichung entstand: „Aus großer Zeit, Bilder aus Augsburgs Reformationsjubiläum 1917" und in dramaturgischer Gestalt „Das getreue Augsburg, Reformationsfestspiel." Zum Augustanajahr 1930 verfaßte er: „Das Bekenntnis von Augsburg, Festspiel zur Feier der Augsburgischen Konfession" und „Für Glauben und Freiheit, Bilder aus der Augsburger Reformationsgeschichte, Festschrift zur Vierhundertjahrfeier der Augsburgischen Konfession". Inzwischen war Schieder 1928 Rektor des Predigerseminars in Nürnberg geworden. Seine dort anfallenden Aufgaben in allen Bereichen der Ausbildung junger Theologen konnten ihn in der schriftstellerischen Tätigkeit nicht hindern. Zum Gustav-Adolf-Jahr 1931 gestaltete Schieder das Festspiel „Gustav Adolf, ein Spiel von der Kirche Not und Errettung". Aus der Seelsorge erwuchs die Broschüre „Warum evangelisch?" (1932) und als Frucht der katechetischen Arbeit im Schulunterricht sein „Katechismusunterricht" (1934). Beide Abhandlungen erfuhren sechs Auflagen. Eine Vielzahl von Veröffentlichungen seiner Aufsätze und Predigten erschienen im Kirchenkampf, in den Amtsjahren der Nachkriegszeit und noch im Ruhestand.

Schieder war in Schrift und Rede wie ein Dichter und Maler am Werk. Er redete in eindrücklichen Bildern und Gleichnissen, in einer farbigen, klaren Sprache. Feuer und Leidenschaft waren in seiner Rede und ebenso warmer, persönlicher Zuspruch.

Über seinen theologischen Werdegang berichtet Schieder, daß er als Gymnasiast zu seinen Mitschülern im Ansbacher Hofgarten gesagt hat: „Wenn man aus der Bibel e i n e n Stein herausnimmt, bricht der ganze Bau zusammen". In Tübingen zerbrach unter der Bibelkritik sein ‚fundamentalistisches Kartenhaus'. Für Schieder stellte sich daher die Frage, ob er in der orthodoxen bayerischen Landeskirche Pfarrer werden könne. Professor Haering riet zum württembergischen Kirchendienst. Schieder trug seine Fragen, wie er später urteilte, in einem „unverschämten, ehrfurchtslosen Brief" dem Kirchenpräsidenten Hermann v. Bezzel vor. Er wurde nach München gerufen. „ ‚Herr Präsident! Kann man, wenn man nur noch ein paar Jesusworte, vor allem das Vaterunser und die Seligpreisungen anerkennt, als Pfarrer in Bayern ankommen?' — ‚Herr Kandidat! Wollen Sie sich mühen um die Bekenntnisse der Väter? Wollen Sie diese Dinge auf die Kanzel bringen?' Das erste habe ich bejaht, konnte das mit gutem Gewissen — das andere habe ich verneint, auch das mit gutem Gewissen. Er: ‚Dann kommen Sie zu uns!' Das war ein großes Wort, das mir starken Eindruck gemacht hat. So großzügig kann der Mann, der als Hyper-Orthodoxer verschrien ist, Vertrauen schenken! Das hat mir später im Amt des Kreisdekans geholfen, das hoffentlich rechte Wort zu manchem zweifelnden Kandidaten zu sagen."

Als Theologe war Schieder für alle Kritik, auch alle Bibelkritik, offen, hat die Einwände bei sich abgewogen und geprüft. Wie er Bezzel zugesagt hatte, breitete er Meinungen, die vor dem Zeugnis der Schrift und dem Bekenntnis der Väter nicht standhalten konnten, nicht so aus, als könnten sie für die Interpretation des Evangeliums ernsthaft in Frage kommen. Er wußte dabei wohl, daß man ihm den Vorwurf machte, er ... vereinfachte zu sehr. „Aber ich habe doch den Mut, m e i n e n Satz zu sagen — ohne viel wenn und aber, z. B. habe ich den Mut zu dem ganz scharfen, schroffen ‚sola fide' und, daß Luther mit seiner Zwei-Reiche-Lehre recht gehabt hat. Ist's Vermessenheit? Ich nenne es Dankbarkeit, daß ich Gott sehen darf ohne viel Nebelschleier."

Als Vikar hatte Schieder gemeint, so etwas wie ein liberaler Pietist zu sein. Aber manches hemmte ihn, zum Pietismus zu gehen. Für seine Prägung als lutherischen Theologen nennt Schieder fünf entscheidende Gründe: 1. Das Erlebnis des Ersten Weltkrieges. Er lernte die armselige menschliche Kreatur kennen, deren Optimismus zerbrechen mußte. Er erkannte (vor Péronne in Frankreich), daß Christus mehr ist als ein Idealmensch. 2. Das eingehende Studium Luthers, veranlaßt durch die Reformationsjubiläen 1917 und 1930, machte ihm Luther lieb. Er entdeckte, daß der ‚junge Luther' so orthodox war wie der ‚alte'. 3. Schieder wurde durch Karl Barths Römerbrief, der beim Augsburger Dekan Schiller gemeinsam gelesen wurde, stark bewegt. Die Souveränität des Gotteswortes, das über aller Verkündigung zu stehen hat, ging ihm auf. Er konnte an Karl Barth nicht mehr vorübergehen, durfte aber nicht bei ihm stehen bleiben. Schieder vermißte die Freudigkeit zum ersten Glaubensartikel. 4. Entscheidend war der Einfluß Bezzels. Schieder war von Bezzels Person von früh an beeindruckt, erkannte aber Bezzels Theologie erst aus der Schrift vom „Knecht Gottes". Da lernte Schieder, daß Bibelkritik nicht etwas Gottloses, sondern von der Sendung Jesu her Notwendiges sei. Bezzels Kondeszendenzlehre wurde ihm wichtig: Gott benutzt durch Christus das Menschliche, läßt das Menschliche durchaus menschlich bleiben und macht es doch zu seinem Werk. Der gleiche Bezzel, der im Jahr 1893 dem fünfjährigen Buben im Münster zu Heilsbronn den berühmten Christus gezeigt hatte, wurde dem Theologen Schieder zum Symbol: Bezzel ist es gewesen, der ihm den unverwandten Blick auf den Mann am Kreuz gezeigt und sein theologisches Denken in die Tiefe und in den Ernst, die ihm bis zuletzt eigen waren, geführt hat. 5. Durch ein älteres Gemeindeglied, das den Mut hatte, Schieders Predigten in Augsburg zu kritisieren, lernte er „wie schwer es einem Gott machen kann und wie man doch in aller Anfechtung fröhlich und getrost an seine Vergebung zu glauben vermag".

Im eigentlichen Sinn als ‚lutherischer Theologe' wurde Schieder sich erst im Kirchenkampf bewußt, doch nicht in gnesiolutherischer Starrheit, sondern in weitem Offensein, überzeugt, daß wir ökumenisch denken müssen. Ihm war Luthers Lehre von Gesetz und Evangelium — von den zwei Reichen — nach den Kämpfen um Stalingrad bei einem Vortrag „Luther und der Türkenkrieg" für die Verkündigung wesentlich geworden. „Meine lutherische Kirche habe ich lieb gehabt. Ich weiß um ihre Schwächen, um ihr Versäumen. Aber sie hat mich das ‚sola fide' gelehrt. Gebe Gott, daß ich mich in der letzten schweren Stunde dieses ‚sola fide' trösten darf".

Auf Methodik der Predigt und des Unterrichts legte Schieder großen Wert. Er konnte seinen Kandidaten im Predigerseminar und seinen Pfarrern damit viel für ihr Amt mitgeben. Er lehrte, jeder Bibelstelle, jeder biblischen Geschichte den spezifischen Grundgedanken, der die Einheit des Textes beherrscht, abzuschauen. Von dem Skopus der Stelle aus, muß die Botschaft verkündigt werden, damit jeder Einzelne in der

Gemeinde erfahre, was Gottes Treue in Christus an ihm handelt, worin Gott ihm in seiner Verlorenheit nachgeht und wozu er ihn in Christus zu Gott hin befähigt. „Das Herzwerk der Gottesrede in Christus ist die Rechtfertigung. Mit seinem Christuswort sagt uns Gott das Wort vom Gericht, das Wort von der Vergebung und das Wort zum neuen Gehorsam." „Nie fordert Gott etwas, ohne daß er uns zur Aufgabe auch die Kraft schenke." „Es gibt keinen Imperativ Gottes, dem nicht ein Indikativ vorausgeht. Vor dem ‚Du sollst' steht das ‚Ich bin der Herr, dein Gott, der dich aus dem Ägyptenland geführt hat'." „Verkündigung heißt: in der Kraft des heiligen Geistes der Gemeinde sagen: ‚Du stehst in der Treue Gottes, dessen Herzwerk es ist, zu rechtfertigen', es so zu sagen, daß die Gemeinde mit dem Ja ihres Lebens darauf antworten kann." Daraus zog Schieder drei Bedingungen: „Es soll wirklich das Gotteswort verkündigt werden, d. h. die Predigt muß w a h r sein. Es soll die Gemeinde von heute angeredet werden. Also muß unsere Verkündigung p e r D u gehen. Es soll die Gemeinde ihr Ja sagen können. Das kann sie nur, wenn sie die Verkündigung verstanden hat. Und das kann sie nur dann, wenn die Verkündigung k l a r ist. Der erste Satz muß so sein, daß der Mensch unter der Kanzel merkt: Das Bibelwort, über das gepredigt wird, geht mich an!"

Für die Methodik des Unterrichts hat Schieder in seinem „Katechismusunterricht" vier Stufen gezeigt: nomina — res — actum — verbum. Damit ist der Weg gezeigt, auf dem wir unsere Jugend lehren, das Wort Gottes zu hören: 1. Wir zeigen ihnen die Wörter und lehren sie diese Wörter zu verstehen. 2. Wir zeigen ihnen den Sinn, den Inhalt der Geschichte, die aus diesen Wörtern gebildet ist. 3. Wir zeigen ihnen das Handeln Gottes an der biblischen Gemeinde. 4. Wir zeigen ihnen, daß dies Handeln Gottes auch an der gegenwärtigen Gemeinde geschehen ist, geschehen will.

Schieder wurde von Wilhelm Grießbach im Buch „Aber die Botschaft bleibt" (1966) als der Wächter auf der Mauer der Kirche gekennzeichnet, dem allein wichtig war, das Wort Gottes zu haben, mit der Hand zum Mann am Kreuz deutend: crux mundi unica spes (Das Kreuz, die einzige Hoffnung der Welt). Schieder hat das Bild Luthers von der Predella des Wittenberger Altars geliebt, wo Luthers Hand auf den zwischen Gemeinde und Prediger gekreuzigten Christus deutet; ebenso den Johannes vom Isenheimer Altar, dessen übergroßer Finger auf den gemarterten Jesus deutet: Er muß wachsen, ich aber muß abnehmen! — Ob Schieder gewußt hat, daß Magister Georg Nuding sein eigener Vorfahre war, den er auf dem Bekenntnisbild seiner Heimatkirche in Weißenburg in gleicher Weise mit dem ‚Ecce!' (Siehe!) auf den Gekreuzigten hindeutend, kannte — und daß er Blut und Wesen geerbt hatte von seinem Ahnherrn Ulrich Hagen, der nach dem Augsburger Reichstag in Weißenburg am 15. November 1530 die Sturmglocke läuten ließ und als Bürgermeister in St. Andreas der Gemeinde den Augsburger Reichstagsabschied mit der Erneuerung des Wormser Edikts gegen Luther vorlas und verwarf: wer des Kaisers Erlaß annehmen wolle, solle sich zum Frauenaltar begeben, wer ihn aber verwerfe, möge in den Chor gehen. Ulrich Hagen ging selbst voran in den Chor, fast alle Bürger Weißenburgs folgten ihm. Weißenburg trat damit auf die Seite der Reformation. — So kompromißlos für das Evangelium stand Schieder als „Wächter auf der Mauer der Kirche".

Schon um 1925 sah Schieder einen Kampf der nach totaler Macht strebenden Kräfte an die Kirche herankommen. Bei den Osterfreizeiten, die er in Riederau am Ammersee abhielt, arbeitete er im Kreis jüngerer Theologen mit, gegen die Stimmen der Zeit das Evangelium zu setzen, sich ernsthaft auseinanderzusetzen. Den Jahrgängen junger Theologen, die 1928 —1934 im Nürnberger Predigerseminar weilten, vermittelte er in ernstem Bemühen um das Verständnis der hl. Schrift und des Bekenntnisses für Predigt, Unterricht und Seelsorge das Staunen über das „Anderssein" Gottes in seiner radikalen Majestät und totalen Barmherzigkeit. Er lehrte sie, daß durch dieses Wort die Gemeinde gebaut und erhalten wird, warnte vor jedem menschlichen Bemühen um die Kirche, das sich vom Wort Gottes nicht in Frage stellen lassen will. Während viele im Jahr 1933 nach der Machtübernahme durch den Nationalsozialismus den ‚Aufbruch der Nation' begrüßten, trug Schieder sofort ernste Sorge um die Kirche. Das Läuten der Kirchenglocken zu den politischen Ereignissen am 31. Januar oder am 21. März 1933 erregte seinen Widerspruch. Die Loyalitätserklärung Hitlers in Potsdam gegenüber Kirche und Christentum, der Zustrom uniformierter Nationalsozialisten zu Gottesdiensten und kirchlichen Feiern vermochten ihn nicht zu täuschen. Ihn beunruhigte das Großaufgebot der Partei bei der Amtseinführung von Landesbischof Meiser am 11. Juni 1933 in der Nürnberger Lorenzkirche. Mitten in der Festfreude äußerte Schieder: „Das müssen wir noch nach Heller und Pfennig bezahlen!" Während andere für die Kirche die große volksmissionarische Möglichkeit erhofften, mißtraute er dem von der Leidenschaft des Völkischen erfaßten Volksgeist. Er sah den Totalitätsanspruch des Politischen, der sich der Autorität Gottes und den Lebenskräften des Evangeliums versagt, aber seinerseits fordert, die Kirche müsse sich dem neuen Reich eingliedern und den politischen Ideen angleichen.

Schieder sah sich in die Rolle der Kassandra versetzt: Er erkannte das Unheil heraufziehend, während andere noch jubelten, mußte unablässig warnen, während das Unabwendbare seinen Lauf nahm. In einer literarischen Aussprache im Korrespondenzblatt des bayer. Pfarrervereins vom 14. August bis 10. September 1933 kritisierte Schieder den Weg der ‚Deutschen Christen' (DC), die zwar theoretisch das Bekenntnis der Kirche stehen ließen, in der Praxis aber, gleichgültig gegen Bekenntnis und theologische Besinnung, den politischen Totalitätsanspruch geltend machten. Seine unerbittliche Wachsamkeit trug ihm die Feindschaft der DC samt Forderung seiner Absetzung als Rektor des Predigerseminars vor der Landessynode im September 1933 ein. Die Pfarrerschaft war jedoch weithin hellhörig geworden und versagte nach den antikirchlichen und antichristlichen Tönen bei der Berliner Sportpalastkundgebung (13. Nov. 1933) den Deutschen Christen in Bayern die Gefolgschaft.

Die Akten der Kirchenkampfzeit zeigen Schieder als unbeirrten Vorkämpfer der Kirche gegen Übergriffe der sich erneut sammelnden DC und der radikalen Kräfte in der NS-

Gauleitung Franken: Streicher und Holz. Schieder war es, der mit Helmut Kern und Eduard Putz am 7. Mai 1934 zur Bildung einer nichtkirchenpolitischen Pfarrerbruderschaft mit Laienkreisen aufrief. Führend beteiligte er sich am Pfingstmontag, 21. Mai 1934, an der ersten Zusammenkunft der Pfarrerbruderschaft in Rummelsberg und blieb ihr eng verbunden. Auch sonst war Schieder der selbstverständliche Sprecher der Nürnberger Pfarrerschaft, als am 15. September 1934 der stellvertretende Gauleiter Holz in Nürnberg die Ehre des Landesbischofs mit Zeitungsartikeln und großen Plakaten „Fort mit Meiser!" angriff. Schieders Protest beim Polizeipräsidenten erreichte die Entfernung der Plakate in der Stadt. Die Gemeinde sah sich selbst angegriffen, ging nach dem Sonntagsgottesdienst in St. Lorenz am 16. September auf die Straße und sang den Schutz- und Trutzchoral: „Eine feste Burg ist unser Gott!" Für Montag, 17. September, rief die Partei zu einer Großkundgebung auf den Nürnberger Hauptmarkt, die den Ruf „Fort mit Meiser!" wiederholen sollte. Doch Schieder hatte den Landesbischof nach Nürnberg gerufen und die Gemeinde zusammengerufen. Er berichtet: „Während die Parteiformationen mit klingendem Spiel auf den Hauptmarkt zogen, strömten die Massen in die Lorenzkirche. In einigen Minuten war die Kirche bis zum letzten Stehplatz gefüllt. In Heilig-Geist und Egidien mußten Parallelgottesdienste gehalten werden. Meiser zog predigend von einer Kirche zur anderen. Auf dem Egidienberg eine Stunde lang Singen von Chorälen. Am Mittwoch darauf Bekenntnisgottesdienste in fünfzehn Kirchen, die alle überfüllt waren."

Vier Wochen später folgte der Angriff gegen die Kirche in München. Leute des Reichsbischofs drangen mit Berliner Gestapo am 11. Oktober 1934 im Landeskirchenamt in München ein, um die bayerische Landeskirche „einzugliedern" und umzufunktionieren: Der Landeskirchenrat abgesetzt, der Landesbischof in Schutzhaft in seinem Haus, die bayerische Landeskirche geteilt in eine Kirche südlich der Donau und in eine fränkische Kirche, für jeden Teil ein der Partei höriger Mann als Bischof, auch Schieder als Rektor des Predigerseminars abgesetzt. „Wieder Gottesdienst in St. Lorenz. Etwas

Derartiges haben wir nie mehr erlebt. Man konnte von der Sakristei fast nicht durchkommen durch die Massen, die den letzten Stehplatz auch besetzten. Auf der Kanzeltreppe saßen die Leute bis oben hinauf. Von oben her ein Meer von Köpfen. Und nach dem Gottesdienst zog die Gemeinde hinunter auf den Hauptmarkt, und eine Stunde lang wurden Choräle gesungen."

Schieders Absetzung als Rektor des Predigerseminars war von den neuen Herren ausgesprochen; zugleich sollte Inspektor Lic. Frör ersetzt werden. Am 12. Oktober 1934 erschienen Pfarrer Halbach und Vikar Gewalt im Auftrag von Pfarrer Sommerer, dem kommissarischen ‚Bischof'. Schieder weigerte sich, das Amt zu übergeben: „Der Mann, von dem Sie und ich alle Weisungen zu empfangen haben, heißt Meiser!" Er weigerte sich, die Kandidaten zusammenzurufen und die Schlüssel zu übergeben. Pfarrer Halbach, von Schieder auf den „Taumelkelch des Ehrgeizes" angesprochen, zog unverrichteter Dinge ab, auch am 16. Oktober, als er die Polizei zur Haussuchung begleitet hatte.

Schieders Aktivität während der Haftzeit des Landesbischofs war außerordentlich. Die Chronologie des Kirchenkampfes nennt ihn neben den Gottesdiensten bei der Vorladung der Nürnberger Pfarrer zum Polizeipräsidenten und Gauleiter am 17. Oktober, wegen der Kundgebung am 16. Oktober in den Kirchen und auf dem Hauptmarkt, wo — für die Partei unerwartet — ca. 10 000 Evangelische für ihren Bischof eingetreten waren. Am 19. Oktober führte Schieder mit dem Ansbacher Pfarrer Hoch in München Bauernabordnungen zum Reichsstatthalter, Ministerpräsidenten, Innenminister und Braunen Haus. Am 21. Oktober war ein Sonderzug mit über 800 Nürnbergern unterwegs zu Meiser. Im Hof des Landeskirchlichen Dienstgebäudes fand ein Gottesdienst statt, an dem der Landesbischof, in der Wohnung inhaftiert, von oben teilnahm. Am 22. Oktober Pfarrerversammlung in Nürnberg, 850 Pfarrer beim Abendmahl in St. Lorenz. Vom 22.—27. Oktober tägliche Protestabordnungen in München. Am 28. Oktober protestierten dreißig Männer unter Schieders Führung in Berlin. Die Schieder unterstehenden Kandidaten des Nürnberger Predigerseminars waren im ständigen Einsatz und besetzten am 1. November das Nürnberger Dekanat für den rechtmäßigen Dekan. In München hatten die Kandidaten des Münchener Predigerseminars das Landeskirchliche Dienstgebäude ebenfalls am 1. November 1934 besetzt, der Landesbischof sein Amt wieder voll aufgenommen.

Nach der Abwehr des deutschchristlichen Angriffs auf die bayerische Landeskirche errichteten Synode und Landeskirchenrat einen eigenen Kirchenkreis Nürnberg. Schieder wurde ab 1. Januar 1935 Kreisdekan und für die Jahre 1935 —1951 zugleich Dekan von Nürnberg.

Schieder hatte das Amt in der Kirchenleitung, der er als Nürnberger Kreisdekan mit dem Titel Oberkirchenrat von 1935—1958 angehörte, nicht gesucht. „Wir waren in einer Sitzung der Pfarrerbruderschaft in Rummelsberg. Da hat jemand die Nachricht gebracht, es solle ein neuer Kirchenkreis gegründet und ich der Kreisdekan werden. Ich habe gelacht. Aber es wurde ernst. Meiser zitierte mich nach München. Bevor ich in aller Frühe losfuhr, las ich die Losung Hebr. 11, 22 (Durch den Glauben redete Joseph vom Auszug der Kinder Israel, als er starb). Diesmal habe ich mich von der Losung auch äußerlich führen lassen, ich stellte Meiser alle meine Schwächen vor. Er blieb fest. Da sagte ich zu ... Ein Großes hatte ich dabei: Kein Pfarrer beneidete mich. Mir war zumute wie dem Leonidas, wie er an die Thermopylen marschieren sollte." Nürnberg, die Stadt der Reichsparteitage, war heißer Boden. Der Gauleiter Julius Streicher hetzte mit seinem Blatt „Der Stürmer" unablässig gegen die Juden und brachte üble Angriffe gegen die Kirche, gegen Pfarrer und gegen den christlichen Glauben, auch gegen das hl. Abendmahl. Wer in Nürnberg die Gemeinde leiten sollte, mußte besonders wach sein, mußte voll einsatzbereit sein und geistliche Vollmacht haben. Kompromißlos gab Schieder die Weisungen an Pfarrer und Kirchenvorsteher. Bald nach seiner Amtseinführung in St. Sebald am 6. Januar 1935 kam es zu Konflikten. Seine Anweisung vom 27. März 1935, beim geplanten Kommen des Reichsbischofs, der den Deutschen

Christen in Nürnberg zum Erfolg helfen sollte, die Glocken schweigen und von allen Kirchentürmen schwarze Fahnen wehen zu lassen, wurde durch Absage der Reise gegenstandslos. Dann war für den 1. Mai von der Partei ein „Morgengruß von Kraft durch Freude in Verbindung mit einem allgemeinen Glockengeläute im ganzen Reich" angeordnet. Schieder protestierte zusätzlich zur Anweisung des Landeskirchenrates in einem eigenen Schreiben an Polizeidirektion und Bezirksämter, gegen den Willen der Pfarrer die Glocken läuten zu lassen. Im Bekentnisgottesdienst zu St. Lorenz am 1. Oktober 1935 machte Schieder deutlich, daß das deutsche Volk in Gefahr stehe, seine tausendjährige christliche Geschichte abzubrechen. Am 21. März 1933 habe das junge Deutschland seine Hand hinüber zur Kirche gereicht, eine neue Ehe geschlossen. Nach zweieinhalb Jahren laute die Losung: Fort mit der Kirche! Die Ehe habe nicht Bestand haben können, weil die Partner verschiedenen Glauben hätten: Glaube an Deutschland und Bekenntnis zu Christus. Der Glaube an Christus will im deutschen Volk mit neuer Treue zu Gottes Wort bekannt werden. Mit vielen Einzelheiten gab Schieder unter dem Titel „Kirche im Gericht" die Predigt in Druck und zur Verteilung in den Gemeinden. Beschlagnahme durch die Geh. Staatspolizei und Berichte zur Staatsführung folgten. — Es kamen Jahre, in denen die Kirche immer wieder neu bedrängt wurde, in Franken besonders, als gelte es, dieses Bollwerk der Kirche vor allen zu überrennen. Schieder informierte laufend seine Pfarrer und Gemeindeglieder seines Kirchenkreises, arbeitete an der geistlichen Schulung der Kirchenvorsteher gegenüber den weltanschaulichen Angriffen des Reichsschulungsleiters Rosenberg, stärkte in Predigt und Rundschreiben zu offenem Bekenntnis und tapferem Handeln. Neben Haussuchungen stellte die Geh. Staatspolizei Strafanzeige: Schieder habe die Kanzel mißbraucht und Bestimmungen des Heimtückegesetztes übertreten, das Ansehen von Staat und Partei geschädigt. Das beim Landgericht Nürnberg-Fürth anhängige Verfahren wurde jedoch 1940 nach dem Frankreichfeldzug eingestellt. Immer wieder wurde er von der Geh. Staatspolizei verwarnt, ja bedroht.

Aber man wagte es nicht, ihn zu verhaften. Dagegen konnte es geschehen, daß eine mit dem Polizeipräsidenten geführte dienstliche Unterredung sich unversehens zu einem ganz persönlichen Gespräch entwickelte, bei dem dieser dem Seelsorger vertrauensvoll sein bedrängtes Herz ausschüttete — bei wem hätte er es sonst tun können, ohne sich selbst zu gefährden?

Die Anfechtung des Volkes im Zweiten Weltkrieg durchlitt er, sich mit unter die vielfältigen Lasten der Gemeindemitglieder stellend. Mit Vorträgen aus dem Buch Hiob, „Gott und das Schicksal", suchte er Antwort für die leidgeprüfte Gemeinde und führte aus den Rätseln des Schicksals hin zu Christi Kreuz und Auferstehungssieg. Indem er aus der Mitte des Evangeliums den majestätischen, persönlichen und barmherzigen Gott in Christus dem Hörer existenziell nahe brachte, vermochte er Angefochtene in und außerhalb der Gemeinde zu trösten und aufzurichten: im Kriegserleben, in Ungewißheit nach Stalingrad, in den Ängsten der Fliegerangriffe, in der Ratlosigkeit beim Zusammenbruch und bei der tastenden Wegesuche zu neuem Anfang. Er hielt in den Trümmern der Stadt Nürnberg aus und ging nach Besetzung und Kapitulation 1945 sofort an die Aufgabe, die zerstreute Gemeinde zu sammeln. Aus der Verführung des Nationalsozialismus versuchte er, soweit möglich, zurechtzuhelfen. Dabei geschah es, daß die Militärregierung Schieders Absetzung verlangte und ihn im Jahr 1946 — was im Dritten Reich nie passiert war — kurz verhaften ließ. Schieder trug Verantwortung für alle, auch für die Angeklagten in den Nürnberger Prozessen, die Seelsorge sollte ihnen nicht fehlen. Am 17. September 1946 richtete er eine Botschaft an die Hauptschuldigen, die die Hinrichtung vor Augen hatten. Briefe des Dankes erreichten Schieder als Zeichen, daß Gottes Wort nicht leer zurückkommt.

Dem Außerordentlichen folgten keineswegs geruhsame Zeiten. Schieder wußte, daß der Kreisdekan immer „an der Front" ist, freute sich des Amtes in den Gemeinden und ging ebenso durch Stunden der Verzagtheit. Im Jahr 1951 trat er die unmittelbare kirchliche Verantwortung für die Stadt

Nürnberg an Dekan Dr. Giegler ab, übergab dabei den ihm ans Herz gewachsenen Dienst als Hauptprediger an St. Sebald und übernahm von 1951—1958 den Hauptpredigerdienst an St. Lorenz mit monatlicher Predigt. Auf sämtlichen Kanzeln seines Kirchenkreises hatte er in wenigen Jahren gepredigt, nur nicht in der Gemeinde Seukendorf. In jedem Jahr war er mindestens einmal auf jeder Pfarrkonferenz mit einem Vortrag; dazu kamen Männertage, Gemeindeabende, Kirchenvorsteherfreizeiten und dergleichen. Jede Predigt, jeder Vortrag wurde von ihm genau durchdacht und schriftlich festgelegt, meist auch im Umdruckverfahren vervielfältigt und hinausgegeben. Sein Büro, anfangs mit Lic. Kurt Frör, dann mit Pfarrer Wilhelm Grießbach, Diakon Dyroff und Else Wolf (später Diakonisse und Oberin des Diakonissenhauses Bad Kreuznach) half ihm in unermüdlichem, gewissenhaftem Einsatz. Mancher Dienst setzte eingehende Vorbereitung voraus, wie z. B. die Visitation der Kirchenbezirke. Nach dem Krieg visitierte er die Dekanate Thalmässing, Neustadt a. d. Aisch, Hersbruck, Roth, Weißenburg und Nürnberger Gemeinden. An manchen sachlichen und personellen Entscheidungen, die in der Kirchenleitung zu vertreten waren und in dem Leben der Pfarrhäuser und Gemeinden sich auswirkten, trug er schwer. Unbedingt und brüderlich stand Schieder mit den Männern des Landeskirchenrates zu Landesbischof Meiser, litt jedoch ebenso darunter, wenn das nötige bischöfliche Wort an die Gemeinden oder gegenüber Staat und Partei ausblieb oder zu gelinde geraten war. Dann wußte er Klage, bittere Klage aus der Not der Kirche vor den Landesbischof zu bringen.

Noch im Ruhestand, 1958—1964, war Schieder bei der Arbeit, am Schreibtisch und vor der Gemeinde, beschäftigte sich mit dem Gang der Theologie und stärkte die Gemeinden in Predigt und Vorträgen für die Auseinandersetzung mit den Strömungen der Zeit.

Ein Vierteljahr vor seinem Tod hielt Schieder den Festvortrag zum fünfzigjährigen Bestehen der Gesamtkirchenverwaltung Nürnberg: 24. April 1964. Mit fünf Bildern griff er in die Geschichte des evangelischen Nürnberg, weniger den Verwaltungsbereich, sondern Brennpunkte des kirchlichen Innenlebens aufzeichnend. An jenem Abend fiel auf die festliche Hochstimmung die unerbittliche Verantwortung für die Zukunft der Gemeinde. Schieder erinnerte, mahnte und warb eindringlich zu dankbarem Gebrauch des Gottesdienstes, erinnernd an die Gottesdienste in St. Lorenz während der Kirchenkampfzeit, an die Treue der Gemeinde zum Bekenntnis, je heftiger die Kirche umkämpft war, gedenkend der zerstörten und wiedererstandenen Gotteshäuser und der unablässigen Dankespflicht zu Gott.

Schieder hat seinen Vortrag als Abschied, als Vermächtnis an seine Nürnberger Gemeinde angesehen. Das äußerte er auf dem Heimweg, nicht ahnend, daß der Abend sein letzter hätte sein können. Am anderen Morgen riß ihn ein Verkehrsunfall zu Boden. Das war am 25. April 1964. Drei Monate später, am 29. Juli 1964, einen Tag nach der Wiederausreise der Familie seiner Tochter Eva Caspary zum Kirchendienst in Ostafrika, erlitt er einen Herzinfarkt. An drückend heißem Tag um die Mittagsstunde vom Besuch bei einem erkrankten Kollegen zurückkommend, schleppte er sich — wie er noch berichten konnte — mühsam den ansteigenden Egidienberg hoch, öfters zum Ausrasten gezwungen, und brach auf der Haustreppe zusammen. In seine Wohnung verbracht, zeitigte die Hilfe des rasch herbeigeholten Arztes Erleichterung. Bei einem zweiten Herzanfall nahm Gott sein Leben hinweg, ohne viel Anfechtung. Auf dem St. Johannisfriedhof fand er, von vielen in Dankbarkeit betrauert, die Ruhestätte. Auf dem liegenden Stein steht das Wort, das ihn geleitet und das er sich als Beerdigungstext gewählt hatte: „Weil denn die Elenden verstört werden und die Armen seufzen, will ich auf, spricht der Herr; ich will eine Hilfe schaffen dem, der sich darnach sehnt." Psalm 12.

Rückblickend hatte er am 24. April 1964 Abschied genommen und Wegweisung gegeben: „Es geht darum, daß wir dankbar werden. Gott hat uns aus dem Liberalismus herausgeholt, der groß und reich gewesen ist, der aber der Wirklichkeit nicht mehr gerecht wurde. Er hat uns in den Stürmen des Ersten Weltkrieges und danach hineingeführt in eine neue Freude am Glaubensbekenntnis. Er hat uns ein Buch der Bibel nach dem andern aufgeschlagen und hat uns durch Christus das Herz abgewonnen, daß wir — ach, ich möchte beinahe sagen — wider unseren Willen vor ihm niederfallen und mit Thomas sprechen mußten: ‚Mein Herr und mein Gott.' Und Gott hat dann in den Nöten des Kirchenkampfes dieses Evangelium verteidigt gegen den antichristlichen Haß, gegen unsere eigene Untreue. Er hat uns das geschenkt, womit man leben und sterben kann. Er hat uns neu geführt zu dem Bekenntnis. Ich darf ein Wort von Hermann Bezzel vorlesen über dieses Bekenntnis: ‚Für dieses Bekenntnis sind unsere Väter landesflüchtig, heimatlos, ehrlos geworden. An dem Bekenntnis wollen wir halten, das meine Eltern in ihrer Todesstunde getröstet, an dem Bekenntnis, unter dessen Schatten ich dereinst meinen letzten Seufzer aufgeben will.' Es ist nicht ein von Theologen ersonnenes Bekenntnis, sondern das Bekenntnis, das die Gemeinde mit ihrem Herzen erlebt hat und mit ihrem Herzblut vertreten muß. Das hat uns Gott geschenkt in diesen Jahren."

Schieder hat unbestreitbar seiner Kirche in kritischen Zeiten treuen Lotsendienst geleistet, Gefahren und Abgründe aufgezeigt und in seiner Verkündigung das Wesentliche der Gemeinde aufgeprägt.

Zusammenfassend ist in der Promotionsurkunde der Theologischen Fakultät Erlangen am 31. Oktober 1947 zum Doktor der Theologie h. c. über sein Lebenswerk gesagt:

„Er hat das geistliche Amt als Pfarrer und Dekan von Herzen und mit großer Liebe verwaltet. Er hat sich als Rektor des Predigerseminars in der theologischen und geistlichen Fürsorge für die jungen Theologen aufs beste bewährt. Er hat seiner lutherischen Kirche in der Stunde der Gefahr furchtlos gedient und sie tapfer verteidigt. Er war in der Theologie hervorragend gelehrt, im Urteil erfahren und hat nie aufgehört, sich dem Studium des Wortes Gottes hinzugeben."

Mitten im Zweiten Weltkrieg, am 1. Juli 1942, hat Schieder in Leipzig einen Vortrag über die Bibel gehalten. In ihm sagte er: „Ich kann von der Bibel nicht loskommen, weil ich

von Christus nicht mehr loskomme. Er ist in mein Leben hineingetreten. Seitdem weiß ich, daß mein Leben Heimgehen und mein Sterben Heimkommen sein darf."
Am 29. Juli 1964 ist D. Julius Schieder, 76 Jahre alt, gestorben — nein, heimgekommen. Er war eine der nicht nur profiliertesten, sondern auch begnadetsten Persönlichkeiten der bayerischen Landeskirche.

LITERATUR

Wilhelm GRIESSBACH: ‚Julius Schieder zum Gedenken‘ in: Korrespondenzblatt 79. Jg., 1964, Nr. 9.
derselbe: ‚Julius Schieder. Skizze seines Weges, Markierung seines Wirkens‘ in: Julius SCHIEDER. Aber die Botschaft bleibt. Vorträge und Predigten. Hrsg. von Wilhelm Grießbach. München 1966.
Julius SCHIEDER: ‚50 Jahre Evangelisches Nürnberg 1914—1964‘ (Nürnberg 1964).
Georg MERKEL: ‚Erinnerungen an Julius Schieder‘ in: Evang. Gemeindeblatt (Nürnberg 1964).
derselbe: ‚Julius Schieder‘ in: Bubenreuther Zeitung (1964).
Angelika HOLZHEID: ‚Aber die Botschaft bleibt. Ein Schrifttumsverzeichnis von Oberkirchenrat D. Julius Schieder.‘ Umdruckvervielfältigung 1966. (88 Seiten)
Wilhelm SCHMERL: ‚Sein letztes Vermächtnis‘ in: Evang. Sonntagsblatt aus Bayern. 79. Jg., Nr. 33 vom 9. Aug. 1964, Rothenburg.
Hermann NICOL: ‚Ein Wächter auf der Mauer. Zum 10. Todestag von Oberkirchenrat D. Julius Schieder‘ in: Korrespondenzblatt 89. Jg. S. 105 f. Okt. 1974.
Karl GEUDER: Adventbrief 1974, Seite 3. Umdruckvervielfältigung 1974.
Julius SCHIEDER: ‚Pro memoria‘. Maschinenschriftliche Selbstbiographie (unvollendet 1964) im Familienbesitz.

NAMENREGISTER

Bearbeitet von Gisela Ziegler

Bischöfe sind unter ihren Bistümern, Äbte unter ihren Klöstern, Fürsten unter ihren Ländern zu finden. Kaiser und Päpste sind unter ihren Vornamen aufgenommen

Aachen, Friede 180
Abraham 73
von Achalm, Graf Liutold 49
Adalbero s. Würzburg, Bischöfe
Adalbert s. Bremen, Erzbischöfe
Adam von Bremen 75
Adami, Adam, Abt 172
von Adelmann, Bernhard 110 f.
—, Konrad 110
d'Adhémar, Marquis 215 f.
Adler, Franziska geb. Huber 227
—, Karl, Instrumentenmacher 227
—, Katharina s. Gengler
Afra, Heilige 26
Afrika 279, 281, 284
Agnes von Poitou, Kaiserin 2—4, 6, 21, 23, 25, 39
Alba, Ferdinand Alvarez Herzog 144
Alberad, Tochter d. Markgrafen von Schweinfurt 58
Albert s. England; Sachsen-Coburg
Albrecht s. Preußen, Herzöge
Albrecht Alcibiades s. Brandenburg-Kulmbach, Markgrafen
von Albrecht, Joseph Ambrosius Michael 224
Alexander II Papst (Anselm v. Lucca) 5, 24, 57, 64
—, VII Papst (Fabio Chigi) 172
Alexandrine s. Sachsen-Coburg Herzöge
Alteich (Annalen) 56
Altorf, Kirche 9; Universität 217
Althamer, Andreas 125
Althan, Gundacker Graf 197
Altmann s. Passau, Bischöfe
Altmühl, Kirchen 10
Altötting 298
Altona 208
Amalie, Kaiserin 207
—, Prinzessin s. England
Amerika 243, 283
Amman, Kaspar 113
Ammersee 304

Amorbach, Abteikirche 202 f.
Andreaskloster s. Würzburg
von Andrian-Werburg, Rudolf Frhr. 227, 238
—, Victor 255
Anna, Schwester König Wenzels 80
Anno s. Köln, Erzbischöfe
Ansbach 39, 131, 133, 137, 294 f., 307
—, Fürstentum 134, 137; Hof 132; Hofgarten 300; Markgraf Georg Friedrich 152
Anselm s. Lucca, Bischöfe
Anselm, Casimir s. Mainz, Kurfürsten
Aquileja, Patriarch Gotebold (Godehard) 4, 27
—, Siegehard 12, 26
Aquitanien 3
Arezzo 4
d'Argens, Marquis 212
Aristoteles 32
Arndt, Ernst Moritz 257
Arnold s. Worms, Bischöfe
Aschaffenburg 164, 235
Auberlen, Carl August 267, 272
Auerbach 81, 87 ff.
von Auerswald, Rudolf 255
von Aufseß, Karl Sigismund 189
Augsburg 23, 48 f., 85, 109 ff., 117 bis 120, 126, 292, 299 f., 302
—, Bischof Embricho 3, 25 f., 45, 72
—, Diözese 9; Domweihe 26; Dompropst Marquard v. Stein 111; St. Jakob 198 f.; Reichstag (1530) 304 — — (1548) 138 f.; Täufersynode 127; St. Ulrich 33, 110
Augsburg-Lechhausen 299
Aureatum (Eichstätt) 19
Avignon 216

Baader, Franz 266 f.
—, Johann 122 f., 125
Bärwalde 164

Bamberg 7, 9, 33, 45, 60, 68, 105, 137, 170, 186, 188 f., 225 f., 228, 234
—, Academia Ottoniana 186; Bischof Eberhard 74; Friedrich Karl von Schönborn 207; Gunther 5 ff., 55 f., 58 f.; Hermann I. 45, 55—76; Lamprecht von Brunn 83, 87; Otto 53, 74; Rupert 56; Suitger (Papst Clemens II.) 4, 43; Bistum 36, 55 f., 58 f.
—, Dom 223; Domkanoniker 61; Domkapitel 200; Dompropst Poppo 61, 63; Domscholaster Meinhard 51, 61, 63, 71; St. Gangolf 59; Gymnasium 224; Hochstift 58, 70, 130, 137, 142, 144 ff., 150 ff., 186, 189; Hoftag 1074 65 f.; St. Jakob 59 ff.; Kirche 40, 70 f.; Kaufleute 40; Kl. Michelsberg, Abt Ekkebert u. Rupert 59 f.; Ministerialität 62; St. Stephan 59; Theuerstadt 59; U. L. Frau 227
Banz, Kloster 58 ff.
Bardo s. Mainz, Erzbischöfe
Barmen 273, 275, 281 f.
—, Missionshaus 272, 281
Barth, Karl (Theologe) 109, 301
Basel 111 f., 116, 126 f.
—, Bischof Burchard 23, 26; Missionsgesellschaft 267; Rat 126; Reichstag 24
Bassermann, Friedrich Daniel 241, 255, 257
Bayern 87 f., 177, 235, 237, 298, 300, 305; Herzöge 81; Ferdinand s. Köln, Erzbischof; Friedrich 87 f.; Johann 88; Stephan 88; Susanna, Gemahlin Kasimirs von Brandenburg-Ansbach 131 f.; Welf 47
—, Innere Mission 270; König Ludwig I. 228; Königreich 227, 232; Kurfürst Maximilian 168; ev.-luth. Landeskirche 270, 306, 308, 314; Prinzregent Luitpold 232; Reichskreis 168
Bayreuth 133, 205, 207 ff., 221, 225, 265; Fürstentum 205; Hof 211, 221; Orangerie 219; Schloß 212; Wilhelmine von 205—222

von Beckerath, Hermann 255
Beham, Barthel und Sebald 115
Beheimstein 88
Belgien 188; König Leopold I. 259; Leopold II. 259
von Below, Georg 236
Benedikt XIV., Papst 207
Bengel, Johann Albrecht 267
von Bennigsen, Rudolf 284
Benno s. Osnabrück, Bischöfe
Bentius, Martin 107, 127
Berching, Pfarrei 8 f.
Berengar s. Osnabrück, Bischöfe
Berg, Herzogtum 210
Bergstraße 175
Bergtheim, Schlacht 89
Berlin 208 f., 211, 215, 221, 257, 260, 265 f., 282, 307
—, Gestapo 306; Sportpalastkundgebung 305
Bern 272
Bernau 89
Bernhardi, Karl Christian Sigismund 255
Bernis, Abbé 212
Bertha, Gemahlin Kaiser Heinrichs IV. 42
Berthold s. Kärnten
Beseler, Georg 257 f.
von Bezzel, Hermann 292, 295, 297, 300 ff., 313
Bibiena s. Galli
Biebrich, Schloß 191 f.
Bild, Veit 110 f.
von Bismarck, Otto 260, 284 ff.
Blessenbach, Pfarrei 161
Blumhardt, Johann Christoph 267
Bodenstein, Andreas (Karlstadt) 114
Bodfeld (oder Pöhlde) 4, 6
Böhme, Jakob 266 f.
Böhmen 77—79, 83, 86, 88 f., 181, 326
Böhmerwald 87
von Boineburg, Johann Christian 178, 181
—, Philipp Wilhelm 189, 193
Bonifatius 20
Bonn 231, 238
Bonnland b. Kissingen 266, 268, 272
Bourbon, Dynastie 170, 176
Bozen, Weinzehnt 13

316

Bralliard, Hofapotheker in Mainz 192
—, Sabine Therese 191
Brandenburg, Haus 130, 152; Mark 209, 216
—, Bayreuth 206, 209 f., 212; Markgraf Georg Friedrich Karl 207; Georg Wilhelm 218; Elisabeth Friedrike Sophie 215; Wilhelmine 205—222
Brandenburg-Küstrin, Johann 135, 156
Brandenburg-Kulmbach, Markgraf Albrecht Alcibiades 130—160; Georg 131—134; Johann 131; Kasimir 131 f., 134
Brandt, Henriette s. Fabri
Braun, Carl Adolf 214; Emilie s. Briegleb; Friedrich 243; Philipp, Kammerkurator 253
Braunschweig, Herzog Karl 149; Philipp Magnus 149
Braunschweig-Kalenberg, Herzog Erich 147, 149
Braunschweig-Wolfenbüttel, Elisabeth Christine 207; Heinrich 146 f., 149—151; vgl. a. Lüneburg
Breisach, Festung 194, 196
Breitenbach b. Fulda 23
Breitenfeld 164
Bremen 280 f.; Erzbischof Adalbert 7; Liemar 44, 65 f., 71
Breslau, Bischof Franz Ludwig v. Pfalz-Neuburg 192
Briegleb, Emilie geb. Braun 243, 253 f., 256; Johann Christian 242; Johann Ludwig Friedrich Laurentius 242; Karl 254; Karl Friedrich August 242, 244; Katharina Barbara geb. Staude 242; Moritz 241—262
Brinz, Alois 228
Brixen, Synode 50
Bruchsal 185, 199
Brüssel 133, 145, 149, 187
Brumbach, Friedrich 227
Bruno s. Meißen Bischöfe; Würzburg, Bischöfe
Bucer, Martin 121 f.
Bucher, Carl 226
Büchenbach b. Schwabach 125
Büchner, Georg 272

Bünderlin, Johann 108
Burchard s. Basel, Bischöfe; Eichstätt, Kanoniker; Padua, Bischöfe; Worms, Bischöfe
Burghausen 298
Burghauss, Otto Ludwig Konrad Graf 210 f.
—, Marwitz, Wilhelmine Gräfin 211
Burgsalach 290
Burgund 93
von Buttlar, Constantin s. Fulda Fürstäbte

Cadalus s. Parma, Erzbischöfe (Honorius II.)
Calais 187
Cambray (Chamerich) 140
Canossa 48
Capito, Wolfgang 120 f., 124
von Caprivi, Leo 287
Caspary, Eva, geb. Schieder 299; Hans-Dieter 299
Cellarius, Martin 120 f., 125
Celle 188
Chambord 140
Charlotte s. Mexiko, Kaiserin
Chigi, Fabio, Apost. Nuntius 167, 171
China 281
Chladenius, Justus Georg 221
Christian VI. s. Dänemark, Könige
Chur, Bischof Dietmar 6
Clauß, Harald 299; Wiltrud s. Schieder
Clemens II. Papst 4
—, X. Papst 172
Cluny 3
—, Abt 22, 24, 36
Cobenzl, Graf Karl 210
Coburg 138, 241—249, 252, 254—256, 258, 260 f.; Gymnasium 243; Herzogtum 242, 246 f., 249, 253, 258, 260 f.; Landtag 246 f., 256; Stadtverordnetenversammlung 258; Veste 243; Zeughaus 249
Comburg, Ritterstift, Propstei 163, 165
—, Rothenburg, Graf Emicho 52
Constantinopel 197
Cothenius, Christian Andreas 221
Cratander, Andreas 111

Creglingen, Altar 98
Curio, Drucker 111
Dänemark, König Christian VI. 208
Dahlmann, Friedrich Christoph 257 f.
Damian, Hugo s. Speyer, Fürstbischof
Deining, Pfarrei 8
Denck, Hans 107—129
Deothard, Heiliger 20
Dieter s. Verdun, Bischöfe
Dietker, Heiliger 20
Dietmar s. Chur, Bischöfe
Döllinger, Ignaz 229, 234, 238
Dörfler, Arzt in Weißenburg 293
Donau 136, 306
Donauwörth 111
Dorsch, Friedrich, Bierbrauermeister 227
Dresden 150, 291
Droysen, Johann Gustav 255
Dürer, Albrecht 93, 97 f., 103
Düsseldorf 283
Dyroff, Diakon 311

Eberhard s. Bamberg, Bischöfe; Trier, Erzbischöfe
Dr. Eberhard, Ernst 254
Eck, Johann 110
Eduard v. Wales s. England, Thronfolger
Eger 85, 87
Egilbert s. Passau, Bischöfe
Eichstätt 2, 5—7, 10, 17, 20, 23, 25, 40; Bischof Franz Leopold v. Leonrod 237; Gabriel von Eyb 20; Gebhard (Victor II.) 11, 21, 44, 264; Gundekar II. 1—29, 40; Hartwig 13; Heribert 10 ff., 14; Megingaud 11; Otto 8; Philipp v. Rathshausen 27; Udalrich 24; Willibald 1, 7, 20
—, Dekan Eliseus 13, 26; Kanoniker: Burchard, Heribert, Pero 23; Propst Megingaud 13; Stadtrecht 235
Eisenach 242
Ekkebert s. Münsterschwarzach, Äbte
Elberfeld 275
Elbogen, Burggraf 88

Eleonore Augusta, Kaiserin, Gemahlin Ferdinands IV. 177
Elisabeth Friedrike Sophie s. Brandenburg-Bayreuth
Eliseus s. Eichstätt, Dekan
Ellrodt, August German, Oberhofprediger 215, 220; Philipp Andreas, Minister 209, 212
Ellwangen, Wallfahrtskirche Maria von Loreto 192; Fürstpropst Franz Ludwig von Pfalz-Neuburg 192
Elpersdorf 294 f.
Elsaß 87, 89, 92
Embricho s. Augsburg, Bischöfe
Emicho s. Comburg-Rothenburg, Grafen; Würzburg, Bischöfe
Ems 211
Emskirchen 211
Engelbert s. Passau, Bischöfe (Egilbert)
Engelhard s. Magdeburg, Erzbischöfe
Engelhardt, J. G. Veit 266
England 140, 180, 187 f., 236, 258, 274
—, König Georg 205; Richard II. 80; Viktoria 259, 261; Prinzessin Amalie 206; Prinzgemahl Albert 241, 258 f.; Thronfolger Prinz Eduard v. Wales 259
Einberg 242, 258
Entfelder, Christian 108
v .Eppenstein 1
Eppo s. Naumburg, Bischöfe
Erasmus, Desiderius von Rotterdam 110 f.
Erchanbert s. Fermo, Bischöfe
Erdmannsdörffer, Bernhard 176
Erfurt 85, 175, 178, 189 f., 193
Erich s. Braunschweig-Kalenberg, Herzöge
Erlangen 226, 228, 230, 237 f., 264, 295 f., 298
—, Studentenverbindungen 238
—, —, Bubenruthia 238, 265, 295 f.; Universität 210, 214, 223, 226—228, 231, 236; Theol. Fakultät 265 f., 272, 313; Jur. Fakultät 228, 230; Phil. Fakultät 232; Universitätsbibliothek 236
Ermenfried, s. Sitten, Bischöfe

Ernst I. s. Sachsen-Coburg, Herzöge; Ernst II. ebd.
von Erthal, Philipp Christoph 196 ff.
Eschbach b. Weilburg 161, 174
Eugen, Prinz von Savoyen 187, 190 f., 193 f., 197
Euler, L. H. Notar 233
Europa 181, 210
von Eyb Gabriel, s. Eichstätt, Bischöfe

Fabri, Carl 283
—, Ernst 264, 276; Ernst Friedrich Wilhelm 265; Ernst Wilhelm 265; Friedrich 263—289; Henriette 266; Johann Ehregott 264; Johann Ernst 264; Sophia Helena Christiana 265; Thimotheus 283
Favorita, Lustschloß b. Mainz 191
Felicitas-Abtei s. Münsterschwarzach
Fénélon, François, Verf. d. Telemachie 219
Ferdinand I., röm. König u. Kaiser 131 f., 139, 143, 147, 151; II., Kaiser 164; III., Kaiser 168 f.; IV., König 177
—, s. Köln, Erzbischöfe; Preußen, Prinz
Fermo, Bischof Erchanbert 27
Fischer, Karl Philipp 266
Flessa, Johann Adam, Hofprediger 208
Flex, Walter 296
Floß 88
Flüglinger Berg 290
Fontana, Georg Michael 201
—, Giovanni Domenico von Kaysersbrunn 191, 194
Forchheim 48, 58, 189; „Bischofsbriefe" 235
Forchier 188
Forkel, Friedrich 260
Fränkische Schweiz 36
Franck, Sebastian 108, 125
Francke, August Hermann 205
—, Karl Philipp 255
Franken 87, 90, 126, 130—132, 136, 141, 144, 146 f., 149 f., 153, 167, 263, 270, 309

—, Gauleitung 306; Reichskreis 168, 186
Frankenhausen 116
Frankfurt 85, 146, 155, 166, 173, 177—179, 211, 241, 252 f., 258, 282; Kurfürstentag 86; Nationalversammlung 241, 253, 255—257, 261; Reichsdeputationstag 169; Vorparlament 241, 250; Wachensturm 243
Frankfurt-Sachsenhausen, Deutschordenskommende 192
Frankreich 65, 87, 140—144, 152, 163—165, 169 f., 177—181, 186, 188, 202, 206, 212—216, 264, 275, 298; König Franz I. 134; Heinrich II. 140, 142—144, 152; Ludwig XIV. 179 ff, 188
Franz s. Würzburg, Bischöfe
Franz, Wilhelm s. Osnabrück, Bischöfe
Freiberg, Sebastian 118
Freiburg i. B. 236; Universitätsbibliothek 15
Freising, Bischof Megingaud 50; Diözese 9
Friedrich s. Bayern, Herzöge; Brandenburg-Bayreuth, Markgrafen; Preußen, Könige; Staufen, Herzog
Friedrich Karl s. Bamberg, Fürstbischöfe
Friedrich Wilhelm I., IV s. Preußen, Könige
Frör, Kurt, Lic. 307, 311
Frommann, G. Karl, Direktor am Germanischen Nationalmuseum 233
Fugger, Handelshaus 154
Fulda, Abt Constantin von Buttlar 201; Hrabanus Maurus 7; Siegfried 40; Widerad 44; Abtei 35, 40

Gabler, Georg Andreas 266
Gabriel von Eyb s. Eichstätt, Bischöfe
Gadendam, Johann Wilhelm 214
von Gagern, Heinrich 251, 255, 257
—, Max 257
Galli Bibiena, Carlo u. Giuseppe 217, 219

Gallus, Heiliger 37
Gaza, Theodor 111
Gebhard s. Eichstätt, Bischöfe; Ravenna, Erzbischöfe; Regensburg, Bischöfe; Salzburg, Erzbischöfe
Gengler, Franziska 227; Gottfried fried 223; Heinrich 223; Heinrich Gottfried 223—240; Johann Michael 223; Joseph 227; Josepha geb. Bisani 223; Katharina 227; Margaretha 227
Genua 207
Georg s. Brandenburg-Kulmbach, Markgrafen; England, Könige
Georg Anton, s. Worms, Bischöfe
Georg Anton s. Worms, Bischöfe
Georg August s. Nassau-Idastein, Fürsten
Georg Friedrich s. Ansbach, Markgrafen
Georg Friedrich Karl s. Brandenburg-Bayreuth, Markgrafen
Georg Wilhelm, s. Brandenburg-Bayreuth, Markgrafen
Gerber, Karl Friedrich Wilhelm 228, 230
Gerhard von Schwarzburg s. Würzburg, Bischöfe
Gerlach, Joseph 237
Gerolzhofen 39
Gerstungen 62
Gewalt, Johannes 307
von Gewicz, Franz 85, 88 f.
Giegler, Eugen 311
Gießen 225
von Gleichen, Graf Karl Heinrich 216, 221
von Gleichen-Rußwurm, Freiherren 265
von Glocester, Frederik Lewis, Prinz 206
Gobelius, Cornelius 170
Godesberg 282, 288
Göllersdorf 195 f.
Gößweinstein 36
Göttingen, Universität 214
Göttweig 52
Gorze, Reformkloster 37, 59
Goslar 4, 6, 65; Reichsstift 57; Propst Rupert 74
von Goßler, Gustav 284

Gossenreuth 290
Goswin, Graf 36
Gotebold s. Aquileja Patriarchen
Gotha 187 f., 242; Herzogtum 258
Gottfried d. Bucklige s. Toscana, Herzöge
Gotthelf, Jeremias 295
Grabfeld 58
Graël, Friedrich Jakob 217
de Graffigny, Françoise 216
Graun, Johann Gottlieb 217
de Gravel, Robert 177
Gregor VII., Papst 5, 24, 26, 30, 43, 45 ff., 50, 64, 67 ff., 71 f., 74 f.
Grießbach, Wilhelm 311
Grimm, Jakob 233
Groß, Adam s. Würzburg, Weihbischöfe
—, Jakob 126; Johann Gottfried 210
von Grumbach, Argula 113; Georg 113; Wilhelm 154 f.
von Grumbkow, Friedrich Wilhelm 206
Guebriant, franz. Marschall 167
Gundekar II. s. Eichstätt, Bischöfe
Gunderam, Magister 14
Gunther, s. Bamberg, Bischöfe
Gunthildis, Heilige 20
Gunzo s. Gundekar
Gustav Adolf s. Schweden, Könige

Habsburg, Dynastie 101, 139, 168, 170, 176, 210; in Spanien 153
Häckel, Ernst 295
Haering, Theodor 297 f., 300
Hätzer, Ludwig 108, 112, 118, 120, 123—126
Hagen, Friedrich 208
—, Ulrich 304
Halbach, Kurt 307
Halberstadt, Stift 141
Halle 264; Universität 214, 217
Hambach, Fest 243
Hamburg 188
Hamburg-Bremen, Erzbischof Adalbert 57; Kirche 40
Hannover 188
Hannover-England, Dynastie 206
—, Sophie Dorothea 206
von Hansemann, Adolf 284
von Harleß, Adolf 266

Hartwig s. Eichstätt, Bischöfe
Harzburg, Belagerung 62
von Hatzfeld, Franz s. Würzburg, Bischöfe; Melchior 166, 168
Hecker, Friedrich 251
Hegel, Georg Wilhelm 266; Karl 232
Heidelberg 146, 224, 243, 250
Heidenheim 111
Heilbronn 186
Heilsbronn 302
Heinrich II., Kaiser 30, 32 f., 58, 60; III., 2—5, 23 f., 27, 32, 34—36, 39 f., 43 f., 57, 64; IV., 3, 6, 23 f,. 36, 42 f., 46, 48—51, 55, 57, 62, 64, 70, 75; V., s. Meißen, Burggrafen
—, Graf im Nordgau 23; Herzog s. Braunschweig-Wolfenbüttel; Heinrich II. s. Frankreich, Könige
Hengstenberg, Ernst Wilhelm 266, 271 f.
von Heppenheim gen. v. Saal, Johann 173
Herbart, Johann Friedrich 297
Herbord, Biograph Bischof Ottos von Bamberg 53
Hergenhahn, August 255
Heribert s. Eichstätt, Bischöfe; Eichstätt, Kanoniker; Triest, Bischöfe
Hermann I. s. Bamberg, Bischöfe; Köln, Erzbischöfe; Metz, Bischöfe
Hermann von Salm, Gegenkönig 51
Herrieden, Anonymus 2, 10 f., 14, 17, 21 f., 24; Propst Heysso 14; Stiftskirche 8 f., 26
Hersbruck 311
Hersfeld 42
Hertz, Barbara 92; Ulrich 92
Hesselberg 290
Hessen 140, 142; Landgraf Philipp 135, 141
—, Wilhelm 140, 142
Hessen-Cassel, Prinz 188
Heybach 107
Heysso s. Herrieden, Pröpste
Hezilo s. Hildesheim, Bischöfe; Straßburg, Bischöfe

Hildebrand, Kardinaldiakon (Gregor VII.) 6, 24, 44, 46
von Hildebrandt, Lucas 185, 194 f., 197
Hildesheim, Bischf Hezilo 7
Hirsau 49
Hirschberg, Grafschaft 9
Hitler, Adolf 305
Hoch, Pfarrer in Ansbach 307
Hochkirch 221
Hödel, Max 276
Höfler, Constantin 230
Hoefling, Friedrich Wilhelm 266
Höttingen 294
Hof 133
von Hofmann, Johannes 270
Hohenlandsberg 87
Hohenlohe-Langenburg 284
Hohenzollern 209 f., 257; s. a. Zollern
Holland 180 f., 187 f.
Hollenberg 81, 87 f.
Holnstein 9
Holz, Karl 306
Homburg a. d. Unstrut 70
Honorius II. Papst (Cadalus v. Parma) 24
Horb a. Neckar 92
Hotham, Sir Charles 206
Hrabanus Maurus s. Fulda, Äbte, Mainz, (Erz)bischöfe
Huber, Victor Aimé 274 f.
Hubmaier, Balthasar 118 f.
Huglfing 107
Huler, Sigismund 83
Hut, Hans 108, 118 f., 126 f.
—, Kaspar Jakob 214
von Hutten s. Würzburg, Fürstbischöfe

Ile de France 31
Ilsung (Eliseus) s. Eichstätt, Domherren; Mantua, Bischöfe
Imad, Immeto s. Paderborn, Bischöfe
Ingolstadt 109 f.; Universität 113
Innozenz X., Papst 173 f.
Innsbruck 102, 141
Iphofen 151
Irmingart 1
Isenheim, Altar 304
Israel 308

Italien 43 f., 59, 67, 103, 163, 212 f., 215, 218
von Itzstein, Johann Adam 241

Jäck, Johann Heinrich 227
Jäger, August 298
Jena 243, 264
—, Burschenschaft Germania 243; Oberappellationsgericht 248; Universität 217
Jerusalem 55
Jesaja, Prophet 112
Johann s. Bayern, Herzöge; Brandenburg-Küstrin, Markgrafen; Brandenburg-Kulmbach, Markgrafen; von Leuchtenberg, Landgrafen; Nürnberg, Burggrafen
Johann Albrecht s. Mecklenburg, Herzog
Johann Friedrich s. Sachsen, Kurfürst
Johann Philipp Franz s. Würzburg, Bischöfe
Johann Wilhelm s. Sachsen-Gotha, Herzog
Johannes, Evangelist 14, 304
Johannes d. Täufer 100
Jülich, Herzogtum 210

Kadolt, Heiliger 20
Kärnten, Herzog Berthold 47
Kaiser, Gottlieb Philipp Christian 266
von Karajan, Theodor Georg 230
Karl IV., Kaiser 81; V., 131 ff., 138 ff., 144 ff., 149, 152, 156; VI., 193, 207; VII., 210 f.; s. Braunschweig, Herzöge; Lothringen, Herzöge; XII. s. Schweden, Könige
Karl Eugen s. Württemberg, Herzöge
Karlin Täufer 126
Karlsbad 211, 215, 220
Karlsruhe 250
Karlstadt (Bodenstein, Andreas) 114 f.
Karlstein 79, 86
Kasimir s. Brandenburg-Kulmbach, Markgrafen
Kautz, Jakob 108, 124 f.
Kehl, Festung 190, 194, 196
Kern, Helmut 306

Kessler, Johannes 116
Kilian, Frankenapostel 30
von Kiliani, Johann Joseph 224
Kinzigtal 93
Kitzingen 151, 175 f.
Kleiner, Salomon 185
Köln 85, 165 f., 176 f., 183; Altkatholikenkongreß 238; Domschatz 165; Erzbischof Anno 2, 6, 57 f; Ferdinand von Bayern 164; Hermann 2; Maximilian Heinrich 177
Königsberg i. B. 243
Königshofen i. Gr. 164, 198
Kohl, Paul 111
Kolde, Theodor 296
Kolin 212
Kolumban, Bischof 37
Konrad II., König 3, 32; s. Speyer, Bischöfe
Konstanz 126; Bischof 66; Otto 45; Rumald 6 f.
Kraft, Adam 96
Krakau 92, 95 f., 106; Marienkirche 94
Králík von Burenice, Wenzel 83
Kreuzwertheim 299
Krohne, Gottfried Heinrich 203
Kronach 185 f., 189
Küchel, Michael 203
Kulmbach 133, 208; Fürstentum 134
Kurmainz 175, 188
Kurpfalz, Wildfangstreit 180
Kursachsen 140, 142, 148, 177
von Kusserow, Heinrich 284

La Croze, Martin 205
Lambach 31, 38—40; Graf 34
—, Arnold 30, 38
Lamprecht von Brunn s. Bamberg, Bischöfe
Landau 122
Landsberg/Lech 299
Landshut 292
Langen, Eugen 284
Laspeyres, Ernst Adolf Theodor 228
Lassalle, Ferdinand 275
Lauingen 113
Lauterfingen 293

Lech 118
Lechhausen 299
Lehrberg 9, 40
Leibnitz, Gottfried Wilhelm 181
von Leiningen, Fürst Karl 257
Leipzig 296, 313; Universität 217
Leo IX., Papst 24, 35, 64
Leobar s. Ratzeburg, Bischöfe
Leonidas 308
von Leonrod, Franz Leopold s. Eichstätt, Bischöfe
Leopold I., Kaiser 179, 181; s. Belgien, Könige
Lesczynski, Stanislaus 216
Leuchselring, Johann 172
Leuchtenberg, Landgrafen Johann 83
von der Leyen, Hans Wolff 162; Maria Barbara 161
Libau (Kurland) 188
Liemar s. Bremen, Erzbischöfe
Lille 187
Limburg, Allianz 181
Linck, Anton Arnold 224
Lindau 85
Linz 142
Liutpold s. Mainz, Erzbischöfe
Lochham 296
Löhe, Wilhelm 270
Lösch, Pfarrer 294
London 80, 187
—, Tower 188
Lothar Franz s. Mainz, Kurfürsten
Lothringen 144, 181; Herzog Karl 176
Lotz, Wilhelm 297
Lucca, Bischof Anselm (Alexander II.) 5, 7
Ludwig d. Bayer, Kaiser 27; I., s. Bayern, Könige; XIV. s. Frankreich, Könige
Lüneburg, Herzog 149
Lüttich 165; Johann Christian 202
Luise s. Sachsen-Coburg, Herzöge
Luitpold s. Bayern, Prinzregent
Luther, Martin 104, 110, 112, 301 f., 304
von Lutz, Johannes 236
Luxemburg 83
Lyon, Erzbischof Pierre Guérin de Tencin 212

Maassen, Friedrich 238
Maastricht 162
Madrid 179
Mähren 118, 259
Magdeburg 155, 208; Erzbischof Engelhard 6 f.; Werner 42; Erzstift 141
Mailand, Erzbischof Wido 5 f.; Herzog Giangaleazzo Visconti 86
Main 35, 142
Mainberg 165
Mainfranken 9, 42, 59
Mainz 24, 41, 56, 162—164, 166, 173, 176 f., 179, 181 f., 185, 189 f., 192—197, 199, 202 f.; St. Albanstift 163; Dom 161, 182; Domdekan Adolf Hund von Saulheim 174; Domkapitulare 174; Domstift 55, 69, 86, 143, 162, 175, 177 f., 181 f.; Erzbischof u. Kurfürst Anselm Casimir Wambold zu Umstadt 164, 172—174; Bardo 2, 35; Franz Ludwig von Pfalz-Neuburg 192; Hrabanus Maurus 7; Johann Philipp von Schönborn 161—184; Liutpold 2, 5 f.; Lothar Franz 189, 191, 193 f., 196, 198—201; Siegfried 2, 42, 45, 55 f., 63, 68—71, 74; Festungsbau 195; Kartause 201; Königskrönung 49; Liebfrauenkirche 201; St. Quentin 202; Synode 35; Weinhandel 180; Weihbischof Ambrosius Saibäus 163; Christoph Nebel 202 f.; Stephan Weber 162; Wildfangstreit 180
Makowiczka, Franz 237
Malmö, Waffenstillstand 258
Mantua, Bischof Eliseus 27
—, Ilsung 14, 26
Marheineke, Philipp Konrad 266
Maria Theresia, Kaiserin 210 f., 221;
—, Infantin von Spanien 179
Marienburg s. Würzburg
Marisfeld 87
Marius, Augustin s. Regensburg, Domprediger
Marivaux, Pierre 219
St. Martin 100

von Marwitz, Albertine 216; Gräfin Wilhelmine Dorothea 211, 213, 215
Masovien, Zimburgis von 101
Maximilian I., Kaiser 101; II., 139
—. s. Bayern, Kurfürst
Maximilian Heinrich s. Köln, Erzbischöfe
Mazarin, Jules, Kardinal 170, 179 f.
Mecklenburg 140, 142; Herzog Johann Albrecht 140
Meel, Sebastian Wilhelm 174
Meermann, Johann Wilhelm 213
Megingaud s. Eichstätt, Bischöfe, Pröpste
Meginward s. Freising, Bischöfe
Meinhard s. Bamberg, Domscholaster; Würzburg, Bischöfe
Meiningen 87, 247
Meiser, Hans 305—308, 311
Meißen, Bischof Bruno 7; Burggraf Heinrich V. 148 f.
Mengs, Anton Raphael 217
Merseburg, Bischof Woffo 7, 26 f.
Metz 140, 144 f., 148, 154 f.; Bischof Hermann 45, 47, 50, 52, 67
Meusel, Johann Georg 264
von Mevissen, Gustav 255, 284
Mexiko, Kaiserin Charlotte 259
Meyer, Konrad Ferdinand 295
Meyer von Knonau, Gerold 230
Meyern, Adam Anton 214
Michelsberg s. Bamberg
von Miquel, Johannes 284
de Mirabeau, Louis Alexandre 216
Mittermaier, Karl Joseph 224 f., 233
Möttlingen 267
Moleschott, Jakob 272
Monaco, Schloß 218
Mons 187
Montperny, Theodore Camille 216 f.
Moritz s. Sachsen, Kurfürst
Mühlberg 138
Mühlhausen/Thür. 116
München 227, 237, 300, 306—308; Predigerseminar 265, 298, 308; Staatsbibliothek 33
Münnerstadt 100
Münster 176, 181; Friedenskongreß 170 f., 174

Münsterschwarzach 37—39, 45, 75; Abt Ekkebert 38, 59 f., 72, 74
Müntzer, Thomas 114—116, 118

Napoleon 191
Nassau, Graf 1
Nassau-Idstein, Fürst Georg August 191 f.
Nassau-Usingen, Fürst Wilhelm Heinrich 193
Naumburg, Bischof Eppo 49
Neander, August 266
Nebel, Christoph s. Mainz, Weihbischöfe
Neiße, Schlesien 192
Neuböhmen 88
Neudörfer, Johann 106
Neuendettelsau 292, 295
Neuginea, Kompanie 284
Neumann, Balthasar 197, 199, 202 f.
Neunhoeffer, Dorothea, geb. Schieder 299
Neuötting 298
Neustadt/Aisch 133, 311
Neustadt/Main, Kloster 38
Neustadt/Waldnaab 290
Neustetter, Georg s. Stürmer
Nias 281
Nicolaus, Gerhaert von Leyden 92 f.
Niederbayern 227, 235
Niederfüllbach 259
Niederländisch Indien 281
Niederlande 92, 133, 144, 179
Niedersachsen 38, 146 f.
Niederstotzingen 11
Nikolaus II., Papst 24
Nobiling, Dr. Karl 276
Nordafrika 181
Norddeutschland 35, 149
Nordsee 26
Normannen 50
Nuding, Georg 304
Nürnberg 10, 66, 80 f., 89, 92 f., 93, 96, 101 f., 114 f., 118, 120, 137, 142, 148, 155, 287 f., 299, 306—311; Altes Gymnasium 265; Burggraf Johann 87 f.; Dekanat 308; St. Egidien 306; Egidienberg 306, 312; Exekutionstag (1649/50) 176; Gerichts-

reformation 235; Germanisches Nationalmuseum 230, 234; Gesamtkirchenverwaltung 311; Gießer 101; Hauptmarkt 306; Heiliggeistspital 306; Johannisfriedhof 312; Karmeliterkirche 103; Kirchenkreis 308; Lateinschule 113; St. Lorenz 305—307, 309, 311 f.; Pfarrerschaft 306; Predigersiminar 300, 304, 308; Prozesse 310; Rat 100, 130; Reformation 104; Reichsstadt 130, 142, 144, 147, 150—153, 155, 210; Reichstag (1390) 86; St. Sebald 96, 102, 308, 311; Synode 65; Technikum 293; Umland 87
Nürnberg-Fürth, Landgericht 309

Oberhochstatt 290
Oberländer, Leopold 252 f.
Oberpfalz 88
Oberrhein 92, 186, 190
Oberscheinfeld 223, 225
Oberschwaben 49
Ödenburg/Ungarn 55
Ökolampad, Johannes 110—113, 116, 126—128
Öls b. Breslau 264
Österreich 206, 251, 255 f.; Herzog Leopold VI. 38
Oetinger, Friedrich Christoph 266 f.
Öttingen 192
Öttingen-Öttingen, Fürst Albrecht Ernst II. 192
Ofen 131
Offenhausen 9
Oldenburg 255
Oppenheim 47
Orléans, Universität 162
Ornbau 9
Orosius, Paulus 32
Osann, Friedrich 225
Osiander, Andreas 110, 113, 115
Osnabrück, Bischof Benno 41
—, Berengar 26
—, Franz Wilhelm von Wartenberg 164, 172
—, Friedenskongreß 170, 174 f.
Ostafrika 312

Ostia, Kardinalbischof 65
Ostpreußen 251
Otto I. d. Gr., Kaiser 32; III. 32
—, s. Bamberg, Bischöfe; Eichstätt, Bischöfe
Ottonen 22, 33, 57

Paderborn, Bischof Imad (Immeto) 7
Padua, Bischof Burchard 27
Paganelli, Giuseppe Antonio 217
Palestrina, Kardinalbischof 65
Palladio, Andrea 218
Palm, Erlanger Buchverleger 234
Pappenheim, Kirche 9
Paris 31, 179, 187 f., 197, 276
Parma, Erzbischof Cadalus (Honorius II.) 24
Passau 143, 145 f.; Bischof Altmann 5, 11, 25 f., 31, 34, 47, 49 f., 52; Egilbert 2, 17, 25; Bistum 11
Paul von Bernried, Biograph Gregors VII. 30
Pavia, Bischof Udalrich 6
Pedrozzi, Jean Baptiste 217
Peenemünde 164
Pegnitz 81, 88 f., 291
Pencz, Georg 115
Pero s. Eichstätt, Kanoniker; Vicenza, Bischöfe
Péronne 301
Perthes, Friedrich Christoph 263
Peters, Carl 282
Petersberg b. Erfurt 189
Peutinger, Konrad 110
Pfalz-Neuburg 176; Franz Ludwig s. Breslau, Mainz, Trier, Worms, (Erz-)Bischöfe
Pfeiffer, Heinrich 116; Johann, Kapellmeister 217
von der Pfordten, Ludwig 224
Philipp s. Hessen, Landgrafen
Philipp Magnus s. Braunschweig, Herzöge
Philipp von Rathsamhausen s. Eichstätt, Bischöfe
Philipp, Sohn Karls V. 139
Philippsburg, Festung 190, 194, 196, 202
Pibo s. Toul, Bischöfe

325

Piccolomini, Enea Silvio (Papst Pius II.) 234
Pirckheimer, Willibald 113
Pisa 180
Pius II, Papst (Enea Silvio Piccolomini) 234
Plassenburg 212
Pleichfeld 51
Pleinfeld 9 f.
Pöhlde s. Bodfeld
Poeverlein, Paul 291; Pauline Wilhelmine s. Schieder
Poitou s. Agnes, Kaiserin
Polen 40, 62, 92, 95, 190; Königin Richiza 37
Pommersfelden 185, 193, 196
Poppo s. Bamberg, Dompröpste
Posen 251
Potsdam 305
Prag 79 f., 83, 230
Preußen 216, 220, 255, 272; Herzog Albrecht 132, 135, 138; König Friedrich Wihelm I. 205, 208; Friedrich II. (d. Gr.) 205 f., 209—212, 218, 221; Friedrich Wilhelm IV. 257; Prinz Ferdinand 218; Sophie Dorothea 205; Wilhelmine 205—222
Pribyl, Josef 239
Pustertal, Weinzehnt 13
Putz, Eduard 306

Quantz, Johann Joachim 217

Racine, Jean 219
Radenzgau 58
Räntz, Johann Gabriel 217
Raid, Sylvester 154 f.
von Raigersperger, Nikolaus Georg 174
Ranke, Leopold 266
von Rathsamhausen s. Eichstätt, Bischöfe
Ratzeburg, Bischof Leobar 26
von Raumer, Hans 265; Karl Georg 266
Ravenna 5; Erzbischof Gebhard 27; Wibert 50
Ravensburg, Handelsgesellschaft 93

Regel, Georg 118
Regenhard 2
Regensburg 20, 25, 39, 110 f., 177, 238; Bischof Gebehard 4; Ignaz Senestrey 237; Domprediger Augustin Marius 11; St. Emeram 33; Hochstift 111; Juden 85; Reichstag (1541) 133
Reginher 1
Reginlint, Gemahlin Arnolds II. von Lambach 30
Regnitz 55, 58
Rehm, Heinrich 231
Reichenau, Äbte 66; Abt Rupert 66; Kloster 59
Reichenhall 298
Reuchlin, Johannes 110
Reußenberg 87
Reuter, Fritz 295
Rhegius, Urbanus 119 f., 125
Rhein 142
Rheinfelden, Herzog Rudolf 47—49
Rheinfranken 55
Rheinland 143, 282
Rheinpfalz 232
Richard II. s. England, Könige
Richiza s. Polen, Königin
Richolf s. Trient Bischöfe
Richter, Rudolf Heinrich 217
Riederau 304
Riemenschneider, Til 98
Rietschel, Siegfried 236
Rigaud, Hycinthe 188
Rinck, Melchior 108, 124
von Ringelmann, Anton Friedrich 224
Ritter, Moritz 266
Rochlitz 137 f.
Rodenstein s. Worms, Bischöfe
Rodrigo, Marquis Castel 180
Rössel, August 191; Henriette s. Schieder
—, geb. Schlund 292
Rohrberg 290
Rom 4, 43, 45—47, 57, 64—67, 70 f., 75, 163, 179, 197, 217; Collegium Germanicum 199; Engelsburg 50; Fastensynode (1075) 69; Fontana di Trevi 218; frz. Botschaft 180; Santa Maria Maggiore 207; St. Peter 218

Rosenberg, Alfred 309
Roßbach 212
Roßhirt, Konrad Eugen Franz 224 f.
von Rotenhan, Hans Georg 196 f., 200, Hermann 255
Roth, Dekanat 311
Rothenberg b. Schnaittach 81, 87
Rothenburg-Comburg 37
Rudolf s. Rheinfelden
Rüder, Maximilian Heinrich 255
Rumald s. Konstanz, Bischöfe
Rummelsberg, Pfarrbruderschaft 306, 308
Rupert s. Bamberg, Bischöfe; Bamberg, Kl. Michelsberg, Äbte; Goslar, Pröpste; Reichenau, Äbte
Ruprecht, Pfalzgraf am Rhein, König 87 f.
Rußland 206
Rynolt, Christina 98; Johann 98

von Saal, Johann s. Heppenheim
Saalegau 58
Sachs, Hans 130
Sachsen 23, 42, 48 f., 51, 62, 68, 70, 137; Königreich 257; Kurfürst Johann Friedrich 135, 137; Moritz 135—137, 140—142, 146 f., 149 f., 156
Sachsen-Coburg, Herzog Albert 241; Herzog Ernst I. 242—244, 247—249; Ernst II. 241, 248—250, 252 f., 257, 259; Alexandrine 253; Luise 242; Herzogtum 242, 248
Sachsen-Gotha 186; Prinz Johann Wilhelm 186—188
Sachsen-Meiningen, Herzogtum 246
Sachsen-Weißenfels, Herzog Adolf 206
Saibäus, Ambrosius s. Mainz, Weihbischöfe
Saint Pierre, Joseph 217, 219
Salerno 50, 75
Salier 42
Salomo s. Ungarn Könige
Salzach 298
Salzburg, Erzbischof Gebhard 3, 12, 25, 31, 34, 40, 50, 52; Städtekrieg 81
Sankt Blasien 49

St. Gallen 116 f., 121
St. Ulrich, Benediktinerkl. s. Augsburg
St. Wolfgang, Wallfahrtskirche 100
Sanspareil 219
Santiago de Compostela 65
Sattler, Michael 122
von Saucken, Ernst Friedrich 255
Saulheim, Adolf Hund von s. Mainz, Domkapitulare
Savoyen 186, 190; Prinz Eugen s. dort!
von Schaden, (August?) 266
Schäfer, Heinrich 225
Schaffhausen 49, 126
Schelling, Friedrich Wilhelm 266; P. J. Dekan d. Univ. Erlangen 228
Schieder, Christoph 299; Dorothea s. Neunhoeffer; Eva s. Caspary; Gottfried 299; Heinrich 293; Henriette geb. Rössel 291; Julius 290—314; Karl 293; Max 293; Pauline Wilhelmine 291; Ruth s. Stoffregen; Ulrich 299; Wiltrud 299
Schiller, Dekan 301
Schillingsfürst 291
Schlangenbad 199
Schlatter, Adolf 297
Schleiermacher, Friedrich 109
Schleitheim, Bekenntnis 127
Schlesien 132, 210
Schleswig 251
Schlüsselfeld 223
Schmerbach 296
von Schmerling, Anton 255
Schmidt, Johann Elias 265
Schmidtlein, Edward Joseph 226
Schönborn, Schloß 195; Grafen: Agatha Maria 161; Damian Hugo s. Speyer, Fürstbischöfe; Friedrich Georg 162; Georg V. 161; Friedrich Karl 191, 193 ff., 197 ff.; Johann 162; Johann Philipp s. Mainz, Erzbischöfe, Worms, Bischöfe, Würzburg, Bischöfe, Dompröpste; Johann Philipp Franz s. Würzburg, Bischöfe; Lothar Franz s. Mainz, Erzbischof; Maria Barbara 161; Philipp Erwein 161—163, 175
Schönenberg b. Ellwangen 192, 201

Schrattenhofen 192
von Schrottenberg, Wolf Philipp 189
von Schulte, Johann Friedrich 231, 235, 238
Schulze-Delitzsch, Hermann 274
Schwabach 99 f., 292
Schwaben 9, 49, 51, 267; Landvogt 89; Reichskreis 168
Schwäbische Alb 298
Schwaighofen b. Bad Heilbrunn 299
von Schwannberg, westböhmischer Adeliger 86
Schwarzach 152
Schwaz, Tirol 96, 98, 100
Schweden 169, 180; König Gustav Adolf 164, 300; Karl XII. 188
von Schwedt, Markgraf Friedrich Wilhelm 206
Schweinfurt 88 f., 265; Markgrafen 58
Schweiz 116
von Schweitzer, Johann Baptist 275
Schwend, Heinrich 223
Seckendorff, Graf Friedrich Heinrich, Kommandant in Mainz 202, 206; Graf Friedrich Heinrich, österr. Gesandter 206
Seehofer, Arsacius 113
Sehling, Emil 231
Senestrey, Ignaz s. Regensburg, Bischöfe
Seukendorf 311
Siegehard s. Aquileja, Patriarchen
Siegfried s. Fulda, Äbte; Mainz, Erzbischöfe
Siena 163, 218
Sievershausen 149
Sigehard s. Aquileja, Patriarchen
Silchmüller, Johann Christoph 208
von Simson, Eduard 260
Sitten, Bischof Ermenfried 6 f.
Sizo s. Verdun, Bischöfe
Škopek von Duba, Heinrich 83
Slaven 15 f.
von Soiron, Alexander 255, 258
Sola, Heiliger 20
von Sommaruga, Franz 255
Sommerer, Hans 307
Sonneberg 246 f.

Sophie Dorothea, Gemahlin Friedrich Wilhelms I. s. Preußen
Spanien 65, 179 f., 206
Spee, Friedrich SJ 165
Sperl, August 295
Speyer 4, 6, 32, 45, 199
Speyer, Bischof Damian Hugo 199 f.; Heinrich 45; Konrad 6 f., 25; Domkapitel 200; Hochstift 143, 200
Speyergau 32
Spier 42
Stahl, Georg Anton s. Würzburg, Bischöfe
Stalingrad 302, 310
Staudt, Jacobus 161
Staufen, Herzog Friedrich 51
von Staupitz, Johann 114
Steffens, Henrik 266
Steigerwald 223
von Stein, Marquard s. Augsburg, Dompröpste
Steinmetz, Johann Adam 208
Stephan s. Bayern, Herzöge
von Stockmar, Christian Friedrich Frhr. 241 f., 245 ,253, 256—258
Stoffregen, Ruth geb. Schieder 299
Stoß, Andreas 103, 105; Barbara 95; Veit 92—106
Stralsund 188
von Straß, Christoph 154
Straßburg 40, 45, 86—88, 92, 120—123, 127, 190, 275; Bischof Hezilo 6; Werner 45
Strauß, David Friedrich 272
Streicher, Julius 306, 308
Streit, Feodor 253, 258
Stevesdorf, Walter Heinrich 167
Struve, Gustav 251
Stürmer, Georg 162
Sturm, Leonhard Christoph 218
Stuttgart 215
Südamerika 278, 284
Südbrasilien 283
Süddeutschland 16, 49, 116; Reichsstädte 86 f.
Südtirol, Weinzehnt 13
Südwestafrika 285
Suitger s. Bamberg, Bischöfe (Clemens II.)
Sumatra 281

Superville, Daniel 210 f., 213 f., 216
von Susa, Bertha Gemahlin Heinrichs IV.
Susanna s. Bayern
Sutri 43
Svinaře 79
von Svinaře, Bořivoj 77—91; Vojslav 79; Zacharias 79, 88, 90
van Swieten, Gerard 221

von u. zu der Tann, Freiin 265
Tauler, Johannes 112
Taunustal 161
Tegernsee 20
de Tencin, Pierre Guérin s. Lyon, Erzbischöfe
Teschen, Herzog Přemko 80, 83
von Tetau (Julius Ernst?) 188
Thalmässing 311
Thalwig 188
Theremin, Franz 266
Thermopylen 308
Thibaut, Anton Friedrich Justus 224
Thiersch, Heinrich W. Josef 266
Thomae, Nikolaus 122
Thomasius, Gottfried 266
Tiber 43
Tilly, Johann Tserclaes 164
Tils, Weinzehent 13
Toscana, Herzog Gottfried d. Bucklige 46; Großherzog Franz (Gemahl d. Kaiserin Maria Theresia) 210
Toul 140; Bischof Pibo 66; Domkanoniker 68
Tournai 187
Touta 1
Traungau 31, 38 f.
von Trauttmansdorf, Maximilian Graf 171
Treviso, Kirche 40
Tribur 5, 47
Trier 176, 181; Erzbischof Eberhard 6; Franz Ludwig von Neuburg 200; Hochstift 143
Triest, Bischof Heribert 23, 27
—, Richolf 27
Tröltsch, Goldtressenfabrikant 291
Tronchin, Bankier in Lyon 212
Trummer, Jörg 100

Tucher, Familie 102
Tübingen 186, 228, 265, 297 f., 300

Udalrich I. s. Eichstätt, Bischöfe; Pavia, Bischöfe
Ulm 47, 85, 126
Ulrich s. Augsburg, Bischöfe
Ungarn 41 f., 187, 259; König Salomo 41
Unstrut 70
Unterfranken 243
Urban II. Papst 52; VII. 167
Uriot, Joseph 215
Usingen 193
Uslar 266
Uta 2
Uto, Heiliger 20

Vadian, Joachim 116
Venedig 97
Verdun 140; Bischof Dieter 6
—, Sizo 7
Versailles 188
Vicenza, Bischof Pero 23, 27
Victor II., Papst 4 f., 26
Victoria s. England, Könige
Vielfeld, Johann 124
Vierzehnheiligen 203
Vischer, Peter 103
Visconti, Giangaleazzo 86
Vitus, Heiliger 20
Vogt, Karl 272
Voit von Salzburg, Friedrich Karl 207, 213
Volckamer, Paul 96
Volkfeld 58
Voltaire, François Marie Arouet 209, 212, 220
von Vorburg, Johann Philipp 169 f., 175

von Wächter, Karl Georg 228
Waitz, Georg 255
von Walderdorff, Wilderich 173
Waldshut 126
Wallmann, Missionsinspektor 272
von Wallrave, Oberst 202
von Wambold, Franz Georg Frhr. 191; s. a. Mainz, Kurfürsten

Wangenheim, Carl August 253
Wangnereck, Heinrich SJ 172
von Wartenberg s. Osnabrück, Bischöfe
von Wartensleben, Alexander Hermann 186
Wassertrüdingen, Kirche 9
Weber, Stephan s. Mainz, Weihbischöfe
Weilburg 161
Weisenau b. Mainz 200
Weiß, Johannes 297
—, Sylvius Leopold 217
Weißenburg 9, 88, 290—292, 294, 304, 311; St. Andreaskirche 290
von Weißenburg, Hynacko 88
Weißenburger Bucht 290
Welcker, Karl Theodor 241, 255
Welf s. Bayern
von Welsch, Johann Lorenz 186, 202; Maximilian 185—204; Sabine Therese 202
Wenden, Sendrecht 15
Wentzke, Paul 254
Wenzel IV., König 77—90
Werlhof, Paul Gottfried 221
Werner s. Magdeburg, Erzbischöfe
Werner, Edwin 294, 296
Wertach 118
Westböhmen 88
Westfalen 282
Westpreußen 251
Wibert s. Ravenna, Erzbischöfe
Wichern, Johann Hinrich 270
Widerad s. Fulda, Äbte
Wido s. Mailand, Erzbischöfe
Wien 164, 179, 185, 187, 191, 193—197, 210, 230
Wildenreuth 290 f.
Wilhelm s. Hessen, Landgrafen
Wilhelm Heinrich s. Nassau-Usingen
Wilhelmine s. Brandenburg-Bayreuth
Willibald s. Eichstätt, Bischöfe
Windsheim 88 f., 151
Wittelsbach, Haus 210
Wittenberg, Altar 304; Universität 110, 132
Wittenhorst-Sonsfeld, Florentine 207; Dorothea Luise 216
Walburga, Heilige 20
Woermann, Adolph 284

Woffo s. Merseburg, Bischöfe
Wolf, Else Diakonisse 311
Wolfenbüttel, Fürstentum 147
Wolff, Christian 220
von Wolfsberg, Ulrich 81
Wolgemut, Michael 93 f., 99
Wolter, Heinrich s. Würzburg, Weihbischöfe
Worms 24, 47, 122 ff., 127; Bischöfe Adalbert 52; Arnold 6, 25; Burchard 15, 233; Franz Ludwig von Pfalz-Neuburg 192; Georg Anton von Rodenstein 164; Johann Philipp 161—184; Bistum 174; Dom 202; Edikt 304; Hochstift 143, 181 f.; Reichssynode (1076) 24, 46; Wambolder Hof 191
Wormsgau 32
Wülzburg 88, 290
von Würth, Joseph 255
Württemberg, Herzog Karl Eugen 211, 215
Würzburg 35, 42, 51, 59, 89, 137, 163 ff., 167, 173, 181 f., 189, 197 f., 224 f., 265, 268, 288; Bischof Adalbero 3, 6, 25, 30—54, 59; Bruno 34—36, 43; Christoph Franz von Hutten 198; Emicho 52; Franz von Hatzfeld 164, 166; Gerhard von Schwarzburg 89; Johann Philipp von Schönborn 161—184; Johann Philipp Franz 189, 196—201; Meinhard 51; Georg Anton Stahl 237; Bistum 36, 166, 170, 175, 223, s. a. Hochstift; St. Burkhard, Kloster 38; Propstei 165; Diözese 9, 34, 39; Domherren 165 f.; Domkapitel (St. Kiliansstift) 89, 165, 173, 196; Dompropst Johann Philipp von Schönborn 196; Domschatz 166; Domscholaster Meinhard 41; Domschule 31, 43; Domstift 162; Hochstift 89, 130, 137, 142, 144—147, 150—153, 177 f., 181 f., s. a. Bistum; Hofkirche 201; Marienburg 181 f.; Neumünster 37; Residenz 185, 199; Schönbornkapelle 199, 201; Synode 15; Weihbischof Adam Groß 165

Wunder, Wilhelm Ernst 217
Wunibald, Heiliger 20
Wuppertal 272—276
Wurster, Paul 297
von Wutginau, Gottfried Ernst 202

Zachariae, Carl Salomo 224
Zahn, Theodor 296

Zimburgis s. Masovien
Zöpfl, Heinrich 224
Zollern 150, s. a. Hohenzollern
Zürich 117 f., 126, 230
Zwernitz 218
Zwickau 93 f., 99
Zwiefalten 49
Zwingli, Huldreich 117

INHALT
der Bände I—VI der Fränkischen Lebensbilder

Adalbero Bischof von Würzburg
von Werner Goez
Band VI, S. 30

Adam, Abt von Ebrach
von Ferdinand Geldner
Band II, S. 8

Albrecht Achilles, Markgraf und
Kurfürst von Brandenburg
von Ernst Schubert
Band IV, S. 130

Albrecht Alcibiades von
Brandenburg-Kulmbach
von Bernhard Sicken
Band VI, S. 130

Alexander, Markgraf von Ansbach-
Bayreuth
von Günther Schuhmann
Band I, S. 313

Anton von Rotenhan, Fürstbischof
von Bamberg
von Hansjoseph Maierhöfer
Band I, S. 46

Baruch, Rabbi Meir ben
von Ludwig Schnurrer
Band III, S. 35

Behaim, Martin
von Hermann Kellenbenz
Band III, S. 69

v. Bibra, Kilian
von Friedrich Merzbacher
Band V, S. 97

Botenlauben, Otto von
von Ernst G. Krenig
Band I, S. 33

Briegleb, Moriz
von Harald Bachmann
Band VI, S. 241

Burghard Bischof von Würzburg
von Alfred Wendehorst
Band I, S. 1

Caroline von Brandenburg-Ansbach
von Hermann Dallhammer
Band III, S. 225

Christian Ernst, Markgraf von
Brandenburg-Bayreuth
von Rudolf Endres
Band II, S. 260

Degen, Alberich, Abt des
Klosters Ebrach
von Dieter Deeg
Band V, S. 149

Delsenbach, Johann Adam
von Heinz Zirnbauer
Band II, S. 290

Denck, Hans
von Gottfried Seebaß
Band VI, S. 107

Dietrich, Veit
von Bernhard Klaus
Band III, S. 141

Dietz, Johann Simon Jeremias (von)
von Hermann Beckh
Band II, S. 442

Ditfurth, Franz Wilhelm von
von Josef Dünninger
Band I, S. 358

Embricho, Bischof von Würzburg
von Alfred Wendehorst
Band II, S. 1

Ernst II., Herzog von Sachsen-
Coburg und Gotha
von Harald Bachmann
Band V, S. 253

Eyb, Ludwig von, d. Ä.
von Ferdinand Koeppel und
Günther Schuhmann
Band II, S. 177

Fabri, Friedrich
von Klaus J. Bade
Band VI, S. 263

Förner, Friedrich
von Lothar Bauer
Band I, S. 182

Franz Ludwig von Erthal,
Fürstbischof von Würzburg
von Michael Renner
Band I, S. 286

Gengler, Heinrich Gottfried
von Friedrich Merzbacher
Band VI, S. 223

Geyer, Florian
von Walther Peter Fuchs
Band III, S. 109

Groß, Konrad
von Werner Schultheiß
Band II, S. 59

Gundekar II. Bischof von Eichstätt
von Andreas Bauch
Band VI, S. 1

Hartmann, Johann Ludwig
von Paul Schattenmann
Band I, S. 210

Heim, Georg
von Leonhard Lenk
Band III, S. 347

Heimburg, Gregor
von Alfred Wendehorst
Band IV, S. 112

Heinrich VIII. von Bibra,
Fürstbischof von Fulda
von Marina von Bibra
Band IV, S. 213

Henneberg, Berthold VII.
(der Weise) von
von Ernst Schubert
Band V, S. 1

Hering, Loy
von Heinz Stafski
Band III, S. 101

Hermann I. Bischof von Bamberg
von Rudolf Schieffer
Band VI, S. 55

Hermann von Lobdeburg,
Bischof von Würzburg
von Karl Bosl
Band III, S. 20

Hirsvogel, Nürnberger Glas-
macherfamilie
von Ursula Knappe
Band V, S. 64

Johann Philipp von Schönborn
von Friedhelm Jürgensmeier
Band VI, S. 161

Julius Echter von Mespelbrunn,
Fürstbischof von Würzburg
von Ernst Schubert
Band III, S. 158

Kahl, Wilhelm
von Hans Liermann
Band III, S. 132

Kahr, Gustav von
von Bernhard Zittel
Band III, S. 327

Kilian
von Alfred Wendehorst
Band III, S. 1

Klein, Johann Adam
von Wilhelm Schwemmer
Band II, S. 419

Knab, Armin
von Franz Krautwurst
Band V, S. 282

Knorr, Peter
von Johannes Kist
Band II, S. 159

Kraft, Adam
von Wilhelm Schwemmer
Band I, S. 72

Küchel, Johann Jacob Michael
von Joachim Hotz
Band II, S. 356

Lairitz, Johann Georg
von Gerd Wunder
Band IV, S. 196

Leib, Kilian
von Ernst Reiter
Band II, S. 217

Leiningen, Fürst Karl
von Heinrich Dunkhase
Band V, S. 219

Leone, Michael de
von Gerlinde Lamping
Band IV, S. 87

Leonrod, Franz Leopold Frhr.
von, Bischof von Eichstätt
von Andreas Bauch
Band III, S. 273

Lith, Johann Wilhelm v. d.,
von Friedrich Hauck
Band I, S. 255

Lotichius Secundus, Petrus
von Josef Dünninger
Band V, S. 135

Lupold von Bebenburg,
Fürstbischof von Bamberg
von Sabine Krüger
Band IV, S. 49

Megenberg, Konrad von
von Sabine Krüger
Band II, S. 83

Merian, Maria Sibylla
von Elisabeth Rücker
Band I, S. 221

Muffel, Nicolaus
  von Gerhard Hirschmann
  Band III, S. 50
Neumann, Balthasar
  von Max H. v. Freeden
  Band I, S. 264
Osiander, Andreas
  von Gottfried Seebaß
  Band I, S. 141
Pappenheim, Reichsmarschall
  Haupt II. von
  von Bernd Warlich
  Band V, S. 23
Pappenheim, Reichsmarschall
  Heinrich von
  von Wilhelm Kraft
  Band II, S. 26
Jean Paul
  von Heinz Schlaffer
  Band II, S. 395
Pencz, Georg
  von Hans Georg Gmelin
  Band II, S. 237
Petrini, Antonio
  von Hanswernfried Muth
  Band III, S. 214
Pirckheimer, Caritas
  von Josef Pfanner
  Band II, S. 193
Pirckheimer, Willibald
  von Hans Rupprich
  Band I, S. 94
Platen, August von
  von Kurt Wölfel
  Band III, S. 250
Riemenschneider, Tilman
  von Max H. von Freeden
  Band III, S. 85
Rotenhan, Sebastian von
  von Isolde Maierhöfer
  Band I, S. 113
Rückert, Friedrich
  von Helmut Prang
  Band I, S. 337
Rudolf von Scherenberg,
  Fürstbischof von Würzburg
  von Ernst Schubert
  Band II, S. 133
Sattler, Wilhelm
  von Paul Ultsch
  Band IV, S. 230

Schieder, Julius
  von Georg Kuhr
  Band VI, S. 290
Schlüsselberg, Konrad von
  von Rudolf Endres
  Band IV, S. 27
Schneider, Eulogius
  von Karl Heinz Mistele
  Band V, S. 207
Schultes, Johann Adolph von
  von Klaus Frhr. von Andrian-
  Werburg
  Band II, S. 377
Schwarzenberg, Johann Freiherr zu
  von Friedrich Merzbacher
  Band IV, S. 173
Seeling, Otto
  von Adolf Schwammberger
  Band IV, S. 243
Seuffert, Johann Philipp und
  seine Nachkommen
  von Theodor Wohnhaas und
  Hermann Fischer
  Band II, S. 333
Stoß, Veit
  von Heinz Stafski
  Band IV, S. 92
Strauch, Lorenz
  von Wilhelm Schwemmer
  Band IV, S. 186
Svinaře, Bořivoj von
  von Ivan Hlaváček
  Band VI, S. 77
Toppler, Heinrich
  von Ludwig Schnurrer
  Band II, S. 104
Trimberg, Hugo von
  von Bernhard Schimmel
  Band IV, S. 1
Trithemius, Johannes
  von Klaus Arnold
  Band V, S. 45
Ullstein, Leopold
  von Adolf Schwammberger
  Band I, S. 370
Viatis, Bartholomäus
  von Hermann Kellenbenz
  Band I, S. 162

Wagner, Johann Peter
 von Hans-Peter-Trenschel
 Band V, S. 190
Weiner, Eucharius
 von Alfred Wendehorst
 Band V, S. 176
Welsch, Maximilian von
 von Joachim Meintzschel
 Band VI, S. 185

Wilhelmine von Bayreuth
 von Gerhard Pfeiffer
 Band VI, S. 205
Willibald, Bischof vor Eichstätt
 von Andreas Bauch
 Band I, S. 10
Wolff, Jakob d. Ä. und d. J.
 von Wilhelm Schwemmer
 Band III, S. 194